消費者法判例インデックス

独立行政法人国民生活センター理事長 **松本恒雄**
早稲田大学大学院法務研究科教授 **後藤巻則** 編

a precedent index

商事法務

はしがき

　1950年～60年代に消費者問題が社会問題化して以来、これに対処するための消費者関連法の制定が徐々に進み、とりわけ2000年代に入り、消費者契約一般に適用される消費者契約法が成立したのに続いて、多くの重要な立法や法改正が相次いだ。そして、2009年9月の消費者庁・消費者委員会の創設により、消費者行政も大きく進展した。

　この間、消費者をめぐる多くの重要な裁判例が登場し、蓄積されてきた。本書では、これらの裁判例を厳選して収録している。

　この種の書籍としては、代表的なものとして1995年刊行の『消費者取引判例百選』や、2010年刊行の『消費者法判例百選』（ともに有斐閣）があるが、この分野におけるまとまった判例集の刊行は少ないようである。その理由としては、消費者法は、複数の法分野を対象とする複合的な法分野であるため全体としての把握が必要であるが、重要な裁判例がそれぞれの法分野に分断されて紹介・解説される傾向があることや、消費者法の分野には下級審裁判例が多く、判例誌等で紹介される機会を逸しているものも少なくないことなどが考えられる。

　そこで、本書では、民事事件に限らず刑事事件や行政事件にわたり、また、判例誌等に収録されていない裁判例も含めて、取り上げるべき裁判例を選定した。

　消費者法が法典化されていないこともあって、その体系につき一致した理解があるわけではない。そのため、本書の編集にあたって、どのような体系の下に各裁判例を配列するかという点が問題になったが、編者ふたりで持ち寄った裁判例を数回の会議を重ねて読み合い、分類を試みた結果、「契約（取引）関係」（67件）、「安全関係」（40件）、「情報関係」（10件）、「手続関係（手続法と消費者）」（3件）、「公正競争関係」（5件）、「行政関係」（4件）、「心の消費者問題」（4件）という7つの観点から、全部で133件を取り上げることとした。消費者法の進展には目をみはるものがあるので、なるべく新しい裁判例を選ぶことにした（1件を除き、すべて平成に入っての裁判例である）。

本書では、各裁判例を見開き2頁の枠内でコンパクトに紹介、解説している。叙述の順序としては、まず当該裁判例の「概要」を3行程度で端的に提示し、「事実関係」と「判決／決定要旨」を紹介したうえで、当該裁判例の「位置づけ・射程範囲」を客観的に解説し、「さらに理解を深める」ための参考文献を付した。これにより、本書は、現時点で理論的・実務的に重要な裁判例を集めた、ハンディな判例検索ツールとして便利であるだけでなく、当該裁判例の位置づけやそこに含まれている論点を容易に修得できる解説書として、広く活用できるものとなっていると考えている。なお、事件後に法令が改正されている場合があるので、必要に応じ各項目において注記した。

　消費者問題は、だれにとっても身近な問題であるだけに、被害に遭った消費者をサポートする消費生活相談員や、弁護士、司法書士などの法律実務家の方々のほか、企業の消費者問題担当者、法律研究者、学生など、多くの方々に本書を利用していただくことを期待している。また、消費者自身が、トラブルに遭わないための予備知識を身につけるためにも本書は、大いに役立つであろう。

　本書の執筆陣には、新進気鋭の研究者に加えて、学界や実務界を代表する方々にも多く参加していただいた。御多忙を極める中で、日頃の研究・実務に裏打ちされた論稿をまとめていただいた執筆者の方々に、編者として心から御礼を申し上げる。

　また、本書の完成までには、商事法務書籍出版部の岩佐智樹氏と水石曜一郎氏に全面的にお世話になった。おふたりにも、この場を借りて御礼を申し上げたい。

　　　平成28年12月

　　　　　　　　　　独立行政法人国民生活センター理事長　松本恒雄
　　　　　　　　　　　　　早稲田大学大学院法務研究科教授　後藤巻則

目　次

第1章　契約（取引）関係

1　契約締結過程

1. NHK受信契約の成否 …………………………………………………… 2
   ──東京高判平成25・12・18（判時2210号50頁）
2. 金銭消費貸借契約と意思無能力 ……………………………………… 4
   ──東京高判平成11・12・14（金法1586号100頁）
3. いわゆる空クレジット契約に基づく返還債務の連帯保証と要素の錯誤 … 6
   ──最判平成14・7・11（判時1805号56頁）
4. 床下リフォームと要素の錯誤 ………………………………………… 8
   ──東京地判平成17・8・23（判時1921号92頁）
5. 口頭のクーリング・オフの有効性 ……………………………………10
   ──福岡高判平成6・8・31（判時1530号64頁）
6. 火災保険契約における地震免責条項についての説明義務 ……………12
   ──最判平成15・12・9（民集57巻11号1887頁）
7. 住宅・都市整備公団による値下げ販売と説明義務 ……………………14
   ──最判平成16・11・18（民集58巻8号2225頁）
8. 不動産取引における銀行の説明義務 …………………………………16
   ──最判平成18・6・12（判時1941号94頁）
9. 契約締結前の説明義務違反と債務不履行責任の成否 …………………18
   ──最判平成23・4・22（民集65巻3号1405頁）

2　契約の内容と効力

10. 生命保険約款における1年内自殺免責条項の解釈 ……………………20
    ──最判平成16・3・25（民集58巻3号753頁）
11. 建物の賃貸借契約における通常損耗補修特約の効力 …………………22
    ──最判平成17・12・16（判時1921号61頁）
12. 商品販売媒介委託型マルチ商法の違法性（ベルギーダイヤモンド社事件）…24
    ──大阪高判平成5・6・29（判時1475号77頁）

13 連鎖販売による販売業務委託契約の解除による取引拒絶行為の違法性
（ノエビア化粧品事件）……………………………………26
　　──東京高判平成14・12・5（判時1814号82頁）
14 外国語学校の受講契約の中途解約における清算方法 …………28
　　──最判平成19・4・3（民集61巻3号967頁）
15 複数契約の解除 ……………………………………………………30
　　──最判平成8・11・12（民集50巻10号2673頁）
16 日常家事債務の範囲 ………………………………………………32
　　──八女簡判平成12・10・12（判タ1073号192頁）
17 インターネットオークションでの中古自動車の売買と瑕疵担保 ……34
　　──大阪地判平成20・6・10（判タ1290号176頁）
18 インターネットオークションサイト運営事業者の注意義務 ………36
　　──名古屋高判平成20・11・11（裁判所ウェブサイト）
19 店舗内にテナントを出店させたスーパーの名板貸責任 …………38
　　──最判平成7・11・30（民集49巻9号2972頁）
20 商品の対価についての不実告知 …………………………………40
　　──大阪高判平成16・4・22（消費者法ニュース60号156頁）

3　消費者契約法

21 進学塾の広告における合格実績の不実告知 ……………………42
　　──高松地判平成20・9・26（公刊物未登載）
22 改名・ペンネーム作成・印鑑購入についての断定的判断の提供 ……44
　　──大阪高判平成16・7・30（公刊物未登載〔LEX/DB25437403〕）
23 パチンコ攻略情報と断定的判断の提供 …………………………46
　　──東京地判平成17・11・8（判時1941号98頁）
24 歌手・俳優等の養成所への入所契約における値上げの不告知の
　　不利益事実該当性 ………………………………………………48
　　──神戸簡判平成14・3・12（公刊物未登載〔LEX/DB25472412〕）
25 医学的に一般に承認された術式でないことの不利益事実該当性 ……50
　　──東京地判平成21・6・19（判時2058号69頁）
26 金の先物取引における将来価格の重要事項該当性 ……………52
　　──最判平成22・3・30（判時2075号32頁）
27 不退去による取消し ………………………………………………54
　　──東京簡判平成15・5・14（消費者法ニュース60号213頁）
28 媒介の委託を受けた第三者による勧誘 …………………………56
　　──小林簡判平成18・3・22（消費者法ニュース69号188頁）

|29| パーティ予約の解約と「平均的な損害」 …………………………………58
　　──東京地判平成14・3・25（判タ1117号289頁）
|30| 入学辞退と学納金返還請求 ……………………………………………60
　　──最判平成18・11・27（①民集60巻9号3437頁、②民集60巻9号3597頁、
　　　　③民集60巻9号3732頁）
|31| 冠婚葬祭に係る互助契約のキャンセルと「平均的な損害」…………62
　　──大阪高判平成25・1・25（判時2187号30頁）
|32| 有料老人ホームの入居者死亡と入居一時金の償却条項の有効性 …………64
　　──東京地判平成22・9・28（判時2104号57頁）
|33| 建物賃貸借契約における敷引特約の効力 ……………………………66
　　──最判平成23・3・24（民集65巻2号903頁）
|34| 建物賃貸借契約における更新料条項の効力 …………………………68
　　──最判平成23・7・15（民集65巻5号2269頁）
|35| 生命保険契約における保険料不払いによる無催告失効条項の効力 ………70
　　──最判平成24・3・16（民集66巻5号2216頁）
|36| 携帯電話の利用契約における解約金条項の有効性 …………………72
　　──大阪高判平成24・12・7（判時2316号133頁）
|37| 建物賃貸借契約に規定された定額補修分担金条項の差止請求 ……………74
　　──大阪高判平成22・3・26（公刊物未登載〔LEX/DB25470736〕）

4　投資取引

|38| 商品先物取引の違法性………………………………………………………76
　　──大阪高判平成3・9・24（判時1411号79頁）
|39| 変額保険と保険会社の責任…………………………………………………78
　　──最判平成8・10・28（金法1469号51頁）
|40| 変額保険と銀行の責任………………………………………………………80
　　──東京高判平成14・4・23（判時1784号76頁）
|41| 適合性原則違反と不法行為…………………………………………………82
　　──最判平成17・7・14（民集59巻6号1323頁）
|42| 仕組債を含む一連の取引についての適合性原則違反 ………………………84
　　──東京高判平成19・5・30（金判1287号37頁）
|43| インターネットを利用した証券取引における適合性原則と説明義務 ……86
　　──大阪高判平成23・9・8（金法1937号124頁）
|44| 金利スワップ取引における説明義務………………………………………88
　　──最判平成25・3・7（判時2185号64頁）

5 クレジット取引

[45] 売買契約の虚偽表示による無効と割賦販売法30条の4（当時）……… 90
　　──長崎地判平成元・6・30（判時1325号128頁）
[46] 名義貸しによるクレジット契約の効力 ……………………………… 92
　　──東京高判平成12・9・28（判時1735号57頁）
[47] 信販会社による過剰与信と信義則・権利濫用 ……………………… 94
　　──釧路簡判平成6・3・16（判タ842号89頁）
[48] 抗弁対抗規定の法的性質 …………………………………………… 96
　　──最判平成2・2・20（判時1354号76頁）
[49] 既払金の返還請求 …………………………………………………… 98
　　──名古屋高判平成21・2・19（判時2047号122頁）
[50] モニター商法と抗弁の対抗（ダンシング事件）……………………… 100
　　──大阪高判平成16・4・16（消費者法ニュース60号137頁）
[51] 個別クレジットにおける売買契約の公序良俗違反と立替払契約の効力 102
　　──最判平成23・10・25（民集65巻7号3114頁）
[52] クレジットカードの不正利用とカード会員の支払義務の範囲 ……… 104
　　──大阪地判平成5・10・18（判時1488号122頁）
[53] クレジットカードの第三者への貸与による不正使用とカード会員の責任 ……………………………………………………………………… 106
　　──名古屋地判平成12・8・29（判タ1092号195頁）

6 預金取引

[54] 現金自動入出機による預金の払戻しと民法478条 ………………… 108
　　──最判平成15・4・8（民集57巻4号337頁）
[55] インターネットバンキングを利用した無権限者による振込送金 ……… 110
　　──東京高判平成18・7・13（金法1785号45頁）

7 貸金取引

[56] ヤミ金融業者の不法行為と損益相殺 ………………………………… 112
　　──最判平成20・6・10（民集62巻6号1488頁）
[57] 制限超過利息過払金の充当と過払金返還請求権の消滅時効 ……… 114
　　──最判平成21・1・22（民集63巻1号247頁）

|58| 貸金債権の一括譲渡と過払金返還債務の承継 ……………………… 116
　　──最判平成23・3・22（判時2118号34頁）
|59| 過払金発生時に存在する別口債務への過払金充当 …………………… 118
　　──最判平成15・7・18（民集57巻7号895頁）
|60| 期限の利益喪失特約と利息の支払いの任意性 …………………………… 120
　　──最判平成18・1・13（民集60巻1号1頁）
|61| 異なる基本契約に基づく貸付間での過払金の充当 …………………… 122
　　──最判平成20・1・18（民集62巻1号28頁）
|62| 継続的な金銭消費貸借契約における元本と適用される制限利率の変動 … 124
　　──最判平成22・4・20（民集64巻3号921頁）
|63| 過払金につき発生した法定利息の充当とその順番 …………………… 126
　　──最判平成25・4・11（判時2195号16頁）

8　消費者問題と消費者概念

|64| 権利能力なき社団の消費者該当性 ………………………………………… 128
　　──東京地判平成23・11・17（判時2150号49頁）
|65| 個人事業者への電話機リースとクーリング・オフ …………………… 130
　　──名古屋高判平成19・11・19（判時2010号74頁）
|66| ドロップシッピング商法とクーリング・オフ ………………………… 132
　　──大阪地判平成23・3・23（判時2131号77頁）
|67| フランチャイズ契約締結過程における予測情報の提供と
　　フランチャイザーの責任 ………………………………………………… 134
　　──東京高判平成11・10・28（判時1704号65頁）

第2章　安全関係

1　過失

|68| 公売されたバトミントンラケット玩具の瑕疵と税関長の注意義務 …… 136
　　──最判昭和58・10・20（民集37巻8号1148頁）
|69| 医薬品副作用被害と権限不行使等に関する国の責任
　　（クロロキン網膜症事件） ……………………………………………… 138
　　──最判平成7・6・23（民集49巻6号1600頁）
|70| 業務用冷凍庫を出火源とする飲食店兼住宅の火災 …………………… 140
　　──東京地判平成11・8・31（判時1687号39頁）

|71| ガス給湯器の不正改造による死亡事故とメーカーの不法行為責任 …… 142
　　──東京地判平成24・12・21（判時2196号32頁）
|72| 食品衛生法違反の添加物を含有する健康食品の債務不履行責任 ……… 144
　　──大阪地判平成17・1・12（判時1913号97頁）

2　製造・製造物・製造業者

|73| 割烹料亭で提供されたイシガキダイ料理による食中毒 ……………… 146
　　──東京地判平成14・12・13（判時1805号14頁）
|74| 幼児用自転車ペダルのバリによる負傷 ………………………………… 148
　　──広島地判平成16・7・6（判時1868号101頁）
|75| 中古自動車の走行中の発火についての製造業者の責任 ……………… 150
　　──大阪地判平成14・9・24（判タ1129号174頁）

3　欠陥

|76| コンニャク入りゼリーによる窒息死 …………………………………… 152
　　──神戸地姫路支判平成22・11・17（判時2096号116頁）
|77| プラスチック製食品容器油圧裁断機による従業員の死亡 …………… 154
　　──東京高判平成13・4・12（判時1773号45頁）
|78| カプセル入り玩具のカプセルにより窒息した幼児の脳障害 ………… 156
　　──鹿児島地判平成20・5・20（判時2015号116頁）
|79| 給食用食器コレールと製造物責任 ……………………………………… 158
　　──奈良地判平成15・10・8（判時1840号49頁）
|80| 呼吸回路器・気管切開チューブの欠陥に対する責任 ………………… 160
　　──東京地判平成15・3・20（判時1846号62頁）
|81| 痩身用サウナ器具の欠陥と製造物責任 ………………………………… 162
　　──大阪地判平成22・11・17（判時2146号80頁）
|82| 衝突事故による負傷とシートベルトのロック機能、ETR、
　　エアバッグの欠陥 ………………………………………………………… 164
　　──東京地判平成23・3・29（判タ1375号164頁）
|83| 化粧品による皮膚障害と指示・警告上の欠陥 ………………………… 166
　　──東京地判平成12・5・22（判時1718号3頁）
|84| 医薬品の副作用に関する添付文書の記載の適否
　　──イレッサ薬害訴訟 …………………………………………………… 168
　　──最判平成25・4・12（民集67巻4号899頁）

|85| エスカレーターのハンドレールへの接触と体の持ち上がりによる落下死亡事故 ……………………………………………………………… 170
　　──東京高判平成26・1・29（判時2230号30頁）
|86| サスペンション分離による自転車走行中の転倒 ………………………… 172
　　──東京地判平成25・3・25（判時2197号56頁）

4　損害

|87| 部品の欠陥による完成品のリコール費用についての部品メーカーの賠償責任 ………………………………………………………………………… 174
　　──東京地判平成15・7・31（判時1842号84頁）
|88| 製品の欠陥による完成品の売上額の減少についての部品メーカーの賠償責任 ………………………………………………………………………… 176
　　──東京高判平成16・10・12（判時1912号20頁）

5　欠陥と因果関係の立証

|89| ジュース中の異物によるのどの負傷 ………………………………………… 178
　　──名古屋地判平成11・6・30（判時1682号106頁）
|90| ホームコタツで仮眠中に生じた携帯電話機による低温やけど ………… 180
　　──仙台高判平成22・4・22（判時2086号42頁）
|91| 建設作業従事者に対する国と石綿含有建材製造業者等の責任 ………… 182
　　──東京地判平成24・12・5（判時2183号194頁）

6　住宅の欠陥と瑕疵

|92| 重大な瑕疵があり居住に適さない欠陥住宅の請負人の注文者に対する損害賠償の範囲 ……………………………………………………………… 184
　　──最判平成14・9・24（判時1801号77頁）
|93| 建物に重大な瑕疵がある場合の建替費用相当額の損害賠償責任と居住利益等の控除の可否 ………………………………………………………… 186
　　──最判平成22・6・17（民集64巻4号1197頁）
|94| 建物の「設計・施工者等」が「居住者等」に対して負う不法行為責任の要件 …………………………………………………………………………… 188
　　──最判平成19・7・6（民集61巻5号1769頁）

95 建物の「設計・施工者等」が負う不法行為責任の要件である
「建物としての基本的な安全性を損なう瑕疵」の意義 …………… 190
──最判平成23・7・21（判時2129号36頁）
96 工事監理者として名義を貸与した建築士の不法行為責任 ………… 192
──最判平成15・11・14（民集57巻10号1561頁）
97 指定確認検査機関のした建築確認の過誤と同機関・地方公共団体の
国家賠償法上の責任……………………………………………………… 194
──横浜地判平成24・1・31（判時2146号91頁）
98 新築マンションのシックハウス症候群 ………………………………… 196
──東京地判平成21・10・1（消費者法ニュース82号267頁）
99 建築基準法の規定に適合しない建物の建築を目的とする請負契約の
効力 ……………………………………………………………………… 198
──最判平成23・12・16（判時2139号3頁）

7　サービスの安全

100 学校給食でのO-157感染による死亡事故と学校設置者の責任………… 200
──大阪地堺支判平成11・9・10（判タ1025号85頁）
101 登山ツアー中の死亡事故についてのツアー主催者の責任 …………… 202
──熊本地判平成24・7・20（判時2162号111頁）
102 外国での主催旅行中のバス事故についての旅行業者の責任 ………… 204
──東京地判平成元・6・20（判時1341号20頁）
103 パーキンソン症候群患者の嚥下障害による死亡と介護老人保健施設の
責任 ……………………………………………………………………… 206
──水戸地判平成23・6・16（判時2122号109頁）
104 4回目の豊胸術の効果と合併症に関する説明義務 …………………… 208
──東京地判平成17・1・20（判タ1185号235頁）
105 一般的でない代替治療を施す場合の医師の説明義務………………… 210
──東京地判平成17・6・23（判時1930号108頁）
106 レーシック手術（近視矯正手術）による遠視化についての説明義務…… 212
──大阪地判平成21・2・9（判時2052号62頁）
107 ペットの治療方針についての獣医師の飼い主に対する説明義務違反と
慰謝料 …………………………………………………………………… 214
──東京高判平成20・9・26（判タ1322号208頁）

第3章　情報関係

1　個人情報

[108] 顧客情報の流出についての事業者の責任 …………………… 216
　　——東京高判平成19・8・28（判タ1264号299頁）
[109] 玄関ドアに督促状を貼付した家賃保証会社の不法行為責任 …… 218
　　——大阪地判平成22・5・28（判時2089号112頁）
[110] 誤情報を信用情報機関に提供したクレジット会社の責任 ……… 220
　　——大阪地判平成2・7・23（判時1362号97頁）

2　通信事業

[111] 未成年の子が利用したダイヤルQ2有料情報サービスに係る通話料 … 222
　　——最判平成13・3・27（民集55巻2号434頁）
[112] パソコン通信上の名誉毀損と関係者の責任（ニフティ・サーブ事件）… 224
　　——東京高判平成13・9・5（判時1786号80頁）
[113] プロバイダ責任制限法4条1項の発信者情報開示請求に応じなかった特定電気通信役務提供者の損害賠償責任 ……………… 226
　　——最判平成22・4・13（民集64巻3号758頁）
[114] 架空請求においてプライバシー侵害が認められた裁判例 ……… 228
　　——東京地判平成17・3・22（判時1916号46頁）
[115] 詐欺に使用された携帯電話を貸与したレンタル業者の責任 ……… 230
　　——東京地判平成24・1・25（消費者法ニュース92号290頁）
[116] 電話が不通となった場合の電話会社の利用者に対する損害賠償責任 … 232
　　——東京高判平成2・7・12（判時1355号3頁）
[117] サービスの再販売業者を介した利用者に対するレンタルサーバ業者の責任 …………………………………………………………… 234
　　——東京地判平成21・5・20（判タ1308号260頁）

第4章　手続関係（手続法と消費者）

[118] 全支店を順位付けした預金債権差押命令の申立ての適法性 ……… 236
　　——最決平成23・9・20（民集65巻6号2710頁）
[119] 合意管轄条項と民事訴訟法17条による移送 ………………… 238
　　——東京地決平成11・3・17（判タ1019号294頁〔①事件〕）

⑳ 同時破産廃止の決定の確定後にされた破産者の給料等債権への
強制執行 ……………………………………………………………… 240
　　──最判平成2・3・20（判時1345号72頁）

第5章　公正競争関係

1　独占禁止法違反

㉑ 石油カルテルと消費者に対する不法行為責任（鶴岡灯油訴訟） ………… 242
　　──最判平成元・12・8（民集43巻11号1259頁）

2　広告

㉒ 予備校の虚偽広告と受験生からの慰謝料等請求 ………………………… 244
　　──福井地判平成3・3・27（判時1397号107頁）
㉓ マンションの青田売り広告を掲載した新聞社の責任 …………………… 246
　　──最判平成元・9・19（集民157号601頁）
㉔ パチンコ攻略法を使った打ち子募集広告と広告代理店等の責任 ……… 248
　　──大阪地判平成22・5・12（判時2084号37頁）
㉕ 詐欺的商法の広告に出演した芸能人の責任 ……………………………… 250
　　──東京地判平成22・11・25（判時2103号64頁）

第6章　行政関係

㉖ 特急料金の改訂認可処分の取消訴訟における利用者住民の原告適格 … 252
　　──最判平成元・4・13（判時1313号121頁）
㉗ 詐欺的商法に対する監督権限の不行使についての国家賠償責任 ……… 254
　　──大阪高判平成20・9・26（判タ1312号81頁）
㉘ 国民生活センターによる浄水器の商品テスト結果の公表 …………… 256
　　──東京地判平成9・8・29（判タ985号225頁）
㉙ O-157事件の原因についての厚生労働大臣記者会見と
国家賠償責任 ………………………………………………………… 258
　　──東京高判平成15・5・21（判時1835号77頁）

第7章　心の消費者問題

- [130] **宗教団体への加入の勧誘行為と不法行為責任（青春を返せ裁判）** 260
  ——広島高岡山支判平成12・9・14（判時1755号93頁）
- [131] **入会時に全財産を出えんした入会者の脱会の際の返還請求権** 262
  ——最判平成16・11・5（民集58巻8号1997頁）
- [132] **自己啓発セミナーの勧誘とマインドコントロール**............................. 264
  ——東京地判平成19・2・26（判時1965号81頁）
- [133] **浄霊のため多額の出費をさせる行為と不法行為責任**........................... 266
  ——名古屋地判平成24・4・13（判時2153号54頁）

凡　例

1　法令名の略語　（　）はかっこの中で用いる場合

　　割販法（割販）　　　　　割賦販売法
　　携帯電話不正利用防止法　携帯音声通信事業者による契約者等の本人確認等及び携帯音声通信役務の不正な利用の防止に関する法律
　　国賠法（国賠）　　　　　国家賠償法
　　消契法（消契）　　　　　消費者契約法
　　製責法（製責）　　　　　製造物責任法
　　特商法（特商）　　　　　特定商取引に関する法律
　　民法（民）　　　　　　　民法
　　金商法　　　　　　　　　金融商品取引法
　　景表法　　　　　　　　　不当景品類及び不当表示防止法
　　個人情報保護法　　　　　個人情報の保護に関する法律
　　独占禁止法　　　　　　　私的独占の禁止及び公正取引の確保に関する法律
　　プロバイダ責任制限法　　特定電気通信役務提供者の損害賠償責任の制限及び発信者情報の開示に関する法律
　　民訴法　　　　　　　　　民事訴訟法
　　預貯金者保護法　　　　　偽造カード等及び盗難カード等を用いて行われる不正な機械式預貯金払戻し等からの預貯金者の保護等に関する法律

2　判例引用の略語

　　大　判（決）　　　　　　大審院判決（決定）
　　最（大）判（決）　　　　最高裁判所（大法廷）判決（決定）
　　高　判（決）　　　　　　高等裁判所判決（決定）
　　地　判（決）　　　　　　地方裁判所判決（決定）
　　支　判（決）　　　　　　支部判決（決定）
　　簡　判（決）　　　　　　簡易裁判所判決（決定）

3　判例集の略語

　　民　録　　　　　　　　　大審院民事判決録
　　民　集　　　　　　　　　大審院民事判例集・最高裁判所民事判例集
　　刑　集　　　　　　　　　大審院刑事判例集・最高裁判所刑事判例集
　　集　民　　　　　　　　　最高裁判所裁判集民事
　　下民集　　　　　　　　　下級裁判所民事裁判例集
　　訟　月　　　　　　　　　訟務月報
　　判　時　　　　　　　　　判例時報

判　タ	判例タイムズ
金　法	金融法務事情
金　判	金融・商事判例

4　文献引用の略語
　<雑　誌>

現　消	現代消費者法
自　正	自由と正義
重　判	重要判例解説（ジュリスト臨時増刊）
主判解	主要民事判例解説（判例タイムズ臨時増刊・別冊判例タイムズ）
ジュリ	ジュリスト
曹　時	法曹時報
判　評	判例評論（判例時報掲載の判例評釈）
ひろば	法律のひろば
法　協	法学協会雑誌
法　教	法学教室
法　支	法支
法　時	法律時報
法セミ	法学セミナー
民　商	民商法雑誌
リマークス	私法判例リマークス（法律時報別冊）

　<単行本>

百選	廣瀬久和＝河上正二編『消費者法判例百選』（有斐閣、2010）
医事法百選2版	甲斐克則＝手嶋豊編『医事法判例百選〔第2版〕』（有斐閣、2014）
医事法百選	宇都木伸ほか編『医事法判例百選』（有斐閣、2006）
行政法百選Ⅱ6版	宇賀克也＝交告尚史＝山本隆司編『行政判例百選Ⅱ〔第6版〕』（有斐閣、2012）
金商法百選	神田秀樹＝神作裕之編『金融商品取引法判例百選』（有斐閣、2013）
経済法百選	舟田正之＝金井貴嗣＝泉水文雄編『経済法判例・審決百選』（有斐閣、2010）
執行・保全百選2版	上原敏夫＝長谷部由起子＝山本和彦編『民事執行・保全判例百選〔第2版〕』（有斐閣、2012）
消費者取引百選	森島昭夫＝伊藤進編『消費者取引判例百選』（有斐閣、1995）
商法（総則・商行為）百選5版	江頭憲治郎＝山下友信編『商法（総則・商行為）判例百選〔第5版〕』（有斐閣、2008）
商法（総則・商行為）百選4版	江頭憲治郎＝山下友信編『商法（総則・商行為）判例百選〔第4版〕』（有斐閣、2002）

商法（総則・商行為）百選3版	鴻常夫＝竹内昭夫＝江頭憲治郎編『商法（総則・商行為）判例百選〔第3版〕』（有斐閣、1994）
倒産百選3版	青山善充＝伊藤眞＝松下淳一編『倒産判例百選〔第3版〕』（有斐閣、2002）
不動産取引百選3版	安永正昭＝鎌田薫＝山野目章夫編『不動産取引判例百選〔第3版〕』（有斐閣、2006）
保険法百選	山下友信＝洲崎博史編『保険法判例百選』（有斐閣、2010）
民訴法百選3版	伊藤眞＝高橋宏志＝高田裕成編『民事訴訟法判例百選〔第3版〕』（有斐閣、2003）
民法百選Ⅱ7版	中田裕康＝窪田充見編『民法判例百選Ⅱ〔第7版〕』（有斐閣、2015）
メディア百選	堀部政男＝長谷部恭男編『メディア判例百選』（有斐閣、2005）
アクセス	後藤巻則＝村千鶴子＝齋藤雅弘『アクセス消費者法〔第2版〕』（日本評論社、2007）
伊藤	伊藤崇『製造物責任における主張立証の実務』（民事法研究会、2015）
医療訴訟ケースファイル(1)	東京大阪医療訴訟研究会編著『医療訴訟ケースファイルVol.1』（判例タイムズ社、2004）
内田Ⅱ	内田貴『民法Ⅱ〔第3版〕』（東京大学出版会、2011）
内田Ⅲ	内田貴『民法Ⅲ〔第3版〕』（東京大学出版会、2005）
大橋	大橋洋一『行政法Ⅱ──現代行政救済論〔第2版〕』（有斐閣、2015）
大村	大村敦志『消費者法〔第4版〕』（有斐閣、2011）
河上	河上正二『民法総則講義』（日本評論社、2007）
行政法の争点	髙木光＝宇賀克也編『行政法の争点』（有斐閣、2014）
講義	日本弁護士連合会編『消費者法講義〔第4版〕』（日本評論社、2013）
後藤＝池本	後藤巻則＝池本誠司『割賦販売法』（勁草書房、2011）
コンメ消契法	日本弁護士連合会消費者問題対策委員会編『コンメンタール消費者契約法〔第2版増補版〕』（商事法務、2015）
最判解民事篇	『最高裁判所判例解説〔民事篇〕』（法曹会）
塩野	塩野宏『行政法Ⅱ──行政救済法〔第5版補訂版〕』（有斐閣、2013）
潮見	潮見佳男『不法行為法Ⅱ〔第2版〕』（信山社、2011）

実践PL法	日本弁護士連合会消費者問題対策委員会編『実践PL法〔第2版〕』（有斐閣、2015）
条解三法	後藤巻則＝齋藤雅弘＝池本誠司『条解消費者三法』（弘文堂、2015）
製責法の解説	通商産業省産業政策局消費経済課編『製造物責任法の解説』（通商産業調査会、1994）
逐条解説消契法	消費者庁消費者制度課編『逐条解説消費者契約法〔第2版補訂版〕』（商事法務、2015）
逐条解説製責法	経済企画庁国民生活局消費者行政第一課編『逐条解説製造物責任法』（商事法務研究会、1995）
特商法の解説	消費者庁取引対策課＝経済産業省商務流通保安グループ消費経済企画室編『特定商取引に関する法律の解説〔平成24年版〕』（商事法務、2014）
特商法ハンドブック	齋藤雅弘＝池本誠司＝石戸谷豊『特定商取引法ハンドブック〔第5版〕』（日本評論社、2014）
中田＝鹿野	中田邦博＝鹿野菜穂子編『基本講義消費者法〔第2版〕』（日本評論社、2016）
平野	平野裕之『民法総則〔第3版〕』（日本評論社、2011）
松本還暦	松本恒雄先生還暦記念『民事法の現代的課題』（商事法務、2012）
圓山	圓山茂夫『詳解特定商取引法の理論と実務』（民事法研究会、2014）
山本	山本敬三『民法講義Ⅰ〔第3版〕』（有斐閣、2011）

消費者法判例インデックス

第1章 契約（取引）関係　1　契約締結過程　谷江陽介

1 NHK受信契約の成否

東京高裁平成25年12月18日判決
- 事件名等：平成25年（ネ）第4864号受信料等請求控訴事件
- 掲載誌：判時2210号50頁

概要　本判決は、承諾の意思表示を命ずる判決（民414条2項ただし書）により、NHKと受信契約未締結者との間の放送受信契約を強制的に締結させることができるとしたものである。

事実関係

1　Yは、X（NHK）の放送を受信することのできるテレビ受信機を設置したにもかかわらず、放送受信契約（以下「受信契約」という）の手続をしなかった。そこで、Xは、Yに対し、受信契約の申込みを行った。しかし、Yは、受信契約の締結に応じなかった。

2　Xは、Yに対し、主位的請求として、Xが行った受信契約の申込みが受信者に到達した時点（または到達後相当期間が経過した時点）で受信契約が成立したとして、同契約に基づき未払受信料の支払いを求めた。また、予備的請求として、Yには受信契約の申込みに対する承諾義務があるとして、Xのした同申込みに対する承諾の意思表示を求めるとともに、判決により成立する受信契約に基づき未払受信料の支払いを求めた。

3　第一審は、主位的請求を棄却したが、次のように述べて予備的請求を認容した。「放送法は、Xの目的を、公共の福祉のために、あまねく日本全国において受信できるように豊かで、良い放送番組による放送を行うことなどと規定して（同法15条）、公共放送機関としての役割を担わせるとともに、Xの放送を受信できる受信設備を設置した者に放送受信契約を締結することを義務づけて（同法64条1項）、受信料によりXの財源を確保することとしているものと解される。このように、受信機を設置した者は、放送法によってXとの放送受信契約の締結を義務付けられているのであるから、Xは、受信機を設置したことにより同契約締結の義務を負いながら、任意にXとの契約の締結に応じない者に対しては、民事裁判において、放送受信契約締結の承諾の意思表示をすることを求めることができるというべきである。この場合、Xの同請求を認容する旨の判決が確定することにより、受信者の承諾の意思表示が擬制されることとなる」。X控訴。

判決要旨　原判決一部変更。本判決は、「放送法においては、受信契約について、申込みと承諾の双方の意思表示の合致、すなわち契約の締結によって成立すること以外の方法によって契約成立の法律効果が発生するものとす

ることを窺わせる規定は存在しない」こと、「受信契約の条項である受信規約は、受信契約の締結の方法として、3条において受信機の設置者によるXに対する放送受信契約書の提出とこれに対するXによる確認の通知による方法を規定して」いることなどを理由に、「放送法64条1項を含む関係法令及び受信規約は、Xの受信契約の申込みの意思表示について受信契約成立の法律効果が生ずる形成権として定めていないと解される」として、主位的請求を退けた。その上で、本判決は、「Yに対する本件放送受信契約の承諾の意思表示を命ずる判決の確定によりYとXとの間で本件放送受信契約が成立することになる」として、予備的請求を認容した。

本判決の位置づけ・射程範囲

　放送法64条1項は、「協会の放送を受信することのできる受信設備を設置した者は、協会とその放送の受信についての契約をしなければならない」と定めている。NHKは、受信契約の締結を拒絶している世帯・事業所を相手取り、受信契約の締結と受信料支払いを求める民事訴訟を提起してきた。行政法規上の「しなければならない」という用語は、国民・行政機関に義務づけを行うことを意味する。しかし、放送法には契約をしなかった場合に関する定めは置かれておらず、同項の法的効果として、契約の強制的締結を認めることができるのか、違反しても行為の効力には影響しない訓示規定にすぎないのかが問題となる。裁判例は一貫して、放送法の趣旨から同項を受信者に対する私法上の義務を定めた規定と解した上で、契約の強制的締結を認めてきた。もっとも、契約の強制的締結を導く法律構成については争いがある。主位的請求を認める立場（申込到達後2週間で契約が成立すると解する裁判例：東京高判平成25・10・30 関連判例）と、予備的請求を認める立場（本判決）に分かれているが、後者の立場をとる裁判例が多い。これに対して、学説の多くは、そもそも同項の法的効果として契約の強制的締結を認めることはできないと解する。契約の強制的締結を否定する見解は、受信者の有する契約自由に対する制限を認めることができるのかが問題の核心であるにもかかわらず、裁判例は放送法の趣旨に着目するのみで、契約自由に対する制限根拠についての理論的な検討が十分になされていない点を批判する。受信契約の成否を判断するにあたり、行政法規の解釈という視点のみではなく、契約自由との関係を踏まえた検討が必要であろう。

さらに理解を深める　松本恒雄「締約強制の私法上の効果」川村正幸先生退職記念論文集『会社法・金融法の新展開』（中央経済社、2009）415頁、平野裕之・法学研究87巻1号1頁、内山敏和・現消24号91頁、谷江陽介『締約強制の理論』（成文堂、2016）1頁　関連判例　東京高判平成25・10・30判時2203号34頁

第1章 契約（取引）関係　1　契約締結過程　　　　　　　熊谷士郎

② 金銭消費貸借契約と意思無能力

東京高裁平成11年12月14日判決
　事件名等：平成10年（ネ）第2625号求償金請求控訴事件
　掲 載 誌：金法1586号100頁

概要　本判決は、脳障害を有する者が行った複雑でリスクの高い金銭消費貸借契約について意思能力を否定し、その者が自署した金銭消費契約書は、意思能力がない以上、その意思に基づいて作成されたものとは認められず、金銭消費貸借契約が成立したと認めることはできないとしたものである。

事実関係　A銀行がY₁に1000万円を貸し付け（以下「本件金銭消費貸借契約」という）、Y₁の右借入金債務につき連帯保証したXが、A銀行に代位弁済したとして、Y₁およびY₁のXに対する求償債務につき連帯保証したY₂に対し、求償金1022万9950円等の支払いを求めた。Y₁は、くも膜下出血を発病し、前頭葉機能障害の後遺症が残っており、本件金銭消費貸借契約当時、日常的な金銭の貸し借りの意味や借りた金は返さなければならないということは理解することができたが、高度に複雑な論理的判断をする能力は欠けていた。Xの請求に対して、Yらは、抗弁として、Y₁の意思無能力等を主張した。原審は、本件金銭消費貸借契約証書の内容を理解したとは認めがたく、同契約書が真正に成立したと推認することができないとして、本件金銭消費貸借契約の成立を否定し、Xの請求を棄却した。X控訴。

判決要旨　控訴棄却。本件金銭消費貸借契約が、Y₁の保証委託によりXがY₁のAに対する債務を保証すること、XのY₁に対する求償債権を担保するため、Y₁がXに対しゴルフ会員権を提供することが一体となっていたものであること、右借入金は、Y₁の義父BのAに対する債務は、弁済に充てられたものであり、Y₁は、何らの利益を受けることなく、債務だけを負わされたことになること、Y₁が借入金を受領するための普通預金口座の開設、Aとの借入交渉等は、Bが行っており、Aが直接Y₁と交渉した形跡は認められないこと、Aは、すでに担保割れとなり回収が危ぶまれる債権を、Y₁の損失において回収したことになること、その損失を被るY₁が、本件の借入れの背景となっているBの借金の状況や資力等について明確な認識を有していたか明らかではないことを指摘し、「このような状況では、本件貸付に当たって、Y₁に、右の諸点について正確な情報が伝えられれば、もしY₁が精神的に健常な一人前の人物であれば、借入れを思いとどまった可能性があるといわなければならない。すなわち、本件の借入れは、

精神的に健常な一人前の者でも、そのリスクの高さからみて、借入れの可否を判断するのに、十分な思慮分別を要するものであったといえる。……ところが、当時のY₁の精神状態は、……いわば精神的には半人前の状態であったのであり、Y₁は、本件金銭消費貸借契約当時、その内容を理解し、右契約を締結するかどうかを的確に判断するだけの意思能力はなかったものと認められる。……本件金銭消費貸借契約証書は、Y₁が自署したものではあるが、Y₁に意思能力がない以上、その意思に基づいて作成されたものとは認められず、本件金銭消費貸借契約が成立したと認めることができない。」

本判決の位置づけ・射程範囲

　本判決は、意思無能力を認めた一事例であるが、複雑でリスクの高い本件金銭消費貸借契約について、比較的高度な判断能力を要求している点で注目される。

　意思無能力の状態でなされた行為は無効であるという法理は、判例法上一般に承認されている（大判明治38・5・11 関連判例 等参照）そして、意思無能力か否かの判断については、個々の行為ごとに、個々の行為の複雑性・重大性の程度に応じて判断するというのが一般的である（東京地判平成17・9・29 関連判例 等参照）。具体的な判断に際して、裁判例においては、「精神上の障害の存在・内容・程度のほかに、年齢、契約前後の言動や状況、契約締結の経緯、契約の動機・理由、相手方との関係、契約の内容、契約時の状況」等のファクターが考慮されており（高村・後掲20頁）、「概ね高齢者等本人に有利であると思われる取引は、取引の効力が認められているのに対し、当該取引を有効にすると当該本人に不利になると思われる事案では、その多くが取引の効力を否定されている」との指摘もある（澤井・後掲19頁）。本判決の意思無能力の判断も、このような裁判例の傾向に沿うものといえよう。もっとも、そもそも意思無能力法理をどのように理論的に位置づけるべきかについて共通の理解が十分に形成されておらず（山本・後掲53頁）、したがって、このような裁判例の傾向をどのように把握し、評価すべきかは、必ずしも明らかではない。

　また、本判決は、意思無能力であることから、意思に基づく文書の作成を否定し、契約の不成立を導いている（福岡地判平成9・6・11 関連判例 等も参照）。意思無能力法理と契約の成否ないし私文書の真正の推定との関係についてどのように解するかも、意思無能力法理をどのように理論的に位置づけるかによって異なろう。

さらに理解を深める

高村浩『民事意思能力と裁判判断の基準』（新日本法規、2002）9頁以下、澤井和子「意思能力欠缺をめぐる裁判例の問題点」滝澤孝臣編『判例展望民事法Ⅰ』（判例タイムズ社、2005）1頁以下、山本敬三「民法の改正と意思能力の明文化」水野紀子＝窪田充見編代『財産管理の理論と実務』（日本加除出版、2015）23頁以下、拙著『意思無能力法理の再検討』（有信堂高文社、2003）1頁以下

関連判例　大判明治38・5・11民録11輯706頁、福岡地判平成9・6・11金法1497号27頁、東京地判平成17・9・29判タ1203号173頁

第1章 契約（取引）関係　1　契約締結過程　　　　　　　　　磯村　保

③ いわゆる空クレジット契約に基づく返還債務の連帯保証と要素の錯誤

最高裁平成14年7月11日第一小法廷判決
　事件名等：平成11年（受）第602号保証債務請求事件
　掲載誌：判時1805号56頁、判タ1109号129頁、金法1667号90頁、金判1159号3頁

概要　本判決は、架空の商品売買契約に基づいて締結された売買代金立替払契約上の債務について、いわゆる空クレジットであることを知らずに連帯保証人となった者の錯誤主張を認めたものである。

事実関係　1　A社の代表取締役Bは、営業資金を捻出するため、C社と共謀して、Cから印刷機械を買い受ける契約を仮装し、クレジット会社Xとの間で、代金立替払契約を締結した。
2　Aの従業員Yは、Bの依頼に基づいて、A・C間に売買の実体がなくA・X間の契約がいわゆる空クレジットであることを知らずに、AのXに対する返還債務について連帯保証人となった。この連帯保証契約は、A・X間の立替払契約と同一書面を用いて締結された。
3　AがXに対する分割金支払債務の履行を遅滞したため、XはYに保証債務の履行を請求したが、Yは、要素の錯誤があり、本件保証契約は無効であると主張した。
4　一審・原審判決は、空クレジット契約であるかどうかは、連帯保証契約の締結にとって重要な相違をもたらさず、また、この点についての誤信は動機の錯誤にすぎないとして、Xの請求を認容した。Yが上告。

判決要旨　破棄自判。「保証契約は、特定の主債務を保証する契約であるから、主債務がいかなるものであるかは、保証契約の重要な内容である。そして、主債務が、商品を購入する者がその代金の立替払を依頼しその立替金を分割して支払う立替払契約上の債務である場合には、商品の売買契約の成立が立替払契約の前提となるから、商品売買契約の成否は、原則として、保証契約の重要な内容であると解するのが相当である」。

本判決の位置づけ・射程範囲

1　本判決以前において、空クレジット契約に基づく債務の連帯保証人が錯誤無効を主張しうるかどうかについて、裁判例・学説が分かれていた。本判決は、結論として、連帯保証人の錯誤が要素の錯誤に当たると判断した点で重要な意義を有する。

2　では、本判決は、この結論を導くた

めに本件における錯誤が要素の錯誤に当たることをどのように理論的に根拠づけたか。この検討に際して、①商品売買契約の実体があるとの誤信が動機の錯誤か、表示の錯誤かという問題と、②その錯誤が要素の錯誤に当たるかどうかという問題を区別しておく必要がある。

3　①について、本件の一審・原審判決と同じく、本件における錯誤は動機の錯誤にすぎないとする裁判例・学説（その状況について、松本・後掲46頁以下参照）も少なくない。しかし、いわゆる二元論的構成に立つ判例（最判昭和29・11・26民集 8 巻11号2087頁、最判平成元・9・14判時1336号93頁）の定式によれば、動機の錯誤については、(a)動機が表示され、(b)意思表示（法律行為）の内容となったことが必要となるが、本判決は、(a)を問題とすることなく、(b)の要件が原則として充たされるものとしている。これによれば、本判決は、Yの錯誤が表示の錯誤、より正確には、表示内容の錯誤に当たるとしたものと解される（評価が分かれていることについて、末尾引用の諸釈参照）。

保証契約に基づく債務は、単に一定額の金銭債務を抽象的に負担することを内容とするものでなく、特定の主たる債務の存在を当然の前提とし、その債務の履行を保証するものである。たとえば、同じく100万円の金銭債務について保証を引き受ける場合にも、主たる債務が金銭消費貸借契約上の債務であるのか、売買契約上の代金債務であるのかは保証債務の内容そのものに関わるといえ、単に動機の錯誤とはいえない。

4　同じく連帯保証人の錯誤が問題となった最判昭和32・12・19民集11巻13号2299頁との異同が問題となるが、この判決においては、他に連帯保証人が存在すると誤信した事案について、その誤信は縁由の錯誤（動機の錯誤）にすぎないとされた。すなわち、主たる債務の内容とは関わりのない事情に関する錯誤が問題となっており、本判決のように、主たる債務自体の内容が、保証人の考えていた債務と違っていたわけではなく、両判決の結論の相違は合理的に説明することができる。

5　表示内容の錯誤に当たると解する場合にも、さらに②の問題を検討することが必要である。判例・通説によれば、要素の錯誤に当たるためには、内容に関する錯誤であることに加えて、(c)錯誤がなければ表意者がその意思表示をしなかったであろうこと（主観的因果関係）、及び(d)通常人であってもその意思表示をしなかったであろうこと（客観的重要性）が必要であると解されているが（山本208頁参照）、本判決は、この点に関連して、空クレジットかどうかにより「主債務者の信用に実際上差があることは否定でき」ず、看過しえない重要な相違があると述べている。これは、(c)・(d)の要件が充たされていることを指摘するものであり、①と②の判断を組み合わせることにより、本件の錯誤が要素の錯誤に当たるとされたものである。

さらに理解を深める　百選20事件〔新堂明子〕　平成14年度重判民法 1 事件〔尾島茂樹〕、松本恒雄・金法1684号45頁、野村豊弘・リマークス2004(上)14頁、内田貴『民法Ⅰ〔第 4 版〕』（東京大学出版会、2008）68頁以下、山本216頁以下
関連判例　本文引用のもの

第1章 契約（取引）関係　1　契約締結過程　　　　　　　　　　熊谷士郎

4 床下リフォームと要素の錯誤

東京地裁平成17年8月23日判決
　事件名等：平成15年（ワ）第19499号損害賠償請求事件
　掲載誌：判時1921号92頁

概要　本判決は、床下換気システム一式を住宅に取り付ける工事請負契約について、請負人が説明し、注文者が期待したような湿気除去の効果が生じなかったとして、上記請負契約は、動機の錯誤により無効であるとしたものである。

事実関係　Xは、会社員で一戸建ての自宅を所有していたところ、以前防腐剤の購入をしたことのあるY会社の従業員AがX宅を訪れ、点検清掃の名目でX宅の床下に潜った際、Aから勧誘を受け、Yとの間で床下換気システム一式を自宅床下に取り付ける工事を行う旨の契約を締結した（以下「本件契約」という）。同日、Yは、X宅の床下に排気型換気扇を設置する等の工事をし、Xに床下換気システム一式を引き渡し、Xは、Yに対して本件契約代金55万円を支払った。Xは、期待した除湿効果がないとして、Yに対し、錯誤による無効および詐欺による取消しを主張し、本件契約代金の返還を求める等した。

判決要旨　請求一部認容、一部棄却。「本件床下換気システムは、床下の強制換気装置であり、一般的にいえば、床下の湿った空気を排出し、戸外のより乾燥した空気を床下に取り入れることにより、床下の湿気を取り除く効用を一応期待できる機能を有していると認められる。……しかしながら、建築Gメンの会の鑑定書等によれば、Xの床下は、常に湿気が供給される状況にあり、このような場所に本件換気システムを取り付けても湿気の供給源を除去せずに、強制換気をしても湿気が実際に除去されるかどうかは定かではない。……それにもかかわらず、Yの担当者Aは、パンフレットに記載のある謳い文句に沿った説明をし、Xに床下の湿気除去の効能があるものとして本件換気システムを売り込み、Xはその効能を信じて本件契約締結に至ったものと認められる。……実際には、本件システム設置と作動により、X宅の床下の湿気が除去されたとはいえず、Xの陳述及び鑑定書によれば、なお換気扇を取り付けたX宅の北側部分で相当の湿気が認められ、AがXに説明し、これによりXが期待したような本件床下換気システムによる湿気除去の効果が生じなかったと認められる。……Yは、Xの動機が表示されていなかったと主張するが、A自身が湿気除去を謳い文句に本件システムを売り込んだものであり、Xの動機付けをしているとみとめられるから、

Yの上記主張は採用し得ない。……またYは、本件換気扇は除湿器ではなく、除湿について過大な期待を抱いたXに重過失がある旨の主張もする。しかし、Yが本件換気扇を除湿機能があり、住居を快適にする機器として販売しており、Yのパンフレット及び営業員Aの説明により、Xが除湿機能について期待をしたことをもってXの重過失があるとは認められない。」とし、本件契約の動機の錯誤による無効を認めた。

本判決の位置づけ・射程範囲

判例は、一般論として、動機の錯誤が民法95条の錯誤として意思表示の無効をきたすには、「動機が相手方に表示されて意思表示（法律行為）の内容となり、もし錯誤がなかったならば表意者がその意思表示をしなかったであろうと認められることを要する」とする。そして、「動機は、たとえそれが表示されても、当事者の意思解釈上、それが法律行為の内容とされたものと認められない限り、表意者の意思表示に要素の錯誤はないと解するのが相当である」という（最判平成28・1・12 関連判例 等参照）。このような判例の立場をどのように理解するかについて見解は分かれうるが、「実質的には、問題となる契約類型、契約当事者の属性、錯誤の対象となった事項等の諸事情を踏まえて、動機の錯誤がある表意者と相手方のいずれを保護するのが相当であるかという衡量が働いている」と考えられる（飛澤知行・ジュリ1496号74頁）。本判決では、動機の表示の有無のみが争われているが、このような衡量の結果、動機の錯誤による無効が認められたと解しうる。

他方、動機の錯誤をめぐる従来の裁判例には、動機が法律行為の内容となっていたか否かより、相手方が表意者の動機の錯誤を惹起した等の相手方の態様が、錯誤無効を認める実質的な理由となっていると評価されるものがあった（山本・後掲NBL参照）。本判決においても、Xの動機の表示の有無や重過失の有無の判断に関して、Yの従業員Aの説明を契機とした誤認であることが重視されており、本判決はこのような裁判例の一つと位置づけることができよう。

なお、本判決は、いわゆるリフォーム商法・点検商法について動機の錯誤による救済を認めた点でも意義がある（三橋・後掲69頁）。他の手段として、民法（民96条、90条）によるもののほか、特商法上のクーリング・オフ権（特商9条）（京都地判平成17・5・25 関連判例）・取消権（特商9条の3）・過量販売解除権（特商9条の2）、消契法4条の取消権（不実告知につき東京地判平成17・3・10 関連判例、平成28年改正つき河上正二・ジュリ1495号82頁以下参照）等がある。

さらに理解を深める　三橋一郎・RETIO65号68頁、森田宏樹「民法95条（動機の錯誤を中心として）」広中俊雄＝星野英一編『民法典の百年Ⅱ』（有斐閣、1998）141頁以下、山本敬三・曹時63巻10号1頁以下、同・NBL1024号15頁以下、NBL1025号37頁以下　関連判例　最判平成28・1・12民集70巻1号1頁、東京地判平成17・3・10公刊物未登載、京都地判平成17・5・25裁判所ウェブサイト

第1章 契約（取引）関係　1　契約締結過程　　　　　　　　　熊谷士郎

⑤ 口頭のクーリング・オフの有効性

福岡高裁平成6年8月31日判決
　事件名等：平成5年（ツ）第30号立替金請求上告事件
　掲載誌：判時1530号64頁、判タ872号289頁

概要　本判決は、クーリング・オフは書面によって行う旨定めた規定について、消費者保護に重点を置いたものであること、書面を要する理由が後日紛争を生じさせない趣旨であるとすれば、それと同等の明確な証拠がある場合には保護を与えるのが相当であることから、書面によらない権利行使を否定したものと解釈するのは問題があるとし、口頭によるクーリング・オフを有効としたものである。

事実関係　Yは、A販売店から自宅で袋帯ほか1点の売買契約（以下「本件売買契約」という）を締結し、本件売買契約の代金30万円の支払いについて、X信販会社と立替払契約を締結した。その直後、Yは上記代金を支払えないことから、A販売店の支店長Bに本件売買契約を解消する旨の意思を口頭で伝えた。その約20日後にXからAに上記の代金が支払われたが、Yは割賦金の支払いをしなかったので、Xは催告のうえ、立替払金等37万2900円及びその遅延損害金の支払いを求めた。

　第一審は、Yのクーリング・オフの主張を認め、Xの請求を棄却した。X控訴。原審は、購入者に書面によるクーリング・オフを要求することが契約当事者間の信義に反するような特段の事情が認められない限り、書面によらなければならないとして、Yのクーリング・オフの主張を認めず、Xの請求を認めた。Yが上告。

判決要旨　破棄自判。いわゆるクーリング・オフを認める規定が「申込みの撤回等を行う場合には『書面により』行うことを要するとしているのは、申込みの撤回等について後日紛争が生じないよう明確にしておく趣旨であって、書面によらない場合の申込みの撤回等の効力については、同条項はその申込みの撤回等は書面によらなければその効力がない旨を明文で定めている訳ではなく、その結論は、同条項の立法の趣旨を踏まえての解釈の問題に帰着するというべきである。そこで検討すると、同条項は、訪問販売等においては購入意思が不安定なまま契約してしまい後日紛争が生じる場合が多いので、その弊害を除去するため、一定の要件のもとで申込みの撤回等を行うことができることにしたものであって、その申込みの撤回等は書面を発した時に効力を生じることにする……、

また、これらの規定に反する特約であって購入者に不利なものは無効とする……等、いわゆる消費者保護に重点を置いた規定であること、書面を要する理由が申込みの撤回等について後日紛争が生じないよう明確にしておく趣旨であるとすれば、それと同等の明確な証拠がある場合には保護を与えるのが相当である（なお、仮に購入者がその立証ができなければ、その不利益は購入者が負うのは当然である。）こと、から考えると、同条項が、書面によらない権利行使を否定したものと解釈するのは問題があるというべきである」として、口頭によるYのクーリング・オフを有効とした。

本判決の位置づけ・射程範囲

本判決は、当時裁判例において判断が分かれていた、口頭のクーリング・オフの有効性ついて、これを肯定したはじめての高裁判決である。本判決以後の裁判例は口頭のクーリング・オフを認めるものが多く、また、学説の多数も理由づけを含めて本判決を支持することから、口頭によるクーリング・オフの有効性の問題について、「本判決によって終止符が打たれた」とも評されている（石川・後掲113頁）。

もっとも、本判決がいう「〔書面と〕同等の明確な証拠がある場合」とは何を意味するのかは明らかではない。本判決後の裁判例においては、①「書面に代わる明確な証拠がある」場合（広島高判平成8・4・24 関連判例）、②「証拠上、明確」な場合（大阪地判平成17・3・29 関連判例）、③「〔クーリング・オフの〕意思表示が明確な形でなされた場合」（新城簡判平成19・10・15 関連判例）に口頭のクーリング・オフが認められるというもののほか、④単に「証拠上認定できれば足りる」（東京簡判平成17・5・26 関連判例）とするもの等がある。

学説においては、④と同様に解するものが多数であると思われ（特商法ハンドブック197頁、条解三法371頁等参照）、このような立場からは、本判決は広く一般に口頭によるクーリング・オフを認めたものと理解されることになろう。

これに対して、本判決を含め、口頭のクーリング・オフが認められた裁判例においては、特殊な事情があったからこそ認められたと解する余地があり、このようなケースにおいては、合意解除の認定や信義則の援用によって処理すべきであるという指摘がある（大村88頁。特商法の解説87頁も参照）。

さらに理解を深める

百選47事件〔石川正美〕　青野博之・判時1543号220頁、池田真朗・判夕885号48頁、杉田雅彦・平成7年度主判解86頁、尾島茂樹・クレジット研究15号182頁、特商法ハンドブック197頁以下、圓山235頁以下、条解三法370頁以下　関連判例　古川簡判昭和62・6・15NBL431号49頁、大阪地判昭和62・5・8判夕665号217頁、大阪簡判昭和63・3・18判時1294号130頁、広島高松江支判平成8・4・24消費者法ニュース29号60頁、大阪地判平成17・3・29消費者法ニュース64号201頁、東京簡判平成17・5・26公刊物未登載、新城簡判平成19・10・15公刊物未登載、長野地判平成26・9・12消費者法ニュース102号321頁

第1章　契約（取引）関係　1　契約締結過程　　　　　　　　山城一真

6 火災保険契約における地震免責条項についての説明義務

最高裁平成15年12月9日第三小法廷判決
　事件名等：平成14年（受）第218号保険金請求事件
　掲載誌：民集57巻11号1887頁、判時1849号93頁、判タ1143号243頁、金法1706号35頁、金判1202号11頁

概要　本判決は、火災保険契約の締結にあたって地震免責条項に関する適切な説明がなされなかったことを理由とする慰謝料請求につき、これを否定したものである。

事実関係　阪神・淡路大震災を原因とする火災によって、自身の家屋・家財道具を失ったXらは、地震発生以前にY保険会社との間で締結していた火災保険契約に基づき、Yに対して保険金の支払を求めた。しかし、この契約に適用される保険約款には、地震等によって生じた損害については保険金を支払わない旨を定める「地震免責条項」があり、かつ、Xらは、地震保険不加入意思確認欄に押印し、地震保険に加入しない旨の意思表示をしていた。そのため、Yは、保険金の支払を拒絶した。これに対して、Xらは、Y側から地震保険に関する事項について適切な情報提供や説明を受けなかったために、正確かつ十分な情報の下で地震保険の加入について意思決定をする機会を奪われたとして、Yに対し、これによってXらが被った精神的損害を填補するための慰謝料の支払を求めた。原判決がこれを認容したのに対し、Yが上告した。

判決要旨　破棄自判。「地震保険に加入するか否かについての意思決定は、生命、身体等の人格的利益に関するものではなく、財産的利益に関するものであることにかんがみると、この意思決定に関し、仮に保険会社側からの情報の提供や説明に何らかの不十分、不適切な点があったとしても、特段の事情が存しない限り、これをもって慰謝料請求権の発生を肯認し得る違法行為と評価することはできないものというべきである。
　……前記の事実関係等によれば、次のことが明らかである。(1) 本件各火災保険契約の申込書には、『地震保険は申し込みません』との記載のある地震保険不加入意思確認欄が設けられ、申込者が地震保険に加入しない場合には、その欄に押印をすることになっている。申込書にこの欄が設けられていることによって、火災保険契約の申込みをしようとする者に対し、①火災保険とは別に地震保険が存在すること、②両者は別個の保険であって、前者の保険に加入したとしても、後者の保険に加入したことにはならないこと、③申込者がこの欄に押印をした場

合には、地震保険に加入しないことになることについての情報が提供されているものとみるべきであって、申込者であるXらは、申込書に記載されたこれらの情報を基に、Yに対し、火災保険及び地震保険に関する更に詳細な情報（両保険がてん補する範囲、地震免責条項の内容、地震保険に加入する場合のその保険料等に関する情報）の提供を求め得る十分な機会があった。(2) Xらは、いずれも、この欄に自らの意思に基づき押印をしたのであって、Y側から提供された上記①〜③の情報の内容を理解し、この欄に押印をすることの意味を理解していたことがうかがわれる。(3) Yが、Xらに対し、本件各火災保険契約の締結に当たって、本件地震保険に関する事項について意図的にこれを秘匿したなどという事実はない。

　これらの諸点に照らすと、本件各火災保険契約の締結に当たり、Y側に、Xらに対する本件地震保険に関する事項についての情報提供や説明において、不十分な点があったとしても、前記特段の事情が存するものとはいえないから、これをもって慰謝料請求権の発生を肯認し得る違法行為と評価することはできないものというべきである」。

本判決の位置づけ・射程範囲

　契約を締結するか否かに関する意思決定を行うのに必要な情報は、本来、各当事者が自らの責任で収集すべきものである。しかし、今日の判例・学説は、一定の要件のもとで、相手方の意思決定に影響を与えるべき事実について説明する義務（説明義務、情報提供義務）が発生する余地を認めている。

　それでは、この義務が履行されなかった結果、十分な情報に基づいて契約を締結するかどうかを吟味する機会を失った者は、その相手方に対して慰謝料を請求することができるだろうか。判例は、人格的利益にかかる意思決定の機会を失った場合には、慰謝料請求の可能性を認めている（最判平成12・2・29 関連判例 〔手術に際して輸血を行うことに関する説明〕、最判平成13・11・27 関連判例 〔乳房温存療法の適否に関する説明〕）。これと同じ理解が契約の締結にかかる意思決定についても妥当するか否かが問われたのが、本件である。

　本判決は、一般論としてはその可能性を否定しなかった。しかし、財産的利益にかかる意思決定については、人格的利益にかかるそれとは異なり、単に説明が不十分・不適切であったというだけでは慰謝料請求権は発生せず、さらに「特段の事情」がなければならないとした。そのうえで、本件の評価としては、地震保険不加入意思確認欄に署名がなされたことを顧慮すれば、地震保険に関する事項については一応の説明がなされているから、「特段の事情」は認められないとした。本判決の射程は、本書7事件 と比較して考察しなければならない。

さらに理解を深める

百選22事件〔岡田豊基〕　最判解民事篇平成15年度〔下〕752頁〔志田原信三〕、不動産取引百選3版15事件〔久保宏之〕。さらに、本書7事件 について挙げる文献をも参照　関連判例 最判平成12・2・29民集54巻2号582頁、最判平成13・11・27民集55巻6号1154頁、最判平成16・11・18 本書7事件

第1章 契約（取引）関係　1　契約締結過程　　　　　　　山城一真

7　住宅・都市整備公団による値下げ販売と説明義務

最高裁平成16年11月18日第一小法廷判決
　事件名等：平成16年（受）第482号損害賠償請求事件
　掲載誌：民集58巻8号2225頁、判時1883号62頁、判タ1172号135頁、金判1216号71頁

概要　本判決は、分譲住宅の購入契約を締結するかどうかにかかる意思決定について重要な事実が説明されなかったことを理由に、慰謝料請求を認めたものである。本書6事件 判決が示した一般論を踏まえて、財産的利益にかかる意思決定の機会を失ったことを理由として慰謝料請求を認めた初の最高裁判決である。

事実関係　Xらは、A（平成11年に解散し、Yがその権利義務を承継。以下ではYと表記する）が設営する団地に居住していたが、平成2年、Yが建替え事業を行うことになったため、これに協力して賃貸借契約を合意解約し、住宅を明け渡した。この合意解除に際して、Yは、Xらとの間で、早期に住宅を明け渡すなどして建替え事業に協力した者については、一般公募に先立つ優先購入の機会を確保すること等を約し、覚書を交わした。

　その後、平成6年から7年にかけて、Yは、Xらとの間で、新団地の分譲住宅につき譲渡契約を締結した。この時、Xらは、Xらに対するあっせん後、未分譲住宅の一般公募が直ちに行われ、その譲渡価格は少なくともXらに対する譲渡価格と同等であるものと認識していた。しかし、実のところ、Xらについて設定された譲渡価格は高額であり、その価格で一般公募をしても購入希望者が現れる見込みがなかったため、Yは、直ちに一般公募をする意思は有していなかった。結局、一般公募は平成10年になってから行われ、しかも、その価格は25～30％程度の値下げをしたものであった。

　以上の事情のもと、Xらは、次のように主張して、Yに対して不法行為に基づく慰謝料の支払を求めた。Yは、本件各譲渡契約を締結する際、Xらに対するあっせん後直ちに未分譲住宅の一般公募をする意思がないことを説明すべき信義則上の義務があった。それにもかかわらず、Yがこの説明を怠ったために、Xらは、分譲住宅の価格の適否について十分に検討して譲渡契約を締結するか否かを決定する機会を奪われた。原判決がこの請求を認容したのに対し、Yが上告した。

判決要旨　上告棄却。「Yは、Xらが、本件優先購入条項により、本件各譲渡契約締結の時点において、Xらに対するあっせん後未分譲住宅の一般

公募が直ちに行われると認識していたことを少なくとも容易に知ることができたにもかかわらず、Xらに対し、上記一般公募を直ちにする意思がないことを全く説明せず、これによりXらがYの設定に係る分譲住宅の価格の適否について十分に検討した上で本件各譲渡契約を締結するか否かを決定する機会を奪ったものというべきであって、Yが当該説明をしなかったことは信義誠実の原則に著しく違反するものであるといわざるを得ない。そうすると、XらがYとの間で本件各譲渡契約を締結するか否かの意思決定は財産的利益に関するものではあるが、Yの上記行為は慰謝料請求権の発生を肯認し得る違法行為と評価することが相当である。上記判断は、所論引用の判例(最高裁平成14年(受)第218号同15年12月9日第三小法廷判決・民集57巻11号1887頁〔(本書6事件)〕)に抵触するものではない」。

本判決の位置づけ・射程範囲

本件の争点は、本書6事件と同じく、契約の締結に関する意思決定の侵害を理由とする慰謝料請求の可否にある。その意味で、本判決は、本書6事件判決が示した判断枠組を踏襲しつつ、その射程範囲を画したものといえる。

ところで、両判決は、慰謝料請求の肯否をめぐる結論を異にする。その理由は、一般に、両事案における相手方の反信義性の程度の相違に求められる。すなわち、本書6事件では、完全とはいえないまでも、地震保険について一応の説明がなされていた。これに対し、本件のYは、あっせん後未分譲住宅の一般公募が直ちに行われるとXが認識していたことを容易に知り得たにもかかわらず、そのような意図を有しないことを何ら説明せずに譲渡契約の締結に及んだものと認定されている。こうしたYの態様が、本判決における「信義誠実の原則に著しく違反する」との評価を導いたものと解される。

なお、本書6事件とも関わるが、財産的利益に関する意思決定の侵害に基づく慰謝料請求の位置づけをめぐっては、学説上、ニュアンスを異にする評価がみられる。一方、十分な情報に基づく意思決定機会の喪失が慰謝料請求の根拠なのであれば、不利益を被る可能性を吟味せずに契約を締結せざるを得なかった以上、不利益が現実化しなかったとしても、慰謝料請求を認めるのが論理的である(小粥・後掲を参照)。しかし、他方、財産的利益に関する意思決定を不法行為法によって保護することの意味は、それを通じて財産的利益の保護を実現する点にあるとして、意思決定機会の喪失それ自体を理由とする慰謝料請求を認めることには慎重であるべきだとする見方も示されている(錦織・後掲を参照)。

さらに理解を深める 百選14事件〔小粥太郎〕 最判解民事篇平成16年度(下)693頁〔志田原信三〕、錦織成史・ジュリ1086号90頁、小粥太郎・自正47巻10号36頁 関連判例 最判平成15・12・9 本書6事件

第1章　契約（取引）関係　1　契約締結過程　　　　　　　　　　原田昌和

8　不動産取引における銀行の説明義務

最高裁平成18年6月12日第一小法廷判決
　事件名等：平成16年（受）第1219号根抵当権抹消登記手続等請求事件
　掲載誌：判時1941号94頁、判タ1218号215頁、金法1790号57頁、金判1245号16頁

概要　本判決は、消費貸借契約における返済計画の具体的な実現可能性の判断につき、原則としては借受人の負担すべきリスクであるとしつつ、特段の事情がある場合には、信義則上、金融機関に調査・説明義務が課されうるとしたものである。

事実関係　Xは、取引のあったY₁銀行の担当者から、土地の有効利用についてノウハウを有する会社としてY₂を紹介された。Y₂担当者は、Xの自己資金2億8770万円に借入金9000万円を加えた資金で、X所有の本件各土地上に本件建物を建築し、本件建物の賃料収入を借入金の返済に充てる経営企画書を作成し、これに基づき、Y₁担当者が右計画を内容とする本件投資プランを作成した。Y₁担当者及びY₂担当者によるXへの説明では、上記自己資金は、本件各土地の北側部分（本件北側土地）を約3億円で売却することによって捻出するというものであり、Xもそれが可能であると考え、Y₁から建築資金全額の融資を受けた。ところが、本件建物は、本件北側土地を含む本件各土地全体を敷地として建築確認がされ、しかも容積率の制限の上限に近いものであったため、本件北側土地が売却され、残りの部分のみが敷地になると、本件建物は違法な建築物になり、他方、本件北側土地の買主がそこを敷地として建物を建築しようとすると、異なる建築物について土地を二重に敷地として使用することとなるため、建築確認を直ちには受けられない可能性があった（本件敷地問題）。Y₂担当者は、上記問題を認識しつつ、建築主事が土地の二重使用に気付かなければ建物の建築に支障はないとの見込みのもとで本件計画を提案していたが、X及びY₁担当者は上記問題を知らなかった。結局、本件北側土地の売却はできず、XがY₁からの貸付金の返済を遅滞したため、Y₁が本件各土地及び本件建物に対して有する根抵当権につき、不動産競売が開始された。XからY₁及びY₂に対して不法行為又は債務不履行に基づく損害賠償請求がなされ、第一審は請求を一部認容、原審は請求棄却、Xより上告受理申立て。

判決要旨　破棄差戻し（以下、Y₁の責任に関する部分のみ引用）。「一般に消費貸借契約を締結するに当たり、返済計画の具体的な実現可能性は

借受人において検討すべき事柄であり、本件においても、Y₁担当者には、返済計画の内容である本件北側土地の売却可能性について調査した上でXに説明すべき義務が当然にあるわけではない」。しかし、「①Y₁担当者は、Xに対し、本件各土地の有効利用を図ることを提案してY₂を紹介しただけではなく、②本件北側土地の売却によりY₁に対する返済資金をねん出することを前提とする本件経営企画書を基に本件投資プランを作成し、③これらに基づき、Y₂担当者と共にその内容を説明し、④Xは、上記説明により、本件貸付けの返済計画が実現可能であると考え、本件貸付けを受けて本件建物を建築したというのである」。「そして、Xは、⑤Y₁担当者が上記説明をした際、本件北側土地の売却についてY₁も取引先に働き掛けてでも確実に実現させる旨述べるなど特段の事情があったと主張しているところ、これらの特段の事情が認められるのであれば、Y₁担当者についても、本件敷地問題を含め本件北側土地の売却可能性を調査し、これをXに説明すべき信義則上の義務を肯認する余地があるというべきである」。「しかるに、原審は、上記の点について何ら考慮することなく、直ちに上記説明義務を否定しているのであるから、原審の上記判断には、審理不尽の結果、判決に影響を及ぼすことが明らかな法令の違反がある」（丸数字は筆者）。

本判決の位置づけ・射程範囲

銀行担当者の説明義務に焦点を当てて解説する。契約に関わる情報の収集は、第一次的には各契約当事者の自己責任であるが、信義則上、相手方当事者への説明義務が課される場合があることには異論がない。その実質的な根拠としては、①自己決定の基盤確保という観点からの、事業者と顧客の間の情報格差の是正の必要性、②事業者の専門家性に対する社会からの信頼などが挙げられる。本判決に関わる先例としては、信用金庫担当者の積極的な勧誘によって融資を受けて購入した土地に、接道要件不具備という障害があった事案で、信義則上、担当者の借主に対する説明義務を肯認する根拠となりうるような特段の事情がない限り、担当者に接道要件に関する説明義務はないとしたものがある（最判平成15・11・7 関連判例）。本判決は、本件敷地問題を含む本件北側土地の売却可能性を調査し説明する義務を基礎付けるための考慮要素（評価根拠事実）として、判決要旨①から⑤の事実を摘示しているが、とりわけ⑤の事実は、関連判例にいう、信義則上、担当者の借主に対する説明義務を肯認する根拠となりうるような特段の事情と位置付けることができる。本件投資プランの中核となる取引の確実な実現を自らが関与して請け合うかのような発言が銀行担当者からあった場合には、Xとしてはこれを信頼し、本件北側土地に関する返済計画の実現可能性を自ら調査検討しなくてもよいと考えたとしてもやむをえないであろう。

| さらに理解を深める | 百選61事件〔後藤巻則〕　加藤新太郎・平成18年度主判解38頁
関連判例　最判平成15・11・7判時1845号58頁 |

第1章 契約（取引）関係　1　契約締結過程　　　　　　　　　　　山城一真

9 契約締結前の説明義務違反と債務不履行責任の成否

最高裁平成23年4月22日第二小法廷判決
事件名等：平成20年（受）第1940号損害賠償請求事件
掲載誌：民集65巻3号1405頁、判時2116号53頁、判タ1348号87頁、金法1928号106頁、金判1372号30頁

概要　本判決は、契約を締結するか否かに関する判断に影響を及ぼすべき情報の提供を怠ったことによって生じる責任の法的性質につき、最高裁がこれを不法行為責任であると初めて明示したものである。

事実関係　Xは、平成11年3月2日、Y信用協同組合の勧誘に応じてYに500万円を出資した。この勧誘の当時、Yは既に債務超過の状態にあり、早晩、監督官庁から破綻認定を受ける現実的な危険性があったのだが、Yは、そのことを認識しながら、何らの説明もせずにXに対する勧誘を行ったものであった。その後、平成12年12月16日、金融整理管財人による業務及び財産の管理を命ずる処分を受けたことによってYの経営が破綻し、Xは、持分の払戻しを受けられなくなった。そこで、Xは、平成18年9月8日、Yに対して、説明義務違反を理由とする損害賠償請求の訴えを提起した。

原判決は、以上の事情のもと、Yが、実質的な債務超過の状態にあって経営破綻の現実的な危険があることを説明しないまま、Xに対して出資を勧誘したことは、信義則上の説明義務に違反するものであり、これによって債務不履行に基づく損害賠償請求権が発生するとして、Xの請求を認容した。これに対して、Yから上告受理申立てがなされた。

判決要旨　破棄自判。「契約の一方当事者が、当該契約の締結に先立ち、信義則上の説明義務に違反して、当該契約を締結するか否かに関する判断に影響を及ぼすべき情報を相手方に提供しなかった場合には、上記一方当事者は、相手方が当該契約を締結したことにより被った損害につき、不法行為による賠償責任を負うことがあるのは格別、当該契約上の債務の不履行による賠償責任を負うことはないというべきである。

　なぜなら、上記のように、一方当事者が信義則上の説明義務に違反したために、相手方が本来であれば締結しなかったはずの契約を締結するに至り、損害を被った場合には、後に締結された契約は、上記説明義務の違反によって生じた結果と位置付けられるのであって、上記説明義務をもって上記契約に基づいて生じた義務であるということは、それを契約上の本来的な債務というか付随義務というか

にかかわらず、一種の背理であるといわざるを得ないからである。契約締結の準備段階においても、信義則が当事者間の法律関係を規律し、信義則上の義務が発生するからといって、その義務が当然にその後に締結された契約に基づくものであるということにならないことはいうまでもない。

このように解すると、上記のような場合の損害賠償請求権は不法行為により発生したものであるから、これには民法724条前段所定の3年の消滅時効が適用されることになる……」。

本判決の位置づけ・射程範囲

説明義務違反に基づく損害賠償責任の問題は、従来、「契約締結上の過失」として論じられるのが通例であった。そして、その責任の法的性質については、安全配慮義務について展開した判例法理（最判昭和50・2・25 関連判例〔安全配慮義務違反に基づく責任の法的性質を債務不履行責任とした〕）の影響もあり、これを特別な社会的接触関係に基づいて生じる信義則上の義務への違反を根拠とする債務不履行責任であると解し、これに基づく損害賠償責任の時効期間は10年（民167条1項）であるとする理解が有力に示されていた。

そうした状況において、本判決は、「契約を締結するか否かに関する判断に影響を及ぼすべき情報」の提供を怠った場合に生じる損害賠償責任の法的性質は不法行為責任にほかならず、したがって民法724条前段所定の3年の時効が適用されるとの立場を明示した（なお、起算点につき、最判平成23・4・22 関連判例〔本件と同様の事案につき、遅くとも平成13年末には「損害及び加害者を知った」といえるとした〕を参照）。本判決は、契約を締結するか否かに関する判断に影響を及ぼすべき事実の説明に関する限り、上記有力説の理解を斥けたものと位置づけることができる。

本判決の射程を理解するためには、「契約を締結するか否かに関する判断に影響を及ぼすべき情報」という限定に注目しなければならない。たとえば、契約の締結ではなく、契約の履行方法や目的物の用法にかかる説明を怠った場合には（最判平成17・9・16 関連判例〔防火扉の電源スイッチの位置・操作方法に関する説明義務違反〕を参照）、それに基づいて生じる責任は、当該契約に基づくものとして、なお債務不履行責任と構成する余地が残されている（本判決に付された千葉裁判官の補足意見は、このような理解の可能性を示す）。そのほか、本判決の一般論が、同じく「契約締結上の過失」の問題として論じられてきた契約交渉の不当破棄のケースにも及ぶと解すべきか否かについても、さらなる検討を要しよう。

さらに理解を深める

民法百選Ⅱ7版4事件〔角田美穂子〕　最判解民事篇平成23年度(上)391頁〔市川多美子〕、平成23年度重判民法7事件〔池田清治〕、横山美夏・ジュリ1094号128頁　関連判例 最判昭和50・2・25民集29巻2号143頁、最判平成17・9・16判時1912号8頁、最判平成23・4・22判時2116号61頁

第1章 契約（取引）関係　2　契約の内容と効力　　　　　河上正二

10　生命保険約款における1年内自殺免責条項の解釈

最高裁平成16年3月25日第一小法廷判決
　事件名等：平成13年（オ）第734号・同（受）第723号保険金請求、債務不存在確認請求本訴、同反訴事件
　掲載誌：民集58巻3号753頁、判時1856号150頁、判タ1149号294頁、金法1714号105頁、金判1194号2頁

概　要　本判決は、1年経過後の被保険者の自殺による死亡については、当該自殺による死亡保険金の支払いを認めることが公序良俗に違反するおそれがあるなどの特段の事情が認められない場合は、当該自殺の動機、目的が保険金の取得にあることが認められるときでも、免責の対象とはしない旨の約定と解するのが相当であるとしたものである。

事実関係　AはX₁会社を設立し代表取締役をつとめていたが、平成6年頃には経営が相当苦しい状況にあった。平成6年6月、X₁はY₁らと、Aを被保険者、X₁を保険金受取人とする複数の生命保険契約を締結し（平成6年契約）、さらに、平成7年7月にも、AはY₅らと、自己を被保険者、妻X₂を保険金受取人とする複数の生命保険契約等を締結した（平成7年契約）。各生命保険契約に適用される約款では、死亡保険金支払事由を「被保険者が死亡したとき」と定め、保険者の責任開始の日から1年以内に被保険者が自殺した場合には保険者は死亡保険金を払わない旨の特約（1年内自殺免責特約）が含まれていた。平成7年10月末、Aは工事を請け負っていた集合住宅から転落して死亡したため（後に諸般の状況から自殺と認定された）、X等は各保険会社（Y₁～Y₇）に保険金の支払を求めて本訴に及んだ。なお妻X₂は、Aの死後、X₁の代表取締役に就任している。

　第一審（東京地判平成11・3・26判時1788号144頁）は、Aの死亡が自殺によるものであることを認定し、平成7年契約分につき保険会社の免責を認めたが、平成6年契約分についてはXの請求を認容。原審（東京高判平成13・1・31判時1788号136頁）は、Aが専ら又は主として保険金をX₁等に取得させる動機・目的の下に自殺したと認められることを理由に（商法旧680条1項1号参照）、平成6年契約についても各保険会社は保険金支払義務を免れるものとした。Xらから上告。

判決要旨　原判決一部破棄差戻し、一部破棄自判、一部上告棄却。生命保険約款における「1年内自殺免責特約は、責任開始の日から1年内の

被保険者の自殺による死亡の場合に限って、自殺の動機、目的を顧慮することなく、一律に保険者を免責することにより、当該生命保険契約が不当な目的に利用されることの防止を図るものとする反面、1年経過後の被保険者の自殺による死亡については、当該自殺に関し犯罪行為等が介在し、当該自殺による死亡保険金の支払いを認めることが公序良俗に違反するおそれがあるなどの特段の事情がある場合は格別、そのような事情が認められない場合には、当該自殺の動機、目的が保険金の取得にあることが認められるときであっても、免責の対象とはしない旨の約定と解するのが相当である。」

本判決の位置づけ・射程範囲

商法旧680条1項1号（現保険法51条1号）の趣旨は、被保険者が故意に保険事故（被保険者の死亡）を発生させることが、生命保険契約上要請される信義則に反し、また、そのような場合に保険金が支払われると生命保険契約が不当な目的に利用される可能性があるため、これを防止するところにある（故意による保険事故招致の一形態）。他方、生命保険約款における「1年内自殺免責特約」は、①生命保険契約締結の動機が被保険者の自殺による保険金の取得にあったとしても、その動機を、長期にわたって持続することは一般的に困難であること、また、②自殺の真の動機、原因が何であったかを事後において解明することはきわめて困難であること、③自殺原因には同情すべき場合も多く、残された遺族の生活保障の必要もあること等から、一定の期間内での被保険者の自殺による死亡の場合に限り、その動機・目的を問わず一律に保険者を免責し、これによって生命保険契約が不当な目的に利用されることを防止することが可能であるとの考えによるものと思われる。かような条項策定の趣旨、保険者・被保険者の公平および特約文言の反対解釈からすれば、判示のような悪質で反社会的な特段の事情がある場合をのぞき、原則として期間経過後の免責は認められない（不可争約款）と解するのが合理的であり、当事者の客観的意思にそうものであろう。従来、下級審での判断基準が不分明であったこともあり（期間経過後の保険会社の免責を認めた例として、岡山地判平成11・1・27金法1554号90頁、山口地判平成11・2・9判時1681号152頁、松山地判平成11・8・17公刊物未登載などがある）、本判決は、最上級審の判断枠組みを示したものとして、重要である。

さらに理解を深める

保険法百選82事件〔吉田直〕　太田晃詳・ジュリ1275号158頁、最判解民事篇平成16年度（上）215頁〔太田晃詳〕、金岡京子・ひろば2006年1月号64頁、相原隆・リマークス2005（下）98頁、笹本幸祐・法教289号154頁、中西正明・民商131巻2号298頁等の評釈がある。より一般的には、竹濱修・立命館法学225＝226号1070頁、山下典孝・法学新報109巻9＝10号601頁、福島雄一・法律論叢82巻4＝5号365頁など参照

第1章 契約（取引）関係　2　契約の内容と効力　　　　　三枝健治

11 建物の賃貸借契約における通常損耗補修特約の効力

最高裁平成17年12月16日第二小法廷判決
事件名等：平成16年（受）第1573号敷金返還請求事件
掲載誌：判時1921号61頁、判タ1200号127頁

概要　本判決は、賃借人が通常損耗の原状回復義務を負うには、その旨の特約について明確な合意が必要であるとしたものである。

事実関係　Xは、Yから共同住宅の一室を賃借する契約を締結した際、敷金35万円余をYに交付した。契約書には賃借人が別紙記載の負担区分表に従って退去時に修補費用を負担する旨の条項があり、契約締結前の入居説明会でも負担区分表の個々の項目には言及がなかったが、賃借人の負担自体については説明がされた。その負担区分表では、例えば、「各種壁・天井等仕上材」の項目であれば「生活することによる変色・汚損・破損」が補修の必要な状況と定められ、賃借人が所定の補修費用を負担するものとされていた。Xは、Yとの賃貸借契約を解約し、Yに住宅を明け渡したが、Yは、住宅の補修費用として、通常損耗の補修費用を含む30万円余を控除し、残額約5万円しかXに返還しなかった。そこで、Xが、通常損耗の補修費用を賃借人が負担する旨の特約は成立しておらず、仮に成立しているとしても公序良俗に反して無効であるとして、敷金から控除された30万円余の返還を求めて提訴した。第一審・原審ともにXの請求を棄却。Xが上告受理申立て。

判決要旨　破棄差戻し。「賃借人は、賃貸借契約が終了した場合には、賃借物件を原状に回復して賃貸人に返還する義務があるところ、賃貸借契約は、賃借人による賃借物件の使用とその対価としての賃料の支払を内容とするものであり、賃借物件の損耗の発生は、賃貸借という契約の本質上当然に予定されているものである。それゆえ、建物の賃貸借においては、賃借人が社会通念上通常の使用をした場合に生ずる賃借物件の劣化又は価値の減少を意味する通常損耗に係る投下資本の減価の回収は、通常、減価償却費や修繕費等の必要経費分を賃料の中に含ませてその支払を受けることにより行われている。そうすると、建物の賃借人にその賃貸借において生ずる通常損耗についての原状回復義務を負わせるのは、賃借人に予期しない特別の負担を課すことになるから、賃借人に同義務が認められるためには、少なくとも、賃借人が補修費用を負担することになる通常損耗の範囲が賃貸借契約書の条項自体に具体的に明記されているか、仮に賃

貸借契約書では明らかでない場合には、賃貸人が口頭により説明し、賃借人がその旨を明確に認識し、それを合意の内容としたものと認められるなど、その旨の特約（以下『通常損耗補修特約』という。）が明確に合意されていることが必要であると解するのが相当である。」「これを本件についてみると」、通常損耗補修特約のみならず、それが引用する「本件負担区分表についても、……文言自体からは、通常損耗を含む趣旨であることが一義的に明白であるとはいえない。したがって、本件契約書には、通常損耗補修特約の成立が認められるために必要なその内容を具体的に明記した条項はないといわざるを得ない」。また、「〔入居前の〕説明会においても、通常損耗補修特約の内容を明らかにする説明はなかったといわざるを得ない。そうすると、Xは、本件契約を締結するに当たり、通常損耗補修特約を認識し、これを合意の内容としたものということはできないから、本件契約において通常損耗補修特約の合意が成立しているということはできない」。

本判決の位置づけ・射程範囲

本判決は、①契約終了に際して賃借人が負う原状回復義務に通常損耗は含まれないこと、②本来負担の必要のない通常損耗の補修費用も賃借人が特約により負うことは可能であるが、それには特約について明確な合意が必要であること、を明らかにした。①の理由として、通常損耗は目的物の使用を要素とする賃貸借契約の本質上当然に予定されており、それに伴う減価は使用の対価としての賃料から回収されるものであることが挙げられている。通説も、賃借人が賃料のほかに通常損耗の補修費用を負担する必要はないと解しており、本判決はそれを最高裁として初めて確認した。もっとも、通常損耗の補修費用を賃料とは別に賃借人に支払わせることで、見かけ上の賃料を減額することも契約自由の原則により許されるから、賃借人が通常損耗の補修費用を負担する旨の特約は有効である。しかし、実際には賃貸人が賃料を減額せず、修繕費用を二重取りする危険もあるため、そのような特約の成立は慎重に認めるべきである。②が賃借人に予期しない特別な負担を課すものであることを理由に、そうした特約の成立は明確な合意のある場合に限られるとしたのはそのためで、賃借人が補修費用を負担する通常損耗の範囲が契約に具体的に明記されていた場合か、又は、それを賃貸人が口頭で説明し、賃借人が明確に認識していた場合に、特約について明確な合意があったものとされる。本判決はこれを厳格にあてはめ、そのいずれも認められないとして、特約の成立を否定した。

なお、本判決後、最判平成23・3・24 本書33事件 は、特約について明確な合意があっても、賃借人の負担する通常損耗の補修費用の額が「賃料の額等に照らし高額に過ぎるなどの事情があ〔る〕」場合は消契法10条により特約は無効になるとしている。

さらに理解を深める　百選24事件〔沖野眞已〕　関連判例 最判平成23・3・24 本書33事件

第1章　契約（取引）関係　2　契約の内容と効力　　　　　　坂東俊矢

12　商品販売媒介委託型マルチ商法の違法性（ベルギーダイヤモンド社事件）

大阪高裁平成5年6月29日判決
　事件名等：平成3年（ネ）第668号損害賠償請求控訴事件
　掲載誌：判時1475号77頁、判タ834号130頁

概要　本判決は、豊田商事の関連会社であるベルギーダイヤモンド社によるダイヤの販売とその販売媒介委託という法形式によるマルチまがい商法について、適法な商品流通組織と違法なリクルート利益配当組織とが結合した取引であるが、商品価格のうち約43％がリクルート利益の原資であり、商法が全体として違法であるとしたものである。

事実関係　1　Xら13名は、昭和58年から同60年にかけて、Y社のビジネス会員からの紹介を受け、Y社が主催するビューティフルサークルという説明会に出席した。そこでは、ダイヤの価値やY社のダイヤ販売媒介組織の概要が説明され、このビジネスに参加すれば高収入を得ることができる旨が強調された。Xらは、30万円から40万円を支払ってダイヤを購入するとともに、Y社とダイヤ販売媒介委託契約を締結して、同社のダイヤ販売媒介組織のビジネス会員となった。
2　ところで、Y社のダイヤ販売媒介組織は、Y社からダイヤを購入してビジネス会員になると、自己の傘下に新会員を獲得することができるが、少なくとも3名を加盟させ、その購入額が一定額を上回ることにより、四段階ある会員のランクが昇格し、Y社から受け取る手数料が自己のランクと販売媒介累積額に応じて高額になるものであった。また、上位ランクの会員は、下位ランクの会員の販売媒介によっても手数料を得ることができる仕組みになっていた。
3　Xらは、Y社のダイヤ販売媒介組織及びその勧誘方法が、昭和63年改正前の無限連鎖講の防止に関する法律（旧無限連鎖講防止法）の金銭配当組織に該当し、また昭和63年改正前の訪問販売に関する法律（旧訪問販売法）が実質的に禁止する連鎖販売取引に該当し、違法であるとして、Y社に対して、ダイヤ購入代金等が損害であるとして、不法行為による損害賠償を求めた。

判決要旨　原判決一部変更。「『商品購入と商品販売媒介委託の結合した法形式』と『リクルート利益配当』とが結びついたマルチ商法の違法性は、その商法の『リクルート利益配当組織』が旧無限連鎖講防止法の禁止する金銭配当組織の要件を充たす場合には、その商法ないし組織の全体において、その

違法部分である『リクルート利益配当組織部分』と、その適法部分である『商品流通組織部分』とがそれぞれ占める割合の大小によってこれを決するのが相当というべきである。」〔具体的には〕「商品購入代金中に占める『リクルート利益配当組織の原資』部分の割合をもって、右商法ないし組織全体に占める『リクルート利益配当組織部分』（違法部分）の割合とみなし、その割合の大小によって右商法の違法性を決するのが相当である」。「本件商法ないし本件組織のうち、右違法なリクルート利益配当組織部分が43パーセントに及ぶ割合を占めるのであるから、……天然の宝石の商品流通組織部分が57パーセント存するとしても、本件商法はなお全体として民法上違法なものであり、右商法によりY社及び加入者会員がXらに対してなした本件商品販売の勧誘及び媒介の各行為もまた、民法上不法行為を構成するものと解するのが相当というべきである。」。

本判決の位置づけ・射程範囲

マルチ商法に対する法規制の経過は、規制の潜脱を意図した脱法的取引とそれに対応する法改正の繰り返しであった。本件では「商品の販売媒介委託型マルチ商法」の違法性が問題となった。旧訪問販売法では、連鎖販売取引（いわゆるマルチ商法）の定義で、商品の再販売が要件とされていたからである。本判決でも、商品の在庫を抱える危険性がある再販売型マルチに比べ、それがない媒介委託型の違法性は軽微であるとも評価されている。もっとも、現行法である特商法では、媒介委託型を含め広くマルチ商法が規制されている（特商33条）。なお、階層的な金銭配当組織である「ねずみ講」は刑罰をもって禁止されていて（無限連鎖講の防止に関する法律）、民事上も公序良俗に反して無効とされている（長野地判昭和52・3・30 関連判例 ）。

本判決は、販売媒介委託型マルチ商法の法的な性質を、適法な商品流通組織と違法なリクルート利益配当組織とが結合したものとし、ダイヤの価格の43％がリクルート配当金であることをもって、本件商法が全体として違法であると判断する。もっとも、損害額の算定では、ダイヤの通常小売価格を実際の販売価格の70％程度とし、その金額を損益相殺する。マルチ商法での連鎖型金銭配当組織がネズミ講に該当する場合には、それが違法と評価される（刑事事件ではあるが、最判昭和60・12・12 関連判例 ）。一方で、商品の売買契約を金銭配当組織とは別に適法であるとすべきかについては異論も多い。マルチ商法では、商品の購入はリクルート利益を受ける前提である。また、客観的価格が補足しにくい商品が販売され、商品の販売はあくまで形式的な意味しか持たないことが通例だからである。

マルチ商法における違法性の評価は、勧誘段階での法的な問題を含めた取引を全体としてなされる必要があるとの考え方も有力である（ベルギーダイヤモンド社に対する広島高判平成5・7・16 関連判例 ）。

さらに理解を深める

消費者取引百選47事件〔織田博子〕 松本恒雄「紹介型マルチ商法の違法性・再論」谷口知平先生追悼論文集(2)『契約法』（信山社、1993）414頁 関連判例 長野地判昭和52・3・30判時849号33頁、最決昭和60・12・12刑集39巻8号547頁、広島高判平成5・7・16判夕858号198頁

第1章 契約（取引）関係　2　契約の内容と効力　　　　　　　　　坂東俊矢

13　連鎖販売による販売業務委託契約の解除による取引拒絶行為の違法性（ノエビア化粧品事件）

東京高裁平成14年12月5日判決
　事件名等：平成13年（ネ）第1477号損害賠償請求控訴事件
　掲載誌：判時1814号82頁、判タ1139号154頁

概要　本判決は、連鎖販売取引による化粧品の販売会社（以下「販社」という）が、その傘下にある販社の有限会社と締結した販売業務委託契約を、販社が他社化粧品を取り扱ったことを理由に解除して、取引の継続を拒絶したことが、独占禁止法の不公正な取引方法に該当し、あるいはその趣旨に反するとして、不法行為による損害賠償を認めたものである。

事実関係

1　Aは昭和56年10月より、化粧品の製造、販売等をするY社の代理店としてその傘下にあったが、販売実績をあげて販社に昇格できたため、昭和61年9月22日にAを代表者とする有限会社X社を設立し、Y社との間でその化粧品の販売委託を目的とする販売業務委託契約（以下「本件契約」という）を締結した。本件契約では、他社の化粧品の販売や取扱いが禁止されていた。

2　ところで、Y社の販売システムは、Y社47支店の下に、販社、特級から7級まで約7500の一次代理店、8級から13級まで約17万の二次代理店があり、その地位と売上高に応じて手数料率が異なるとともに、売上げが増えると昇格するという販売委託型の連鎖販売であった。なお、代理店の登録には10万円の保証金が必要であった。また、実際には、販社は、Y社からの商品の強制的割当や傘下の代理店からの返品を受けて、それらを在庫として抱え込むことがあった。

3　X社は、平成8年頃からは過剰な在庫を抱えて、経営危機に陥っていた。そこで、X社はY社に対して、平成9年5月1日付け内容証明郵便で、在庫品の返品、引き取りを求めた。ところが、Y社は、X社が他社の化粧品の取扱いを検討していることを知り、X社傘下の代理店に調査を依頼して、会話を録音するとともに他社化粧品の購入契約書を入手した。そして、それに基づいて平成9年6月6日付け内容証明郵便で、本件契約を解除するとともに、その後の取引を拒絶した。

4　X社はY社の本件契約の解除及び取引の拒絶が、Y社がその地位と立場とを濫用した不当なものであるとして、Y社及びその支店長と副支店長に対して、不法行為による損害賠償を求めた。原審（東京地判平成13・2・20公刊物未登載）が、本件契約の解除を有効であるとして、損害賠償を否定したため、X社が控訴した。

判決要旨　原判決取消し。不法行為の成立を認め、1000万円の損害賠償を認容。「〔Y社の販売システムが連鎖販売取引であり、問題があることを指摘した上で〕Y社は、その販売システムが不健全な形に陥ることのないよう、その傘下の販社及び代理店に対し、いたずらにその昇格等の意欲を煽り立て、あるいはその営業実績を競うあまり無理な販売活動をするなどして、その経営基盤を危うくしたりすることのないよう指導監督していくべき責任がある。」「〔Y社の本件契約の解除は〕取引の相手方の事業活動を困難に陥らせる以外に格別の理由がなく、取引を拒絶したものというべきであり、独占禁止法19条、公正取引委員会告示第15号（一般指定）2項の不当な取引拒絶に該当するおそれがあり、独占禁止法19条の不公正な取引方法に該当する可能性が高い。また、同法条に該当しないとしても、その趣旨に反する行為であることは明らかである。

このように本件解除は、独占禁止法19条あるいはその趣旨に違反するものであること、そして……一連の経緯からして、著しく信義則に反するものであることなどからすれば、本件解除を理由として、Y社がXとの本件委託契約に基づく取引を拒絶したのは、違法にXの同契約上の受託者としての地位を侵害するものであり、不法行為に当たるというべきである。」

本判決の位置づけ・射程範囲

本判決で問題となったY社の販売システムは、販社等への昇格が売上額のみで定められていることから、特商法の連鎖販売取引の要件である特定利益がなく、直接にはその法規制は及ばない。もっとも、多段階的な販売組織によって、その段階ごとに手数料率が増大して利益も急激に増えるため、無理な売上や架空の販売実績を計上したりする問題が生じる可能性があり、それゆえに本判決では、Y社には販売システムが不健全にならないよう、販社等を適切に指導監督する義務が認定されている。そして、Y社による本件契約の解除は独占禁止法19条の不当な取引拒絶に該当、あるいは該当するおそれがあり、著しく信義則に反するとして無効であるとして、Y社の取引拒絶が不法行為にあたるとする。

従来、独占禁止法の取引拒絶の違法性が争われる場合には、契約上の地位の確認と取引の継続が求められることが通例であった。本件では、独占禁止法に反するY社の業務が、不法行為による損害賠償の要件としての違法性として判断されている。具体的には、Y社の取引拒絶によって連鎖販売である販売システムではX社はY社以外との取引先を見いだし得ないこと、本件契約の解除にはX社の事業活動を困難に陥らせる以外には格別の理由が見いだし得ないことが、違法性判断の内容となっている。

さらに理解を深める　**百選51事件〔千葉恵美子〕**　経済法百選127事件〔森田修〕、平成14年度重判経済法3事件〔林秀弥〕、野口恵三・NBL769号76頁、山本裕子・ジュリ1298号173頁

第1章 契約（取引）関係　2　契約の内容と効力　　　　　原田昌和

14 外国語学校の受講契約の中途解約における清算方法

最高裁平成19年4月3日第三小法廷判決
　事件名等：平成17年（受）第1930号解約清算金請求事件
　掲載誌：民集61巻3号967頁、判時1976号40頁、判タ1246号95頁、金判1275号17頁

概要　本判決は、外国語学校の受講契約の中途解約に伴う受講料の清算に関して、使用済みポイントの清算を契約時単価と異なる単価によって行うことを定める規定について、その実質は損害賠償額の予定又は違約金の定めとして機能するものであり、特商法49条2項1号に反して無効であるとしたものである。

事実関係　Yの経営する外国語会話教室では、授業を受けるために、あらかじめポイントを購入しなければならないとされていた。Yにおいては、一括購入するポイントが多いほどポイント単価が安くなる半面、受講契約を中途解約した場合の受講料等の清算の際には、使用済ポイントの対価額算定において一括購入時とは異なるポイント単価が用いられるシステムになっていた（早期に解約するほど、ポイント単価が高くなり、返金額は少なくなる。以下、使用済みポイントの対価額の算定方法に関する定めを「本件清算規定」という）。本件は、Yの経営する外国語学校に通っていたXが、受講契約の中途解約に伴って前払受講料の清算を求めるに際して、本件清算規定は特商法49条2項1号に反して無効だから、使用済みポイントの対価額算定は一括購入時のポイント単価（契約時単価）によるべきである、と主張した事案である。第一審、控訴審はXの請求を認めたため、Yより上告受理申立て。

判決要旨　上告棄却。「〔特商法49条2項1号〕の趣旨は、特定継続的役務提供契約は、契約期間が長期にわたることが少なくない上、契約に基づいて提供される役務の内容が客観的明確性を有するものではなく、役務の受領による効果も確実とはいえないことなどにかんがみ、役務受領者が不測の不利益を被ることがないように、役務受領者は、自由に契約を将来に向かって解除することができることとし、この自由な解除権の行使を保障するために、契約が解除された場合、役務提供事業者は役務受領者に対して法定限度額しか請求できないことにしたものと解される」。「本件料金規定においては、登録ポイント数に応じて、一つのポイント単価が定められており、受講者が提供を受ける各個別役務の対価額は、その受講者が契約締結の際に登録した登録ポイント数に応じたポイント単価、すなわち、契約時単価をもって一律に定められている。本件契約におい

ても、受講料は、本件料金規定に従い、契約時単価は一律に1200円と定められており、Xが各ポイントを使用することにより提供を受ける各個別役務について、異なった対価額が定められているわけではない。そうすると、本件使用済ポイントの対価額も、契約時単価によって算定されると解するのが自然というべきである」。「Yは、本件使用済ポイントの対価額について、本件清算規定に従って算定すべきであると主張する。しかし、本件清算規定に従って算定される使用済ポイントの対価額は、契約時単価によって算定される使用済ポイントの対価額よりも常に高額となる。本件料金規定は、契約締結時において、将来提供される各役務について一律の対価額を定めているのであるから、それとは別に、解除があった場合にのみ適用される高額の対価額を定める本件清算規定は、実質的には、損害賠償額の予定又は違約金の定めとして機能するもので、上記各規定の趣旨に反して受講者による自由な解除権の行使を制約するものといわざるを得ない」。「そうすると、本件清算規定は、役務提供事業者が役務受領者に対して〔特商〕法49条2項1号に定める法定限度額を超える額の金銭の支払を求めるものとして無効というべきであり、本件解除の際の提供済役務対価相当額は、契約時単価によって算定された本件使用済ポイントの対価額と認めるのが相当である」。

本判決の位置づけ・射程範囲

特商法49条1項は、エステティックサロンや外国語教室等の特定継続的役務について、役務の受領による効果の不確実性その他判決要旨記載の趣旨から、クーリング・オフ期間経過後であっても、将来に向けて契約を中途解約する権利を役務受領者に認めている。中途解約がなされた場合、損害賠償額の予定又は違約金の定めがあっても、「提供された特定継続的役務の対価に相当する額」（同条2項1号イ）及び「当該特定継続的役務提供契約の解除によって通常生ずる損害の額として第41条第2項の政令で定める役務ごとに政令で定める額」（特商49条2項1号ロ）に法定利率による遅延損害金を加算した額を超える額を、事業者は請求することができず（同項）、これに反する特約で役務受領者に不利なものは無効となる（同条7項）。本件清算規定については、同条2項1号イは対価の算定基準について何ら定めていないため、契約時単価と異なる清算時単価を定めることは同規定に反せず、民法90条・消契法10条によって規制されうるにとどまるのか、それとも損害賠償の予定又は違約金の実質をもち、特商法49条2項1号に照らして判断されるべきなのかが問題となった。下級審判決においては、清算規定が同号に抵触する場合であっても、清算時単価を用いることに合理的な理由があれば、かかる規定も有効となるという立場もあったが、本判決は、同号に抵触する場合、清算規定は当然に無効であるという立場を明確に判示した。

さらに理解を深める

百選53事件〔石田剛〕、平成19年度重判民法8事件〔山本豊〕、最判解民事編平成19年度（上）303頁〔西田隆裕〕、特商法ハンドブック472頁

第1章 契約（取引）関係　2　契約の内容と効力　　　　　都筑満雄

15 複数契約の解除

最高裁平成8年11月12日第三小法廷判決
　事件名等：平成8年（オ）第1056号損害賠償等請求事件
　掲載誌：民集50巻10号2673頁、判時1585号21頁、判タ925号171頁、金法
　　　　　1472号45頁、金判1010号3頁

概要　本判決は、同一当事者間で締結された2個以上の契約のうちある契約の債務不履行を理由に他の契約も解除できることを認め、その判断基準についても最高裁が初めて判示したものである。

事実関係　Xらは、リゾートマンション（本件マンション）を建築、分譲するとともに、スポーツクラブ（本件クラブ）を所有し、管理している、不動産会社Yから、本件マンションの一区分を買い受け（本件売買契約）、同時に本件クラブの会員権一口を購入した（本件会員権契約）。ところで、本件売買契約書には、本件クラブ会員権付との記載があり、また、買主は購入と同時に会員になるとの特約がある。他方、本件クラブの会則には、本件マンションの区分所有権は本件クラブの会員権付であり、これと分離して処分することはできないこと、区分所有権を他に譲渡した場合には、会員としての資格は自動的に消滅することなどが定められている。Yが、Xらの再三の要求にもかかわらず、本件クラブの主要施設である屋内プールの建設の着工すらしないため、XらはYに対して、同プールの完成遅延を理由として、本件売買契約および会員権契約を解除する旨の意思表示をし、支払った代金等の返還を求めた。原審は、本件売買契約と本件会員権契約とが別個の契約であることを前提に、結論として会員権契約の債務不履行を理由とする売買契約の解除を認めなかった。Xらが上告。

判決要旨　破棄自判。「同一当事者間の債権債務関係がその形式は甲契約及び乙契約といった2個以上の契約から成る場合であっても、それらの目的とするところが相互に密接に関連付けられていて、社会通念上、甲契約又は乙契約のいずれかが履行されるだけでは契約を締結した目的が全体としては達成されないと認められる場合には、甲契約上の債務の不履行を理由に、その債権者が法定解除権の行使として甲契約と併せて乙契約をも解除することができるものと解するのが相当である」。
　「本件不動産は、……スポーツ施設を利用することを主要な目的としたいわゆるリゾートマンションであり、……Xらは、本件不動産をそのような目的を持つ物件として購入したものであることがうかがわれ、Yによる……本件会員権契約

の要素たる債務の履行遅滞により、本件売買契約を締結した目的を達成することができなくなったものというべきであるから、……右の履行遅滞を理由として民法541条により本件売買契約を解除することができるものと解するのが相当である」。

本判決の位置づけ・射程範囲

本件取引が1個の混合契約であるとされたのなら、問題は、債務不履行が同契約の要素たる債務の不履行にあたるかに解消されたであろう。契約の個数をいかに判断するかは、特に本件のような二当事者間の取引においてときに困難であり、未解明の問題ではある。ともあれ、本判決は、本件取引が2個の契約から成ることを前提に、会員権契約の債務不履行を理由に売契約の解除をも認めた。このように他契約の解除を正面から認めた本判決を契機に、本件取引のような単一の取引を達成するために複数の契約が締結される取引である複合契約について、債務不履行のない他方の契約の解除いかんのような契約間の影響関係の議論が重要問題として論じられている。本判決は、取引中の他の契約の債務不履行により締結した目的である同取引を達成しえない場合に、それ自体に債務不履行がないにもかかわらず、法定解除を正面から認めた意義がある。そのうえで、こうした存在意義を失った契約からの解放を認めるための判断基準について次のように考える。一方の契約の失敗により取引が挫折して他方の契約が存在意義を失うほどに両契約が緊密に結び付けられていることを前提に、相手方の取引の安全も考慮して、この目的は一方当事者の主観的な動機では足らず、原則として、相手方においても受け入れられた客観的なものであることを要するものと解される。二当事者間で行われた本件取引では、こうした目的の共有を認めることができるのである。このように、本判決は民法の条文から直ちに導き出せるわけではない新たな法理を示したわけであるが、残された課題も少なくない。本判決は二当事者間で2個の契約が結ばれた場合に関するものであるが、AB間の甲契約とBC間の乙契約というように、取引が三当事者以上にまたがる場合には、なおさら相手方の取引の安全を考慮しなければならず、こうした他契約の解除を認めうるかが問題となる。この点について、例えば、東京地判平成15・3・28 関連判例 は、三当事者間の複合契約において一方の契約が解除された場合に、他方の契約の存続により一方当事者が著しい不利益を被ることから、この目的を相手方が認識していたことも踏まえて、同契約の失効を認めていることが参考になる。

さらに理解を深める

民法百選Ⅱ 7版47事件〔鹿野菜穂子〕　不動産取引百選3版30事件〔窪田充見〕、渡辺達徳「判批」奥田昌道=安永正昭=池田真朗編『判例講義民法Ⅱ 債権〔第2版〕』（悠々社、2014）128頁、最判解民事篇平成8年度（下）950頁〔近藤崇晴〕、鎌田薫ほか編著『民事法Ⅲ〔第2版〕』（日本評論社、2010）85頁、都筑満雄『複合取引の法的構造』（成文堂、2007）238頁　関連判例 東京地判平成4・7・27判時1464号76頁、東京高判平成10・7・29判時1676号55頁、東京地判平成15・3・28判時1836号89頁

第1章 契約（取引）関係　2　契約の内容と効力　　都筑満雄

16　日常家事債務の範囲

八女簡裁平成12年10月12日判決
事件名等：平成11年（ハ）第131号立替金請求事件
掲載誌：判タ1073号192頁

概要　本判決は、子の学習用教材を購入するために妻が信販会社との間で締結したその代金の立替払契約が、民法761条の日常家事に関する法律行為にあたらないとしたものである。

事実関係　Yの妻であるAは、平成10年5月31日に販売店Bとの間で子供のための学習用教材（本件教材）を52万6000円で購入する契約を自己の名義で締結した（本件売買契約）。その際、信販会社Xに代金の立替払いを委託し、AはXに手数料を加えた72万4828円を60回に分割して毎月1万2000円を支払うこととし（本件契約）、XはBに立替払いをした。本件売買契約締結の経緯について、午後8時ころBの販売員がY宅を訪問販売し、11時ころまで居続ける中、応対したAは、次女Cに買ってやりたい気持ちと夜遅く販売員も帰らないので購入もやむをえないという気持ちの中で、契約書に署名押印をした。Aは、購入したことをYに話すと叱られると思い、YにはこれをAは告げなかった。また、Cは本件教材を特に希望せず、使用もしなかった。Y夫婦にはCを含めて3人の子供がおり、夫婦共働きであったが、当時300万円ほどの借金があったため、Yの収入（手取り月約17万円）は借金の返済等に回り、一家の生活費はAの収入（手取り月約7、8万円）から支出していた。Yは居住建物とその敷地、農地等を有していたが、遺産分割はされておらず、Yの父名義のままであった。その後、Aはほどなくして支払いをやめた。Aは平成11年9月に自己破産を申し立てている。そこで、Xは、本件売買契約そして本件契約が民法761条の日常家事に関する法律行為に該当するとして、Yに対して立替金の支払いを請求した。

判決要旨　請求棄却。「本件契約締結当時のYやAの職業、収入、資産の事実及びY夫婦が、本件契約締結時以前から、生活費が不足したため、貸金業者から借り入れをし、本件契約締結時、300万円程度の借金があったこと、その借金は、Yの収入で返済し、生活費は、Aの収入に頼らざるを得なかったことなど、当時のY夫婦の生活水準からすると、本件契約に基づく総額72万4828円の債務は、Y夫婦にとって、高額と言わざるを得ない。このことに加え、……Yらの居住地域の進学熱の程度、Y夫婦や子供らの学歴から推測して、子供の教育に関して、Y夫婦が特に熱心であったとは認められないこと、及び本件契約を

締結するに至った事情が、AがCのために購入した一面は認められるものの、〔Bの〕販売員が午後11時ころまでY宅に滞留し、やむなく購入せざるを得なかったこと、その他……事実に照らすと、本件教材の購入は、Y夫婦の共同生活に通常必要とされる事務に該当するものと解するのは相当でなく、民法761条の日常家事に関する法律行為に該当しない。本件契約の基となった本件教材の販売契約に基づく代金債務が日常家事債務に当たらないのであるから、本件契約に基づく債務は、日常家事債務に該当しないというべきである。」

本判決の位置づけ・射程範囲

民法761条により、夫婦の一方が第三者との間でした法律行為について他方が連帯責任を負う債務は、日常の家事に関するものである。日常の家事とは婚姻生活を営むうえで日常必要とされるものであり、子供の養育や教育の費用もこれに含まれるとされている。そして、日常の家事に関する法律行為にあたるかの判断基準について、最判昭和44・12・18 [関連判例] は、個々の夫婦の社会的地位、職業、資産、収入等によって、また、地域社会の慣習によっても異なるとしたうえで、同条が第三者の保護を目的とする規定であることから、「単にその法律行為をした夫婦の共同生活の内部的な事情やその行為の個別的な目的のみを重視して判断すべきではなく、さらに客観的に、その法律行為の種類、性質等をも充分に考慮して判断すべきである」として、主観的事情のみならず客観的事情をも考慮している。本判決もこの判断基準を前提にしている。本件の契約が子供のための教材の購入であることは日常家事性を肯定する客観的事情であり、同じく教材購入に関する東京地判平成10・12・2 [関連判例] などが日常家事にあたることを認めているのに対して、本判決はこれを否定した裁判例として意義がある。これら肯定裁判例は夫婦の地位、収入、資産等からもこれを認めており、本判決との相違は、判旨にあるように、主として夫婦の財産状態や教育に対する考え方という第三者が容易には知りえない主観的事情に求められることになる。ただし、判旨は、これらに加えて、契約締結に至る事情も考慮しており、訪問販売で午後11時まで3時間も粘った末に相手方が折れて締結に至ったことは日常家事性を否定する方向に働く客観的事情といえる。ところで、本件でAがXに対して負っている債務自体は、売買契約ではなくクレジット契約から生じたものである。とはいえ、本件の個品割賦購入あっせん(今日の個別信用購入あっせん)では、立替金は信販会社から販売業者に直接支払われ、借入金とは異なりその使途が限定されており、日常家事性の評価において立替払契約に基づく債務は売買代金債務と同視することができる。

さらに理解を深める **百選30事件〔久保野恵美子〕** 右近健男・判タ1091号66頁、二宮周平『家族法〔第4版〕』(新世社、2013)66頁、道垣内弘人＝大村敦志『民法解釈ゼミナール5』(有斐閣、1999)28頁 [関連判例] 最判昭和44・12・18民集23巻12号2476頁、東京地判平成10・12・2判タ1030号257頁

第 1 章　契約（取引）関係　2　契約の内容と効力　　　　　　都筑満雄

17　インターネットオークションでの中古自動車の売買と瑕疵担保

大阪地裁平成20年6月10日判決

　事件名等：平成19年（ワ）第5823号損害賠償請求事件
　掲載誌：判タ1290号176頁

概要　本判決は、インターネットオークションを通じた中古車の売買契約において民法570条の瑕疵を認めたものである。

事実関係　Yは、自身が中古車のオークションで落札購入した本件アメリカ製中古車（本件車両）をインターネットオークションに落札希望価格198万円で出品した。本件車両の購入整備には180万円程度かかっていたが、なかなか買い手がつかなかったため、代金を相場価格よりも安くしていた。また、出品の際、自身が購入した際に記載されていたのと同様に、走行距離を2万3400kmとするとともに、直接交渉する方がお得であることや車の程度は自信があることなどを記載していた。Xがインターネットオークションのページを見て電話連絡したところ、Yの担当者は18万円値引きでき、本件車両の状態はとても良いなどと述べ、Xは、本件車両の走行距離が短いことや値引きがあること、本件車両の程度が良いことから、売買契約を締結し、代金180万円を支払い、本件車両の引渡しを受けた（本件売買契約）。なお、本件車両の注文書には、業者向け販売であることを示す、「現状、業販渡し」との記載があり、また、走行距離に確信がもてないことから、走行キロ数欄は空欄とされていた。本件車両は引渡し直後から故障を繰り返し、不審に思ったXが修理工場に依頼して調査してもらったところ、メーター表示が改ざんされており、購入時の走行距離が実際には表示の8倍以上の19万6614kmであった。なお、走行距離が20万kmであることを前提にした本件車両の買取価格は10万円を超えない。そこで、Xは、民法570条に基づいて本件売買契約を解除した後、瑕疵担保責任に基づく損害賠償を求めて、Yに対し本件訴訟を提起した。

判決要旨　請求一部認容。「本件車両は、業者向け販売であるとしても180万円という高額な価格で売却されたものであるのに対し、実際の走行距離を前提にした価格が10万円を超えないこと、このように、取引市場においては、走行距離がその価格に密接に関連するところ……本件車両の走行距離が、そのメーターに表示された約2万3400kmと異なり、実際には、約19万6614kmであったことは、それ自体が本件車両の隠れた瑕疵であると認められる。この点、本件契約は、業者向け販売で現状引渡しを前提とし、走行キロ数が空欄

になっていることから、走行距離につき、メーター表示と実際のものとの間にある程度の食い違いがあったとしても、そのことが直ちに隠れた瑕疵に当たるとはいえないと解される。しかし、本件のように、走行距離として8倍以上、その金額として約20倍もの食い違いが生じる場合には、業者向け販売、現状引渡し、走行キロ数空欄を前提にしたとしても、買主がそのような食い違いが存在することを知っていれば、180万円もの高額で購入することはないであろうから、そうした程度に至るまでの食い違いがないことについては、通常期待すべき性状の範囲に含まれると解される。」

本判決の位置づけ・射程範囲

インターネットオークション取引は、売買契約の申込みまたは承諾の意思表示、あるいは契約条件の提示等がオークションサイトのシステムを通じて行われる隔地者間契約の一種とされる。一般的には、落札によっても中間的合意がなされたにとどまり、その後に出品者と落札者が確定的に合意した時点で売買契約が成立し、出品条件等はその後の交渉で排除、修正されない限り、売買契約の内容に取り込まれることになるとされる。そして、こうして成立した売買契約自体は通常の売買契約である。インターネットオークションのページを見てXが電話連絡して売買契約が成立した本件で問題になっているのは、本件中古車の売買契約において瑕疵とは何かである。この瑕疵判断自体は、通常の中古車の売買におけるそれと異ならない契約解釈の問題である。民法570条の瑕疵とは、当該契約において予定された性質を欠いていることであるとされ（主観的瑕疵概念）、これはいかなる品質のものが合意されていたかによる。

一般的には、インターネットオークションをはじめとする中古車の売買では、価格が安価に設定されることもあって、達成すべき品質にも一定の幅が認められる。その範囲内であれば、買主が負担すべきと解されることになる。本判決も、業者向け販売で原状引渡し、また、走行キロ数が空欄になっていることから、走行距離についてのある程度の食い違いは瑕疵にはあたらないと本件契約を解している。そのうえで、本件の食い違いについて、買主が知っていれば180万円で購入することはないであろうから、これほどの食い違いがないことは通常期待すべき性状の範囲にあるとの契約の解釈により、これを瑕疵にあたるとしているのである。本件同様にインターネットオークションで売買された中古車の瑕疵の有無が問題になった先例には、東京地判平成16・4・15 [関連判例] があるが、落札価格が極めて低廉であり、安全な走行が困難なほどの損傷が瑕疵と認められた、やや特殊な事案に関するものである。本判決は、同様の取引における瑕疵判断に参考になる一事例としての意義を有するものである。

さらに理解を深める

百選28事件〔森田宏樹〕、磯村保・民商133巻4＝5号684頁、沖野眞已「インターネット取引」野村豊弘先生還暦記念論文集『21世紀判例契約法の最前線』（判例タイムズ社、2006）343頁　[関連判例] 東京地判平成16・4・15判時1909号55頁

第1章 契約（取引）関係　2　契約の内容と効力　　　　　城内　明

18　インターネットオークションサイト運営事業者の注意義務

名古屋高裁平成20年11月11日判決
　事件名等：平成20年（ネ）第424号損害賠償請求控訴事件
　掲載誌：裁判所ウェブサイト

概要　本判決は、インターネットオークションサイト運営事業者につき、信義則上、利用者に対して欠陥のないシステムを構築してサービスを提供すべき義務を負うが、その違反を認めることはできないと判断したものである。

事実関係　Yの提供するインターネットオークションサイトを利用して、商品を落札し、代金を支払ったにもかかわらず、商品の提供を受けられないという詐欺被害に遭ったXらは、Yの提供するシステムには、契約及び不法行為上の一般的な義務である詐欺被害の生じないシステムの構築義務に反する瑕疵があるとして、Yに損害賠償を求めた。なお、入札に先立ちXが同意したガイドラインには、本件サービスが、利用者に交流の場と品物の売買の機会を提供するもので、実際の売買は利用者の責任で行うこと、Yは個々の商品や情報を選別、調査、管理しておらず、Yの定める本人基準を満たすこと以外、利用者の選別、調査、管理をしていないこと、Yは、本件サービスの利用をきっかけに成立した売買の取消し、解除・解約や返品・返金、保証等の取引の遂行に一切関与しないこと、利用者は、契約の成立、販売及び商品の送付、代金の支払・回収に関し全て責任を負い、成約、商品の送付、受領の手配等の協議は利用者間で行い、利用者自身が責任を持って履行すること、利用者間でトラブルが生じても、Yが解決に当たることはないことが明記されている。原審は、Yの信義則上の義務を肯定したが、義務違反は認められないとして請求棄却。Xが控訴した。

判決要旨　控訴棄却。判決は、原審判決を引用し、Yが信義則上「利用者に対して、欠陥のないシステムを構築して本件サービスを提供すべき義務を負っている」こと、同義務の具体的内容は「そのサービス提供当時におけるインターネットオークションを巡る社会情勢、関連法規、システムの技術水準、システムの構築及び維持管理に要する費用、システム導入による効果、システム利用者の利便性等を総合考慮して判断されるべき」ことを判示。具体的に、本件サービスを用いた詐欺等犯罪行為が発生した状況の下において、利用者に対し「相応の注意喚起の措置をとるべき義務」を認めたが、Yは、こうした被害の相談が増えはじめた平成14年頃には、「利用者間のトラブル事例等を紹介するペー

ジを設けるなど、詐欺被害防止に向けた注意喚起を実施・拡充」してきたとして、同義務について義務違反はないと判断された。

なお、Yが「民事仲立人（あるいは、それに類似した立場）」の法的地位に立つことを前提とするXの主張につき、判決は、本件オークションに係る売買契約が、落札後の出品者、落札者間の交渉の結果、合意に至った時点で成立したとの理解を前提に、Yは本件システムにおいて「落札後の出品者、落札者間の……交渉の過程には一切関与しておらず、何ら、出品者と落札者との間の売買契約の締結に尽力していない」ことを指摘して、この主張を斥けている。

本判決の位置づけ・射程範囲

本判決は、インターネットオークションサイト運営事業者（以下「事業者」という）の責任につき、約款に定めのない義務を肯定した高裁レベルでの初判断である。インターネットオークションに関しては、経済産業省が「電子商取引等及び情報財取引等に関する準則」を定めるが、法的拘束力がなく、裁判例の発展が待たれていた。判決は、約款上は免責される事業者に特別の責任を課す根拠として、商法が規定する民事仲立人の責任を否定する一方、信義則上、事業者は、「利用者に対して、欠陥のないシステムを構築して本件サービスを提供すべき義務を負っている」として、具体的に詐欺被害防止に向けた注意喚起義務を肯定した。判決に言及はないが、本件利用契約は消費者契約であるから、同義務違反の結果として生じた損害につき事業者を全部免責する旨を定める本件約款は消契法8条1項1号により無効となろう。

原告は、注意喚起義務のほか、事業者の責任として、①第三者機関による信頼性評価システムの導入、②出品者情報の提供・開示、③全ての取引についてのエスクローサービス（売手と買手の間に業者が入り、代金の支払仲介を行うサービス）利用の義務付け等を主張した。しかし、判決は、①について、日本にはこうした機関が存しないこと、②について、虚偽情報の申告も想定される以上、詐欺被害防止に実効性がなく、個人情報保護法との関係でも実現困難なこと、③について、詐欺被害防止に有効であるとしても、手数料額の増額を招き、利用者のニーズにあわないこと等を指摘して、事業者がこれらの義務を負うことを否定している。

なお、判決は、落札後も当事者が契約関係から離脱可能なことから、落札後、当事者が合意に至った時点を契約成立時とするが、これは落札時と解すべきである。落札後の交渉は商品送付や代金支払に係るもので、契約成立に必須な要素（誰に何をいくらで売る／買うか）は、通常、出品から落札に至る過程で確定的な意思が示されていると考えるのが当事者意思に合致する。落札時に契約が成立するからこそ、利用者は事業者に対し落札価格に連動した成功報酬的な利用料を支払うのである。

さらに理解を深める

久保田隆・判評607号6頁（判時2045号152頁）、池田秀敏・信州大学法学論集13号197頁　関連判例　神戸地姫路支判平成17・8・9判時1929号81頁

第1章 契約（取引）関係　2　契約の内容と効力　　　　　城内　明

19 店舗内にテナントを出店させたスーパーの名板貸責任

最高裁平成7年11月30日第一小法廷判決
- 事件名等：平成4年（オ）第1119号損害賠償請求事件
- 掲載誌：民集49巻9号2972頁、判時1557号136頁、判タ901号121頁、金判989号21頁

概要　本判決は、スーパー屋上にテナント出店するペットショップで購入したインコが病原体を保有していたため、家族が発病、1人が死亡した事案で、本件には一般の買物客がスーパー直営店と誤認するのもやむを得ない外観が存在し、スーパー経営者も、この外観を作出し、又はその作出に関与していたのであるから、商法23条の類推適用により、名板貸人と同様の責任を負うと判断したものである。

事実関係　Xらは、Yの経営するスーパー（以下「本件店舗」という）屋上でペットショップを営むテナントAからインコを購入したが、同鳥が病原体を保有しており、家族が発病、1人が死亡したため、Yに対し損害賠償を請求した。第一審は、商法23条を類推適用してYの責任を認めたが、原審は、同条の類推適用の要件を、「Yにおいて買い物客が〔営業主体はYであると〕誤認をするのも止むを得ない外観を作出し、あるいはAがそのような外観を作出したのを放置、容認していたものと認められる場合で、しかも、Yに商法23条にいう商号使用の許諾と同視できる程度の帰責事由が存すると認められるとき」とした上、こうした外観は存しないとしてYの責任を否定。Xらは、本件事実関係の下、同条を類推適用する要件を欠くとの判断は経験則に反するとして上告した。

判決要旨　破棄差戻し。「本件店舗の外部には、Yの商標を表示した大きな看板が掲げられていたが、テナント名は表示されて」おらず、店舗の内部においても「屋上に上がる階段の登り口に設置された屋上案内板や右階段の踊り場の壁には、『ペットショップ』とだけ表示されていて、その営業主体がYであるかAであるかは明らかにされておらず、そのほか、Aは、Yの黙認の下に、契約場所を大きくはみ出し、4階から屋上に上がる階段の踊り場等に値札を付けた商品を置き、契約場所以外の壁に『大売出し』と大書した紙を何枚も張りつけるなどして、営業をしていた」という事実は、「買物客に対し、Aの営業があたかもYの営業の一部門であるかのような外観を与える事実ということができる」。

他方、①「Aの売場では、Y直営の売場と異なり……対面販売方式が採られていたが、Aの取扱商品であるペットは、その性質上……仮にYがそれを販売するにしても、対面販売の方式が採られてもしかるべきものといえるから、このこと

から買物客が営業主体を外観上区別することができるとはいえない」。②「Aの従業員はYの制服等を着用していなかったが、営業主体が同一の売場であっても、その売場で取り扱う商品の種類や性質によっては、他の売場の従業員と同一の制服等を着用していないことは、世上ままあり得ることであって、このことも買物客にとって営業主体を外観上区別するに足りるものとはいえない」。③「Aの発行するレシートにはAの名称が記載されていたが、レシート上の名称は、目立ちにくい上、買物客も大きな注意を払わないのが一般であ〔る〕」。④「AはYと異なる包装紙や代済みテープを使用していたが、これらは買物客にとってはYの包装紙等と比較して初めて判明する事柄であって、両者の営業を外観上区別するに足りるものとはいい難い」。⑤「Aの売場の天井からはテナント名を書いた看板がつり下げられており、また、本件店舗内数箇所に設けられた館内表示板には、テナント名も記載され、Yの販売する商品は黒文字で、テナント名は青文字で表示されていたが、天井からの看板は……大きさからして、比較的目立ちにくいものといえるし、館内表示板は、テナント名のみを色で区別して記載しているにすぎないから、買物客に対し営業主体の区別を外観上明らかにしているものとまではいい得ない」。「してみれば、これら事実は……買物客にとって、Aの売場の営業主体がYでないことを外観上認識するに足りる事実」とはいえない。

「以上によれば、本件においては、一般の買物客がAの経営するペットショップの営業主体はYであると誤認するのもやむを得ないような外観が存在した」。Yは、「本件店舗の外部にYの商標を表示し、Aとの間において……出店及び店舗使用に関する契約を締結することなどにより、右外観を作出し、又はその作出に関与していたのであるから、Yは、商法23条の類推適用により、買物客とAとの取引に関して名板貸人と同様の責任を負わなければならない」。

本判決の位置づけ・射程範囲

本判決は、名義人による名義使用の許諾が存しない事案において、商法23条の類推適用により名板貸責任を肯定した、最高裁としての初判断である。もっとも、本判決は、当事者が商法23条の類推適用の有無を争点とした事案において、弁論主義の制約の下に下された事例判決であり、一般的にテナントと買物客との取引についてスーパーが名板貸責任を負うとしたものではないのはもちろん、商法23条を類推適用するための一般的法理を明言するものでもない。消費者にとって重要なのが「Yの店舗で」購入した商品だという買物客の信頼感の保護であるとすれば、外観の有無ではなく、Yが総合店舗の主宰者として尽くすべき注意義務を尽くしたか、という観点から責任の有無が決せられるべきであったとも考えられる。

さらに理解を深める

百選31事件〔弥生真生〕 最判解民事篇平成7年度990頁〔河邉義典〕 [関連判例] 東京地判昭和27・3・10下民集3巻3号335頁（商号使用に黙示の許諾があった事案）

第1章 契約（取引）関係　2　契約の内容と効力　　　　　城内　明

20 商品の対価についての不実告知

大阪高裁平成16年4月22日判決
　事件名等：平成15年（ネ）第2237号立替金請求控訴事件
　掲載誌：消費者法ニュース60号156頁

概要　本判決は、宝飾品を割賦購入した消費者に対し、同代金を立替払いした信販会社が立替金の支払いを求めた事案において、宝飾品の一般的な小売価格は消契法4条4項（当時）1号に掲げる事項にあたり、かつ消費者が当該契約を締結するか否かの判断に通常影響を及ぼすべきものであるから、同条1項1号の重要事項にあたるとして、同項に基づき、販売業者による同価格についての不実告知を理由に売買契約の取消しを認め、割販法30条の4（当時）により、消費者はこの取消しをもって信販会社に対抗できると判断したものである。

事実関係　消費者Yは、宝飾品販売業者Aの店舗において、41万4000円の値札を付けて陳列されていたリングを29万円で購入した。なお、Aは一般市場価格との趣旨で値札を付けており、同リングは、原則として2点49万円で販売するものとされていた。Aの販売担当者Bは、値札につき、本件リングを他店で購入する場合の価格を示すものと説明しており、Yは、これを前提に29万円ならば買い得と考え、割賦購入あっせんの方法（信販会社Xが代金を立替払いし、Yは手数料を含む額を60回払いでXに支払う）により同リングを購入したが、本件リングの一般的な小売価格はせいぜい12万円程度であった。Yは、Aの上記行為が消契法4条1項の不実告知にあたる等と主張して、本件リングの売買契約を取り消す旨の意思表示をし、Xに対し、割販法30条の4（当時）に基づき、分割金の支払いを拒絶する旨の意思表示をした（支払停止の抗弁）。

　原審は、「値段自体は売主の主観的評価であって、客観的な事実により真実であるか否かを判断できない内容」であり、消契法4条1項1号の「事実と異なること」にも同条2項にも該当しないとして売買契約の取消しを認めず、Xの請求を認容。Yが控訴した。

判決要旨　原判決一部取消し、Xの請求棄却。「商品をいかなる価格で販売するかは基本的に売主の自由であり、売主の主観的評価に基づく値付けをすること自体は何ら妨げられない。……しかし、事業者が、他の事業者が同種商品をいかなる価格で販売しているかについて、消費者にことさら誤認させるような行為をすることは、消費者の合理的な意思形成を妨げるものであって相当

でない。ことに、本件リングのような宝飾品については、一般に使用価値に基づく客観的な価格設定は想定しがたく、主観的かつ相対的な価値判断によって価格設定がされるものと解されるから、買主にとっての価値も、それが一般にどのような価格で販売されているかという事実に依拠し、その購買意思の形成は、これと密接に関連するものと解される。したがって、本件リングについては、その一般的な小売価格は、消費者契約法4条4項〔当時〕1号に掲げる事項（物品の質ないしその他の内容）に当たり、かつ、消費者が当該契約を締結するか否かについての判断に通常影響を及ぼすべきものであるから、同法同条1項1号の重要事項というべきである」。「本件では、Aにおいて、Yに対し、重要事項である本件リングの一般的な小売価格（一般市場価格）について……事実と異なることを告げ、Yがそれが事実であると誤認し、それによって上記契約の申込みをしたと認められるから、Yは、消費者契約法4条1項に基づき、Aに対し上記売買契約を取り消すことができる」。Yは、割販法30条の4（当時）により、「この取消をもって、割賦購入あっせん業者であるXに対抗することができる」。

本判決の位置づけ・射程範囲

商品価格の不当性は消費者相談において訴えの多い被害類型である。しかし、売主には値付けの自由があり、他店で12万円の商品に29万円の売価を設定したとしても、買主が同商品を気に入り、同額の価値があると判断して購入した以上、そのこと自体には基本的に何の法的問題もない。もっとも、消費者が宝飾品や美術品を購入するにあたっては、通常、こうした主観的価値に加え、相対的な価値（一般的な小売価格に比してお買い得か否か）も考慮される。本判決は、この相対的な価値判断の前提となる一般的な小売価格が、当該消費者契約の目的となるものの質その他の内容であって、消費者の当該消費者契約を締結するか否かについての判断に通常影響を及ぼすべき重要事項（消契4条4項〔平成28年改正により5項〕1号）にあたると判断し、この点についての不実告知をもって同条1項の取消しを認めたものである。

なお、販売業者Aとの売買契約が取り消されたとしても、信販会社Xとの立替払契約は別当事者間の別個の契約であって、原則として有効に存続する。割販法は、こうしたケースで、Yに対し、売買契約につきAに対して生じている抗弁事由（本件では取消し）をもってXの支払請求に対抗し（抗弁の接続）、支払拒絶できることを定めている（支払停止の抗弁）。

さらに理解を深める

百選33事件〔角田真理子〕　山崎暁彦・東北法学27号330頁
関連判例　東京地判平成27・2・5判時2298号63頁（消費者の美術品購買の意思形成にとって重要なのは、購入者がこれを処分する場合の業者買取価格ではなく一般的な販売価格であるとした事例）

第1章 契約（取引）関係　3　消費者契約法　　　　　　　　城内　明

21 進学塾の広告における合格実績の不実告知

高松地裁平成20年9月26日判決
　事件名等：平成19年（ワ）第155号不当利得返還等請求事件
　掲載誌：公刊物未登載、消費者法ニュース80号29頁（要旨のみ）

概要　本判決は、進学塾の広告に虚偽の合格実績が記載されていた事案において、同内容が塾の講義内容にかかわるもので、重要事項に関する内容であるとの判断を前提に、広告内容を事実と誤認して受講契約を締結した消費者は、消契法4条1項1号の不実告知を理由として、契約締結の意思表示を取り消すことができると判断したものである。

事実関係　Xの長女Aは高校3年生の11月、私立の医科大学の入試会場付近で配られていた進学塾Yの広告ビラを入手。広告にはYの前年度の合格実績として、「国公立大学医学部合格率97.5％」「国公立医系合格者は40人中39人」等、虚偽の事実が記載されていた。Aが同大学の受験に失敗したことから、Xは、Aが第一志望とする国公立大学医学部の合格を目的として、同年12月中旬から翌年1月のセンター試験までの期間につき、200万円で指導を受ける契約を締結し、同額を支払った。なお、同契約はセンター試験後も3月上旬まで更新可能であったが、講師が雑談する等、納得のいく指導内容でなかったことから、Xは契約を更新していない。Xは、Yの不実告知を誤信して同契約を申し込んだものである等として、消契法4条1項1号の取消し等を主張し、支払済の200万円につき不当利得として返還を求め、訴訟提起した。

判決要旨　請求認容。本件契約は消費者契約であるところ、本件契約の締結にあたり、Yは、前年度の合格実績について、「Y在籍者40名のうち39名が国公立大学の医学部に合格したとの実績はないにもかかわらず、その旨記載した広告をXに交付し、Xはその旨誤認したことが認められる。同内容は、医学部受験のための学習塾を標榜するYの講義内容にかかわるものであり、重要事項に関する内容であることが認められる」。「同誤認は……Xが本件契約締結の交渉を始め、また、本件契約締結の際に考慮した要素の一つであったことが認められる。……したがって、本件契約の締結は、事業者が重要事項について事実と異なることを告げ、消費者が告げられた内容が事実であると誤認した場合にあたるから、消費者契約法4条1項1号に該当し、Xは、それによって、本件契約の申込みの意思表示をしたと認められるから、同法4条1項により、本件契約

締結の意思表示を取り消すことができる」。「したがって、Xは同取消による不当利得返還請求を行うことができる。これにより、Yは、Xに対し原状回復義務を負い、XがYに支払った200万円を返還する義務を負う」。なお、「XもYに対する原状回復義務を負い、Yから履行を受けた役務の対価を返還すべき義務を負うが、本件において、Yは同主張を行わない」ため、Xの請求が認容された。

本判決の位置づけ・射程範囲

消契法4条の取消しは、事業者が「消費者契約の締結について勧誘をするに際し」行った不適切な勧誘行為につき認められるものであるところ、逐条解説消契法によれば、「勧誘」とは、「消費者の契約締結の意思の形成に影響を与える程度の勧め方」をいい、「不特定多数向けのもの等客観的にみて特定の消費者に働きかけ、個別の契約締結の意思の形成に直接に影響を与えているとは考えられない場合（例えば、広告、チラシの配布……等）」は「勧誘」に含まれないとされてきた。

しかし、学説は、こうした解釈につき、「勧誘」の概念をあまりにも狭く解したものといわざるを得ないと厳しく批判した上、同条の解釈としては、当初の勧誘から、その後の契約締結にいたるまでの事業者の一連の行為につき、消費者の最終的な契約締結意思に実質的な影響を与えているかどうかを判断すべきであると主張する。本判決は、「勧誘」概念について明示的に解釈を示すものではないが、Xが契約締結に際し、広告ビラに記載された偽りの合格実績を考慮していること等を認定して消契法4条1項を適用することからすれば、上記学説の立場に立つものと理解できる。 関連判例 に掲げる最高裁判決に連なる重要判決である。

本判決は、「勧誘」概念についての以上の前提に立った上、進学塾にとって合格実績は、消契法所定の重要事項であるとして、同内容についての不実告知を理由に、消契法4条1項による契約の取消しを認める。合格実績が重要事項となる理由につき、判決は、同内容が「講義内容に関わる」ことを挙げるが、これは、進学塾にとっての合格実績が、消費者契約の目的となるもの（講義）の質に関わるとの趣旨であろうか。

広告に虚偽の内容を記載することは景表法違反であるとしても、同法違反による措置命令は、広告を契機として締結された契約の私法上の効力を左右するものではない。広告規制を実効化する意味でも、広告に虚偽の事実が記載された本件事案において、契約の取消しが認められ、事業者に不当利得として既払金返還が命じられたことには大きな意味があるといえよう。

さらに理解を深める

逐条解説消契法109頁、コンメ消契法70頁、宮下修一・国民生活研究50巻2号91頁 関連判例 最判平成29・1・24裁判所ウェブサイト（不特定多数の消費者に向けた広告等が、個別の消費者の意思形成に直接影響を与える可能性を指摘し、消契法にいう「勧誘」にあたらないとはいえないとした事例）

第1章 契約（取引）関係　3　消費者契約法　　　　　　宮下修一

22 改名・ペンネーム作成・印鑑購入についての断定的判断の提供

大阪高裁平成16年7月30日判決
　事件名等：平成15年（ネ）第3519号不当利得返還等本訴請求、受講料等反訴請求控訴事件
　掲載誌：公刊物未登載（LEX/DB25437403）

概要　本判決は、易学受講契約に関して締結された改名・ペンネーム作成・印鑑購入の付随契約につき、運勢・運命は「将来における不確実な事項」にあたらないとして断定的判断の提供による取消しを否定したものである。また、易学受講契約の事業者による退去妨害による取消しも法定追認を理由に否定した。ただし、いずれの契約も暴利行為にあたるとして、公序良俗違反により無効とされている。

事実関係　夫を急に亡くし、子も下宿等で家を出たため精神的に不安定となったXは、新聞広告を見て架電したうえで、平成13年6月2日にY₁の経営する易学院を訪れた。Xは、Y₁に易学院の受講の可否について尋ねたが、話が進展しそうにないため帰ろうとしたところ、Y₁が、厳しい口調で「ちょっと待ちなさい。貴女は、勉強に来たんでしょ。」あるいは「貴女のために時間を取っているのだから、勉強しなさい。」等の発言を繰り返したことから受講を拒否することをためらい、易学受講契約を締結し、内金を支払った（その後、同月22日までの間に受講料と後述の付随契約に基づく代金も含めて、合計で328万3000円を支払っている）。同日、Xは講義を受講したが、その休憩時間中に突然、姓名鑑定を始めたY₁から「名前を変えたら運勢は良くなる。」等と執拗に改名とペンネーム作成を勧められ、さらに「良い印鑑を持つと、名前と同様に運命が変わります。」と実名とペンネームの印鑑セットの製作と祈祷を勧められたため、その言葉を信じて上記の各事項に関する契約（付随契約）を締結した（このほか、後日、Y₂所有のログハウスの購入も勧められて内金を支払ったが、これについて、原審判決・本判決ともに、売買契約は不成立であるとする）。

Xは、Y₁に対し、易学受講契約については事業者の退去妨害による取消し（消契4条3項2号）、付随契約については断定的判断の提供による取消し（同条1項2号）等を理由として不当利得返還請求をしたところ、Y₁が未払いの受講料等の支払いを求めて反訴した。原審は、Xの消契法に基づく請求を認容し、Y₁の反訴請求を一部を除き棄却したため、Y₁が控訴。

判決要旨　控訴棄却。本判決では消契法に基づく主張はいずれも否定されたが、以下では付随契約について主張された断定的判断の提供による取消

しの可否に関する判旨のみを引用する。「〔消契〕法４条１項２号の『その他将来における変動が不確実な事項』とは、消費者の財産上の利得に影響するものであって将来を見通すことがそもそも困難であるものをいうと解すべきであり、漠然とした運勢、運命といったものはこれに含まれないものというべきである」。また、易学受講契約については、消契法４条３項２号の適用を認めつつ、授業料等の一部を支払ったことが法定追認（民法125条１号の「一部の履行」）にあたるとして取消しの意思表示の効力を否定した。ただし、いずれの契約についても、暴利行為にあたり公序良俗違反により無効になるとしたため、結果的には、ＸのＹに対する不当利得返還請求は認容された。

本判決の位置づけ・射程範囲

消契法４条１項２号は、消費者契約の目的物に関し「将来におけるその価額、将来において当該消費者が受け取るべき金額その他の将来における変動が不確実な事項」について断定的判断の提供があった場合に、当該契約を取り消すことができるとする。ここでいう「将来における変動が不確実な事項」については、①消費者が財産上の利得を得るか否かを見通すことが契約の性質上困難な事項、すなわち、収益・利益に関わる事項に限定されるという見解と、②財産上の利得とは直接関係がなくとも、将来の変動の見込みが不確実な事項を広く対象とするという見解がある。本判決は、②の立場をとった原審判決 関連判例 を否定し、①の立場から「運勢」や「運命」は「将来における変動が不確実な事項」にあたらないとした。もっとも、学説は②の見解をとるものがほとんどである。また、断定的判断の提供の有無が争われた他の下級審裁判例を見ると、予想収益や相場変動（名古屋地判平成17・1・26 関連判例 ）等、まさに財産上の利得、すなわち収益・利益に直接関わる事項はもとより、例えば、消費者が購入した新株予約権付社債発行会社の経営状況（神戸地尼崎支判平成21・12・16 関連判例 ）、パチンコの出玉（東京地判平成17・11・8 本書23事件 ）等、広い意味では収益・利益には関わりうるが、直接それらに結びつくわけではない事項も、断定的判断の提供の対象とされている点に留意すべきである。なお本判決は、易学受講契約につき、消契法４条３項２号の適用自体は肯定しつつ、受講料や代金を一部支払っていることを理由に法定追認を認めている。そうした事態を避けるべく、消契法改正へ向けて検討を行っている内閣府消費者委員会・消費者契約法専門調査会では、法定追認の例外規定の必要性についても議論の対象とされていることを付言しておきたい。

さらに理解を深める

逐条解説消契法116～120頁、コンメ消契法74～78頁、山本292頁、宮下修一・国民生活研究50巻２号105～110頁 関連判例 神戸地尼崎支判平成15・10・24公刊物未登載（LEX/DB25437488）（本判決原審）、名古屋地判平成17・1・26先物取引裁判例集39巻374頁、東京地判平成17・11・8 本書23事件 、神戸地尼崎支判平成21・12・16証券取引被害判例セレクト36巻85頁

第1章 契約（取引）関係　3　消費者契約法　　　　　　宮下修一

23　パチンコ攻略情報と断定的判断の提供

東京地裁平成17年11月8日判決
　事件名等：平成17年（レ）第253号情報料返還請求控訴事件
　掲載誌：判時1941号98頁、判タ1224号259頁

概要　本判決は、「パチンコ攻略情報」の売買契約において、将来パチンコで獲得する出玉の数は「将来における変動が不確実な事項」にあたり、販売業者が購入者に対してそれについて断定的判断の提供を行ったとして、契約の取消しを認めたものである。

事実関係　Xは、Yが「パチンコ攻略雑誌」と題する雑誌に掲載した広告に「1本の電話がきっかけで勝ち組100％確定」等の記載があるのを見て、それを信頼し、平成16年7月15日にYに電話をかけた。電話に出たYの従業員Aは、「100パーセント絶対に勝てるし、稼げる」、「お店1店につき滞在時間は約2時間で、平均5万円から8万円勝てる」、「パチンコ攻略情報代金は数日あれば全額回収できる」等とXに述べるとともに、打ち方の手順をどのように教えてくれるのかというXからの問い合わせに対して、「パチンコを打ちに行くときに電話をくれれば、手順と行くべきお店、パチンコ台の機種および台の番号は口頭で伝える」等と述べた。そのため、Xは、Yの提供する情報に従ってパチンコをすれば常に稼ぐことができると誤信して、「パチンコ攻略情報」を41万円弱で購入する契約を締結し、翌16日にYの口座に振り込んだ。

ところが、Yが提供した情報は難易度の高い特殊な技術を必要とするものであって何度試しても成功しなかったため、Xは、同月29日にAに電話をかけて抗議をした。するとAは、「パチンコ攻略情報売買契約の契約期間が長いほど、提供する攻略情報は、手順が簡単かつ効果が高く、手早く、1回当たりでも大きく稼げる」等と述べた。その結果、Xは、新たな情報を購入すればパチンコで確実に稼ぐことができると誤信して「パチンコ攻略情報」を26万円余で購入する契約を締結し、翌30日にYの口座に振り込んだ。しかし、Yの提供する情報はやはり難易度が高く、Xは何度試みても成功しなかった。

そこで、Xは、Yに対して、不実告知（消契4条1項1号）および断定的判断の提供（同項2号）があったことを理由として、上記の両契約の取消しを求めた。原審が請求を棄却したため、Xが控訴。

判決要旨 原判決取消し、請求認容。「一般的に、パチンコは、各個別のパチンコ台の釘の配置や角度、遊技者の玉の打ち方や遊戯する時間、パチンコ台に組み込まれ電磁的に管理されている回転式の絵柄の組合せなどの複合的な要因により、出球の数が様々に変動する遊技機であり、遊技者がどれくらいの出球を獲得するかは、前記のような複合的な要因による偶然性の高いものである。……したがって、本件契約において、YがXに提供すると約した情報は、将来における変動が不確実な事項に関するものといえる」。Aは、Xに対して「あたかもYが提供する情報が一般には知られていない特別なものであり、それによってXが将来、利益を確実に獲得できるかのごとき印象を与えた。……本件広告における前記表現及びAのXに対する前記の勧誘は、本来予測することができないYがパチンコで獲得する出球の数について断定的判断を提供するものといえる」。

本判決の位置づけ・射程範囲

本判決は、パチンコの出球の数が消契法4条1項2号にいう「将来における変動が不確実な事項」にあたるとして、それに関する断定的判断の提供がなされたことを肯定したものである。すでに **本書22事件** で述べたように、この「将来における変動が不確実な事項」をめぐっては、①収益・利益に関わる事項に限定されるという見解と、②将来の変動が不確実な事項を広く対象にするという見解が対立している。パチンコの出球は、直接、収益・利益に関わるものではなく、実際に、本判決でも上記事項を収益・利益に関わるものに限定するという判示はなされていない。もっとも、パチンコと同様に射倖性の高いパチスロ攻略情報の売買契約に関して消契法4条1項2号の適用を認めた名古屋地判平成19・1・29 **関連判例** は、「パチスロは、射倖性の高い遊戯機であり、パチスロ遊技において、投入した以上のメダルを獲得することができるか、すなわち、利益を上げることができるか否かは不確実な事項である」とする。パチンコの出球やパチスロのメダルは、現実には景品に交換され、その景品は換金所に持ち込まれ換金されることになるのであるから、広い意味で収益・利益に関わる事項であるといえる。その意味では、仮に①の立場をとるとしても、出球やメダルの獲得の可能性について断定的判断の提供がなされれば、取消しが認められることになろう。

なお、原審判決は、Xは射幸的目的でギャンブルとしての利益を求めて行動しており法による保護を与える必要はないと判示したようであるが（掲載誌（判タ1224号259頁）コメント参照）、本判決は、Xがそのように行動したとしても、それはYの断定的判断による広告や勧誘の結果であって、法による取消しを認めても消費者保護の精神から逸脱するとはいえないと判示している点にも注目しておきたい。

さらに理解を深める 逐条解説消契法116〜120頁、コンメ消契法74〜78頁、条解三法39〜41頁、宮下修一・国民生活研究50巻2号105〜110頁

関連判例 大阪高判平成16・7・30 **本書22事件**、名古屋地判平成19・1・29公刊物未登載（LEX/DB25437089）、大阪地判平成22・5・12 **本書124事件**

第1章 契約（取引）関係　3　消費者契約法　　　　　　　宮下修一

24 歌手・俳優等の養成所への入所契約における値上げの不告知の不利益事実該当性

神戸簡裁平成14年3月12日判決
　事件名等：平成13年（ハ）第2302号入所費等返還請求事件
　掲載誌：公刊物未登載（LEX/DB25472412）、消費者法ニュース60号211頁（要旨のみ）

概要　本判決は、歌手を志望する者が俳優養成所に入所したところ、入所後3か月間の演技コースでの演技の基本的なレッスンを経て歌手コースに移動すると月謝額が値上げされることにつき、故意による不利益事実の不告知があったとして契約の取消しを認めたものである。

事実関係　歌手を志望する中国出身のXは、Yの経営する俳優養成所の広告を見て、平成13年5月にその歌手コースに応募して合格したことから、6月12日に入所費等21万円余を支払って入所契約を締結した。ところが、入所式におけるYの説明では、歌手としてデビューする機会の有無やそのノウハウ的な話はまったくなかったため、式の終了後に担当者に確認したところ、当初3か月間は演技コースで演技の基本的なレッスンを受けるのがよい、その後歌手コースに進むが、月謝が1万3650円から1万5750円に上がるとのことであった。そこで、Xは、話が違うとしてその場で担当者に退所を申し出て、支払済みの入所経費の返還を求めたが、Yはそれを拒絶した。そこで、Xは、錯誤による契約の無効、消契法4条1項1号（不実告知）に基づく契約の取消しを理由として、入所経費等の返還を求めて訴えを提起した。なお、Xは、同条2項（故意による不利益事実の不告知）に基づく取消しは明示的に求めていないが、本判決は、「本件契約取消とそれを根拠づける事実関係をXにおいて主張している以上、それが法のどの条項に該当するかまでの主張は本来不要」であるとして、その該当性を判断している。

判決要旨　請求一部認容。Xによる錯誤無効と消契法4条1項1号に基づく取消しの主張は斥けられたが、同条2項に基づく取消しが以下の理由で認容された（ただし、Xの請求のうち、受験料およびYとの交渉に際しての交通費の支払請求は斥けられた）。「月謝の要否並びに値上げの有無、値上げの時期及びその額は、本件契約に類する契約においては、その基本的要素であって、契約の中でも重要な位置を占めており、これは一般消費者にとっては契約を結ぶか否かについての判断に通常影響を及ぼすものに当たるというべきであるし〔〔消契

4条4項〔(当時)〕参照)、そもそも、……Yは歌手コースに新人養成所研究生として入所することになった者(X)との間で本件契約を結ぶに当たり、月謝1か月分として1万3650円を納入させているのであるから、Yに入所した当人にしてみれば、これは歌手コースとしての月謝であると思うのは当然のことであり、まさか……当初3か月間演技の基本レッスンを学ぶための演技コースの月謝であり、その後歌手コースに進むと、月謝が1万5750円に値上げされるなどとは思わないのが通常であるというべきである上、……その値上げの率も15パーセント強とかなりの高率であり、その値上げ額も飲食店のアルバイトで生活している、来日してそれほど間もない中国人であるXにとっては決して軽い負担とはいえないものであって、これらの事情を考え併せると、月謝の値上げについては、本件契約を勧誘するに際して、YはXに対し、月謝として1万3650円を納めさせて歌手コースに入所させるという『利益』を告げながら、3か月後には月謝の値上げがあるという『不利益』を告げておらず、このためXは歌手コースの月謝は入所時に支払った1万3650円のままであると誤信したものといわなければならない。……また、YがXに月謝の値上げを告げていなかった以上、Xがこれを知らなかったのは当然であり、しかも、この事実はYにおいても認識し得たはずであるから、この点についてXには『故意』があったといわざるを得ない。」

本判決の位置づけ・射程範囲

消契法4条2項は、事業者が重要事項またはそれに関連する事項に関する消費者の利益になる旨の告知(利益告知)を行い、かつ、重要事項に関する消費者の不利益になる事実の不告知(不利益事実の不告知)を「故意」に行った場合における消費者契約の取消しについて定める。このうち「故意」については、消費者庁の逐条解説消契法121頁によれば、「当該事実が当該消費者の不利益となるものであることを知っており、かつ、当該消費者が当該事実を認識していないことを知っていながら、あえて」という意味であるとされており、消費者による厳格な立証が求められている。これに対して本判決は、Yが月謝の値上げを告げていない以上、Xがそれを知らないのも当然で、それをYは認識し得たはずであるという形で、いわば「不利益事実の不告知」の存在から「故意」の存在を推認していると評価できよう。また、同じく逐条解説消契法121頁によれば、「利益」や「不利益事実」の該当性は「当該消費者(=個別具体的な消費者)」を基準に判断するとされている。本判決では、特に歌手コースに移ると月謝が上がることが「不利益事実」であるか否かにつき、月謝の値上げ率やXの置かれた具体的な経済状況を考慮して判断している点が注目される。

さらに理解を深める　逐条解説消契法120〜124頁、コンメ消契法78〜82頁、条解三法41〜46頁、宮下修一・国民生活研究50巻3号21〜53頁

関連判例　東京地判平成21・6・19 本書25事件、大阪地判平成23・3・4判時2114号87頁

第1章 契約（取引）関係　3　消費者契約法　　　　　　宮下修一

25　医学的に一般に承認された術式でないことの不利益事実該当性

東京地裁平成21年6月19日判決
　事件名等：平成20年（ワ）第1275号立替金請求事件
　掲載誌：判時2058号69頁

概要　本判決は、医療機関での包茎手術において用いられた術式が、医学的に一般に承認された方法ではないことが「不利益事実」にあたり、医療機関がそのことを故意に告げなかったとして、診療契約に基づく治療費の支払いにかかる立替払契約の取消しを認めたものである

事実関係　Yは、雑誌広告を見て、平成18年7月22日に美容整形を行うA医院を受診し、仮性包茎の手術を希望した。まず、医療カウンセラーBから包茎手術の一般的説明と治療が自由診療である旨の説明を受けた後、医師Cから、一般的な泌尿器科とA医院とでは包茎手術の縫合の方法が異なることやA医院で実施するコラーゲン注入術（以下「注入術」という）の効果等について説明を受けた（なお、Cは、特定の手術方法を勧めていないが、注入術実施時におけるYの注入量としては8本（8cc）が相当であるとBに伝えた）。その後、Yは、再度Bから、仕上がりが醜悪なものを含む他の医院で実施された手術の写真も見せられながら、注入術の方が亀頭の増大効果等があって傷も残りにくい、注入量は一般的には6〜10本、多い人は12〜14本だが、今回は8本が適当である等の説明を受けて、同日、Xとの間で診療契約に基づく立替払契約を締結し（立替金額274万円余）、手術を受けた。なお、手術自体は成功し、Yは、手術後の外形については不満をもっていないものの、抜糸から3か月後に、亀頭が増大されていない旨の苦情の電話をA医院にかけている。Yが割賦金の支払いを怠ったため、Xが提訴。これに対して、Yは、消契法5条1項・2項および4条1項1号・2項に基づく立替払契約の取消し等を理由に立替払債務を負わないと主張した。

判決要旨　請求棄却。Yの主張のうち、包茎手術の必要性自体に関する誤認の主張は否定されたが、注入術についてはXの故意による不利益事実の不告知に基づく誤認があったとして、以下のように述べて立替払契約の取消しを肯定した。「手術を受ける者は、特段の事情のない限り、自己が受ける手術が医学的に一般に承認された方法（術式）によって行われるものと考えるのが通常であり、特段の事情の認められない本件においては、本件診療契約の締結にあたり、Yもそのように考えていたものと認めることができる。そうすると、仮に亀

頭コラーゲン注入術が医学的に一定の効果を有するものであったとしても、当該術式が医学的に一般に承認されたものとは言えない場合には、その事実は消費者契約法4条2項の『当該消費者の不利益となる事実』に該当するものと解するのが相当である。そして、……包茎手術における亀頭コラーゲン注入術の実施例に関する文献は皆無であることに照らし、亀頭コラーゲン注入術が医学的に一般に承認された術式であると認めることは困難であるというべきである。」「亀頭コラーゲン注入術は医学的に一般に承認されたものではなく、A医院は、本件診療契約及び本件立替払契約の締結にあたり、同事実を認識しながら（同術式の実施例に関する医学的文献がない以上、A医院が同事実を認識していたことは明らかである。）、同事実をYに故意に告げなかった結果、Yは、亀頭コラーゲン注入術が医学的に一般に承認された術式であると誤認して本件診療契約及び本件立替払契約を締結したものであるから、Yは、消費者契約法4条2項により本件立替払契約を取り消すことができる（なお、包茎手術と亀頭コラーゲン注入術は一つの診療契約に基づく一体の手術と認められるから、亀頭コラーゲン注入術に関してYに誤認があった以上、Yは本件立替払契約全部を取り消すことができると解するのが相当である。）。」

本判決の位置づけ・射程範囲

まず本判決は、不利益事実の不告知の存在を認定するが、もう一つの要件である利益告知の存在には明確に言及していない。ここでは、いわば注入術を前提とした手術を行うこと自体が一種の利益告知にあたると捉えられているように思われる（もっとも、YがA医院と他の医院の術式の違いや注入術の効果の説明を受けた後にA医院の術式と注入術を選択していることが利益告知にあたるとする見解もある）。また、不利益事実の該当性は、神戸簡判平成14・3・12 本書24事件 で述べたように当該消費者を基準にして判断されるが、それは「当該告知により当該事実が存在しないと消費者が通常考えるべきもの」に限られる。本事案では、「術式が一般に承認されていない」ことは、それにより個々の手術の安全性が担保できない以上、まさに当該消費者にとっての不利益事実であり、かつ、上記の利益告知によりそのような事実は存在しないと消費者であれば通常考えるべきものであるといえよう。さらに、注入術が医学的に承認されていないという事実のみをもって、「故意」の存在が事実上推認されている点にも注目したい（同様に「故意」の存在を事実上推認するものとして、神戸簡判平成14・3・12 本書24事件、大阪地判平成23・3・4 関連判例）。なお、取消しの対象は立替払契約であるが、本判決は消契法5条ではなく、4条2項を直接適用している点にも留意しておきたい。

さらに理解を深める　逐条解説消契法120～124頁、コンメ消契法78～82頁、条解三法41～46頁、宮下修一・国民生活研究50巻3号21～53頁

関連判例 神戸簡判平成14・3・12 本書24事件、大阪地判平成23・3・4判時2114号87頁

第1章 契約（取引）関係　3　消費者契約法　　　　　　　　　　角田美穂子

26 金の先物取引における将来価格の重要事項該当性

最高裁平成22年3月30日第三小法廷判決
　事件名等：平成20年（受）第909号損害賠償、立替金請求事件
　掲 載 誌：判時2075号32頁、判タ1321号88頁、金法1911号50頁、金判1344
　　　　　　号14頁

概　要　本判決は、消契法の契約締結過程に関する規定についての初の最高裁判決で、金の商品先物取引の委託契約に係る将来の金の価格は同法4条2項・4項（当時）にいう「重要事項」に当たらないとしたものである。

事実関係　商品取引員Yとの間で商品先物取引の基本契約を締結したX（取引時64歳、化粧品製造販売業者代表取締役）は、Yの外務員から東京市場における金の価格が上昇傾向にあり、この傾向は続くとの相場予測のもと「買った者勝ち」等と金を購入すれば利益を得られる旨の説明を受け、1500万円の委託証拠金を拠出して取引を委託した（本件契約）。ところが、翌日には金相場が急落し、Xはその翌日に手仕舞をしたが3000万円以上の売買差損金が発生したことから、XはYの違法な勧誘により損害を被ったとして不法行為に基づく損害賠償、または、本件契約は断定的判断の提供（消契4条1項2号）もしくは不利益事実の不告知（同条2項）により誤認して行ったものであるとして取消を主張し、不当利得に基づく委託証拠金の返還を請求した。原審は次のように判示して不利益事実の不告知に基づく取消を認めた（断定的判断の提供は否定）。

　「将来における金の価格は、消契法4条4項（当時）1号にいう『目的となるものの質』に当たり、かつ、消費者Xの本件契約を『締結するか否かについての判断に通常影響を及ぼすべきもの』であるから、同条2項本文にいう重要事項というべきである」。Yの外務員は、将来も金の価格が上昇するとの自己の相場予測を伝えてXの利益となる旨を告げる一方、Xの不利益となる事実である将来における金の価格が暴落する可能性を示す事実を故意に告げず、その結果、Xは当該事実が存在しないと誤認し、本件契約の申込みの意思表示をしたのであるから、これを取り消すことができる。Yが上告受理申立て。

判決要旨　一部破棄自判、一部破棄差戻し。「消費者契約法4条2項本文にいう『重要事項』とは、同条4項〔当時〕において、当該消費者契約の目的となるものの『質、用途その他の内容』又は『対価その他の取引条件』をいうものと定義されているのであって、同条1項2号では断定的判断の提供の対象と

なる事項につき『将来におけるその価額、将来において当該消費者が受け取るべき金額その他の将来における変動が不確実な事項』と明示されているのとは異なり、同条２項、４項〔(当時)〕では……将来における変動が不確実な事項を含意するような文言は用いられていない。そうすると、本件契約において、将来における金の価格は『重要事項』に当たらないと解するのが相当であって……同条２項本文により本件契約の申込みの意思表示を取り消すことはできないというべきである」。

本判決の位置づけ・射程範囲

消契法は、①不実告知、②断定的判断の提供、③不利益事実の不告知によって消費者が誤認した場合に特別の取消権を認めている（4条）。これは、消費者・事業者間の構造的格差（1条）にかんがみて置かれた、詐欺と錯誤の狭間に位置する特別民事ルールである。本判決の判示した取消権①③の要件「重要事項」は、当該消費者契約の目的となるものの質、用途その他の内容（4条4項〔平成28年改正により5項〕1号）、または価格その他の取引条件に係るものであって（同項2号）、消費者の当該消費者契約を締結するか否かについての判断に通常影響を及ぼすべきものをいうと定義されている（同項後段）。学説においては、いわゆる「動機の錯誤」の問題への対応を可能にする拡大解釈の努力が重ねられ、裁判例においても同様の傾向が看取される（①につき大阪高判平成16・4・22 本書20事件、③につき東京地判平成21・6・19 本書25事件 ほか）。

これに対して本判決は、重要事項の定義規定の解釈としてではなく、取消権②の要件との対比を介在させることで、将来における変動が不確実な事項は「重要事項」たり得ないとの法理を定立したもので、上記傾向とは次元を異にするものである。その射程は、本件で問題となった商品先物取引はもちろん、取消権②の適用が想定される金融商品取引、不動産取引、連鎖販売取引等にも及ぶであろう。

原審は、Ｘのような「一般の個人が商品先物取引を行う目的は、相場の変動による差金取得にある」ことに着目したうえで、東京市場の相場高騰の異常性、本件契約の3日前に東京工業品取引所は市場加熱の対策として臨時委員会を開催し、本件契約の直後に臨時増証拠金の預託を決定していたこと等の背景事情を認定していた。これを根拠に、将来における金の価格が暴落する「事実は存在しないと消費者が通常考えるべき」（消契4条2項かっこ書）不利益事実に当たるとしていた。判旨は、この判断を破棄したものである。他方、本判決は、信義則上の損害賠償請求の審理を原審に差し戻している。Ｘの法的保護の要否は、説明義務に基づく不法行為損害賠償の問題として取り扱うのが相当との判断であろう（東京高判平成22・3・24 関連判例 〔過失相殺3割〕）。

さらに理解を深める

三枝健治・民商143巻3号133頁、池田清治・現消10号94頁、松本恒雄・リマークス2011(下)54頁、佐賀義史・平成22年度主判解106頁、角田美穂子・民商144巻1号98頁、原審につき、黒沼悦郎・金判1324号7頁、逐条解説消契法120頁以下、143頁以下、条解三法49頁以下 関連判例 東京高判平成22・3・24判時2081号15頁

第1章 契約（取引）関係　3　消費者契約法　　　　　　　　内山敏和

27 不退去による取消し

東京簡裁平成15年5月14日判決
　事件名等：平成14年（ハ）第85680号立替金請求事件
　掲載誌：消費者法ニュース60号213頁

概要　本判決は、消費者が契約締結の意思がないことを繰り返し示したにもかかわらず、事業者が勧誘を継続し消費者がこれに困惑して契約を締結したところ、事業者の一連の言動から消費者を退去させなかったことを認めて、消契法4条3項2号に基づく取消しを認めたものである。

事実関係　Yは、本件契約当時、家出中で、友人の家を転々としており、定職もなく定まった収入もなかった。そのYが、たまたま新宿の街を歩いていたときに販売店の男性担当者から声をかけられ、何度も断ったものの絵画の展示場に連れて行かれた。Yは、絵画についての趣味はなく、その旨繰り返し担当者に話したが、担当者は、購入を勧め、Yに対し契約書にサインすることを求めた。担当者がYの言動を無視するように繰り返し契約書への記入を求め、記入しなければ帰してもらえないような気がしたため、Yは、展示されていた絵画の中から何となく気に入ったものを指定し、いわれるままに契約書の契約者欄に署名押印をした。収入の欄については、担当者が、Yに定職のないことを知っていたにもかかわらず、これくらいにしておけば大丈夫などといって、Yに「月収27万円」と記載させた。本件売買契約の際に、信販会社Xが本件絵画の代金を立替払いする旨の契約が締結されたが、担当者は、毎月の支払額や支払回数、手数料等クレジットの具体的な内容についての説明をしなかった。Yが立替金及び手数料を支払わなかったので、Xがその支払いを求めて訴えを提起した。

判決要旨　請求棄却。「Yは、展示場において、自分が家出中であり、定職を有しないことや絵画には興味のないことを繰り返し話したにもかかわらず、担当者は、Yのこれらの事情を一切顧慮することなく勧誘を続け、契約条件等について説明しないまま契約書に署名押印させ、収入についても虚偽記載をさせたものである。販売店の担当者は『退去させない』旨被告に告げたわけではないが、担当者の一連の言動はその意思を十分推測させるものであり、Yは、販売店の不適切な前記勧誘行為に困惑し、自分の意に反して契約を締結するに至ったものである。販売店のこの行為は、消費者契約法4条3項2号に該当する

というべきである。」

本判決の位置づけ・射程範囲

　消契法4条3項によれば、消費者が事業者に対しその住居又は職場から退去すべき旨の意思を示したにもかかわらず退去しなかった場合（1号）、あるいは消費者が事業者による勧誘場所から退去する旨の意思を示したにもかかわらず退去させなかった場合（2号）に、それによって消費者が困惑して消費者契約を締結したときに、当該消費者に当該消費者契約の取消権を与えている。

　1号の不退去については、消費者が事業者に対して住居等から退去すべき意思を示すことの困難さが指摘されることから、この意思表示は比較的緩やかに認定される傾向にある（たとえば、東京簡判平成19・7・26 関連判例）。2号でも、同じく、消費者による退去したい旨の意思の表示があったかが問題となるものの、さらに、どのような場合に事業者が消費者を勧誘場所から「退去させなかった」といえるかが問題となっている。この点、一定の場所からの脱出を不可能もしくは著しく困難にする行為と解する見解もあるが、多くは、退去・脱出を困難にする行為で足り、消費者が立ち去ろうとしているのに執拗に勧誘を継続する行為もこれに含まれる、と考えられている。本判決も、販売店担当者が「退去させない」旨を発言したわけではないが、消費者が退去したい旨の意思を示しているにもかかわらず、事業者が勧誘を継続したこと自体を退去妨害として認めたもので、その一連の言動から退去させない意思が伝われば足りるとして、広く解している。裁判例の中には、消費者が帰ろうとしたところ、事業者が厳しい口調で引き留め、契約が締結された事例（神戸地尼崎支判平成15・10・24 関連判例）において同号による取消しが認められている。

　なお、本件契約は、平成14年7月15日に締結されているが、Xに対して取消しの意思表示がなされたのは、平成15年1月27日である。消契法7条1項は、消費者が追認することができる時から6か月間取消権が行使されない場合、取消権は、時効によって消滅するとしている。本件では、契約締結日から起算すると、この期間経過後に取消しがなされている。もっとも、本判決では、Yが平成14年8月10日に販売店からの連絡に応じ納品確認書に署名押印した際にも依然として困惑状況が続いており、契約と一体をなすものとして、取消権行使期間もこの時点から進行するとした。この点でも注目に値する裁判例である。

さらに理解を深める　**百選34事件〔池田清治〕**　アクセス38頁、講義96頁　関連判例
神戸地尼崎支判平成15・10・24公刊物未登載（LEX/DB25437488）、東京簡判平成19・7・26裁判所ウェブサイト

第1章 契約（取引）関係　3　消費者契約法　　　　　　　　内山敏和

28 媒介の委託を受けた第三者による勧誘

小林簡裁平成18年3月22日判決
　事件名等：平成17年（ハ）第247号不当利得返還請求事件
　掲載誌：消費者法ニュース69号188頁

概要　本判決は、ローン契約の立替払いの対象である工事が有効でないことがローン契約の不利益事実に当たるとし、信販会社の加盟店である工事業者が媒介受託者として当該事実を告知していないため、ローン契約の取消しを肯定したものである。

事実関係　高齢のAは、平成12年以降2社と計200万円近いリフォーム契約を締結していたところ、D社従業員は、平成14年4月15日、Aに対して、住宅の耐震等のために床下構造を補強する補強金具取付工事が必要である旨説明し、Aはその説明が真実であると信じて本件工事契約について承諾した。しかし、実際には、本件工事は住宅の耐震や揺れ防止に有効ではなく不要な工事であった。

本件工事の工事代金の内金150万円については、その代金を信販会社Yが立替えてD社に支払い、AはYに対して同立替金額及び手数料の合計189万3450円を72回に分割して支払う立替払契約（本件ローン契約）をD社従業員がYの委託を受けた者としてAに申し込み、Aはこれに応諾した。

Aは、平成16年頃、特別養護老人ホームに入園したが、本件契約当時は、日常生活は可能であった。AはYに本件ローン契約による立替金債務として95万250円を支払った。（Aを相続したと思われる）Xが本件ローン契約を取り消して、既払金の返還を求めて訴えを提起した。

判決要旨　請求認容。Yは、その加盟店が顧客に対して商品の販売・請負等の申込みをすると同時にその加盟店を媒介として同じ顧客に対して立替払契約の申込みをして、この立替払契約によって収益をあげるという企業行動をしている。Yは顧客に対して立替払契約締結の勧誘時において、その契約内容の説明をY自身が行うことはなく、加盟店に委ねていることが認められる。

本件ローン契約における契約の目的とは、立替金及び手数料を分割して支払うことであるが、その用途は、耐震工事である本件工事代金の立替支払いにある。したがって、立替金及び手数料の分割支払が耐震工事である本件工事代金の立替支払いに充てられるという事項についてAに不利益となる事実を故意に告げなか

ったか否かが問題となる。確かに、分割支払という事項そのものは、不利益事実があるわけではないが、契約の目的物である分割払いの用途（原因）である本件工事そのものが、耐震や揺れ防止工事としては有効でない工事であるということは、Aにとってまさに不利益な事実にほかならない。このような事実についても消契法4条2項所定の不利益事実と考えなければ、Yのように加盟店を通じて加盟店の販売契約等と一体をなすものとして立替払契約の勧誘をして利益を上げる業態において同法によって消費者を保護する趣旨を貫くことができないからである。本件ローン契約の場合、事業者とはYであるが、Yは契約の勧誘に際しては、D社従業員を通じて行動しており、D社従業員は、本件工事が耐震や揺れ防止工事としては有効でない工事であることは当然知っていたと推認するべきであり、結局、Yは、Aにとって本件ローン契約の重要事項である立替金及び手数料の分割支払が耐震や揺れ防止工事としては有効でない本件工事代金の立替払いに使用されるという不利益事実を告げないで本件ローン契約を締結したことになる。

本判決の位置づけ・射程範囲

　消契法5条は、同法4条の不当勧誘行為を第三者が行った場合でも、事業者がその第三者に対し、当該事業者と消費者との間における消費者契約の締結について媒介をすることの委託をし、当該委託を受けた者であるときには、消費者契約の取消しを認めている。ここで念頭に置かれているのは、不動産仲介業者が分譲業者の委託を受けて新築住宅の販売を媒介する場合などである。

　本判決では、信販会社Yの加盟店であるD社の従業員による不利益事実の不告知が認められ、本件ローン契約の取消しが認められている。D社は、AY間のローン契約の当事者ではないが、信販会社Yに立替払契約の媒介委託を受けた者である判断され、その不利益事実の不告知がYに帰責されている。一方、三島簡判平成22・10・7 関連判例 は、販売業者に不実告知があった事案において、信販会社が自ら独自の意思確認や与信調査を行っていることから、販売業者によるローン契約の媒介があったとはいえないとしている。

　本件で取消しの対象となったのは、工事契約ではなく、これに付随してD社を通じてなされたYとのローン契約である。そこで、問題となるのは、ローン契約が実際には無駄な工事の代金に対する立替払いを目的としているというAにとっての不利益な事実をD社が告知しなかったことである。工事契約の取消しの効果をローン契約にも及ぼすのではなく、ローン契約自体が媒介者D社による不当勧誘によって締結され、取り消されるため、このような構成になっている。

さらに理解を深める

アクセス40頁、講義98頁　関連判例　三島簡判平成22・10・7消費者法ニュース88号225頁

第1章 契約（取引）関係　3　消費者契約法　　　　　　　谷本圭子

29　パーティ予約の解約と「平均的な損害」

東京地裁平成14年3月25日判決
　事件名等：平成14年（レ）第12号営業保証料請求控訴事件
　掲載誌：判タ1117号289頁、金判1152号36頁

概要　本判決は、パーティ予約の解約時における営業保証料の合意について、消契法9条1号を適用し、「平均的な損害」の額を民訴法248条の趣旨に従い算定したものである。

事実関係　Yは、平成13年4月8日、Xに、同年6月10日にXが営む飲食店で30名ないし40名、一人当たり3980円希望でパーティの予約を申し入れた。その際、予約を解約する場合には、実施日前日まで解約料は不要だが、当該予約と日程上重なり合う予約または問い合わせを受けて、先の予約客に確認した上で、実施するとの確答を得た場合、先の予約客がその後解約すれば営業保証料として一律一人当たり5229円を徴収する取扱をしているとの説明を受けて、これを了解した。Xは、同年4月9日、Yに対し、他の客から予約と同日同時刻ころの問い合わせが来たとして、予約の確認をした。Yは、同日夜半、一人当たり4500円に確定し、実施する旨の返答をしたが、同日中にXに対し本件予約を解約したいとの電話をした。Xは、この申出に対し、営業保証料が発生するとの返事をした。Yは、同年4月10日、Xに対し本件予約を解約するとの意思表示をした。Xは営業保証料の支払いを求めて訴えを提起した。原審は、予約人数を30名として一人当たり5229円の営業保証料の請求を認容。Y控訴。

判決要旨　原判決変更。「消費者契約法9条1号の法の趣旨に照らすと、……営業保証料のうち、……『平均的な損害』を超える部分は無効ということになり、XはYに対し、『平均的な損害』の限度で請求することができる」。「『平均的な損害』の意義……については、当該消費者契約の当事者たる個々の事業者に生じる損害の額について、契約の類型ごとに合理的な算出根拠に基づき算定された平均値であり、解除の事由、時期の他、当該契約の特殊性、逸失利益・準備費用・利益率等損害の内容、契約の代替可能性・変更ないし転用可能性等の損害の生じる蓋然性等の事情に照らし、判断するのが相当である。」「本件予約の解約は、開催日から2か月前の解約であり、開催予定日に他の客からの予約が入る可能性が高いこと、本件予約の解約によりXは本件パーティにかかる材料費、

人件費等の支出をしなくて済んだことが認められる。」「他方、……Xは本件予約の解約がなければ営業利益を獲得することができたこと、本件パーティの開催日は仏滅であり結婚式二次会などが行われにくい日であること、本件予約の解約はYの自己都合であること、及びY自身3万6000円程度の営業保証料の支出はやむを得ないと考えていることが認められる。」「以上のY、Xにそれぞれ有利な事情に、……旅行業界における標準約款のようなものが見当たらず、本件予約と同種の消費者契約の解約に伴い事業者に生ずべき平均的な損害額を算定する証拠資料に乏しいこと等を総合考慮すると、本件予約の解約に伴う『平均的な損害』を算定するに当たっては、民訴法248条の趣旨に従って、一人当たりの料金4500円の3割に予定人数の平均である35名を乗じた4万7250円……と認めるのが相当であり、この判断を覆すに足りる証拠はない」。

本判決の位置づけ・射程範囲

消契法9条1号の「平均的な損害」をどのような基準で算定すべきかについては、特に逸失利益の算入の可否に関わり議論がある。本判決が示した「平均的な損害」の意義と同様のことは、その後の裁判例でも示されており、また、本判決は逸失利益の算入を肯定した最初の裁判例である。最近は、同規定は民法416条の内容を定型化するという意義をもち、「通常生ずべき損害」に対応するため、逸失利益を基礎とすべきとする裁判例がある一方で（京都地判平成24・7・19 関連判例）、同規定は特商法や割販法の規定に類似して、契約の履行前には、他の契約締結の機会を失った場合を除き、「履行利益」を請求することを認めず、「契約の締結及び履行のために必要な額」のみ請求することを認めるとする裁判例もあり（京都地判平成24・3・28 関連判例、大阪高判平成25・1・25 本書31事件）、学説での議論に対応するかのような基本的な見解の対立が見られる。また、本判決は、民訴法248条の趣旨に従い平均的損害額を認定した最初の裁判例でもある。「平均的な損害」の立証困難性からこのような算定の手法に注目が集まったが、その後拡がりを見るには至っていない。その主張立証責任については最高裁が、事実上の推定が働く余地があるとしても、基本的には消費者が負うとの判断を示している（最判平成18・11・27 本書30事件）。

さらに理解を深める 百選40事件〔丸山絵美子〕　山本豊・判タ1114号73頁、河上406頁、山本301頁　関連判例 京都地判平成24・3・28判時2150号60頁、京都地判平成24・7・19判時2158号95頁、大阪高判平成25・1・25 本書31事件

第1章　契約（取引）関係　3　消費者契約法　　　　　　　　　　谷本圭子

30　入学辞退と学納金返還請求

最高裁平成18年11月27日第二小法廷判決

事件名等：①平成17年（受）第1158号・第1159号不当利得返還請求事件、②平成17年（受）第1437号・第1438号学納金返還請求事件、③平成16年（受）第2117号・第2118号学納金返還請求事件

掲載誌：①民集60巻9号3437頁、判時1958号16頁、判タ1232号103頁、②民集60巻9号3597頁、判時1958号24頁、判タ1232号111頁、③民集60巻9号3732頁、判時1958号33頁、判タ1232号119頁

概要　各判決は、大学入試における学納金の不返還特約について、民法90条を適用せず、①及び②では、消契法9条1号の適用の余地を認め、「平均的な損害」の存否を解除の時期や入試形態に従い判断するものである。

事実関係　各事件において、X_1らは、私立大学であるY_1らの実施した入試の合格者である。①では、X_1は平成14年3月13日、Y_1大学に対し、「退学願」と題する書面を提出し、X_2は、平成14年3月29日ころ、電話で入学を辞退する旨を告げ、4月3日、「入学辞退届出」と題する書面がY_1大学に到達した。②では、X_3は平成14年4月2日、電話でY_2大学への入学を辞退する旨を告げ、X_4らはY_2女子大学の入学式に欠席した。Y_2女子大学の入試要項には、4月2日の入学式無届欠席の場合は入学資格を失う旨が記載されていた。③では、X_5は、Y_3大学に対し、平成13年3月27日付け入学辞退申請書を提出した。各事件において、X_1らは、Y_1大学らに対して、学生納付金相当額の返還を求めた。

判決要旨　①一部破棄差戻し、一部破棄自判、一部棄却。②一部破棄自判、一部棄却。③一部破棄自判、一部棄却。各判決は総論において以下の点で共通している。在学契約の性質について、「教育法規や教育の理念によって規律されることが予定されて」いるなどの点より、「在学契約は、有償双務契約としての性質を有する私法上の無名契約と解するのが相当である」とした上で、「学生が要項等に定める入学手続の期間内に学生納付金の納付を含む入学手続を完了することによって」成立するとする。「憲法26条1項の趣旨や教育の理念にかんがみると」、「当該大学において教育を受けるかどうかについては、当該学生の意思が最大限尊重されるべきであるから、学生は、原則として、いつでも任意に在学契約等を将来に向かって解除することができる」として、「入学辞退を申し出ることは、在学契約の解除の意思表示と評価することができる」とする。「少なくとも学生が大学に入学する日……よりも前に在学契約が解除される場合には、……授業料等を……大学は学生に……返還する義務を負う」が、入学金は特段の事情のない限り、「学生が当該大学に入学し得る地位を取得するための対価としての性質を有するもの」であり、「大学はその返還義務を負う理由はない」

とする。学納金の不返還特約については、「入学金に関する部分は注意的な定めにすぎない」が、「授業料等に関する部分は、在学契約の解除に伴う損害賠償額の予定又は違約金の定めの性質を有する」とする。その上で、「その目的、意義に照らして、学生の大学選択に関する自由な意思決定を過度に制約し、その他学生の著しい不利益において大学が過大な利益を得ることになるような著しく合理性を欠くと認められるものでない限り、公序良俗に反するものとはいえない」とする。また、①及び②では、消契法9条1号の適用について、「平均的な損害及びこれを超える部分については、事実上の推定が働く余地はあるとしても、基本的には、……無効であると主張する学生において主張立証責任を負う」とする。「学生が当該大学に入学する……ことが客観的にも高い蓋然性をもって予測される時点よりも前の時期における解除については、原則として、当該大学に生ずべき平均的な損害は存」せず、「不返還特約はすべて無効となり」、「解除が、上記時点以降のものであれば、……原則として……解除により……授業料等……に相当する損害を被る」のであり、「これが……大学に生ずべき平均的な損害ということができ」、不返還特約はすべて有効となるとする。そして、一般に上記時点は4月1日とする。なお①では、専願での推薦入試に合格した学生については、在学契約を締結した時点で上記のように予測されるため、解除により「特段の事情がない限り……授業料等……に相当する平均的な損害が生ずる」とする。また②では、入学式欠席条項がある場合には、「入学式の日までに学生が明示又は黙示に在学契約を解除しても、原則として、当該大学に生ずべき平均的な損害は生じない」とする。以上の総論を各論で各当事者にあてはめ、①では、専願での推薦入試の合格者X_1につき特段の事情がない限り不返還特約は全部有効とし、X_2につき電話による入学辞退でも解除を認め、授業料等の返還請求を認めた。②では、X_3につきこれを認めず、X_4らにつき認めた。消契法施行前の事案である③ではX_5につきこれを認めなかった。

本判決の位置づけ・射程範囲

各判決は、私立大学の入試における学納金の不返還特約が、民法90条ならびに消契法9条1号により無効となるのか、また、同規定による「平均的な損害」の主張立証責任について判断した初めての最高裁判決である。逸失利益も「平均的な損害」に含まれるとして、授業料等の「平均的な損害」の発生の有無を「当該大学に入学することが客観的に高い蓋然性をもって予測されるかどうか」により全部又は0の二者択一で判断した。学説からは、二者択一的な判断に対する批判や、不返還特約は原状回復義務を免除する特約であるとして同法10条を適用すべきとの批判がある。

さらに理解を深める 百選38事件〔松本恒雄〕　商法（総則・商行為）百選5版69事件〔潘阿憲〕、最判解民事篇平成18年度（下）1183頁〔加藤正男〕、河上406頁、山本301頁　関連判例 最判平成18・12・22判時1958号69頁、最判平成22・3・30判時2077号44頁

第1章 契約（取引）関係　3　消費者契約法　　　　　　　執行秀幸

31 冠婚葬祭に係る互助契約のキャンセルと「平均的な損害」

大阪高裁平成25年1月25日判決
　事件名等：平成24年（ネ）第281号・第941号解約金条項使用差止請求、解約金請求、解約金返還請求、不当利得返還請求控訴、同附帯控訴事件
　掲載誌：判時2187号30頁

概要　本判決は、会員制の冠婚葬祭業者と会員との間の契約の途中解約における解約払戻金を制限する条項を、消契法9条1号により無効とするとともに、同法12条3項に基づく差止請求を認めたものである。

事実関係　1　Yらは、消費者との間で締結している互助会契約において「契約解約時に払戻金から所定の手数料が差し引かれる」旨の解約金条項を定めていた。消契法13条所定の「適格消費者団体」X₁は、当該解約金条項が同法9条1号に定める平均的な損害の額を超える違約金を定めるもので、同法10条に定める信義則に反して消費者の利益を一方的に害するものであるとして、Yらに対し、同法12条3項本文に基づき、主位的に、解約金を差し引くことを内容とする意思表示等の差止めを、予備的に、現実に使用している約款等に基づく意思表示等の差止めを求めた（甲事件）。
　2　X₂らは、Y₁に対し、当該解約金条項が消契法9条1号、10条に反して無効であるとして、不当利得返還請求権に基づき、Y₁が当該解約金条項に基づき差し引かれた解約手数料相当額の返還等を求めた（乙・丙・丁事件）。

判決要旨　原判決一部変更、一部控訴棄却。「X₁のY₁に対する請求は、消費者がY₁に対し冠婚葬祭の施行を請求する前の解約の場合に」、消契法9条1項の「平均的な損害」（振替費用相当額60円に第1回目を除く払込み回数をかけた金額及び年2回の「全日本ニュース」及び年1回の入金状況通知の作成・送付費用14.27円（1件月当たりの金額）に契約月数（1月未満は切り捨て）をかけた金額）「を超える解約金を差し引いて消費者に対し返金する旨を内容とする限度での差止めを求める限度において理由があ」り、X₂ら「のY₁に対する請求は」、解約金から前期金額を差し引いた「金額及びこれに対する遅延損害金の支払いを求める限度で理由がある」。「消費者契約法9条1号にいう『平均的な損害』とは、同一事業者が締結する多数の同種契約事案について類型的に考察した場合に算定される平均的な損害の額を指し、具体的には、解除の事由、時期等により同一の区

分に分類される複数の同種の契約の解除に伴い、当該事業者に生じる損害の額の平均値をいう」。Yは、「本件互助契約の締結により冠婚葬祭に係る抽象的な役務提供義務を負っているが、消費者から冠婚葬祭の施行の請求を受けて初めて、当該消費者のために冠婚葬祭の施行に向けた具体的な準備等を始めるものである」から、具体的な冠婚葬祭施行請求前にYとの間の各互助契約が解約された本件では、「損害賠償の範囲は原状回復を内容とするものに限定されるべきで」、「具体的には契約の締結及び履行のために通常要する平均的な費用の額が、『平均的な損害』とな」り、その額は、「現実に生じた費用の額ではなく、同種契約において通常要する必要経費の額を指」し、ここでは、「消費者に負担させることが正当化されるもの、言い換えれば、性質上個々の契約(消費者契約)との間において関連性が認められるものを意味するものと解す」べきである。

本判決の位置づけ・射程範囲

判例・裁判例は、一般に、消契法9条1項の「平均的な損害」に履行利益の賠償も含まれることを前提としている(東京地判平成23・11・17 関連判例、京都地判平成24・7・19 関連判例 等)。だが、履行前解除の事案では、損害回避可能性が考慮されている(東京地判平成14・3・25 関連判例、大阪地判平成14・7・19 関連判例、東京地判平成17・9・9 関連判例、最判平成18・11・27 関連判例、東京地判平成23・11・17 関連判例)。これに対し、履行利益の賠償を「平均的な損害」に含めるべきでないとする裁判例も見られる(横浜地判平成21・7・10 関連判例、東京高判平成20・12・7 関連判例、京都地判平成24・3・28 関連判例)。学説でも履行前の段階では、契約解除に伴う損害賠償額は原状回復賠償に限定されるべきとの見解(ただ、契約目的に代替性がなく営業上の逸失利益が生ずる場合、それは含まれると解する)も有力である。本判決も、「損害賠償の範囲は原状回復を内容とするものに限定されるべきで」あるとして、「逸失利益」には言及していない。これは、具体的な冠婚葬祭の施行の請求がされる前に互助契約が解約された事例、つまり、「施行契約の解除ではなく、互助会システム会員としての契約の解除」(一般社団法人全国冠婚葬祭互助会「冠婚葬祭互助会について」(www.meti.go.jp/committee/kenkYukai/shorYu/gojokai/pdf/001_04_00.pdf)がなされたにすぎないからだといえよう。なお、適格消費者団体からなされた上告受理申立てを受理しない旨の決定が最高裁によりなされた(最判平成27・1・20公刊物未登載〔LEX/DB25505828〕)。

さらに理解を深める

谷本圭子・現消28号104頁、武田直大・現消17号79頁、小塚荘一郎・ジュリ1465号99頁 関連判例 最判平成18・11・27 本書30①事件、東京地判平成14・3・25判タ1117号289頁、大阪地判平成14・7・19金判1162号32頁、東京地判平成17・9・9判時1948号96頁、東京高判平成20・12・7金判1313号42頁、横浜地判平成21・7・10判時2074号97頁、東京地判平成23・11・17判時2150号49頁、京都地判平成24・3・28判時2150号60頁、京都地判平成24・7・19判時2158号95頁

第1章 契約（取引）関係　3　消費者契約法　　　　執行秀幸

32 有料老人ホームの入居者死亡と入居一時金の償却条項の有効性

東京地裁平成22年9月28日判決
　事件名等：平成21年（ワ）第23889号入居金返還請求事件
　掲載誌：判時2104号57頁

概要　本判決は、介護付有料老人ホーム入居契約に基づく介護義務等を事業者が怠ったことによる契約解除、入居契約の錯誤もしくは本件入居金支払及び一時入居金償却に関する条項の消契法10条による無効を理由とする支払済みの入居契約金等の支払請求を棄却したものである。

事実関係　Xは、YとA（平成20年12月16日死亡）を入居者とする介護付有料老人ホームの入居契約を締結した。契約書には、次の条項があった。Aは、入居金として、入会金105万円、施設協力金105万円、一時入居金1155万円の合計1365万円を、月額利用料23万8500円（管理費17万8500円、食費6万円）及び毎月の介護費等とは別に、Yに支払う。一時入居金1155万円のうち20％（231万円）を契約締結時に償却し、残り80％（924万円）を60か月で償却するため、本件入居契約がAの死亡又はXの解除通告（債務不履行による解除ではない）により終了した場合は、「924万円×（60か月－実際の入居月数）÷60か月」により算定される額の一時入居金のみを返還する。Aの相続人Xは、①Yが同入居契約に基づく介護義務等を怠ったとして民法545条に基づき平成21年7月24日同入居契約を解除した、②同入居契約の錯誤、もしくは、③入居金の支払及び一時入居金償却に関する条項の消契法10条違反により無効であるとして、不当利得に基づき、Yに対して返還を受けていない入居金等の支払を求めた。

判決要旨　請求棄却。上記③本件入居金の支払及び一時入居金償却に関する条項は、以下の理由から消契法10条には当たらないとした。(1)本件入居金の額、使途及び償却基準等は、東京都有料老人ホーム設置運営指導指針に従ったもので、Yは東京都知事から事業者指定を受けている。(2)月額利用料（管理費・食費）及び毎月の介護費等とは別に本件入居金を徴収し一時入居金の20％を契約締結時に償却する点は、上記指導方針がこれを前提とする内容の定めを設けている。(3)Yは、本件入居契約締結の際、Xに、入居金のうち入会金、施設協力金、一時入居金がいかなるサービスの対価か、一時入居金の算定根拠・償却基準等を、重要事項説明書を用いて説明し、同説明書にXの署名を得ている。(4)一時入居金は、入居契約がYの債務不履行により解除された場合や当初より無効で

あった場合、契約締結日から90日以内であれば、入居者の死亡であるかXの解除通告であるかを問わず支払済みの金員全額が返還されると定められている。一時入居金の初期償却の合理性や居室及び共用部分の家賃相当額に充当される費用の計算根拠も、管理費用の積算根拠および実際に管理費用に充当されているかの証明もないが、(5)東京都有料老人ホーム設置運営指導指針に従ったもので、その内容が公序良俗に違反するとはいえず、(6)消費者は、Yの事前説明を受け、他施設と比較検討をして入居契約を締結できることから、上記事情は消契法10条を適用すべき理由にはならない。

本判決の位置づけ・射程範囲

有料老人ホームにあっては、入居一時金（月々支払われる金銭とは別に、入居時にまとめて徴される金銭）の返還をめぐる紛争が少なくないが、公刊された裁判例は多くない。だが、初期償却を定める条項、償却期間等に関する条項につき争われた裁判例は、いずれも消契法10条等の適用を否定している。入居一時金の該当部分の法的性質を終身利用権設定の対価であることを根拠とするもの（東京地判平成21・5・19 [関連判例]、東京地判平成24・12・13 [関連判例]、名古屋高判平成26・8・7 [関連判例]）、居室及び共用施設の利用の対価の前払とした上で、暴利とまでいえず、入居一時金を前払することにより、それ以上の賃料の負担なしに、終身にわたり居室及び共用施設を利用できることを考慮するもの（名古屋地判平成24・8・31 [関連判例]）、都道府県の指導指針の内容にほぼ沿ったものであることを考慮するもの（東京地判平成18・11・9 [関連判例]〔償却期間等に関する条項に関しても〕）がある。東京地判平成21・5・19 [関連判例]は、償却期間等に関する条項に関し、償却期間が不当に短いとはいえない、都道府県の指導指針から逸脱していない、入居者が説明を受け償却合意の存在・内容を認識・理解した上で、自由な意思決定に基づき契約を締結したことを理由とする。本判決は、いずれの条項の有効性も、基本的に、都道府県の指導指針の内容にほぼ沿ったもので、事前説明を受け、他施設と比較検討をして入居契約を締結することが可能であることに求めているといえよう。なお、平成23年6月22日に老人福祉法が改正され、同法29条6項は、入居一時金として、賃料とサービスの対価に限定し、「権利金その他の金品を受領してはならない」とした。それに伴い、平成23年9月8日付で東京都有料老人ホーム設置運営指導指針が改正され、初期償却を不適合とする取扱が明示されている。そこで、入居一時金の返還をめぐる紛争解決にあっては、今後、この改正に注意が必要である。

さらに理解を深める

嵩さやか・法学77巻1号18～28頁、執行秀幸・実践成年後見37号37頁　[関連判例] 東京地判平成18・11・9公刊物未登載（LLI/DBL06134556）、東京地判平成21・5・19判時2048号56頁、名古屋地判平成24・8・31公刊物未登載（LEX/DB25504862）、東京地判平成24・12・13公刊物未登載（LEX/DB25499202）、名古屋高判平成26・8・7公刊物未登載（LEX/DB25446618）

第1章 契約（取引）関係　3　消費者契約法　　　　　　大澤　彩

33　建物賃貸借契約における敷引特約の効力

最高裁平成23年3月24日第一小法廷判決
　事件名等：平成21年（受）第1679号敷金返還等請求事件
　掲載誌：民集65巻2号903頁、判時2128号33頁、判タ1356号81頁、金法1948号90頁、金判1378号28頁

概　要　本判決は、賃貸借契約における敷引特約は、敷引額が高額に過ぎる場合には消契法10条によって無効となるとの判断を示したものである（本件事案では有効）。

事実関係　Xは、平成18年8月、Yとの間で京都市内のマンションの一室（以下「本件建物」という）を契約期間2年間、賃料1か月9万6000円の約定で賃借する旨の賃貸借契約（以下「本件契約」という）を締結した。本件契約には、①本件契約締結と同時にXがYに対して保証金40万円を支払う、②Xによる建物明渡時に、Yは契約締結から明渡までの経過年数に応じた額（経過年数1年未満は18万円、2年未満は21万円、3年未満は24万円、4年未満は27万円、5年未満は30万円、5年以上は34万円。以下「本件敷引金」とする）を控除したうえでXに返還するが、③Xに未納家賃等の債務がある場合には、上記残額から同債務相当額を控除した残額を返還する、④賃借人が社会通念上通常の使用をした場合に生ずる損耗や経年により自然に生ずる損耗（以下「通常損耗」とする）については本件敷引金によりまかない、Xは原状回復を要しない、といった旨を定める条項があった。Xは本件契約締結時に本件保証金40万円をYに支払った。平成20年4月にXはYに対して本件建物を明け渡したところ、Yは本件特約に基づいて本件保証金から本件敷引金21万円を控除した残額19万円をXに返還した。そこで、Xは本件条項が消契法10条により無効であるとして、Yに対して保証金の残額21万円およびこれに対する遅延損害金の支払いを求めた。

判決要旨　上告棄却。「賃借人に通常損耗等の補修費用を負担させる趣旨を含む本件特約は、任意規定の適用による場合に比し、消費者である賃借人の義務を加重する」。「通常損耗等の補修費用は、賃料にこれを含ませてその回収が図られているのが通常だとしても、これに充てるべき金員を敷引金として授受する旨の合意が成立している場合には、その反面において、上記補修費用が含まれないものとして賃料の額が合意されているとみるのが相当であって、敷引特約によって賃借人が上記補修費用を二重に負担するということはできない。また、上記補修費用に充てるために賃貸人が取得する金員を具体的な一定の額とすることは、通常損耗等の補修の要否やその費用の額をめぐる紛争を防止するとい

った観点から、あながち不合理なものとはいえず、敷引特約が信義則に反して賃借人の利益を一方的に害するものであると直ちにいうことはできない。

　もっとも、消費者契約である賃貸借契約においては、賃借人は、通常、自らが賃借する物件に生ずる通常損耗等の補修費用の額については十分な情報を有していない上、賃貸人との交渉によって敷引特約を排除することも困難であることからすると、……消費者契約である居住用建物の賃貸借契約に付された敷引特約は、当該建物に生ずる通常損耗等の補修費用として通常想定される額、賃料の額、礼金等他の一時金の授受の有無及びその額等に照らし、敷引金の額が高額に過ぎると評価すべきものである場合には、当該賃料が近傍同種の建物の賃料相場に比して大幅に低額であるなど特段の事情のない限り、信義則に反して消費者である賃借人の利益を一方的に害するものであって、消費者契約法10条により無効となる」。本件では、本件敷引金の額が高額に過ぎると評価することはできず、本件特約は有効であるとした。

本判決の位置づけ・射程範囲

　敷引特約とは、賃貸借契約締結時に敷金・保証金を借主から貸主が受領するとともに、契約終了時には敷金・保証金の額から一定の金額を控除（「敷引」）して残額を返還する旨定めた特約であるが、賃料に含まれているはずの通常損耗の修繕費用を敷引金という形で別途徴収する点で賃借人に二重負担を課すものであるとして、消契法10条によって敷引特約を無効とする裁判例が存在する。本判決は敷引額が高額に過ぎる場合には敷引特約が無効となることを示した初めての最高裁判決である。本件では敷引金によって通常損耗等の補修費用をまかなう旨明記されていることから、賃料には通常損耗の補修費用が含まれておらず、二重負担を課すものではないとされた。経年によって敷引額が増加することからも通常損耗補修費用との対応性がうかがえる。もっとも、最高裁は経過年数を問わず一定の敷引金を徴収し、これに加えて通常損耗の補修費用を徴収する旨の特約につき、敷引額やその全部ないし一部が返還されない旨が契約書に明記されているなど、賃借人が敷引特約を明確に認識して契約を締結した場合には、敷引額が高額に過ぎるなどの事情がない限り、同条に違反しないとした（最判平成23・7・12判時2128号43頁）。この判決に対しては、上述した二重負担であるとの批判が依然として妥当し、また、本判決に対しても通常損耗補修費用を賃料とは別に敷引金によって徴収する方法は全体として賃借人が負う金銭的負担を不透明にするとの批判もなされている。

さらに理解を深める

平成23年度重判民法2事件〔丸山絵美子〕　最判解民事篇平成23年度(上)171頁〔武藤貴明〕、山本豊・NBL954号13頁、千葉恵美子・判評640号31頁（判時2145号154頁）、吉田克己「判批」現代民事法判例研究会編『民事判例Ⅳ（2011年後期）』（日本評論社、2012）148頁、大澤彩・現消13号110頁　関連判例　最判平成23・7・15 本書34事件（更新料特約）。最判平成17・12・16判時1921号61頁（原状回復特約）

第1章 契約（取引）関係　3　消費者契約法　　　　　　　丸山絵美子

34 建物賃貸借契約における更新料条項の効力

最高裁平成23年7月15日第二小法廷判決

事件名等：平成22年（オ）第863号・同（受）第1066号更新料返還等請求本訴、更新料請求反訴、保証債務履行請求事件

掲載誌：民集65巻5号2269頁、判時2135号38頁、判タ1361号89頁、金判1384号35頁、金法1948号83頁

概要　本判決は、更新料について、一般に賃料の補充ないし前払い、賃貸借契約継続の対価等の趣旨を含む複合的な性質を有するとしたうえで、一義的かつ具体的に記載された更新料条項は、高額に過ぎるなどの特段の事情がない限り、消契法10条により無効とならないとしたものである。

事実関係　Xは、マンションの一室を、1年間、月額賃料3万8000円の約定で、Yより賃借した。契約には、退去時にXが12万円を負担する定額補修分担金条項のほか、賃料2か月分の更新料条項（①Xは期間満了60日前までの申出により更新が可能、②法定更新か合意更新かを問わず1年経過するごとにYに更新料として賃料2か月分を支払わなければならない、③YはXの入居期間にかかわりなく、更新料の返還、精算などには応じられない）があった。Yは、3度、更新料を支払って更新をしたが、4回目の更新時、更新料を支払わないまま使用を継続し、契約は法定更新された。Xは、更新料条項について、消契法10条および借地借家法30条に違反して無効であると主張して、既払更新料の不当利得返還および未払更新料の債務不存在確認を求めて訴えを提起した。これに対し、Yは反訴を提起し、未払いの更新料の支払いを請求した。

判決要旨　一部破棄自判、一部上告却下。「更新料……がいかなる性質を有するかは、賃貸借契約成立前後の当事者双方の事情、更新料条項が成立するに至った経緯その他諸般の事情を総合考量し、具体的事実関係に即して判断されるべきであるが……、更新料は、一般に、賃料の補充ないし前払、賃貸借契約を継続するための対価等の趣旨を含む複合的な性質を有する。……消費者契約法10条……にいう任意規定には、明文の規定のみならず、一般的な法理等も含まれる……。……更新料条項は、一般的には賃貸借契約の要素を構成しない債務を特約により賃借人に負わせるという意味において、任意規定の適用による場合に比し、消費者である賃借人の義務を加重するものに当たる……。……条項が信義則に反して消費者の利益を一方的に害するものであるか否かは、消費者契約法の趣旨、目的（同法1条参照）に照らし、当該条項の性質、契約が成立するに

至った経緯、消費者と事業者との間に存する情報の質及び量並びに交渉力の格差その他諸般の事情を総合考量して判断される……。……更新料条項についてみると……、更新料の支払にはおよそ経済的合理性がないなどということはできない。また、一定の地域において……更新料の支払をする例が少なからず存することは公知であることや、従前、……これを当然に無効とする取扱いがされてこなかったことは裁判所に顕著であることからすると、更新料条項が賃貸借契約書に一義的かつ具体的に記載され、賃借人と賃貸人との間に更新料の支払に関する明確な合意が成立している場合に、賃借人と賃貸人との間に更新料条項に関する情報の質及び量並びに交渉力について、看過し得ないほどの格差が存するとみることもできない。……そうすると、賃貸借契約書に一義的かつ具体的に記載された更新料条項は、更新料の額が賃料の額、賃貸借契約が更新される期間等に照らし高額に過ぎるなどの特段の事情がない限り、消費者契約法10条……〔後段〕には当たらない……。……本件条項は本件契約書に一義的かつ明確に記載されているところ、その内容は、更新料の額を賃料の2か月分とし、本件賃貸借契約が更新される期間を1年間とするものであって、上記特段の事情が存するとはいえず、これを消費者契約法10条により無効とすることはできない。また……借地借家法30条〔にも該当しない〕。」

本判決の位置づけ・射程範囲

本判決は、更新料条項の有効性について最高裁として初めて判断を示した意義がある。まず、更新料条項の消契法10条前段該当性については、更新料を一般にはある種の対価的な性質を有するとしつつ、民法601条の賃料とは異なるものとして、任意規定からの逸脱を認める。次に、消契法10条後段該当性については、更新料の公知性、和解手続等における従前の扱いに言及のうえ、更新料条項が一義的かつ具体的に記載されている場合、看過できない情報・交渉力格差は存在せず、賃料や更新期間に照らして高額に過ぎるなどの特段の事情がない限り、信義則に反して消費者の利益を一方的に害するものではないとした。この判断枠組みは、一方で、契約締結時の環境的要因を、他方で、額の過大性という契約内容を問題とする点で暴利行為論の判断枠組みと親近性をもつ。本判決に先立つ敷引特約に関する最高裁判決（最判平成23・3・24 本書33事件、最判平成23・7・12 関連判例）も、同様の判断枠組みを採用している。最高裁は、借主に支払義務を負わせる対価的性質を有する一時金の支払条項について、消契法10条の適用を認めつつ、高額に過ぎる場合にのみ無効とする方向を示すが、実質賃料がわかりにくくなるなど賃貸借関係の透明性という観点からは問題が残る。

さらに理解を深める　民法百選Ⅱ7版64事件〔大澤彩〕　平成23年度重判民法3事件〔磯村保〕、最判解民事篇平成23年度（下）544頁〔森冨義明〕
関連判例　最判平成23・3・24 本書33事件、最判平成23・7・12判時2183号43頁

第1章　契約（取引）関係　3　消費者契約法　　　　　　　　　鹿野菜穂子

35　生命保険契約における保険料不払いによる無催告失効条項の効力

最高裁平成24年3月16日第二小法廷判決
　事件名等：平成22年（受）第332号生命保険契約存在確認請求事件
　掲　載　誌：民集66巻5号2216頁、判時2149号135頁、判夕1370号115頁、
　　　　　　　金法1948号75頁、金判1389号14頁

概　要　本判決は、保険料の支払遅滞の場合に催告も解除の意思表示もなしに保険契約が失効する旨定めた失効条項が、消契法10条により無効であるかが争点となった事件の上告審判決であり、これを無効とした原審に対し、実務上の運用を含め消費者に配慮した事情を考慮すべきだとして、原判決を破棄差し戻したものである。

事実関係　X（原告、控訴人、被上告人）は、Y保険会社（被告、被控訴人、上告人）との間で、平成16年8月1日、医療保険契約を締結し、さらに同17年3月1日、生命保険契約を締結した。本件各保険契約の約款には、①保険料は契約応当日の属する月の初日から末日まで（「払込期月」）の間に払い込む、②払込期月の翌月の初日から末日までを「猶予期間」とする、③猶予期間内に保険料の払込みがないときは、保険契約は、猶予期間満了日の翌日から効力を失う（「本件失効条項」）旨の条項が置かれていた。

Xは、平成18年7月頃、特発性大腿骨頭壊死症と診断され、同年11月頃から月に2、3回ほど電気治療を受けていたところ、平成19年1月分の保険料は指定口座の残高不足により振替ができず、同年2月も同様に振替ができなかった。Xは、同年3月8日、Yに対し、3か月分の保険料を添えて復活の申込みをしたが、Yは、これを拒み、平成19年2月末日の経過により本件各保険契約は失効したと主張した。そこでXは、保険料を供託し、Yを相手に、本件各保険契約の存在確認を求めて訴えを提起した。第一審はXの請求を棄却したが、原審はXの主張を容れ、本件無催告失効条項は消契法10条により無効とした。Yが上告受理申立て。

判決要旨　破棄差戻し。「(2)……本件失効条項は、……保険料の払込みがされない場合に……履行の催告（民法541条）なしに保険契約が失効する旨を定めるものであるから、……任意規定の適用による場合に比し、消費者である保険契約者の権利を制限するものである」。「(3)……ア……本件失効条項によって保険契約者が受ける不利益は、決して小さなものとはいえない。」「イ　しかしながら、……本件各保険契約においては、……債務不履行の状態が一定期間内に解消されない場合に初めて失効する旨が明確に定められている」。「加えて、

払い込むべき保険料等の額が解約返戻金の額を超えないときは、自動的にYが保険契約者に保険料相当額を貸し付けて保険契約を有効に存続させる旨の本件自動貸付条項が定められていて、……保険契約者……の権利保護を図るために一定の配慮がされている」。「ウ　さらに、……Yにおいて、本件各保険契約の締結当時、保険料支払債務の不履行があった場合に契約失効前に保険契約者に対して保険料払込みの督促を行う態勢を整え、そのような実務上の運用が確実にされていたとすれば、通常、保険契約者は……不履行があったことに気付くことができる」。「本件約款において、保険契約者が保険料の不払をした場合にも、その権利保護を図るために一定の配慮をした上記イのような定めが置かれていることに加え、Yにおいて上記のような運用を確実にした上で本件約款を適用していることが認められるのであれば、本件失効条項は信義則に反して消費者の利益を一方的に害するものに当たらない」。なお、本件の差戻控訴審判決（東京高判平成24・10・25判タ1387号266頁）は、本件無催告失効条項は消契法10条により無効であるとすることはできない等として、Xの請求を棄却した。

本判決の位置づけ・射程範囲

本判決は、まず消契法10条前段該当性について、法定解除の規定（特に民541条）を比較の対象とし、本件失効条項は催告なしに契約を失効させるものであるから、「任意規定の適用による場合に比し、消費者である保険契約者の権利を制限するもの」であるとした。一方、10条後段該当性については、原審と異なり、本判決は、①1か月という、民法541条で求められる催告期間より長い猶予期間を定めており、②自動貸付けにより保険契約を有効に存続させる条項（自動貸付条項）があるなど、保険契約者の権利保護のための一定の配慮がされていることを挙げ、さらに、③Yが契約締結当時、契約失効前に保険契約者に対して保険料払込みの督促を行う実務上の運用を確実にしているときは「信義則に反して消費者の利益を一方的に害するもの」に当たらないとした。

特に③に関し、10条後段の信義則違反の判断において約款外の事情がどこまで考慮されるかについては、議論がある。従来の判例（例えば、最判平成23・7・15民集65巻5号2269頁）は、当該消費者契約締結時までの一切の事情を考慮すべきものとしてきたが、学説には、約款条項の効力の判断にあっては、約款の画一的処理の要請から、当該約款が適用される契約に類型的にみられる事情以外の個別事情は考慮されるべきではないとする見解がある。本判決も、個別事情ではなく類型的事情として、本件督促通知の実務運用が確実であったかを問題としていると見ることができよう。

なお、差止請求の場合に、類型的であれ条項外の実務運用などの事情を考慮に入れうるかは、残された課題である。

さらに理解を深める　平成24年度重判民法2事件〔潮見佳男〕　後藤巻則・金法1953号71頁、山下友信・金法1950号36頁、小林道生・判評648号23頁（判時2169号153頁）、最判解民事篇平成24年度(下)385頁〔川畑正文〕、山本豊・法時83巻8号33頁

第1章 契約（取引）関係　3　消費者契約法　　　　　　大澤　彩

36 携帯電話の利用契約における解約金条項の有効性

大阪高裁平成24年12月7日判決

事件名等：平成24年（ネ）第1476号解約違約金条項使用差止・不当利得返還請求控訴事件
掲載誌：判時2316号133頁、金判1504号付録

概要　本判決は、契約期間を2年間の定期契約とする携帯電話利用サービス契約における中途解約の場合の解約金条項および2年経過後の更新後解約金条項ともに消契法9条1号、10条には違反しないとして、適格消費者団体からのこれらの条項の差止請求を棄却したものである。

事実関係　適格消費者団体X_1が、電気通信事業者であるYに対して、Yが消費者との間で締結している、基本使用料金を通常の契約の半額とし、契約期間を2年間の定期契約とする携帯電話利用サービス契約における①2年間の期間内（当該期間の末日の属する月の翌月を除く）に消費者が契約を解約する場合には、原則として9975円（消費税込み）の解約金を支払わなければならないという条項、および、②この契約が契約締結後2年が経過すると自動的に更新され、以後、消費者は、契約を解約するに際して更新時期となる2年に1度の1か月間に解約を申し出ない限り、①の場合と同様の解約金を支払わなければならないという条項がいずれも消契法9条1号または同法10条により無効となると主張して、同法12条3項に基づき、当該条項の内容を含む契約締結の意思表示の差止めを求め、また、携帯電話利用サービス契約を締結したX_2が上記各条項に基づいて支払った解約金についてYに対して不当利得に基づく返還を請求した。第一審はX_1・X_2の請求を棄却した。

判決要旨　控訴棄却。「法9条1号の趣旨は、特定の事業者が消費者との間で締結する消費者契約の数及びその解除の件数が多数に及ぶことを前提に、当該事業者が合意により消費者に対して請求することのできる損害賠償又は違約金の金額の上限を、当該事業者が被る『損害』の総和を解除の件数で除した金額、すなわち『平均的な損害』とすることにあるものと解するのが相当であること、『平均的な損害』を算定するに当たっては、当該消費者契約の類型ごとに行うものであると解するのが相当であること……からすると、契約期間内に消費者が本件契約を解約（中途解約）した場合において、Yが消費者に対して請求することのできる解約金（損害賠償又は違約金）の金額について、合意によって定めることのできる上限金額としての『平均的な損害』は、消費者が通常の契約ではなく本件契約を選択したことによって得た基本使用料金の減額分、すなわち、契約期間開始日から中途解約時までの間の標準的基本的使用料金と割引後基本使

用料金との差額の累積額であるものと解するのが相当である」。以上の理由により、本件違約金条項および本件更新後解約金条項について、消契法9条1号、10条には違反しないと判断した原判決は正当であるとした。

本判決の位置づけ・射程範囲

　消契法9条1号は事業者に生じる「平均的な損害」を超える違約金・損害賠償額の予定条項を無効としている。本判決を含めて複数の判決で問題となった本件解約金条項の有効性判断にあたっては、「平均的な損害」の算定の基礎となる額がどの額なのかが争われた。本判決によれば「平均的な損害」の算定の基礎となる額は、基本使用料金の割引分の契約期間開始時から中途解約時までの累積額であるが、この算定方法によると、契約締結直後に解約をした場合に平均的損害の額が最も小さくなり、契約期間満了直前に解約をした場合に平均的損害の額が最も大きくなるが、むしろ、契約の継続期間が長くなればなるほど被告の得られる通信料収入が増加し、被告の期待が実現される関係にある以上、不自然さはぬぐえない。同種の事案である大阪高判平成25・3・29判時2219号64頁、大阪高判平成25・7・11公刊物未登載（LEX/DB25501529）が「基本使用料金の中途解約時から契約期間満了時までの累積額」を基礎として「平均的な損害」を算定しているのはこのような不自然さを回避するためである。ただし、この算定方法は、消契法9条1号の損害には民法416条における「通常生ずべき損害」同様、履行利益も含まれるとの見解を前提としたものであり、この前提に対しては、本件控訴人も主張しているように、「平均的な損害」に逸失利益が含まれるのは、消費者の解除に伴う損害を他の消費者との契約で代替することができないような場合に限られるべきであるとの批判が学説・実務上存在する。

　また、「平均的な損害」は「当該条項において設定された解除の事由、時期等の区分に応じ」（消契9条1号）て算定され、本判決も「平均的な損害」額を算定する際には事業者が当該条項で設定した解除時期における額を算定すべきであるとした原審を是認している。しかし、消費者の解除時期によって事業者に生じる損害額が異なりうる以上、「平均的な損害」の額も中途解約の時期に応じて（例えば1か月ごとに）算定すること、すなわち、事業者が設定した解除時期をさらに細分化してそれぞれの解除時期における損害を算定するという方法も考えられる（この考え方を採用したものとして、京都地判平成24・7・19判時2158号95頁）。

　なお、本判決についてはX₁・X₂より上告受理申立てがなされているが、平成26年12月11日に不受理の決定が下された。

さらに理解を深める

丸山絵美子・名古屋大学法政論集252号312頁（同『中途解除と契約の内容規制』（有斐閣、2015）419頁以下に所収）、大澤彩・NBL1004号17頁、河上正二編著『消費者契約法改正への論点整理』（信山社、2013）67頁以下および341頁以下（大澤彩執筆）　関連判例　同種の事案につき、本文で引用した裁判例のほか、京都地判平成24・3・28判時2150号60頁（本件第一審）、京都地判平成24・11・20判時2169号68頁も参照

第1章 契約（取引）関係　3　消費者契約法　　　　　　佐々木幸孝

37 建物賃貸借契約に規定された定額補修分担金条項の差止請求

大阪高裁平成22年3月26日判決
　事件名等：平成21年（ネ）第2692号定額補修分担金条項使用差止請求控訴
　　　　　　事件
　掲　載　誌：公刊物未登載（LEX/DB25470736）

概　要　本判決は、定額補修分担金条項が消契法10条に反するとして、適格消費者団体からの同条項の使用差止請求を認めたものである。

事実関係　不動産賃貸業等を営むYは、消費者である賃借人との間で締結する建物賃貸借契約に次の内容の定額補修分担金条項（以下「本条項」という）を規定していた。「①賃借人は契約締結時に、退去後の新装状態への回復費用を分担する定額補修分担金を支払う、②同分担金は返還されない、③Yは賃借人の故意又は重大な過失による以外、同分担金以外の補修費用を請求できない。」
　消契法13条に基づく適格消費者団体であるXは、Yに対して、本条項は同法10条に反するとして同法12条3項に基づき、⑴消費者との間で建物賃貸借契約を締結又は合意更新する際の本条項を含む意思表示の差止め、⑵本条項記載の契約書用紙の廃棄、⑶本条項を含む意思表示を行う事務を行わないこと、及び、⑵を従業員らに指示することを求めた。Yは、本条項は同法10条に反しない、本条項は既に使用していないので同法12条3項の差止要件に当たらない等と争った。原審は、上記⑴のうち、建物賃貸借契約を締結する際の本条項を含む意思表示の差止請求を認容したが、上記⑶のうち従業員等に本条項の意思表示を行うための事務を行わない指示の請求は特定性に欠けると却下し、Xのその余の請求を棄却。X、Yはともに控訴。

判決要旨　原判決一部変更、Xの控訴及びYのその余の控訴を棄却。
　本条項の消契法10条該当性に関して、民法（616条、598条）によれば通常損耗の発生は賃貸借契約の性質上当然予定されており、その「原状回復費用は使用収益の対価たる賃料に含まれているというべきであるから原則として賃貸人が負担するべきである。」「賃借人の軽過失による損耗の原状回復費用が、支払った定額補修分担金の額に満たない場合には、賃借人は本来負担しなくてもよい通常損耗の原状回復費用を負担させられることになる。……定額補修分担金条項は、民法の規定の適用による場合に比して、賃借人の義務を加重する条項である」として前段要件該当性を認めた。また定額補修分担金の額が月額賃料の平均3倍強であることや賃借人が判断に必要な情報を与えられず合意させられていることを挙げ、本件では「軽過失による損耗の原状回復費用はもとよりこれに

通常損耗の原状回復費用を加えた額を超えるように定められることが、構造的に予定されているとさえいえる」として、本条項は「信義則に反して消費者を一方的に害する条項である」と後段要件該当性も肯定して、同条に反するとした。

消契法12条3項の差止要件に関しては、Yが訴訟外・訴訟上で本条項の違法性を争っていることから、「今後、Yが定額補修分担金条項を含む消費者契約の申込み又はその承諾の意思表示を行う蓋然性が客観的に存在する」と差止要件を満たすものとした。さらに従業員等への指示を求める請求に関しては、原審と異なりXの請求は特定性に欠けるものではないとしたが、既に2年近く本条項が使用されていないことから必要性がないとした。

本判決の位置づけ・射程範囲

本判決は、本条項を実質は賃借人に通常損耗の原状回復費用を負担させる特約と認定した。通常損耗の原状回復費用を賃借人に負担させる特約に関しては、本判決以前に最判平成17・12・16 本書11事件 が、特約に関する合意が成立していないとして効力を否定しているが、本判決は消契法10条の要件該当性を検討して同条に該当するとの結論を導いた。本判決は、通常損耗の原状回復費用は賃料に含まれ賃貸人が負担すべきこと、賃借人の特約に関する認識を問題としている点など判断要素に前記最高裁判決の影響がみられる。ただし、本条項は契約締結時に定額補修分担金という賃料以外の金銭を支払う旨の特約であるが、本判決後に現れた敷引特約、更新料特約に関する最高裁判決（前者は最判平成23・3・24 本書33事件 、最判平成23・7・12 関連判例 、後者は最判平成23・7・15 本書34事件 ）は、敷引など賃料以外の金銭支払特約（通常損耗の回復費用に充てるものを含む）に関して、金額も含め明確な合意があれば、高額すぎるなど特段の事情がなければ同条に反しないと判示していることに留意する必要がある。

本件訴訟は、Xが消契法12条3項に基づいて、Yに対して本条項を含む意思表示の差止めを求めたものであるが、既にYが本条項を規定した契約書を使用していなかったため、同項の「意思表示を現に行い又は行うおそれがあるとき」に当たるかが争点となった。既に契約書から当該条項が削除された場合には「行うおそれ」がないとする裁判例（京都地判平成21・4・23 関連判例 など）や、当該行為を停止し、今後行わないと明言していることなどを理由に「行うおそれ」があるとはいえないとした裁判例（最判平成29・1・24 関連判例 ）もあるが、本判決はYが本条項の違法性を争っていることから意思表示を行うおそれを認めた。また同項では、差止請求だけではなく「当該行為の停止若しくは予防に必要な措置」の限度で作為を求めることもできるが、本判決は従業員等への指示に関して、ある程度抽象性のある請求を許容する判断を示している。

さらに理解を深める

佐藤弘直・北海学園大学法学研究49巻3号187頁、笠井正俊・現消10号103頁 関連判例 最判平成23・7・12判時2128号43頁、京都地判平成21・4・23判時2055号123頁、最判平成29・1・24裁判所ウェブサイト

第1章 契約（取引）関係　4　投資取引　　　　　　　　　　　齋藤雅弘

38　商品先物取引の違法性

大阪高裁平成3年9月24日判決
　事件名等：昭和62年（ネ）第2473号・第2529号清算金本訴、同反訴請求控訴事件
　掲載誌：判時1411号79頁、先物取引裁判例集11巻21頁

概要　本判決は、商品先物取引の勧誘行為が、商品取引所法及び業界の自主規制規範に違反して違法性を有し、取引の勧誘から終了に至るまでの一連の行為が一体として不法行為を構成するとして、委託者Yが証拠金名下に預託した金額相当の損害賠償請求を認め、商品先物取引業者Xからの差損金請求は信義則に反して許されないとしたものである。

事実関係　投資・投機は未経験のY（管理職の会社員）が、Xの従業員から勧誘されて、昭和59年10月1日、東京工業品取引所における金の先物取引の委託契約を締結して取引を始めた。Yは、合計540万円の証拠金を預託して取引を続けたが、その後、Xの従業員の勧誘した建玉について異議を述べる等し、YがXから請求された委託追証拠金を入金しなかったところ、Xは同年12月18日、受託契約準則に基づきYの建玉全部を手仕舞いした。その結果、Yに1078万円の売買損が発生したため、Xが証拠金をこれに充当した後の差損金538万円の支払を求めて訴訟提起（本訴）した。これに対しYが、Xの勧誘には、断定的判断の提供、危険性告知義務違反、両建の勧誘、建玉制限違反の委託勧誘、証拠金規定違反及び異議申立てに対する回答義務違反があり、不法行為を構成するとして預託した証拠金相当の損害賠償を求めて反訴提起した。第一審は、Xの本訴及びYの反訴をいずれも認容したことから、双方が控訴した事案である。

判決要旨　原判決一部取消、Xの控訴及び請求棄却。Xの従業員らが「本件先物取引につきなしたYとの取引勧誘から取引終了に至るまでの一連の行為は、その個々において不当勧誘、断定的判断の提供、新規委託者保護義務違反、両建の勧誘、建玉制限違反、証拠金規定違反等の点でそれぞれ違法性を有すると認められるところ、X従業員らは……Yが証券取引・商品先物取引には無経験で、相場の実際及び予測については知識、能力に乏しく、自分らの指導ないし誘導するままに取引を続ける者であることを認識しながら、……勧誘を続け、これによりYが損失を被ることのあるべきことも予見し又は予見し得べかりしものであったから、一体として不法行為を構成すると認められ」、「右一連の行為が

X会社の業務の執行としてなされたことは……明らかであるから、Xは、民法715条に基づき、使用者として右不法行為によってYが被った損害を賠償すべき義務がある。」「本件先物取引におけるXの行為が、勧誘行為については、無差別電話勧誘などの不当勧誘……、断定的判断の提供……、受託行為については、新規委託者保護義務違反、両建の勧誘……、建玉制限違反の委託勧誘……、証拠金規定違反……等の点でYの主張に係る商品取引所法及び業界の自主規制規範にそれぞれ違反して違法性を有し、取引勧誘から取引終了に至るまでの一連の行為が一体として不法行為を構成するので、Xが本件先物取引委託契約に基づく請求権を行使することは、信義則に反し許されない」。

本判決の位置づけ・射程範囲

本判決は、第一に、商品先物取引のような危険性が高く、複雑で理解も困難であり、習熟した委託者でないと適切な取引を行うことができない取引における不法行為上の違法性の捉え方及び違法性判断の方法について判示したものである。

本判決は、①委託者の保護のための法令や自主ルールの違背が不法行為の違法性を基礎づけること、②先物取引のような継続した取引行為では、行為を「一連一体」のものとして捉えて、その全体について違法要素の有無、内容で不法行為の成否を判断し得ると判示している。これらは、取引型不法行為における違法性判断における特徴の一つであるが、この点を明示した高裁の判断としては先駆的なものであった。その後、このような違法性の捉え方と判断方法については最高裁も承認するところとなり（最判平成7・7・4 関連判例）、下級審でも同様の判断が増えている（例として東京高判平成22・3・24判時2081号15頁、福岡高判平成22・3・29 関連判例）。

次に本判決は、③不法行為が成立する場合はそれによって締結された契約に基づく請求を減縮することにとどまらず、請求権の行使が許されないと判示している。これは、適法な契約締結の勧誘行為やその契約に基づく履行行為が不法行為となるとすると、契約責任と不法行為責任に評価矛盾が生じるとする、いわゆる「制度間競合論」の提示する問題を解消する方法の一つとして、信義則を援用することを明かにした点に意義がある。双務契約上の請求権の行使を信義則を援用して減縮し得ることは、その後、判例上も明示されたが（最判平成13・3・27 本書111事件）、本判決は、請求の減縮にとどまらず、請求権の行使を全て否定した点に意義がある。

さらに理解を深める

河内隆史・NBL590号60頁、講義70、126頁、百選97事件〔大澤彩〕、消費者取引百選12事件〔山口康夫〕・22事件〔内田勝一〕・23事件〔神田秀樹〕、24事件〔吉田真澄〕、道垣内弘人・ジュリ1096号137頁、山本敬三・ジュリ1097号116頁、松岡久和・ジュリ1154号10頁、日本弁護士連合会消費者問題対策委員会編『先物取引被害救済の手引〔10訂版〕』（民事法研究会、2012）123頁以下

関連判例 最判平成7・7・4消費者法ニュース27号44頁、東京高判平成22・3・24判時2081号15頁、福岡高判平成22・3・29先物取引裁判例集62巻48頁、最判平成13・3・27 本書111事件

第1章 契約（取引）関係　4　投資取引　　　　　　　齋藤雅弘

39　変額保険と保険会社の責任

最高裁平成8年10月28第二小法廷判決
　事件名等：平成8年（オ）第1135号・第1133号損害賠償請求事件
　掲載誌：金法1469号51頁

概要　本判決は、所有不動産を担保に金融機関から支払資金を借り入れて保険料を一括払いし、相続財産の評価を下げる等の方法による相続税対策目的の変額保険の契約締結を担当した保険外務員Y_2が、パンフレットによる通り一遍の説明をしたが、運用実績が9％を下回ることはないことを強調し、契約者に変額保険の投機性・危険性を正しく理解させずに契約を勧誘した行為は、保険募集時に要請される説明義務に反するし、大蔵省通達の禁止する断定的判断の提供にも該当するので違法であるとして、契約者Xの保険会社Y_1及びY_2に対する損害賠償請求を認めた原審の判断を正当と判示したものである。

事実関係　東京都内に土地建物を所有して鮮魚店（年間収入約200万円）を営むX（当時63歳）が、相続税対策の変額保険に関心を持っていたXの妻から話しを聞いたY_1の保険外務員Y_2から勧誘を受けて、Y_2から相談を受けたZ_1銀行の銀行員Z_2を通じて、平成2年7月23日、自宅を担保に保険料8000万円及び借入金利息の支払資金1000万円の融資（利息年7.8％）の実行を受け、同日、ここから保険料全額（8000万円）をY_1に払い込み変額保険に加入した。平成3年8月頃、Y_1からXに対し、解約返戻金が保険料を下回る7678万円余りである旨の通知がなされたことから、XがY_1に説明を求めたり、契約締結後に交付された「契約のしおり」を読んで、変額保険は投機性が強く、契約締結時点で既に変額保険の運用実績が9％を下回らないとの予測はできない状況であること等を知り、平成4年3月10日に当該変額保険を解約

したが、返戻金は7376万円余りにとどまった。そのため、Xは、Y_1とY_2に対しては、Y_2の勧誘行為が説明義務違反及び断定的判断の提供に該当して違法であることを理由にして、保険料と返戻金との差額及びZ_1からの融資金の利息、担保権設定費用及び弁護士費用等の損害賠償を求めて第一審訴訟を提起し、Z_1及びZ_2に対しては、Z_2がY_2とともに虚偽説明をして変額保険の勧誘をしたのは違法であるとして、同額の損害賠償を求めて別訴を提起した。第一審は、XのY_1及びY_2に対する請求を一部認め（過失相殺8割）、Z_1及びZ_2に対する請求は棄却したので、X及びY_1、Y_2がそれぞれ控訴した。原審はXのZ_1及びZ_2に対する控訴は棄却したが、XのY_1及びY_2に対する請求は、Y_1及びY_2の控訴を棄却するとともに、第一審判決を変更して認容金額を増額（過失相殺6割）させた。そのため、Y_1及びY_2が上告した事案である。

判決要旨 上告棄却。「原審の事実認定は、原判決挙示の証拠関係に照らして首肯するに足り、右事実関係の下においては、上告人らは違法な勧誘行為の結果上告人が被った被害を賠償すべき義務があるとした原審の判断は、正当として是認することができる。」

本判決の位置づけ・射程範囲

バブル経済の崩壊後に増加した変額保険を巡る訴訟につき、変額保険の勧誘における説明義務違反等を認めた最初の最高裁判決である。本判決の1か月程前に出された判決（最判平成8・9・26 [関連判例]）では、元本割れの可能性がある旨が記載されている「設計書」や変額保険の内容や仕組み及び保険契約約款等の記載がある「しおり」を交付して、変額保険では元本保証はなく、資産運用実績が0％の場合、解約返戻金が保険料を割り込むことを説明していた事案について、保険外務員の説明義務違反を否定した高裁の判断を正当と是認できるとしたが、本判決では、この判決と異なり、保険会社の説明義務違反等を認めた高裁の判断を是認している。

1か月余りで相次いでなされた2つの判決で、変額保険の勧誘における保険会社の説明義務違反等の判断が分かれた理由については、最高裁が自らの具体的判断を判示していないことから、学説上は、①事実関係の相違が結論を分けた、②変額保険勧誘における説明義務等についての根本的な立場の相違を反映している、という異なる評価（考え方）がある。2つの判決の事案には共通する点も少なくないが、本判決の事案は相続税対策目的の変額保険契約の勧誘事例であるのに対し、最判平成8・9・26 [関連判例]の事案は変額保険単体の契約の事案である点で大きく異なっている。前者の場合、通常、金融機関からの借入金で保険料を賄うだけでなく、この借入金の利息も借入金で賄い、これらの借入金を担保するために保険契約者や被保険者の所有不動産に根抵当権を設定するスキームをとる。この場合、実質的には自己負担なく全額借入金で金融商品に投資するのと変わらず、大きなレバレッジがかかり、変額保険の運用利回りが将来まで高水準で推移することが確実でない限り、損失を受ける危険が非常に高い取引となる。通常、相続税対策のシミュレーション表等を示して説明が行われるが、この想定収支計算では計算の根拠となる変数の数も多く、また、将来の税制等かなり不確実な要素も変数に含まれているなど、変額保険それ自体の理解を遥かに超える知識や経験、判断力を要する。その意味では、相続税対策目的の変額保険の勧誘では、変額保険単体の勧誘の場合に比べ、保険会社の説明義務の内容や水準が非常に高くなると見られるが、本件判決は、この点を実質的に考慮して、保険会社の責任を肯定した原審の判断を是認したものと考えられる。

さらに理解を深める 平井宜雄編『民法の基本判例〔第2版〕』（有斐閣、1999）106頁、山下丈・リマークス1997（下）115頁、道尻豊・判タ1178号75頁、森田章・民商114巻4・5号731頁、アンドリュー・パーディック・判タ990号52頁、松本恒雄・金法1407号20頁 [関連判例] 最判平成8・9・26金法1469号49頁、東京高判平成14・4・23 [本書40事件]

第1章 契約（取引）関係　4　投資取引　　　　　　　　　齋藤雅弘

40　変額保険と銀行の責任

東京高裁平成14年4月23日判決
　　事件名等：平成13年（ネ）第668号損害賠償、債務不存在確認等、求償金
　　　　　　　反訴請求控訴事件
　　掲載誌：判時1784号76頁、金判1142号7頁

概要　本判決は、都心に不動産を所有するX₁とその妻X₂に対し、コンサルティング会社Y₂の社員とY₃銀行の行員が、連携して相続税対策目的の融資一体型の変額保険への加入を勧誘した事案について、保険会社Y₁とY₂のみならず、連携してY₂の社員の勧誘に加担したY₃の行員についても、変額保険への加入の可否に関するXらの適切な判断を誤らせた違法があるとして、Y₁、Y₂及びY₃についていずれも不法行為の成立を認めたものである。

事実関係　Y₂の社員が、平成元年7月、相続税対策の必要性を感じていたXらに対し、所有不動産を担保に銀行等から保険料の支払資金の融資を受けて一時払変額保険に加入する「ペイフリープラン」が相続税対策として最適であることや、数年間の運用で借入金の返済原資が確保される見込みがあり、適当な時期に契約者貸付け又は解約すれば借入金を返済して抵当権を解除でき、死亡保険金も2次、3次相続の相続税の支払いまで保障すること等を強調した資料を示し、保険料の支払資金を融資する銀行を紹介するとして同プランの採用を勧誘した。その後、紹介を受けたY₃の行員がXらを訪問し、保険料はY₃が融資するので早く同プランによる変額保険へ加入するよう勧め、さらにY₃が同プランは大事な顧客のみに勧めている商品である等の話をした結果、X₁は、平成2年3月28日、Y₃との間で1億6000万円の金銭消費貸借契約を締結し、また、同借入金銭返還債務につき保証会社Y₄に保証委託し、その求償金支払債務につきX₂が連帯保証をするとともに、Xらの所有不動産にY₄の求償権を担保するための根抵当権設定契約を締結した。その後、X₁は同月30日にY₁に保険料1億円を一括払いして2口の変額保険に加入した。ところが、変額保険の運用実績が悪化して解約返戻金では借入金の返済ができない状況となり、平成7年4月にはY₃が融資金の回収を図ったことから、X₁がY₁、Y₂及びY₃に対し、変額保険の危険性について説明義務違反があることを理由として不法行為に基づく賠償請求、Xらがに対し、公序良俗違反、錯誤無効及び詐欺取消しを理由とする求償金及び連帯保証債務の不存在確認及び根抵当権設定登記の抹消を求めて訴訟を提起し、Y₄が保証契約に基づき求償金及び連帯保証債務の履行請求を求める反訴を提起した。第一審はX₁のY₁、Y₂及びY₃に対する請求を一部認め、Y₄に対する請求を棄却し、Y₄の反訴を認容したので、Xらが控訴をした事案である。なお、Xら

は第一審判決の言渡し後に、変額保険を解約して解約返戻金の額を確定させ、また、控訴審において請求を拡張したが、拡張請求は棄却されている。

判決要旨 原判決一部変更、一部控訴棄却。「借入金額及び保険料額に照らしても、本件各変額保険は、相続税対策を図ろうとしたXらの期待に沿うものとは言い難く、商品として適格性を欠いていたもの」であるのに、変額保険契約等の締結による相続税対策を「資金拠出の必要性がないという意味のペイフリープランと名付け、相続税対策の必要性」と同プランの「有利性を一方的に強調した」Y_2の社員らの行為は、「変額保険への加入の可否に関するXらの適切な判断を誤らせたものであって、違法」とし、さらにY_3の行員はY_2の社員と「連携してXらに対し本件各変額保険契約の締結を勧めたものと推認され」、「相続税対策の必要性とペイフリープランの有利性を一方的に強調し、変額保険への加入の可否に関するXらの適切な判断を誤らせた」Y_2の社員らの「行為に加担した」ことは明らかで違法と評価せざるを得ないとして、Y_4の請求額と解約返戻金等との差額相当の損害についてY_1、Y_2及びY_3の賠償責任を認めた（過失相殺6割）。なお、Y_3との融資契約及びY_4との保証委託契約については、無効（公序良俗違反・錯誤）又は取消し（詐欺）は認めなかったものである。

本判決の位置づけ・射程範囲

相続税対策目的の融資一体型の変額保険の勧誘事例において、保険料支払いのための融資をした銀行の責任が認められた事案は少ないが、本判決は、勧誘を行ったY_2及びY_1のみならず、勧誘に加担した銀行員の行為も違法と評価し、不法行為責任を認めている。高裁としては初めて融資銀行の責任を認めたものといえる。また、本判決は、相続税対策目的の変額保険を一体的に捉え、「相続税対策としては、商品としての適格性を欠く」こともあるとして、契約目的から見た「適合性」を重視した判断を下した点で注目される。本判決は、かかる立場を前提に、融資銀行（Y_3）の行員の勧誘加担行為に不法行為の成立を認めているが、本判決が違法性を認める根拠は「変額保険への加入の可否に関するXらの適切な判断を誤らせた」というものであり、伝統的な意味で契約自由ないし自己決定を侵害した点に違法の根拠を求めている。しかし、他方で、取引する「商品」の契約目的適合性を重視し、また「有利性の強調」でも判断を誤らせることがあるとした点で、「適合性の原則」の考え方のうち、契約目的適合性に欠ける場合にも自己責任の前提が欠けることを示唆したとの評価もできよう。

さらに理解を深める 潮見佳男・NBL743号10頁、坂勇一郎・判タ1178号78頁、森田章・金法1451号16頁、松岡久和・金法1465号17頁、園部秀穂＝田中敦編『現代裁判法大系(23)』（新日本法規出版、1998）129頁 **関連判例** 東京高判平成12・9・11判時1724号48頁、東京高判平成16・2・25金判1197号45頁

第1章　契約（取引）関係　4　投資取引　　　　　　　　　　　石戸谷豊

41　適合性原則違反と不法行為

最高裁平成17年7月14日第一小法廷判決
　事件名等：平成15年（受）第1284号損害賠償請求事件
　掲載誌：民集59巻6号1323頁、判時1909号30頁、判タ1189号163頁、金法1762号41頁、金判1228号27頁

概要　本判決は、「証券会社の担当者が、顧客の意向と実情に反して、明らかに過大な危険を伴う取引を積極的に勧誘するなど、適合性の原則から著しく逸脱した証券取引の勧誘をして行わせたときは、不法行為法上も違法となる」との判断を最高裁として初めて明示的に判示したものである（当該事案については適合性原則違反の違法性を否定した）。

事実関係　Xは、水産物の卸売等を営業とする資本金1億2000万円の株式会社で、当面使う予定のない資金を証券取引で運用することにして、昭和59年に証券会社Aに5億円を預託し、証券取引を始めた。その後、取引の種類と金額を拡大し、平成元年にはAの担当者の勧誘で日経平均株価オプション取引も始めた。バブルの崩壊があって、Xの含み損は10億円を超える状況となり、Xは平成3年からオプション取引の売り取引を多く行うようになった。同取引は、いったん中断したものの、再開された。そして、Xは、オプションの売り取引によって2億円以上の損失を被った。Xは、過当取引等に基づいて一連の取引による損害として14億円余の損害賠償請求をしたところ、第一審判決は請求棄却であった。これに対して原判決は、一連の取引のうち、オプションの売り取引のリスクの高さ等を重く見て、同取引に関する勧誘の適合性原則違反を認め、5割の過失相殺のうえAから訴訟を引き受けたYの不法行為責任を肯定した。

判決要旨　破棄差戻し。「証券会社の担当者が、顧客の意向と実情に反して、明らかに過大な危険を伴う取引を積極的に勧誘するなど、適合性の原則から著しく逸脱した証券取引の勧誘をしてこれを行わせたときは、当該行為は不法行為法上も違法となると解するのが相当である。」（判旨1）、「そして、証券会社の担当者によるオプションの売り取引の勧誘が適合性の原則から著しく逸脱していることを理由とする不法行為の成否に関し、顧客の適合性を判断するに当たっては、単にオプションの売り取引という取引類型における一般的抽象的なリスクのみを考慮するのではなく、当該オプションの基礎商品が何か、当該オプションは上場商品とされているかどうかなどの具体的な商品特性を踏まえて、こ

れとの相関関係において、顧客の投資経験、証券取引の知識、投資意向、財産状態等の諸要素を総合的に考慮する必要があるというべきである。」(判旨2)、「これらの事情を総合すれば、Xが、およそオプションの売り取引を自己責任で行う適性を欠き、取引市場から排除されるべき者であったとはいえないというべきである。そうすると、……Xにオプションの売り取引を勧誘して3回目及び4回目のオプション取引を行わせた行為が、適合性の原則から著しく逸脱するものであったということはできず、この点についてYの不法行為責任を認めることはできない。」(判旨3)。

本判決の位置づけ・射程範囲

適合性原則は、証券取引の分野では早くから通達や自主規制規則の中で要請されており、平成4年の証券取引法改正で明文化され、現在では金商法40条1号に規定されている。金融取引は多様化・複雑化してきているため、重要性を増している原則である。判旨1は、適合性原則は取締法規上の規制(業法ルール)でその違反が直接私法上の違法となるものではないことを前提に、著しく逸脱した勧誘である場合には不法行為法上も違法となるということを明示している。

判旨2に示された判断枠組みは、その後の適合性原則に関する裁判実務に定着していると評されている(東京地方裁判所プラクティス委員会第三小委員会・後掲)。しかし、そこでは、具体的な商品特性、それとの相関関係で、顧客側の事情(投資経験、知識、投資意向、財産状態等の諸要素)を総合的に考慮するとしているため、諸要素のうち何を重視し、どういう要素の組み合わせがあれば適合性原則違反となるのかなどは個別事案ごとの判断であり、未だ一定の基準を見出すまでには至っていない(同論文)。

さらに、判旨3において「取引市場から排除すべき者とはいえない」としていることと、判旨1との関係が問題となる。本判決後、裁判例には、判旨1の観点から判旨2の判断枠組みの下での諸要素を総合的に判断する考え方と、判旨3の観点を重視する考え方がある。後者は、投資不適格者を市場から排除する考え方なので、適合性原則違反とされるのは、前者に比較して限定的となる(潮見・後掲)。

以上を考えるうえで、第一審・第二審で判断が分かれた事例が参考になる。 本書42事件 は、第一審が適合性原則違反に消極、第二審で積極の判断である。逆に、第一審が積極で第二審が消極とした事例として 関連判例 に掲げた大阪高判があり、判時のコメントでは判旨3を重視すべきであるとしている。

 さらに理解を深める **金商法百選18事件〔松井智予〕** 最判解民事篇平成17年度(下)361頁〔宮坂昌利〕、東京地方裁判所プラクティス委員会第三小委員会・判タ1400号5頁、潮見佳男「判批」現代民事判例研究会編『民事判例Ⅴ(2012年前期)』(日本評論社、2012)6頁 関連判例 東京高判平成19・5・30 本書42事件 、大阪高判平成22・7・13判時2098号63頁

第1章 契約（取引）関係　4　投資取引　　　　　　　　　石戸谷豊

42　仕組債を含む一連の取引についての適合性原則違反

東京高裁平成19年5月30日判決
　事件名等：平成18年（ネ）第3344号損害賠償請求控訴事件
　掲載誌：金判1287号37頁、証券取引被害判例セレクト29巻54頁

概要　本判決は、「証券会社の従業員が、顧客に自己の投資判断を信頼させて取引を一任するように誘導し、顧客の証券取引に関する能力、投資姿勢、財産状態を無視し、顧客の信頼を濫用し、顧客のリスクにおいて自己の成績を上げようとする行為は適合性原則に違反する」として、一連の証券取引のうち一定の時期以降の各種証券取引について、不法行為責任を認めたものである。

事実関係　Xは、平成8年5月にY証券会社に口座を開設し、安全な運用を行いたいとしていた。以後、平成15年5月までの間、Xの取引口座で社債、転換社債、外国証券等、多様な取引が行われ、約1億円に上る損失が生じた。Xは、適合性原則違反、過当取引、説明義務違反等の違法があったとして損害賠償請求した。原判決は、適合性原則違反については「およそ原告がその取引を自己責任で行う適性を欠き、取引市場から排除されるべき者であったとはいえない」として否定し、多様な取引のうちEB（他社株償還条項付社債）の取引についてのみ説明義務違反があったとして、その損失約851万円につき5割の過失相殺をして約425万円と弁護士費用50万円を認容し、その他の違法性はないとした。X、Y双方が控訴。

判決要旨　原判決変更。「〔Y証券会社の従業員〕Aは、Xの資産をリスクの高い商品に投入させる意図で、複雑な仕組債等を対象にX名義の取引を行って既成事実を積み重ね、Xが、Aの投資判断を一層信頼する一方で、〔Xの父〕の介護のため個別の投資の是非を検討する余裕はない状況にあることに乗じて、個別の取引を一任させる心理状態にXを誘導し、事実上Xの口座を支配して自在に取引するに至ったものということができ、このような手段及び取引内容を有する事実上の一任取引は、顧客の証券取引に関する能力、投資姿勢、財産状態を無視し、顧客の信頼を濫用し顧客のリスクにおいて自分自身の成績を上げようとし又はYの利益を図る行為として、適合性の原則に違反し、社会通念上許容された限度を超える一任取引を行ったものとして、不法行為を構成するものというべきである。したがって、平成12年2月下旬以降にAがX名義で行った取引は、

すべて違法であると認めるのが相当である。」

本判決の位置づけ・射程範囲

本件は、第一審・第二審で適合性原則についての判断が異なった事案である。まず、一任取引とは、顧客が証券会社に対して、有価証券の売買の別、銘柄、数量、価格のいずれかについて、投資判断を一任する取引である。この取引に対する法規制については変遷があり、本件取引当時の証券取引法では原則禁止とされていた。ただし、違反の場合も、取引は有効であるし、それだけで私法上も違法となるものではないと解されていた。次に、一任取引は、本来はその条件を契約書面で明確化するものを意味する。これに対して、担当者が事実上顧客から一任を取り付ける状態で継続的に取引を行うものが事実上の一任取引で、本件はそのような事案である。なお、一任取引は過当取引の温床となりやすいため、過当取引規制も関連している（この点については、参考文献（川島・後掲）参照）。

適合性原則については最判平成17・7・14 本書41事件 が重要である。原判決は、取引市場から排除すべき者とはいえないとの考え方（本書41事件 の判旨3を重視する立場）から、適合性原則違反を否定した。

これに対して本判決は、Xの投資方針が「収益性と安全性を対比するならば、なお安全性を重視するという限度にとどまっていたものと認めるのが相当である。」として、担当者がX名義で行った取引対象や取引手法は、全体としてみればXの投資方針に反することが明らかである等と認定し、適合性原則違反とした。これは上記最判の掲げる諸要素を総合的に考察する考え方（本書41事件 の判旨1を重視する立場）といえよう。投資不適格者排除の立場から見れば、Xには事実上の一任取引に至る以前の取引経験が既にあるわけなので、取引市場から排除すべき者とはいいがたく、適合性原則違反には消極となる。これに対して、本判決は、投資意向や財産の状態（投資資金の全財産に占める割合等）なども重要であるとの観点や、勧誘する側の目的や行為態様も重視し、総合的に考察して適合性原則違反としている。

このように、適合性原則の本質をどう理解するかによって、当該事案の評価が異なることになる。本件と同様、適合性原則違反であるか否かについて第一審と第二審で判断が分かれた事案を、関連判例 にあげた。第一審は、仕組債の一種である日経平均リンク債の投資勧誘について、顧客の投資経験や投資意向を重視して適合性原則違反とし、説明義務違反も認めて請求を全額認容した。これに対して第二審は、取引市場から排除すべき者とはいえないという表現は使っていないものの、仕組債取引が適合性原則違反となる場合を狭くとらえ、説明義務違反も否定して請求棄却としている。

さらに理解を深める

金商法百選18事件〔松井智予〕、19事件〔角田美穂子〕、百選59事件〔川島いづみ〕 関連判例 最判平成17・7・14 本書41事件、東京高判平成23・11・9金法1939号106頁、東京地判平成22・9・30金法1939号114頁

第1章 契約（取引）関係　4　投資取引　　　　　　　　　　　川地宏行

43 インターネットを利用した証券取引における適合性原則と説明義務

大阪高裁平成23年9月8日判決
　事件名等：平成23年（ネ）第818号立替金請求控訴事件
　掲　載　誌：金法1937号124頁

概　要　本判決は、適合性原則違反に基づく不法行為の成否を判断する際に業者からの「勧誘」の有無が重要な意義を有するとしたが、ネット証券取引における安価な手数料の広告は勧誘に該当しないとし、また、業者がリスク説明書面を郵送あるいはウェブ上において自由に閲覧できる状態で顧客に電子交付したうえで説明書面の内容を理解した旨をウェブ上の入力で確認する方法を用いれば特段の事情がない限り説明義務を果たしたことになるとしたものである。

事実関係　高齢の年金生活者Yは、証券会社Xとの間で株式の現物取引を行っていたところ、知人から誘われ、Xに対してインターネットでの信用取引を申し込んだ。XがYに対して郵送した説明書には、信用取引の危険性、基本的な流れ、仕組み、追加保証金が必要となる場合等が記述されていた。また、Xは申込みを受ける際にウェブ上の「信用取引Q&A」においてよくある質問事項とそれに対する回答を表示したほか、カスタマーセンターを設置し質問事項に対応する態勢をとっていた。Yは信用取引により多額の損失を被ったが、XはYの信用取引から生じた決済損金を立て替えたとして、Yに対して立替金の返還を請求したところ、YはXに対して不法行為に基づく損害賠償請求権を取得したとして、立替金返還請求権との相殺を主張した。Xの適合性原則違反と説明義務違反の有無が争点となり、第一審はXの適合性原則違反と説明義務違反を認定して不法行為の成立と相殺を認め、請求を棄却した。Xが控訴。

判決要旨　原判決取消し、請求認容。「証券会社の担当者が、顧客の意向と実情に反して、明らかに過大な危険を伴う取引を積極的に勧誘するなど、適合性の原則から著しく逸脱した証券取引の勧誘をしてこれを行わせたときは、当該行為は不法行為法上も違法となる」（本集41事件参照）。「Yは、……本件信用取引申込当時、72歳の無職の高齢者であり、収入としては国民年金が月に4、5万円程度で、……信用取引で損失を出した場合には、差損金を支払う資力に乏しかった」。その「一方、Yは、……本件信用取引開始の1年以上前から本件現物取引を開始し、その態様も、……値上がり益を狙って……取引を頻回

繰り返し……たこと、自らインターネットを利用する本件信用取引の申込みに至ったことからすると、Yが本件信用取引を行うことがそもそも不適当であるとは到底いえない」。「Yは、Xからの勧誘を受けることなく、友人の薦めによって自ら本件信用取引を申し込んだものであり……、本件信用取引申込当時においては、投資資金が余剰資金であり、他社においても株式の信用取引の経験がある旨申告し〔ている〕。……以上の事情を考慮すると、……本件信用取引を開始したこと自体が適合性原則から著しく逸脱しているなどとは到底いえない」。「インターネットを経由した株式売買委託取引には安価な手数料を広告することによって、顧客が誘引されるという側面があったとしても、それは、……およそ信用取引を行う意思もなかった者に対して、それを行うようにする勧誘とは次元が全く異なる」。「適合性の原則は、……自己責任原則の妥当する自由競争市場での取引耐性のない者を、勧誘によって市場に参加させることがないように、業者に対し、そのような行為を禁ずるものであるから、顧客に対する勧誘の有無は、適合性原則違反による不法行為の成否の判断に当たっては極めて重要な要素というべきものであ〔る〕」。「本件信用取引のようにインターネットを利用した非対面取引においては、……顧客に対するリスク説明としては、顧客が自由に閲覧することができるリスク説明の書面を交付（電子交付も含む）したうえで、これについて理解したかどうかを書面ないしウェブ上の入力で確認するという手法は、〔金融商品の販売等に関する法律〕3条の趣旨を考慮しても一定の合理性を有している」。「リスク理解に関する顧客の回答について、これを疑うべき特段の事情がない限りは、さらに上記確認に加えて、電話や面談等をして、顧客のリスク理解について確認しなければ、説明義務違反として違法であるとまではいえない」。「本件について、……特段の事情があったとはいえない」。

本判決の位置づけ・射程範囲

本判決は、適合性原則違反に基づく不法行為の要件について従来の判例（最判平成17・7・14 本書41事件 参照）を踏襲したうえで、不法行為の成否をめぐり業者からの「勧誘」の有無が極めて重要な要素となるとしたが、その一方で、勧誘の不存在のみを理由に不法行為の成立を否定したわけではなく、勧誘の存在を不法行為の成立要件とした先例であるとは断言できない。次に、本判決はインターネット上における安価な手数料の広告が「勧誘」に当たらないとしたが、この点は勧誘概念の範囲を画する一例として意義がある。最後に、本判決はネット証券取引における説明義務についてリスク説明書面を顧客に電子交付したうえで顧客のリスク理解をウェブ上の入力により確認すれば足りるとしているが、Yは高齢の年金生活者であり、電話や面談により顧客のリスク理解の確認を要する特段の事情が存在していた可能性がある。

さらに理解を深める　田澤元章・ジュリ1454号95頁　関連判例　最判平成17・7・14 本書41事件

第1章 契約（取引）関係　4　投資取引　　　　　　　　川地宏行

44　金利スワップ取引における説明義務

最高裁平成25年3月7日第一小法廷判決
　事件名等：平成23年（受）第1493号損害賠償請求事件
　掲載誌：判時2185号64頁、判タ1389号95頁、金法1973号94頁、金判1419号10頁

概要　本判決は、変動金利融資に伴うリスクのヘッジを目的とした金利スワップ取引の説明義務に関して、取引構造が比較的単純であることから、取引の基本的仕組みと金利変動リスクについて説明すれば足りるとしたものである。

事実関係　株式会社Xは訴外銀行と銀行Yから変動金利融資を受けたが、Yは金利変動リスクをヘッジする必要があるとして、変動金利の負担を固定金利の支払に代える金利スワップ取引をXに勧めた。Yからは契約成立後すぐに取引を開始する「スポットスタート型」と契約成立の1年後に取引を開始する「先スタート型」が提案された。Yの担当者はXに対して提案書を示して説明を行ったが、提案書には想定元本、XがYに支払う固定金利、YがXに支払う変動金利、Xの実質調達コストの予測が記載され、かつ、将来の金利上昇リスクをヘッジできるという金利スワップ取引のメリットのほか、将来において変動金利が低下してもその利益を享受できず実質調達コストが割高になるという金利スワップ取引のデメリットも記されていた。さらに、原則として中途解約ができないこと、やむを得ない事情により中途解約がなされた場合にはYが定めた方式で算定した解約清算金を支払う必要がある旨の記載もあった。Xは先スタート型を選択し、XY間で金利スワップ契約が締結されたが、その後、Xが支払う固定金利がYが支払う変動金利時世を上回る状態が続き、Xは多額の損害を被った。XはYの説明義務違反を理由に不法行為に基づく損害賠償を請求したが、第一審は請求棄却。原審は第一審判決を変更し、請求を認容した。Yが上告。

判決要旨　破棄自判。原審は、①中途解約時において必要とされる清算金の具体的算定方法、②先スタート型とスポットスタート型の利害得失、③固定金利の水準が金利上昇リスクをヘッジする効果の点から妥当な範囲にあることについてYが説明していないことを理由に説明義務違反に基づく不法行為の成立を認定したが、原審の判断は是認できない。「本件取引は、……その基本的な構造ないし原理自体は単純で、少なくとも企業経営者であれば、その理解は一般に困難なものではな」い。「Yは、Xに対し、本件取引の基本的な仕組みや、契

約上設定された変動金利及び固定金利について説明するとともに、変動金利が一定の利率を上回らなければ、融資における金利の支払よりも多額の金利を支払うリスクがある旨を説明したのであり、基本的に説明義務を尽くしたものということができる」。「本件提案書には、本件契約がYの承諾なしに中途解約をすることができないものであることに加え、Yの承諾を得て中途解約をする場合にはXが清算金の支払義務を負う可能性があることが明示されていたのであるから、Yに、それ以上に、清算金の具体的な算定方法について説明すべき義務があったとはいい難い」。「また、Yは、Xに対し、先スタート型とスポットスタート型の2種類の金利スワップ取引について、その内容を説明し、Xは、自ら、当面変動金利の上昇はないと考えて、1年先スタート型の金利スワップ取引を選択したのであるから、Yに、それ以上に、先スタート型とスポットスタート型の利害得失について説明すべき義務があったともいえない」。「さらに、本件取引は上記のような単純な仕組みのものであって、本件契約における固定金利の水準が妥当な範囲にあるか否かというような事柄は、Xの自己責任に属すべきものであり、YがXに対してこれを説明すべき義務があったものとはいえない」。「上記の……①〜③の事項について説明しなかったとしても、Yに説明義務違反があったということはできない」。

本判決の位置づけ・射程範囲

本判決は、本件のような金利スワップに関する説明義務について、取引の構造が比較的単純である点を重視し、取引の基本的仕組みと金利変動リスクの説明で足り、①中途解約時における清算金の具体的算定方法、②先スタート型とスポットスタート型の利害得失、③固定金利の水準が金利上昇のリスクをヘッジする効果の点から妥当な範囲にあることについての説明を不要とした。本判決は金利スワップの構造が比較的単純であることを強調しており、構造が複雑な他の店頭デリバティブ(通貨スワップ、通貨オプション等)の事案にも本判決の射程が及ぶのか疑問が残る。なお、本判決以降の類似事案における高裁裁判例として 関連判例 を参照。

ところで、金融庁が定める「金融商品取引業者等向けの総合的な監督指針」が平成22年4月に一部改正され、中途解約ができない場合はその旨、中途解約ができる場合は解約清算金の内容、取引がヘッジ目的の場合には取引のヘッジ手段としての有効性などについて顧客が理解できるように説明することが業者に求められている。監督指針に従うと、少なくとも前述の①③についての説明が必要となる。監督指針改正後の事案に本判決が先例的意義を有するか疑問が残る。

さらに理解を深める 平成25年度重判民法10事件〔山本宣之〕 川地宏行・現消20号69頁 関連判例 東京高判平成26・3・20金判1448号24頁(通貨スワップ)、東京高判平成27・3・5金法2032号76頁(通貨オプション)

第1章 契約（取引）関係　5　クレジット取引　　　　　　大沼友紀恵

45　売買契約の虚偽表示による無効と割賦販売法30条の4（当時）

長崎地裁平成元年6月30日判決
　事件名等：平成元年（レ）第3号立替金請求控訴事件
　掲載誌：判時1325号128頁、判タ711号234頁

概要　本判決は、販売業者の勧めにより買主として名義貸しをした者が、売買契約の通謀虚偽表示による無効を抗弁として立替払契約の相手方である信販会社に対抗することが信義則に反しないとしたものである。

事実関係　未成年者Yと職場の先輩であるCは、下着販売会社Aの販売員Bを通じて商品を購入し、代金はXのクレジットにより支払うこととしたが、Cは事故者で、Xから立替払不可とされた。BはCにY名義で申し込むことを教示した。そこで、CはYに名義を使わせてくれるよう懇請し、BもCの支払い遅延時には責任をもってCに支払わせると述べたため、Yは名義使用を承諾した。Xの担当者からの電話確認に際し、YはBの指図通り自らが支払う旨答えた。Xにおいては、立替払契約の申込人が未成年者の場合、連帯保証人でもある保護者に確認の電話をすることとしていたが、本件では、Xは、保護者の確認はとらなくてもよい旨のAからの連絡でこれをしなかった。Bは、「ブラック」（事故者のこと）の場合の通常の伝票処理方法に従い、Aに対し「ブラックのためY出」との伝票処理を行った。当初、YはCから返済金相当額を受け取り支払ったが、Cの退職後に送金がなくなったため支払いが滞り、Xから催促を受けるようになった。Xからの割賦金支払請求に対し、Yは、立替払契約の錯誤無効およびYA間の売買契約の通謀虚偽表示による無効の抗弁の対抗（割販30条の4〔当時〕）を主張して争った。

判決要旨　原判決取消し。本件売買契約は真実はAC間に締結されたが、両者承知の上で、YA間に締結されたように仮装したものと言えるから、本件立替払契約に対応する売買契約は虚偽表示により無効である。「割賦販売法30条の4第1項〔当時〕は、割賦購入あっせん業者が、あっせん行為を通じて、販売業者と購入者間の売買契約の成立に関し販売業者と密接な経済関係を有することから、購入者に売買契約上の抗弁事由が存する場合には自社割賦と同様にあっせん業者に対しても抗弁が主張できるようにし、契約取引に不慣れな購入者を保護するという趣旨から、販売業者に対して主張し得る抗弁事由をもってあっせん業者に対抗し得ることを規定したものであると解される。そうすると、購入者が販売業者に対して有する抗弁をもって、割賦購入あっせん業者に抗弁すること

が、抗弁権の接続を認める趣旨に反し、信義則上許されない場合を除き、同条は抗弁事由について特にこれを限定していないから、原則として、購入者が販売業者に対抗できる事由は、同条の抗弁事由となるというべきである。虚偽表示の場合について、より具体的にいえば、購入者の作出した一方的な又は積極的な関与に基づく事由は、抗弁事由に該当しないが、販売業者が、詐欺的言動によって購入者をして名義貸しをなさしめた場合などは、その名義貸しをなすに至った事情いかんによっては、虚偽表示を割賦購入あっせん業者に対抗することが、抗弁権の接続を認めた立法の趣旨に反し信義則上許されないものではないというべく、虚偽表示であれば一律に抗弁事由足り得ないと解すべきではないと思料される」。

本判決の位置づけ・射程範囲

クレジットの名義貸しには、署名・押印の偽造によって名義を冒用する冒用型、別個の書類であるかのように欺罔して署名・押印させる騙取型、貸与者の好意を利用する無償協力型、貸与者にも一定の利益を与える有償協力型、販売店と貸与者と共謀して金銭をだましとる共謀型など、名義人の寄与度の違いに応じていくつかのタイプに分類することができる。無償協力型は、さらに、販売業者や名義借人からの依頼によりやむを得ず名義の使用を許諾した場合（名義借用型）と、名義人の自由な判断で名義の使用を許諾した場合（名義貸与型）とに区別することができ、名義借用型はその実態が名義冒用に近いといえる。割販法30条の4第1項（平成20年改正により個別クレジットについては、割販法35条の3の19が設けられたため、現在、本条は包括クレジットに関する規定となった）は、販売業者に対する抗弁権の信販業者への接続を認めるが、購入者による対抗が信義則に反しない場合に限られる（通商産業省通達）。そこで、名義貸しがあった場合に、ただちに信義則違反となるかが問題となる。本判決は、未成年者である名義貸人が、販売業者の詐欺的な言動および、職場の先輩（名義借人）の懇請により名義貸しを承諾し、販売業者が、信販会社に連帯保証人への確認もさせなかったという、名義借用型の事案において、名義貸しであるとの一事をもって、信義則に反するものではないことを示した点に意義がある。ほかに、名義借用型の事案で、信販会社に名義貸し防止義務違反がある場合に名義貸人による信義則違反の抗弁の対抗を認めた仙台簡判昭和61・12・11 関連判例 もある。なお、有償協力型で、抗弁の接続が信義則に反する場合であっても、信販会社の意図も考慮し、民法418条類推適用によって、債務の減額が認められる場合もある（東京地判平成2・10・25 関連判例 ）。

さらに理解を深める　商法（総則・商行為）百選3版102事件〔弥永真生〕　長尾治助・リマークス1990・88頁、宇田一郎・ジュリ1019号165頁、条解三法1491頁、遠藤浩ほか監修『現代契約法大系4』（有斐閣、1985）288頁　関連判例 東京地判平成2・10・25判時1389号75頁、仙台簡判昭和61・12・11（最高裁判所事務総局編『消費者信用関係事件に関する執務資料（その2）』（法曹会、1987）195頁）

第1章 契約（取引）関係　5　クレジット取引　　　　大沼友紀恵

46 名義貸しによるクレジット契約の効力

東京高裁平成12年9月28日判決
　事件名等：平成12年（ネ）第1143号求償金請求控訴事件
　掲載誌：判時1735号57頁、金法1605号37頁

概要　本判決は、名義貸しによるクレジット契約において、販売業者が、名義貸し人に契約締結の意思がないことに悪意または有過失のときは、信販会社は民法93条ただし書により、相手方に対し契約の効力を主張することができないとしたものである。

事実関係　自動車販売業者Aは、以前勤務していた自動車販売業者の顧客であったYに対し、「仕入れた中古車を転売するのに、ディーラーの名義だと買主から値引きを要求されて断れないことがあるので、仲介売買という形をとるために、車の登録名義をYの名義にさせて欲しい。」「車の名義に関することで、ローン会社からの電話が行くかも知れないが、はい、はいと言ってくれればいいから。」などと述べて、Yの名義を自動車の登録名義として利用することを依頼し、Yはこれを承諾した。また、Aは、自動車販売業者Bに、Yの車購入のためローンを利用させてほしいと依頼し、Bからも承諾を得た。Aは、Bから交付を受けたクレジット契約書用紙に、Yの氏名、住所、電話番号、勤務先等の必要事項を記入した。その際、Aは、Y名義で自ら開設した普通預金口座の番号を支払口座欄に記入し、購入車両、車両代金等、本来、販売店が決定すべき部分も勝手に記載して、自ら購入したY名の三文判を押捺するなどし、これをBに提出した。Bからこの契約書の送付を受けた信販会社Xの担当者が契約の締結につきYに電話で確認したところ、Yは、「よろしくお願いします。」と回答した。Xは、Bに対して車両販売代金相当額を支払った。それに先立ちBが代金相当額をAに支払った。Aは、Y名義の前記口座を通じてローンの分割金を支払っていたが、やがて遅滞するようになり、XからYに催告書が送付され事態が明らかになった。原審（横浜地判平成12・1・14公刊物未登載）は、Xの請求を棄却した。

判決要旨　控訴棄却。「販売業者は、信販会社と独立して与信契約締結の決定権（代理権）を有するものではない。しかし、販売業者は、与信契約を締結するのに不適当な事実（例えば本件のような加盟店契約上の地位の他社利用の事実など）を信販会社に伝達せず、結果的に与信契約不適な事案について、与信契約を締結させることが可能である。そして、与信契約の相手方からみると、

与信契約の不適な事案を含めて、与信を受けられるか否かの実際の交渉は販売業者との間でするのであり、そのような事案を含めて、契約の諾否の回答も、販売業者を通じて受けるのである。このことは、代理権を有しない販売業者が、ある面では与信契約締結の可否を決するキーマンの地位にあることを示している。……以上検討したところによれば、販売業者にはクレジット契約の締結に関する代理権は認められる、したがって信販会社の代理人（商）とまではいえないとしても、実質的にはこれに準じる立場にあり、民法93条但書の解釈としては、販売業者が、クレジット契約の相手方に契約締結の意思がないことを知り、又は知るべかりしときには、信販会社が知り、又は知るべかりしときと同様に、信販会社は契約の効力を主張することはできない」。

本判決の位置づけ・射程範囲

クレジットの名義貸しは、名義人の関与度の違いに応じていくつかのタイプに分類することができる（長崎地判平成元・6・30 [本書45事件] 参照）。本件では、名義人は、信販会社からの照会に回答しているものの、ローンの名義借りではなく、車の名義借りだと欺罔されていることから、騙取型と無償協力型（名義借用型）の中間的形態といえる。名義貸しについて、①自己の名義使用を許諾し、かつ、信販会社の意思確認に肯定的な対応をした者は、立替払いについて心裡留保をなした者とする判例（東京高判昭和57・6・29金判658号17頁）がある一方、②名義使用を許諾した者は、立替金の支払いを自らする必要がないと考えていても立替払契約を締結する意思があったとして、民法93条の適用を否定する判例もある（福岡高判平成元・11・9 [関連判例]ただし、結論としては、民法93条ただし書類推適用により名義人の責任を否定）。①名義貸しが心裡留保に該当するとすれば、信販会社が名義貸しについて悪意の場合に、契約の効力が否定される（長崎地判平成元・3・29 [関連判例]）。名義貸しでは、販売業者の関与により架空の契約が締結されたものの、信販会社は事情を知らないという場合も多いが、販売業者に信販会社の代理権が認められれば（仙台高判昭和57・11・12 [関連判例]、桐生簡判昭和57・9・30 [関連判例]）、心裡留保についての善意悪意の判断は、販売業者が基準となる（民101条1項）。本判決では、名義貸しが心裡留保にあたるとしつつ、クレジット契約における販売業者の法的地位を実質的に代理人に準ずるものとの判断が示された点に、意義がある。

さらに理解を深める

百選21事件〔佐久間毅〕　商法（総則・商行為）百選5版74事件〔弥永真生〕、商法（総則・商行為）百選4版74事件〔弥永真生〕、山下友信・ジュリ1251号193頁、坂東俊矢・リマークス2002（上）14頁、後藤巻則・現消1号127頁、条解三法1314頁、山本151頁、平野153、165、369頁　[関連判例] 長崎地判平成元・3・29判時1326号142頁、福岡高判平成元・11・9判時1347号55頁（前記長崎地判の控訴審）、千葉地判昭和56・4・28判時1018号114頁、仙台高判昭和57・11・12金判665号46頁、桐生簡判昭和57・9・30判夕496号162頁

第1章 契約（取引）関係　5　クレジット取引　　　　　　　　大沼友紀恵

47 信販会社による過剰与信と信義則・権利濫用

釧路簡裁平成6年3月16日判決
　事件名等：平成5年（ハ）第584号・第586号・第588号・第622号立替金等請求事件
　掲載誌：判タ842号89頁

概　要　本判決は、信販会社の主婦に対する立替金および貸金のうち、過剰与信と認められる部分につき信義則を適用し、債務額を4分の3に減額したものである。

事実関係　信販会社Xは、主婦Yに対し、以下の取引に基づく残債務合計約82万6000円を請求した。内訳は、次の通りである（括弧内が残債務）①平成2年2月、訪問着代金立替払金約60万円（約6万6000円）、②同2年8月、Yが銀行から借り入れた30万円を同5年3月にXが代位弁済した全額（約28万4000円）③平成3年4月、カードローン40万円（約9万5000円）、④平成3年8月、化粧品代金立替金および手数料約10万3000円（約1000万円）、⑤平成3年12月〜同4年8月　カードキャッシング49万円（約15万4000円）、⑥平成4年10月、商品代金立替金および手数料約18万5000円（約17万5000円）。Yは、①の契約締結時を除いては無職の主婦であったため、XはYの夫Aの収入も調査したが、Yの口頭申告のみにより、手取り額の調査はしていない。Aには、平成元年中に支払いを終わった合計17万円の割賦購入があるだけで、その後の購入、借入れはなく、Y名義の購入、借入れだけが増加していき、平成4年11月を最後に支払いを停止した。③のカードローン契約においては、Y記入の申込書およびX記載の調査書類ともに、Aの勤務先・収入等がY自身のもののように記載されていたが、XY間のその他の契約においては、すべてYは主婦であり、上記勤務先はAのものと記載されている。Xからの請求に対し、Yは、本件貸付けおよび立替えは過剰与信にあたるため、支払義務はないとして争った。

判決要旨　請求一部認容。「貸金業の規制等に関する法律13条〔当時〕及び割賦販売法42条の3〔当時〕の過剰貸付け及び過剰販売（以下、過剰貸付け及び過剰販売を一括して『過剰与信』という。）の禁止についての法規制は、……訓示規定的なものと解されている。……しかし、……たとえ訓示規定であるとしても、これに対する違反の程度が著しい場合には、……信義則違反あるいは権利濫用の判断、更には公序良俗違反の判断を根拠づける重要な要素として働くと考えられる。……国が事業者に向けて特別に規定を設けて禁止した過剰与

信が、現実に生じた場合に、債務者の返済能力を超えるかどうかについての調査や判断に重大な誤りがあった事業者が、法の力を借りて債務の全額の支払いを債務者に求めるとすれば、信義誠実の原則に反し権利の濫用に当たると解すべきであり、信義則を適用して事業者の請求することのできる範囲を限定するのが相当である。その範囲を定めるについては、……現代取引においては契約自由・意思自治が原則であり、過剰与信の法規制はこれに対する制限であるという前提に立って、信用調査システムの整備の実情や、過剰与信の法規制に対する事業者の自覚の現状などを総合して判断する必要がある。そして、本件事案における諸事情を考慮すると、XがYに対して請求することができるのは、過剰与信でないことが明らかな……取引については全請求額、その余の過剰与信と認める取引については各契約額の約4分の3の割合による範囲に限るのが相当である。」

本判決の位置づけ・射程範囲

本件当時の旧割販法42条の3では、過剰販売の防止、旧貸金業の規制等に関する法律（以下「貸金業法」という）13条では過剰貸付けの禁止がそれぞれ定められていたが、これらはいずれも公法的規制であり、かつ訓示規定であることから、事業者による違反があってもそれが直ちに不法行為を構成するとか、契約が無効になると解することは困難であった。本判決は、Xにこれらの訓示規定に対する著しい違反があったことを理由に、民法の一般条項を適用して債務額の減額を認めたという点および、違反の程度によっては、公序良俗違反となる余地があることも示した点で、意義がある。その後、平成18年の貸金業法改正で、事業者に、顧客の返済能力の調査義務が課せられ（貸金業法13条1項）、割販法においても、平成20年には、クレジット業者に対する支払可能見込額の調査義務（割販35条の3の3）が課せられるとともに、過剰与信に対する罰則も設けられた（割販51条の6）。平成21年には、クレジット会社が調査すべき項目が割販法施行規則に明記され、利用者等の1年間の「年収等」、「生活維持費」、「クレジット債務」、「借入れの状況」に基づく「支払可能見込額」を算定して審査することが義務付けられた。信義則を根拠に、過剰与信による債務の減額を認めた裁判例としては、ほかに、札幌簡判平成7・3・17 関連判例、横手簡判平成17・2・28 関連判例、藤岡簡判平成20・7・2 関連判例がある。なお、販売業者の過剰販売を知りながら与信を行った信販業者に、販売業者との共同不法行為の成立を認めるとともに、立替払契約の公序良俗違反を認めた裁判例もある（大阪地判平成20・4・23 関連判例）。

さらに理解を深める

百選43事件〔小山綾子〕　消費者取引百選81事件〔鎌田薫〕、条解三法1348頁、河上正二編『改正特商法・割賦販売法対応 実践消費者相談』（商事法務、2009）227、239頁、平野628頁　関連判例　大阪地判平成20・4・23判時2019号39頁、札幌簡判平成7・3・17判時1555号117頁、横手簡判平成17・2・28公刊物未登載（2005WLJPCA2286002）、藤岡簡判平成20・7・2公刊物未登載（2008WLJPCA07026001）

第1章 契約（取引）関係　5　クレジット取引　池本誠司

48 抗弁対抗規定の法的性質

最高裁平成2年2月20日第三小法廷判決
　事件名等：昭和59年（オ）第1088号立替金請求事件
　掲載誌：判時1354号76頁、判タ731号91頁、金法1263号27頁、金判849号3頁

概要　本判決は、クレジット契約における抗弁対抗規定（割販30条の4〔当時〕）の法的性質が、民法上は当然には認められない効果を創設的に規定したものであると解するとともに、信義則の法理により抗弁対抗が認められるのは、あっせん業者において抗弁事由を知りもしくは知りうべき場合など信義則上の特段の事情が認められる場合であることを判断したものである。

事実関係　消費者Yが、昭和57年8月（割販法の昭和59年改正前）、販売業者Aから呉服一式を、あっせん業者Xの個品割賦購入あっせんを利用して購入し、XはAに代金相当額を立替払いした後に、Yに対し立替金を請求した。これに対し、Yは、Aの商品引渡債務の不履行を理由に売買契約を合意解除したことを理由に、Xの請求を拒絶する旨主張した。原判決（福岡高判昭和59・6・27金判849号7頁）は、Aの債務不履行を理由に売買契約を合意解除したことにより代金債務が遡及的に消滅したこと、Xの加盟店として個品割賦購入あっせんの契約締結の衝に当たっていたAがYに対し合意解除に伴う処理を責任をもって行う旨約していたことから、Xの立替金請求は信義則に反し許されないものと判断したので、Xが上告した。

判決要旨　破棄差戻し。「個品割賦購入あっせんは、法的には、別個の契約関係である購入者・あっせん業者間の立替払契約と購入者・販売業者間の売買契約を前提とするものであるから、両契約が経済的、実質的に密接な関係にあることは否定し得ないとしても、購入者が売買契約上生じている事由をもって当然にあっせん業者に対抗することはできないというべきであり……改正後の割賦販売法30条の4第1項〔(当時)〕の規定は、法が、購入者保護の観点から、購入者において売買契約上生じている事由をあっせん業者に対抗し得ることを新たに認めたものにほかならない。したがって、右改正前においては、……購入者とあっせん業者との間の立替払契約において、かかる場合には購入者が右業者の履行請求を拒み得る旨の特別の合意があるとき、又はあっせん業者において販売業者の右不履行に至るべき事情を知り若しくは知り得べきでありながら立替払を実行したなどの右不履行の結果をあっせん業者に帰せしめるのを信義則上相当とする特段の事情があるときでない限り、購入者が右合意解除をもってあっせ

ん業者の履行請求を拒むことはできないものと解するのが相当である。」

本判決の位置づけ・射程範囲

クレジット契約における抗弁対抗規定（割販30条の4〔当時〕）は、昭和59年改正により設けられた。その要件は、①割賦購入あっせん（平成20年改正後は包括信用購入あっせんと個別信用購入あっせん）を利用した取引において、②政令指定商品・権利の購入または役務の提供（平成20年改正により、商品と役務は政令指定制を廃止）の契約を行い、③当該契約に係る販売業者等に対し抗弁事由があることである。効果は、販売業者に対する抗弁事由をもってクレジット業者の未払金請求に対し支払拒絶が主張できる。

これらの要件のいずれかを欠き、抗弁対抗規定の類推適用または民法法理による抗弁対抗を検討する場合は、その法的性質の解釈が重要となる。

昭和59年改正前には、民法の信義則の法理によって抗弁対抗ができるか否かが争われ、抗弁対抗規定を導入後はその法的性質を巡って見解が分かれた。①クレジット契約と売買契約の不可分一体性や経済的密接性等の実態に照らし、信義則の法理に基づき売買契約上の抗弁をクレジット業者に対抗できるという見解に立てば、抗弁対抗規定は確認的な規定であると解する。②民法法理としては売買契約とクレジット契約は別個独立の契約であって抗弁対抗は認められないという見解に立てば、消費者保護のために創設的に規定したものであると解する。

後者の中には、抗弁対抗は認められないとする結論だけ示す見解と、③売買契約につき抗弁事由が生じうべきことについて知りもしくは知りうべきであった場合など、信義則上特段の事由が認められる場合は、抗弁対抗を認めうるとする見解がある。本判決は③の見解を採用したリーディングケースである。その後は、本判決に準拠する裁判例が多いが、新たな展開を示すものもある。

最判平成23・10・25 本書51事件 は、本判決の法理を前提としつつ、信義則上相当な特段の事情が認められる場合は、既払金返還請求が認められる余地があることを法理として判示した。

抗弁事由が生じることを知りうべき場合の判断要素として、クレジット契約の締結準備業務を加盟店に委ねている取引実態や、クレジット業者が加盟店管理責任を負うべきことを踏まえ、加盟店の不適正な販売方法の調査を尽くしたか否かを厳格に判断すべきであるとする見解がある。平成20年割販法改正において、個別信用購入あっせん業者は加盟店の販売方法について不適正与信調査義務（割販35条の3の5）及び苦情の適切処理義務（割販35条の3の20）を負うことが規定され、包括信用購入あっせんについては苦情の適切処理義務（割販30条の5の2）が規定された。今後は、加盟店調査義務が明文化されたことを踏まえ、抗弁事由を知りうべき場合の認定が厳格化されるべきものと解する。

さらに理解を深める

山下友信・ジュリ1038号154頁、千葉恵美子・民商103巻6号942頁、後藤＝池本351頁　関連判例　高松高判昭和57・9・13判時1059号81頁、東京高判昭和57・12・27公刊物未登載（なお、石川正美・NBL294号38頁参照）

第1章　契約（取引）関係　5　クレジット取引　　　　池本誠司

49 既払金の返還請求

名古屋高裁平成21年2月19日判決
事件名等：平成20年（ネ）第747号債務不存在確認等、参加各請求控訴事件
掲載誌：判時2047号122頁、金法1945号95頁、金判1378号18頁

概要　本判決は、いわゆるデート商法と呼ばれる販売方法による宝飾品の売買契約が公序良俗に違反し無効であるとし、これに利用した個別クレジット契約も目的を失って失効し、購入者は未払金の支払拒絶のほかに既払金返還請求ができると判断したものである。

事実関係　消費者X（22歳、独身男性）は、宝飾品販売業者Bから呼び出されて女性販売員Cとファミリーレストランで会い、宝飾品の説明を約8時間ほど受け、その間、Cが手を握ったり抱き寄せる仕草をしたり、途中でCの仲間が3～4人加わって購入を勧め、Xが買いたくないと告げると、威圧的に購入を迫られた結果、宝飾品3点を157万5000円で購入することとし、クレジット会社Aと個別クレジット契約を締結した。Xは2年5か月後に支払いを停止し、Aを引き継いだYに対し、クレジット契約自体が公序良俗に反し無効であるとし、既払金相当額の返還を請求した。商品価値につき他業者の査定では、合計10万円ほどとの回答であった。第一審判決はXの請求を棄却したので、Xが控訴した。

判決要旨　原判決変更、請求認容。「これら一連の販売方法や契約内容……等に鑑みると、本件売買契約は、Xの軽率、窮迫、無知等につけ込んで契約させ、女性販売員との交際が実現するような錯覚を抱かせ、契約の存続を図るという著しく不公正な方法による取引であり、公序良俗に反して無効である」こと、売買契約とクレジット契約の一体的な仕組み、販売業者Bがクレジット会社Aのためにクレジット契約締結の準備行為を代行していること、販売業者Bについて契約締結当時消費生活センターからクレームがついていることが全くうかがえないわけではないことなどの事情を認定し、「本件の事情の下では、本件クレジット契約は目的を失って失効し、Xは、不当利得返還請求権に基づき、既払金の返還を……Yに対して求めることができる」。

本判決の位置づけ・射程範囲　本件の第一の争点は、デート商法と呼ばれる販売方法による売買契約が、公序良俗違反により無効と判断されるか否かである。

公序良俗違反の一類型である暴利行為の法理（大判昭和9・5・1民集13巻875頁）は、相手方の窮迫、軽率又は無経験に乗じて（主観的要件）、著しく過当な利益を獲得する行為（客観的要件）、をいう。その後の判例・学説は、販売方法が社会的に見て著しく不公正であるときは、利益の過大性の客観的要件や相手方の窮迫等につけ込む主観的要件を緩和する傾向にある。本判決は、交際等をにおわせるような思わせぶりな言動により好意を抱かせて勧誘したことや、威圧的な勧誘態度により帰宅を困難にしたことなどの勧誘方法の不当性を認定するとともに、市場価格ではそれほどでもない宝飾品を高額な価格で購入させたという給付の不均衡の要件も認定しており、伝統的な暴利行為の法理に照らしても公序良俗違反が認定されるべき事案だといえる。

売買契約が公序良俗違反により無効であれば、これを抗弁事由としてクレジット契約の支払い請求を拒絶することができる（割販30条の4、35条の3の19）。そこで、第二の争点は、売買契約が公序良俗違反により無効と判断される場合、クレジット契約の効力及び既払金返還請求が可能か否かである。

最判平成2・2・20 本書48事件 は、抗弁対抗規定は消費者保護のための創設的規定であると解し、クレジット会社において売買契約の抗弁事由が生じうることについて知りうべき場合などの特段の事情がない限り、信義則の法理に基づく抗弁対抗は認められないと判断した。これに対し、本判決は、抗弁事由が生じうることを知りうべきであったとまでは認定していないが、「本件クレジット契約は目的を失って失効した」という理由で、実質的に売買契約とクレジット契約の一体的処理を採用したものと考えられる。ただし、本件の上告審である最判平成23・10・25 本書51事件 は、前記最判平成2・2・20 本書48事件 に準拠して、本件立替払契約の締結前に、本件販売業者の販売行為につき他の購入者から苦情の申出を受けたことや公的機関から問題とされたことはなかったという事実認定により、既払金返還請求は認められないと判断した。なお、クレジット業者の認識可能性が認定できる事案について、不法行為による既払金返還請求を認めた裁判例もある。

これに対し、本判決のうち、販売業者Bがクレジット会社Aのためにクレジット契約締結の準備行為を代行しているという指摘部分は、消契法5条1項の適用につながる点で注目に値する。平成20年割販法改正において、訪問販売等の方法により個別クレジット契約を利用した売買契約について不実告知による取消しができる場合は、加盟店が個別クレジット契約の締結の媒介を行っているものとみて、個別クレジット契約も取消しができるものと定めた（割販35条の3の13）。同条は、不実告知と不告知取消しを規定しているが、不退去・退去妨害の場合は消契法5条の適用により個別クレジット契約の取消しができると解されている。そうであれば、公序良俗違反無効のうち販売方法の違法性を要素とする場合は、媒介者の法理の適用により個別クレジット契約も無効と解しうるのではないか。

さらに理解を深める　百選35事件〔中田邦博〕　鹿野菜穂子・金判1336号158頁、後藤＝池本317頁　関連判例 最判平成23・10・25 本書51事件、静岡地浜松支判平成17・7・11判時1915号88頁

第1章 契約（取引）関係　5　クレジット取引　　　　　　　池本誠司

50　モニター商法と抗弁の対抗（ダンシング事件）

大阪高裁平成16年 4 月16日判決
　事件名等：平成14年（ネ）第1771号取立禁止請求本訴、立替金請求反訴各
　　　　　　控訴事件
　掲載誌：消費者法ニュース60号137頁

概要　本判決は、抗弁対抗の主張が信義則に反して制限されるのは、消費者に何らかの過失や不注意があることを指すのではなく、クレジット契約の不正利用によって信販会社に損害を及ぼすことを認識しながら、自ら積極的にこれに加担したような背信的事情がある場合に限られると判断したものである。

事実関係　消費者Xらは、販売業者A社（ダンシング）から寝具を購入し、信販会社Yらとの間で個別クレジット契約を締結した。寝具売買契約にはモニター会員契約（クレジット支払月額を若干上回るモニター料を毎月支払う）がセットされていた。モニター会員限定募集という勧誘であったが、実態はほとんど全ての顧客にモニター会員契約を付して展開し（これを「モニター商法」と呼ぶ）、全国で約2年間に1万4000人以上に販売した挙句、倒産した。Xらは、本件モニター商法は破綻必至の詐欺的商法であるから公序良俗に反し無効であり、これを抗弁事由としてYらに対し支払拒絶できることの確認を請求した。Yらは、Xらがモニター料の取得を目的として契約を締結しておきながら、A社が破綻すると抗弁対抗を主張することは信義則に反する、として立替金を請求した。第一審判決は、寝具の適正な販売価格を超える部分が無効となるとして、超過金額部分に限り抗弁対抗を認めたので、双方が控訴した。

判決要旨　消費者Xらの請求を全部認容。「本件モニター商法は、破綻不可避の反社会的な商法であり、かつ、これを隠蔽する欺瞞的勧誘方法を伴う詐欺的商法であり、……公序良俗に反する違法な取引である」、「本件各売買契約と本件モニター契約は不可分一体の契約であって、モニター特約付寝具販売契約ともいうべきものであると認められるから、上記各契約は、公序良俗に反し全部無効である」。抗弁対抗を主張することが信義則に反して制限される場合とは、「Xらに何らかの過失や不注意があることを指すのではなく……、Yらにおいて、Aの公序良俗に反する本件モニター商法につき加盟店に対する調査、管理の義務を尽くしたかどうかをも考慮に入れた上で、『……Xらにおいて、Aの本件モニター商法が公序良俗に反するものであることを知り、かつ、クレジット契約の不正利用によって信販会社に損害を及ぼすことを認識しながら、自ら積極的にこ

れに加担した』というような背信的事情がある場合……をいう」。
　なお、上告審である最決平成17・11・15公刊物未登載（LEX/DB25437266）は、Yらの上告を棄却した。

本判決の位置づけ・射程範囲

　モニター商法に対する法的評価について、第一審判決は、モニター会員契約は公序良俗違反無効であるが、寝具売買契約は適正価格を超える部分だけが公序良俗違反無効であるという、折衷的な判断を示した。これに対し本判決は、寝具売買契約とモニター会員契約とは不可分一体の取引と見て全部無効と評価した。ダンシング事件の後に改正された特商法51条は、業務提供利益を誘引文句とする商品販売契約は結合された一体の取引であると評価して、業務提供誘引販売取引という規定を置いた。
　消費者Xの抗弁対抗の主張に対し、信販会社Yは、割販法30条の4（当時）の抗弁対抗規定が適用される場面であっても、購入者側に抗弁を主張することが信義則に反する事情がある場合は、抗弁主張が制限されると解されており、クレジットの支払負担を免れるようなモニター料の支払い約束を信じた消費者側にも一定の落ち度があると見て、抗弁対抗制度は消費者保護のための規定であるから、消費者に過失や落ち度があるときは抗弁主張が制限されると主張した。
　しかし、モニター商法の構造は、信販会社と継続的提携関係にある加盟店が、クレジットシステムを悪用して消費者の誤認を誘発する詐欺商法を展開した実態がある。そうすると、抗弁対抗制度は、販売業者に主張しうる抗弁事由は信販会社の認識可能性を問わずすべて対抗しうること、信販会社はクレジット契約の締結準備業務を販売業者に委ねているため、販売業者による不正使用のおそれが伴うものであること、こうした危険を防止するため信販会社に対し加盟店管理責任が従来から指摘されていることなどの事情を重視する必要がある。
　本判決は、こうした理解に基づき、「モニター商法のような病理現象は、信販のシステムが孕む構造的な危険ともいえるものであるから、……Yらにおいて摘み取っておくべき危険が現実化したもの」、「Xらは、消費者の軽率さ（落ち度）や経済的弱み等を利用したAの組織的でかつ巧みな勧誘によって、本件モニター商法に引き込まれたものであるから、……その落ち度をもって信義則に反するものであるということはできない」としたうえで、抗弁対抗が信義則により制限される場合とは、本判決要旨のとおり消費者に背信的悪意がある場合に限られるという解釈を示した。
　いわゆる名義貸し事件において、加盟店のクレジット不正利用に言葉巧みに消費者を巻き込んだ事情を考慮することなく、虚偽表示による責任を問う傾向があることに対し、本判決の判旨を踏まえて見直しが求められる。

さらに理解を深める　百選42事件〔山崎敏彦〕439頁、後藤＝池本387頁　池田文子・法学新報112巻9＝10号　【関連判例】長崎地判平成元・6・30　【本書45事件】、東京高判平成12・9・28　【本書46事件】、最判平成8・11・12　【本書15事件】

第1章　契約（取引）関係　5　クレジット取引　　　　　　　　　　小林和子

51　個別クレジットにおける売買契約の公序良俗違反と立替払契約の効力

最高裁平成23年10月25日第三小法廷判決
　事件名等：平成21年（受）第1096号債務不存在確認等請求及び当事者参加事件
　掲　載　誌：民集65巻7号3114頁、判時2133号9頁、判タ1360号88頁、金法1945号90頁

概　要　本判決は、個品割賦購入あっせんにおいて売買契約が公序良俗違反により無効となる場合、信義則上相当とされる特段の事情が認められる場合に限って、公序良俗違反により立替払契約も無効となるとしたものである。

事実関係　平成15年3月29日、C（B（宝飾品等の販売業者）の女性販売員）とファミリーレストランで会ったXは、宝石等の商品の説明を8時間ほど受けた。CはXの手を握ったり、抱き寄せるような仕草をするなどした。Cの仲間が宝飾品の購入を勧誘したので、Xは拒絶した。Cの仲間がさらに威圧的に購入を迫ったので、Xは帰宅しようとした。しかし、結局、指輪等の宝飾品3点を代金157万円5000円（後に、あわせて10万円程度であることが判明）で購入する売買契約をXは締結した。
　Cの仲間が準備していた売買契約書とA（割賦販売斡旋業者）との立替払契約の申込書にXは署名押印した。AはBと加盟店契約を締結していた。
　平成15年3月30日、電話で立替払契約の申込みについてXの意思・内容の確認をした上で、Aの担当者はXと立替払契約を締結した。Aの担当者に対し売買契約や立替払契約の異議をXは述べなかった。
　平成15年5月頃から平成17年9月までの間、立替払契約に基づく割賦金としてAに対しXは合計106万850円を支払った。
　平成16年5月24日、個品割賦購入あっせん事業をAがYに譲渡した。
　平成17年10月7日頃、XはYに解約の希望を通知し支払を停止した。
　売買契約及び立替払契約は公序良俗に反し無効であるなどとXは主張した。

判決要旨　一部破棄自判、一部上告却下。「個品割賦購入あっせんにおいて、購入者と販売業者との間の売買契約が公序良俗に反し無効とされる場合であっても、販売業者とあっせん業者との関係、販売業者の立替払契約締結手続への関与の内容及び程度、販売業者の公序良俗に反する行為についてのあっせん業者の認識の有無及び程度等に照らし、販売業者による公序良俗に反する行

為の結果をあっせん業者に帰せしめ、売買契約と一体的に立替払契約についてもその効力を否定することを信義則上相当とする特段の事情があるときでない限り、売買契約と別個の契約である購入者とあっせん業者との間の立替払契約が無効となる余地はないと解するのが相当である。」

「これを本件についてみると、Bは、Aの加盟店の一つにすぎず、BとAとの間に、資本関係その他の密接な関係があることはうかがわれない。そして、Aは、本件立替払契約の締結の手続を全てBに委ねていたわけではなく、自らXに本件立替払契約の申込みの意思、内容等を確認して、本件立替払契約を締結している。また、Xが本件立替払契約に基づく割賦金の支払につき異議等を述べ出したのは、長期間にわたり約定どおり割賦金の支払を続けた後になってからのことであり、Aは、本件立替払契約の締結前に、Bの販売行為につき、他の購入者から苦情の申出を受けたことや公的機関から問題とされたこともなかったというのである。これらの事実によれば、上記特段の事情があるということはできず、他に上記特段の事情に当たるような事実もうかがわれない。したがって、本件売買契約が公序良俗に反し無効であることにより、本件立替払契約が無効になると解すべきものではなく、Xは、Yに対し、本件立替払契約の無効を理由として、本件既払金の返還を求めることはできない。」

本判決の位置づけ・射程範囲

本判決では、売買契約が公序良俗違反により無効となる場合、立替払契約も公序良俗違反により無効となるかが問題となった。

立替払契約が無効となるか否かの判断に、公序良俗に違反する金銭配当契約を信販会社が認識していたか、あるいは立替払契約が助長したかを考慮した判決がある。例えば、名古屋高金沢支判昭和62・8・31 [関連判例]（買主は、売主と印鑑等の売買契約・連鎖式の金銭配当契約、信販会社と立替払契約を締結）がある。この判決は、金銭配当契約が公序良俗違反であると信販会社が認識していた場合、立替払契約は、金銭配当契約の履行を支持・助長することになり、無効となると判断した。

立替払契約が無効となるか否かの判断に、信販会社の過剰与信防止義務違反があったかを考慮した判決がある。例えば、高松高判平成20・1・29 [関連判例]（買主は、売主と過量販売契約、信販会社と立替払契約を締結）がある。この判決は、高齢者である買主の購買行動の異常性を認識しえた信販会社には、一定の時期以降、過剰与信により与信を差し控えるべき信義則上の義務があったため、この時期以降の立替払契約は無効となると判断した。

さらに理解を深める　民法百選Ⅱ7版56事件〔山本豊〕　最判解民事篇平成23年度（下）685頁〔谷口園恵〕 [関連判例] 名古屋高金沢支判昭和62・8・31判時1254号76頁、高松高判平成20・1・29判時2012号79頁、名古屋高判平成21・2・19 [本書49事件]

第1章 契約（取引）関係　5　クレジット取引　　　　　小林和子

52　クレジットカードの不正利用とカード会員の支払義務の範囲

大阪地裁平成5年10月18日判決
事件名等：平成3年（ワ）第4072号（本訴）・第9664号（反訴）債務不存在確認等請求本訴、売掛代金等請求反訴事件
掲載誌：判時1488号122頁、判タ845号251頁、金法1384号40頁、金判930号3頁

概要　本判決は、重過失により家族に盗まれたクレジットカードがクレジットカード会社への盗難通知後に不正使用された場合、カードの月額使用限度額（50万円）を限度として会員は支払義務を負うとしたものである。

事実関係　昭和60年10月15日、Y（クレジットカード会社）との間でカード会員入会契約をXが締結した。本件カードの規約には以下の規定があった。

「4条　会員は、善良なる管理者の注意をもってカードを使用し、管理しなければならない。

14条1項　カードの紛失、盗難または、4条に違反して、他人にカードが使用された場合は、その使用代金は会員が負担する。

14条2項　ただし、会員が紛失、盗難の事実を所轄の警察署へ届け出、かつ、所定の紛失、盗難届をYに提出した場合は、Yが受理した日の60日前以降に発生した代金については、Yは、会員に対し、その支払を免除する。

14条3項　前項の定めにかかわらず、次の各項に該当する場合には、Yは、会員に対し、代金の支払を免除しない。

イ　紛失、盗難が会員の故意または重大な過失によって生じた場合

ニ　前記の会員規約に違反する状況において、紛失や盗難が生じた場合」

平成3年3月22日、A（Xの長男）が本件カードをXに無断で持ち出した。

同日、XはYに本件カードを無効にするよう申し出た。Yは直ちにYのコンピューターに本件カードの無効登録をするとともに、「JCBカード無効通知書」「六社カード無効通知書」に本件カードを掲載する手続をとった（前者は、平成3年4月5日効力発生、後者は、平成3年4月28日効力発生）。

平成3年3月25日から平成3年4月8日までの間、本件カードを使用してYの加盟店で合計129万9564円相当の商品をAは購入した。

平成3年4月8日、百貨店に対し本件カードの緊急無効手配をYは行った。

平成3年5月15日、Xが本件カードの使用代金を支払期限までに支払わなかったため、YはXに使用代金の支払を請求

した。

Xに支払義務があるとしても、Yの注意義務不履行によりもしくは契約法上の信義則により、Yの債権は過失相殺されるべきである、信義則上Yが設定したカードの使用限度額50万円以内に減額されるべきであるなどとXは主張した。

判決要旨 本訴反訴とも請求一部認容。「Yは、現行制度下においてなすべき無効手配の全てを遅滞なく実行しているので、YにはX主張の義務違反はない。」

「右に述べた使用限度額の制度に照らすと、会員において、これを越える使用をした場合に代金支払義務を免れるものでないことはいうまでもないが、カードの不正使用があった場合にも、会員に同様の支払義務を負わせてよいかについては、個別具体的に考慮するのが相当であると解される。本件においては、前記のとおり、過去の月間カード使用額は高々数万円に過ぎず、XはYに対し、速やかに本件カードの盗難を申出たことが認められるうえ、Yは、本件カードの使用代金の請求を、右限度額の50万円に留める旨の意向を表明していること（Yは、本件口頭弁論期日において、反訴請求の趣旨を50万円及びこれに対する付帯請求に減縮する旨の申立をしたが、Xはこれに同意しなかった。）を併せ考慮すると、Xの代金支払義務を50万円に限定するのが相当である。」

本判決の位置づけ・射程範囲

本判決では、重過失により家族に盗まれたクレジットカードが不正使用されたため、会員がその代金支払義務を負わなければならない場合、この義務の範囲が何らかの根拠に基づき制限されるかが問題となった。

第一に、過失相殺に基づく制限がある。この制限を認めた具体例には、福岡地判昭和61・9・9 **関連判例** がある。信販会社が販売店の信用調査義務を怠った場合には、会員の信販会社に対する債務額を定めるとき、信販会社の過失を斟酌すべきであるとこの判決は判断した。

第二に、使用限度額に基づく制限がある。この制限を認めなかった具体例には、東京地判昭和59・4・20 **関連判例** がある。会員が兄にカードを預けたところ、兄がこれを不正に利用した場合が問題となった。規約には、カードの紛失・盗難により他人に不正使用された場合には、会員がその結果の責任を負うと定められていた。使用限度額が定められているからといって、クレジットカード会社の請求の範囲を使用限度額の範囲内に減縮すべき理由はないとこの判決は判断した。

さらに理解を深める 消費者取引百選90事件〔朝見行弘〕 **関連判例** 福岡地判昭和61・9・9判時1259号79頁、東京地判昭和59・4・20判タ531号174頁

第1章 契約（取引）関係　5　クレジット取引　　　　　　　小林和子

53　クレジットカードの第三者への貸与による不正使用とカード会員の責任

名古屋地裁平成12年8月29日判決
　事件名等：平成12年（ワ）第1196号貸金等請求事件
　掲載誌：判タ1092号195頁、金法1601号42頁、金判1108号54頁

概要　本判決は、会員以外の者によるクレジットカードの無断利用の際、加盟店による本人確認が不十分であった場合、無断利用代金のうちの2分の1については、権利の濫用により、クレジットカード会社が会員に支払を請求することが許されないとしたものである。

事実関係　平成2年11月22日、YがX（クレジットカード会社）と会員契約を締結した。会員カード規約には以下の規定があった。

「2条3項　会員は、カードの利用を善良なる管理者の注意をもって行うものとする。会員は、カードを他人に貸与・譲渡・質入・寄託してはならず、また理由の如何を問わず、カードを他人に使用させ、もしくは使用のために占有を移転させてはならない。

2条4項　2条3項に違反し、その違反に起因してカードが不正に利用された場合、会員はそのカード利用代金について全ての支払の責を負う。

26条1項　会員は、日本国内及び日本国外の加盟店（Xの加盟店、Xと提携したクレジットカード会社の加盟店、国際提携組織と提携した金融機関・クレジットカード会社の加盟店）のうち、Xが指定する加盟店において、商品の購入その他の取引を行うに際し、カードを呈示して所定の売上票に署名することにより、当該取引によって会員が負担した債務の決済手段とすることができる。但し、売上票の署名がカード裏面の署名と同一のものと認められない場合は、カードの利用ができないことがある。」

平成11年3月25日、YはAに会員カードを貸与した。

平成11年3月25日から平成11年3月30日まで、AはYに無断で会員カードによりクレジットサービスを利用した（合計94万3178円）。

平成11年4月25日、Yは、Xから利用代金明細書を送付され、Aによる会員カードの無断利用を知った。

Yに対し会員カードによるクレジットサービス、キャッシュサービス、ローンサービスの残元金・利息・損害金等合計271万円をXは請求した。

AがYに無断で会員カードによりクレジットサービスを利用したことは、Xないし加盟店がカード利用明細書のサイン欄を調べれば、一目瞭然であるから、XがYにこの無断利用分の支払を請求することは権利の濫用として許されないなどとYは主張した。

判決要旨　請求一部認容。「一般に、クレジットカードの利用について、本件規約26条1項により、加盟店において、カード利用者がカード会員本人であることを確認する手段として、カード利用者が売上票に署名を行う方法が用いられているが、本件規約2条3、4項は、署名のみではカードの利用者がカード会員本人であることを確認するには十分でなく、不正利用を完全に防ぐことはできないため、カードを無断で貸与したという帰責性ある会員の側にかかる不正利用の場合の危険を負担させた条項と解される。そして、実際にカード利用の際に、カードの署名と伝票等の署名を比較するのみでは、完全にカードの利用者がカード会員本人であることを確認するのは困難であることに鑑みれば、右条項は合理性を有すると認められる。」

「以上によると、Yは、本件規約2条4項に基づき、本件無断利用分について、支払義務があると認められるが、右各売上票には、一見明白にY以外の署名と認められる署名がなされていて、加盟店としては、署名の同一性を比較することにより、Yカードの利用者が、カード会員本人でないことを容易に知ることができ、Yカードの利用を拒絶できて、カードの不正利用を防ぐことが可能であったと認められる。そうすると、加盟店がかかる義務を怠った結果、発生した本件無断利用分のうち2分の1については、XがYに対し、規約2条4項に基づき支払を請求することは、**権利の濫用として許されない**というべきである。」

本判決の位置づけ・射程範囲

本判決では、加盟店による署名の同一性の比較が不十分であったためにカードの不正使用が行われた場合、クレジットカード会社は会員に利用代金全額を請求できるかが問題となった。

利用代金全額の請求が否定された例として、札幌地判平成7・8・30 関連判例 がある。この具体例では、夫が妻のカードを無断で使用した。カード規約には、会員の家族・同居人による不正利用に起因する損害は、会員が全額負担するとの規定があった。この規定により、夫の無断使用代金全ての支払義務を妻が負うはずであった。しかし、加盟店による本人確認義務が不十分であったために、カードの不正利用を防ぐことができなかったときは、クレジットカード会社への妻の責任は、過失相殺により、5割とすべきであるとこの判決は判断した。

さらに理解を深める　金田洋一・平成13年度主判解18頁　関連判例 札幌地判平成7・8・30判タ902号119頁

第1章 契約（取引）関係　6　預金取引　　　　　　　　　白石　大

54　現金自動入出機による預金の払戻しと民法478条

最高裁平成15年4月8日第三小法廷判決
　事件名等：平成14年（受）第415号預託金返還請求事件
　掲載誌：民集57巻4号337頁、判時1822号57頁、判タ1121号96頁、金法1681号24頁、金判1170号2頁

概要　本判決は、無権限者による現金自動入出機（ATM）を用いた預金払戻しにも民法478条の適用があるとしつつ、同条により金融機関が免責されるためには、機械払システムの設置管理の全体について、可能な限度で無権限者による払戻しを排除しうるよう注意義務を尽くしていたことを要するとしたものである。

事実関係　Xは、Y銀行で貯蓄預金口座を開設する際、暗証番号を所有車両の自動車登録番号と同じ数字として届け出た。YのATMは、通帳を挿入し暗証番号を入力することによって預金の払戻しができるようになっていたが（通帳機械払）、この方法に関する規定はYの貯蓄預金規定・カード規定のいずれにもなく、これについての免責規定もなかった。また、Xは通帳機械払の方法により払戻しを受けられることを知らなかった。

Xは、駐車中の車内に入れていた通帳を車両ごと盗まれたが、すぐには通帳の紛失に気づかず、翌朝になってYに通帳喪失の届出をした。しかし、すでにその前に何者かが、YのATMで複数回にわたって通帳機械払の方法により払戻手続を行い、合計801万円を引き出していた。

Xは、上記払戻しにかかる預金の返還をYに求めたが、第一審・第二審とも、Yがした払戻しは民法478条により弁済の効力を有するとして、Xの請求を棄却した。Xより上告受理申立て。

判決要旨　破棄自判。「無権限者のした機械払の方法による預金の払戻しについても、民法478条の適用があるものと解すべきであり、これが非対面のものであることをもって同条の適用を否定すべきではない。」「債権の準占有者に対する機械払の方法による預金の払戻しにつき銀行が無過失であるというためには、払戻しの際に機械が正しく作動したことだけでなく、銀行において、預金者による暗証番号等の管理に遺漏がないようにさせるため当該機械払の方法により預金の払戻しが受けられる旨を預金者に明示すること等を含め、機械払システムの設置管理の全体について、可能な限度で無権限者による払戻しを排除し得るよう注意義務を尽くしていたことを要するというべきである。」「無権限者による払戻しを排除するためには、預金者に対し暗証番号、通帳等が機械払に用い

られるものであることを認識させ、その管理を十分に行わせる必要があることにかんがみると、通帳機械払のシステムを採用する銀行がシステムの設置管理について注意義務を尽くしたというためには、通帳機械払の方法により払戻しが受けられる旨を預金規定等に規定して預金者に明示することを要するというべきであるから、Yは、通帳機械払のシステムについて無権限者による払戻しを排除し得るよう注意義務を尽くしていたということはできず、本件払戻しについて過失があったというべきである。」

本判決の位置づけ・射程範囲

　無権限者に対してATMなど機械払の方法で払戻しを行った場合に金融機関が免責されるかについて、契約上の免責規定を根拠にこれを肯定した判例はあったが（最判平成5・7・19 関連判例）、本判決の事案では免責規定がなかったため、民法478条の適用の有無が正面から問われた。本判決は、機械払の方法による預金の払戻しにも同条が適用されることを最高裁がはじめて認めたものであり、カードによる機械払にもその射程は及ぶと考えられる。

　もっとも、民法478条によって金融機関が免責されるためには無過失が要求されるところ、金融機関職員の行為を介することなく自動的に処理が行われる機械払の場合には、過失の有無をどのように判断すべきかが問題となる。この点につき本判決は、弁済受領者の権限の判定が金融機関の組み立てたシステムにより機械的・形式的に行われるという機械払の特質に着目し、このシステム全体が無権限者による払戻しを極力排除しうるよう安全に構築・運営されているかどうかを過失判断の基準とする。そしてこの事案では、通帳機械払が可能であることを預金者に明示していなかった点にYの注意義務違反があったとされている。

　なお、この事案では、暗証番号を所有車両の自動車登録番号と同じ数字としたこと、その車両内に通帳を入れたまま駐車していたことなどにつき、Xの側にも帰責事由が認められる。学説においては、このような場合には過失相殺規定の類推適用などによって損害の公平な分担を図るべきとするものがみられるが、本判決は、この程度のXの帰責事由をもってYに過失があるとの判断を覆すには足りないとして、全額につきXの請求を認容している。

　本判決の後、平成18年に預貯金者保護法が施行された。盗難カード・通帳を用いて機械払により預金の払戻しがされた場合には、民法478条の適用は排除されないものの、一定の要件を満たせば、預金者が無過失の場合には全額、軽過失がある場合にも4分の3の補てんを金融機関から受けられる。

さらに理解を深める

民法百選Ⅱ7版39事件〔河上正二〕　最判解民事篇平成15年度(上)223頁〔松並重雄〕、中舎寛樹・民商129巻6号835頁、内田Ⅲ53頁、潮見佳男『プラクティス民法 債権総論〔第4版〕』（信山社、2012）339頁、中田裕康『債権総論〔第3版〕』（岩波書店、2013）339頁　関連判例 最判平成5・7・19判時1489号111頁

第1章　契約（取引）関係　6　預金取引　　　　　　　　　　川地宏行

55 インターネットバンキングを利用した無権限者による振込送金

東京高裁平成18年7月13日判決
　　事件名等：平成18年（ネ）第1641号損害賠償請求控訴事件
　　掲　載　誌：金法1785号45頁

概　要　本判決は、無権限者が他人のパスワードと暗証番号を不正使用してインターネットバンキングにより振込を依頼した場合に、銀行が約款上の免責条項により責任を免れるためには銀行が無過失であることを要し、銀行の注意義務は可能な限度で無権限者による振込を排除しうるようにシステム全体を構築し管理することであるとしたものである。

事実関係　XはY銀行に口座を開設してインターネットバンキング・サービスを利用していた。本件サービスにより振込を行うには、①お客様番号、②ログインパスワード、③暗証番号の入力が必要とされていたが、何者かが①②③のすべてを正確に入力したうえで2回にわたり計800万円の振込依頼を行い、Yが依頼に応じて振込を実行したことから、Xの口座から当該金額が引き落とされた。本件サービスの約款には、暗証番号などの一致により本人確認を行った場合には暗証番号等の偽造、変造、盗難その他の事故による損害についてYは一切責任を負わない旨が定められていた（本件免責条項）。XがYに対して損害賠償請求をしたところ、Yは本件免責条項による免責を主張した。第一審は請求棄却。Xが控訴。

判決要旨　控訴棄却。本件免責条項はYが「振込請求者が振込を請求する権限を有する者と信じたことにつき過失がある場合にまで免責を認める趣旨のものではなく、インターネットバンキング・システムを利用した振込に際して必要とされる銀行の注意義務は、預金者保護の見地から、社会通念上一般に期待されるところに相応するものでなければならない」。しかし、「振込に際して、正しいお客さま番号、ログインパスワード及び暗証番号等が入力されていた場合には、銀行によるお客さま番号、ログインパスワード及び暗証番号等の管理が不十分であったなど特段の事情がない限り」、Yは本件免責条項により免責される。Yは「お客様番号、ログインパスワード及び暗証番号等を暗号化したうえ、……さらに、暗証番号等の入力を一定回数以上間違えると、それ以上手続を行えなくなる措置や、振込手続が行われた際は、速やかに、届出先のアドレスに電子メー

ルで通知するという措置を講じていただけではなく、本件システムを常時監視していたのである。そして、インターネットバンキング・サービスにおいては、当該振込の請求をする者の権限の有無の判定は、銀行側が構築するシステムにより、機械的、形式的にされるものであることに照らすと、Yは、本件サービスを提供するについて、本件システムを、全体として、可能な限度で無権限者による振込を排除し得るよう構築し管理していたということができる。……したがって、本件システムを構築及び運営するにつき、Yに注意義務違反があったとは認められない」。

本判決の位置づけ・射程範囲

無権限者が他人のキャッシュカードと暗証番号を不正使用して機械払により預金の払戻しを受けた事案において、関連判例①は「銀行が預金者に交付していた真正なキャッシュカードが使用され、正しい暗証番号が入力されていた場合には、銀行による暗証番号の管理が不十分であったなど特段の事情がない限り」、銀行は約款上の免責条項により免責されるとした。続いて、無権限者が他人の通帳と暗証番号を不正使用して機械払により預金の払戻しを受けた事案において、関連判例②の 本書54事件 は、民法478条が預金の機械払事案にも適用されるとしたうえで、「機械払において……無権限者に払戻しがされたことについて銀行が無過失であるというためには、払戻しの時点において通帳等と暗証番号の確認が機械的に正しく行われたというだけでなく、機械払システムの利用者の過誤を減らし、預金者に暗証番号等の重要性を認識させることを含め、同システムが全体として、可能な限度で無権限者による払戻しを排除し得るように組み立てられ、運営されるものであることを要する」とし、通帳を用いてATMから預金の払戻しができることを銀行が預金者に告知していなかったことを理由に銀行の注意義務違反を認定し、民法478条による銀行の免責を否定した。本判決は 関連判例 ①と②の判旨を組み合わせて、インターネットバンキングの不正送金事案に応用したものといえる。

なお、平成17年に制定された預貯金者保護法には、民法478条の例外として、個人預金者のカードや預金通帳が盗まれて不正使用され機械払により預金が払い戻された事案において、銀行が無過失であっても、預金者も無過失の場合は銀行が損失の全額を、また、預金者が軽過失の場合は損失の75%を銀行が負担すると定められている（5条）。インターネットバンキングは同法の適用対象外であるが、全国銀行協会が平成20年2月に公表した「預金等の不正な払戻しへの対応について」の申合せにより、各銀行はインターネットバンキング上の不正送金において銀行が無過失であっても預金者に補償をすることとされた。それゆえ、本判決は、現在では先例的意義を有しない。

さらに理解を深める

石原全・リマークス2007（下）46頁、中舎寛樹・金法1812号11頁
関連判例 ①最判平成5・7・19判時1489号111頁、②最判平成15・4・8 本書54事件

第 1 章 契約（取引）関係　7　貸金取引　　　　　　　　　　　　前田太朗

56　ヤミ金融業者の不法行為と損益相殺

最高裁平成20年 6 月10日第三小法廷判決
　事件名等：平成19年（受）第569号損害賠償請求事件
　掲載誌：民集62巻 6 号1488頁、判時2011号 3 頁、判タ1273号130頁、金法1843号44頁、金判1298号22頁

概要　本判決は、ヤミ金融の貸付行為により被害者に交付された金員と被害者の損害賠償金との間の損益相殺を民法708条の趣旨を考慮して否定したものである。

事実関係　Yは、ヤミ金融を組織し年利数百％から数千％という著しい高率の利息でXらに金銭を貸し付けていた。Xらは、貸付による金員の交付は元利金等の弁済により違法に金員を交付させるための手段であり、Xらは貸付に対する弁済により財産的損害を被ったとしてYに対して使用者責任に基づく損害賠償を求めた。第一審・第二審は、Xらの請求を一部認容する一方で、Xらは貸付金の限度で利益を得たとして損益相殺を認めた。Xらが上告受理申立てを行った。

判決要旨　破棄差戻し。「民法708条は、不法原因給付、すなわち、社会の倫理、道徳に反する醜悪な行為（以下『反倫理的行為』という。）に係る給付については不当利得返還請求を許さない旨を定め、これによって、反倫理的行為については、同条ただし書に定める場合を除き、法律上保護されないことを明らかにしたものと解すべきである。したがって、反倫理的行為に該当する不法行為の被害者が、これによって損害を被るとともに、当該反倫理的行為に係る給付を受けて利益を得た場合には、同利益については、加害者からの不当利得返還請求が許されないだけでなく、被害者からの不法行為に基づく損害賠償請求において損益相殺ないし損益相殺的な調整の対象として被害者の損害額から控除することも、上記のような民法708条の趣旨に反するものとして許されないものというべきである。」本件においては「著しく高利の貸付けという形をとってXらから元利金等の名目で違法に金員を取得し、多大の利益を得るという反倫理的行為に該当する不法行為の手段として、本件各店舗からXらに対して貸付けとしての金員が交付されたというのであるから、上記の金員の交付によってXらが得た利益は、不法原因給付によって生じたものというべきであり、同利益を損益相殺ないし損益相殺的な調整の対象としてXらの損害額から控除することは許されない。」（本判決には田原睦夫裁判官の意見がある）

本判決の位置づけ・射程範囲　本判決は、著しい高率による利息を伴う貸付行為を反倫理的行為として不法行

為と認め（札幌高判平成17・2・23判時1916号39頁が同旨の判断を示していた）、かつ貸付行為により交付された金員について、損益相殺による控除を民法708条の趣旨を援用して否定した。以下後者に着目する。

損益相殺とは、判例（最大判平成5・3・24民集47巻4号3039頁）によれば、被害者の得た利益と損害との同質性・相互補完性を考慮する。

ではなぜ、本判決は、損益相殺において、同質性・相互補完性ではなく、民法708条の趣旨を考慮したのか。一方で、同質性・相互補完性は、労災保険等の並行給付における控除判断に妥当し、かつ損害の公平な分担に基づくものであるから、反倫理的行為に該当する不法行為による給付の場合とそもそも異なり、また、仮に同質性・相互補完性の判断により利益控除の否定は可能であっても、損害の公平な分担の観点からは給付受領者（借主）の利益保持を積極的には正当化できない。他方で、民法708条の趣旨は、給付者の制裁として給付者の返還請求を遮断でき（返還拒絶の正当化）、かつこの結果として、給付受領者がその利益を保持することも認められ（保持の正当化）、こうした趣旨は反倫理的行為に該当する不法行為による給付が問題となる本件では、同質性・相互補完性の判断よりも直接的に適合すると考えられる（前田・後掲も参照。また藤原・後掲重判のヤミ金に対する政策的観点の指摘も参照）。このように本判決が民法708条の趣旨を損益相殺に取り入れたことの意義を説明できよう。

下級審では、不法原因給付にあたりうる給付を損益相殺で控除するものもあった（名古屋地判平成6・5・27判タ878号235頁、東京地判平成10・11・4金判1062号42頁）が、これでは、責任成立において、貸付行為を不法行為及び反倫理的行為、公序良俗違反と評価したにもかかわらず、効果段階において、貸付金員を損益相殺の対象として控除を認めることで、結局、貸付金相当額の返還を認めることを意味するため、責任成立の段階と効果の段階との間での評価矛盾を生む。また実際の問題としてヤミ金業者は借主により返済があれば、損益相殺の対象となるため返還を免れることから、元本の回収を行うことにつながろう（原田・後掲参照）。

損益相殺において民法708条の趣旨を考慮する本判決の判断構造により、不法行為法による解決と不当利得法による解決の調整がなされ、「反倫理行為に該当する不法行為」が問題となる場合において不法行為法でも事態適合的な解決を行うことが可能となり、上記理論的矛盾及び実際の問題の解決を可能とした。本判決の採用した判断構造は、ヤミ金融による法外な利息の貸付事例（福岡高判平成27・3・26消費者法ニュース104号353頁）以外でも、投資詐欺においてもあてはまろう（最判平成20・6・24 関連判例、東京地判平成27・3・26消費者法ニュース105号272頁）。さらに、本判決が示した判断構造は、本件のような許されざる取引に適合的であるとともに、これ以外にどのような場合に適用されるかは、事案の集積を待たなければならないであろう。

さらに理解を深める　百選46事件〔金山直樹〕　平成20年度重判民法7事件〔藤原正則〕　原田昌和・法セミ645号128頁、藤原正則・法教338号8頁、前田陽一・判タ1298号69頁、最判解民事篇平成20年度326頁〔髙橋譲〕　関連判例 最判平成20・6・24判時2014号68頁

第1章 契約（取引）関係　7　貸金取引　　　　　　　　　　　鎌野邦樹

57 制限超過利息過払金の充当と過払金返還請求権の消滅時効

最高裁平成21年1月22日第一小法廷判決
　事件名等：平成20年（受）第468号不当利得返還等請求事件
　掲載誌：民集63巻1号247頁、判時2033号12頁、判タ1289号77頁、金法1862号28頁、金判1314号36頁

概要　本判決は、継続的な金銭の借入れと返済とを約する基本契約に基づく貸金取引において過払金をその後に発生する新たな借入金に充当する旨の合意がある場合に、過払金返還請求権の消滅時効は当該基本契約に基づく取引が終了した時点から進行するとしたものである。

事実関係　Xは、貸金業者Yから、基本契約に基づき、昭和57年8月に10万円を借り受け、以後平成17年3月まで継続的に借入れと返済とを繰り返した（ただし平成10年9月以降は返済のみ）。X・Y間の取引回数は合計207回に及び、借入総額は276万円余、弁済総額は513万円余であった。

　このような事情の下で、Xは、Yに対し、弁済金のうち利息制限法1条1項所定の利息の制限額を超えて利息として支払った部分をそのつど元本に充当すると、258万円余の過払金が発生しているとして、不当利得返還請求権に基づき、最終取引日平成17年3月2日現在での前記過払金の返還等を求めた。これに対して、Yは、毎月の返済にともなう過払金の発生時から10年が経過した部分については消滅時効が完成しているとして時効を援用した。第一審及び第二審はXの請求を認容。Y上告受理申立て。

判決要旨　上告棄却。最高裁は、本件基本契約は、過払金が発生した場合には弁済当時、他の借入金債務が存在しなければ当該過払金をその後に発生する新たな借入金に充当する旨の合意（以下「過払金充当合意」という）を含むものであったとした上で、次のように判示した。「このような過払金充当合意においては、新たな借入金債務の発生が見込まれる限り、過払金を同債務に充当することとし、借主が過払金に係る不当利得返還請求権（以下『過払金返還請求権』という。）を行使することは通常想定されていないものというべきである。したがって、一般に、過払金充当合意には、借主は基本契約に基づく新たな借入金債務の発生が見込まれなくなった時点、すなわち、基本契約に基づく継続的な金銭消費貸借取引が終了した時点で過払金が存在していればその返還請求権を行使することとし、それまでは過払金が発生してもその都度その返還を請求すること

はせず、これをそのままその後に発生する新たな借入金債務への充当の用に供するという趣旨が含まれているものと解するのが相当である。そうすると、過払金充当合意を含む基本契約に基づく継続的な金銭消費貸借取引においては、同取引継続中は過払金充当合意が法律上の障害となるというべきであり、過払金返還請求権の行使を妨げるものと解するのが相当である。」「したがって、過払金充当合意を含む基本契約に基づく継続的な金銭消費貸借取引においては、同取引により発生した過払金返還請求権の消滅時効は、過払金返還請求権の行使について上記内容と異なる合意が存在するなど特段の事情がない限り、同取引が終了した時点から進行するものと解するのが相当である。」

本判決の位置づけ・射程範囲

継続的に金銭の借入れと返済とを繰り返す貸金取引において、これまで最高裁は、弁済期ごとに元本と共に利息制限法所定の制限利率を超える約定利息の弁済をしたことにより発生する過払金について、それを別口の元本債務に充当する旨の合意がある場合、または、当該取引と一体または連続すると解される別口の貸金取引がある場合に、別口の元本に充当されるとしてきた(「充当意思・一連取引説」。最判平成15・7・18 本書59事件、最判平成20・1・18 本書61事件)。このような充当関係を前提した場合に、過払金返還請求権の消滅時効は、個々の過払金発生時から進行するのか(「過払金発生時説」)、それとも取引終了時から進行するのか(「取引終了時説」)が問題となる。これまで下級審判決は分かれていたが、本最高裁判決は、取引終了時説を採った。本判決は、自動継続定期預金に関する判決(最判平成19・4・24 関連判例)を引用して、預金者が満期日ごとに取引を終了して預金払戻請求権を行使することができ

るのと同様に、金銭借主はいつでも取引を終了して過払金返還請求をすることができるものの、定期預金自動継続特約がある場合と同様に、過払金充当合意がある場合(またはそれが擬制される場合)には、継続的取引が予定されており、過払金発生時説を採ると、時効成立までに取引を終了することを強制して継続的取引を終了することを求めるに等しく、このことは、当該法律関係の趣旨・目的に反するものであるとした。

最高裁判所調査官の解説によると(中村・後掲)、判例の採る「充当意思・一連取引説」では、過払金充当合意が存在せず、また、充当関係にある一連の貸金取引でない場合には、過払金発生時から時効が進行するとする。これに対し、学説では、同一当事者間で継続した貸金取引が繰り返されている限り、上記合意や取引の一連性とは無関係に、利息制限法の法意から当該取引全体を通じて当然に充当関係にあり(「法意・当然充当説」)、過払金返還請求権の消滅時効は、全ての取引の終了時から進行すると説くものが有力である(鎌野・後掲等)。

さらに理解を深める

平成21年度重判民法3事件〔金山直樹〕 最判解民事篇平成21年度〔上〕73頁〔中村心〕、その他、本件評釈等として、鎌野邦樹・金法1876号63頁 関連判例 最判平成19・4・24民集61巻3号1073頁

第1章 契約（取引）関係　7　貸金取引　　　　　　　　　　　　　丸山愛博

58　貸金債権の一括譲渡と過払金返還債務の承継

最高裁平成23年3月22日第三小法廷判決
事件名等：平成22年（受）第1238号・同（オ）第1187号過払金返還等請求、民訴法260条2項の申立て事件
掲載誌：判時2118号34頁、判タ1350号172頁、金法1927号136頁、金判1374号14頁

概要　本判決は、貸金業者が貸金債権を一括して譲渡した場合に、譲受業者が過払金返還債務を承継するか否かは、当事者の合意内容によるとしたものである。

事実関係　Xは、貸金業者Aとの間で、金銭消費貸借に係る基本契約を締結し、借入と弁済を繰り返した。Aは、貸金業者Yと、平成14年2月28日午後1時を契約の実行（クロージング）の日時として、Aの消費者ローン事業に係る貸金債権等の資産を一括して譲り受ける旨の契約を締結した。本件譲渡契約には、第1.3条に、Yは、譲渡対象資産に含まれる契約に基づき生ずる義務のすべて（クロージング日以降に発生し、かつ、クロージング日以降に開始する期間に関するものに限る）を承継する旨が、第1.4条(a)に、Yは、第9.6条(b)に反しないで、譲渡対象資産に含まれる貸金債権の発生原因たる金銭消費貸借契約上のAの義務又は債務（支払利息の返還請求権を含む）を承継しない旨が、第9.6条(b)に、「買主は、超過利息の支払の返還請求のうち、クロージング日以後初めて書面により買主に対して、または買主および売主に対して主張されたものについては、自らの単独の絶対的な裁量により、自ら費用および経費を負担して、これを防禦、解決または履行する。買主は、かかる請求に関して売主からの補償または負担を請求しない。」と、それぞれ定められていた。XはAのXに対する過払金返還債務はYに承継されるとして、Yに対してその返還を求めた。第一審及び原審は、上記第9.6条(b)を根拠にXの請求を認容した。Yが上告受理申立て。

判決要旨　一部破棄差戻し、一部却下。「本件譲渡契約は、第1.3条及び第1.4条(a)において、Yは本件債務を承継しない旨を明確に定めるのであって、これらの条項と対照すれば、本件譲渡契約の第9.6条(b)が、Yにおいて第三者弁済をする場合における求償関係を定めるものであることは明らかであり、これが置かれていることをもって、Yが本件債務を重畳的に引き受け、これを承継したと解することはできない。」「そして、貸金業者（以下『譲渡業者』という。）が貸金債権を一括して他の貸金業者（以下『譲受業者』という。）に譲渡する旨の

合意をした場合において、譲渡業者の有する資産のうち何が譲渡の対象であるかは、上記合意の内容いかんによるというべきであり、それが営業譲渡の性質を有するときであっても、借主と譲渡業者との間の金銭消費貸借取引に係る契約上の地位が譲受業者に当然に移転すると解することはできないところ、上記のとおり、本件譲渡契約は、Yが本件債務を承継しない旨を明確に定めるのであって、これが、XとAとの間の金銭消費貸借取引に係る契約上の地位の移転を内容とするものと解する余地もない。」なお、Yは不服申立ての範囲を原審におけるものよりも拡張したために、この部分は却下されている。

本判決の位置づけ・射程範囲

本判決は、貸金業者が貸金債権を一括して他の貸金業者に譲渡した場合に、譲受業者が過払金返還債務を承継するか否かは、それが営業（現行会社法では事業）譲渡の性質を有するときであっても、当事者の合意内容によることを明らかにしたものである。貸金業者は、事業拡大や事業の立て直しのために債権譲渡や営業譲渡を活用してきたが、譲渡業者には資力が残っていないこともあるので、譲受業者に過払金返還債務が承継されないとすると借主の保護に欠けることになる。この点につき、下級審の判断は分かれており、貸金債権と過払金返還債務の表裏一体性を強調して、当該営業譲渡には契約上の地位の移転が含まれるとして債務の承継を認めるものもあった（大阪高判平成18・8・29消費者法ニュース69号92頁）。しかし、本判決は、過払金返還債務が引き継がれるか否かはあくまでも当事者の合意内容によって判断するとし、その後、譲受業者が本件と同一の事案において同旨の判断を繰り返している（最判平成23・7・7 関連判例 、最判平成23・7・8 関連判例 ）。なお、営業譲渡について、最判昭和44・12・11 関連判例 は「特段の契約上の定めがないかぎり、営業に属する一切の財産は、譲受人に移転すべきものと推定すべきである」としており、これとの関係では本判決は推定が及ばない場合を明らかにしたことになる。また、子会社再編を目的として貸金債権を移行するために過払金返還債務を併存的に引き受ける旨が含まれる業務提携契約が親会社と子会社との間で締結された事案において、最高裁は、当該業務提携契約ではなく、親会社と借主との間で締結された切替契約を根拠に、過払金返還債務の親会社への承継を認める一方で（最判平成23・9・30 関連判例 ）、本判決を引用しつつ、当該業務提携契約を根拠とするものの借主による受益の意思表示がないことを理由に過払金返還債務の承継を否定しており（最判平成24・6・29 関連判例 ）当事者の合意内容を基準に判断する姿勢を維持している。

さらに理解を深める

中田裕康・金法1929号63頁、遠藤研一郎・新・判例解説Watch10号61頁、野澤正充・リマークス2012(下)21頁、今尾真・判評642号8頁（判時2151号154頁） 関連判例 最判昭和44・12・11判時581号71頁、最判平成23・7・7判時2137号43頁、最判平成23・7・8判時2137号46頁、最判平成23・9・30判時2131号57頁、最判平成24・6・29判時2160号20頁

第1章　契約（取引）関係　7　貸金取引　　　　　　　　　　丸山愛博

59　過払金発生時に存在する別口債務への過払金充当

最高裁平成15年7月18日第二小法廷判決
　事件名等：平成13年（受）第1032号・1033号不当利得請求事件
　掲載誌：民集57巻7号895頁、判時1834号3頁、判タ1133号89頁、金法
　　　　　　1691号38頁、金判1188号22頁

概要　本判決は、当事者間に基本契約があり、過払金発生時に他の借入金債務が存在するときは、借主の充当指定を根拠に過払金を充当できるとしたものである。

事実関係　A社は、商工ローン業者Yと継続的貸付契約を締結し、利息制限法（以下「法」という）所定の制限利率を超える利率で手形貸付の方法で借入と弁済を繰り返した。Aの債務につき、Xらが連帯保証をするとともに、Yの100％子会社であるBも保証をした。Bの保証料及び事務手数料は、YからAへの貸付の際に天引されていた。BはYの貸付に限って保証しており、Yの貸付はBの保証が条件とされ、Bは保証の可否決定業務をも事実上Yに委託しており、Bの債権回収業務もYが相当程度代行していた。Xらは連帯保証債務を履行した。Xらは、①保証料等は法3条のみなし利息に該当する、②過払金はその発生時に存在する他の借入金債務に充当される、③Yは充当されるべき元本に対する約定の期限までの利息を取得することができないとして、Yに過払金の返還を求めた。第一審・原審ともに③を除きXの請求を認容した。双方より上告受理申立て。

判決要旨　一部上告棄却、一部破棄差戻し。「Yは、法を潜脱し、100％子会社であるBに保証料等を取得させ、最終的には同社から受ける株式への配当等を通じて保証料等を自らに還流させる目的で、借主をしてBに対する保証委託をさせていたということができるから、Bの受ける保証料等は、法3条所定のみなし利息に当たるというべきである。」「同一の貸主と借主との間で基本契約に基づき継続的に貸付けとその返済が繰り返される金銭消費貸借取引においては、借主は、借入れ総額の減少を望み、複数の権利関係が発生するような事態が生じることは望まないのが通常と考えられることから、弁済金のうち制限超過部分を元本に充当した結果当該借入金債務が完済され、これに対する弁済の指定が無意味となる場合には、特段の事情のない限り、弁済当時存在する他の借入金債務に対する弁済を指定したものと推認することができる。また、法1条1項及び

２条の規定は、金銭消費貸借上の貸主には、借主が実際に利用することが可能な貸付額とその利用期間とを基礎とする法所定の制限内の利息の取得のみを認め、上記各規定が適用される限りにおいては、民法136条２項ただし書の規定の適用を排除する趣旨と解すべきであるから、……充当されるべき元本に対する期限までの利息の発生を認めることはできないというべきである。」「したがって、同一の貸主と借主との間で基本契約に基づき継続的に貸付けが繰り返される金銭消費貸借取引において、……過払金が存する場合、この過払金は、当事者間に充当に関する特約が存在するなど特段の事情のない限り、民法489条及び491条の規定に従って、弁済当時存在する他の借入金債務に充当され、当該他の借入金債務の利率が法所定の制限を超える場合には、貸主は充当されるべき元本に対する約定の期限までの利息を取得することができないと解するのが相当である。」

本判決の位置づけ・射程範囲

本判決は、次の三つの重要な判断をした。すなわち、①債権者とは別の法人が受ける保証料であってもその実質から法３条のみなし利息に当たる場合がある、②当事者間に基本契約が締結されていて過払金発生時に充当すべき債務が存する場合には、借主の充当指定を根拠に過払金の充当が原則として認められる、③このときには、借主が実際に利用可能な貸付額を基準とすべきとする法１条１項及び２条の趣旨から貸金業者は約定の期限までの利息を取得することはできない、である。本判決のすぐ後に、他の小法廷も同旨の判断をしており（最判平成15・９・11判時1841号95頁、最判平成15・９・16判時1841号100頁）、その後の下級審に大きな影響を与えた。とりわけ、本判決の②の判示は、別口の借入金債務への過払金の充当を認めた初めての最高裁判決であり、

「意思」を根拠に過払金充当の可否を判断するその後の最高裁の考え方の原点をなすものである。そこで、以下ではこの部分について取り上げる。本件では当事者間に基本契約があったが、基本契約がなくても、借主が「借入総額の減少を望み、複数の権利関係が発生するような事態が生じることは望まない」状況は起こりえ、このような場合にも本判決が妥当する（最判平成19・７・19 関連判例）。問題は、過払金発生時に別口の借入金債務が発生しておらずその後に発生した場合に、本判決が妥当するかである。この点につき、最判平成19・２・13 関連判例は、将来債務への充当指定は通常ありえないとして本判決が妥当しないことを明らかにしている。もっとも、最高裁は、将来債務への充当については当事者の充当合意の存否を問題としており（最判平成19・６・７民集61巻４号1537頁）、「意思」を根拠とする姿勢はその後も貫かれている。

さらに理解を深める 平成15年度重判民法６事件〔小野秀誠〕　最判解民事篇平成15年度（下）448頁〔中村也寸志〕、吉田克己・法教282号42頁、松本恒雄・判例セレクト2003（法教282号別冊）16頁、片山健・平成15年度主判解60頁
関連判例 最判平成19・２・13民集61巻１号182頁、最判平成19・７・19民集61巻５号2175頁

第1章 契約（取引）関係　7　貸金取引　　　　　　　　　　　吉田克己

60 期限の利益喪失特約と利息の支払いの任意性

最高裁平成18年1月13日第二小法廷判決
　事件名等：平成16年（受）第1518号貸金請求事件
　掲載誌：民集60巻1号1頁、判時1926号17頁、判タ1205号99頁、金法1778
　　　　　号101頁、金判1243号20頁

概要　本判決は、期限の利益喪失特約がある場合について、利息支払いの任意性を否定し、貸金業法43条のみなし弁済規定（現在では廃止）の適用を否定したものである。

事実関係　1　登録貸金業者であるXは、平成12年7月6日、Yに対して300万円を利息年29％、遅延損害金年29.2％という利息制限法所定の制限利息を超える利率で貸し付けた。弁済方法については、平成12年8月から平成17年7月まで毎月20日限り、元金5万円および経過利息を原告の本・支店に持参または送金して支払うものとされた。また、この貸付けには、「Yは、元金又は利息の支払を遅滞したときには、当然に期限の利益を失い、Xに対して直ちに元利金を一時に支払う」旨の「期限の利益喪失特約」が付されていた。

2　本件は、Xが、Yおよびその債務の連帯保証人に対して、貸付残額189万4369円およびこれに対する平成14年6月24日から支払済みまで年21.9％の割合による遅延損害金を連帯して支払うよう求める訴訟である。Xは、上記の貸付残額計算の前提となる既払金の充当について、貸金業法43条所定のみなし弁済の規定が適用されると主張した。これに対して、Yらは、本件期限の利益喪失特約の下では、利息の支払いは「任意」になされたものとはいえないとして、みなし弁済規定の適用を否定した。

3　第一審および原審は、利息支払いの任意性を肯定し、Xの請求を認容した。これに対して、Yらが上告受理を申し立てた。

判決要旨　破棄差戻し。「債務者が、事実上にせよ強制を受けて利息の制限額を超える額の金銭の支払をした場合には、制限超過部分を自己の自由な意思によって支払ったものということはできず、法43条1項の規定の適用要件を欠くというべきである。」本件期限の利益喪失特約は、制限超過部分について無効であって、「上告人Yは、支払期日に約定の元本及び利息の制限額を支払いさえすれば、制限超過部分の支払を怠ったとしても、期限の利益を喪失することはなく、支払期日に約定の元本又は利息の制限額の支払を怠った場合に限り、期限の利益を喪失するものと解するのが相当である。」「本件期限の利益喪失特約

は、法律上は、上記のように一部無効であって、制限超過部分の支払を怠ったとしても期限の利益を喪失することはないけれども、この特約の存在は、通常、債務者に対し、支払期日に約定の元本と共に制限超過部分を含む約定利息を支払わない限り、期限の利益を喪失し、残元本全額を直ちに一括して支払い、これに対する遅延損害金を支払うべき義務を負うことになるとの誤解を与え、その結果、このような不利益を回避するために、制限超過部分を支払うことを債務者に事実上強制することになるものというべきである。」

本判決の位置づけ・射程範囲

期限の利益喪失特約が付されている場合における利息支払いの任意性という問題を考える場合には、まず、同特約の効力が問題となる。本判決前の下級審裁判例には、単純有効説を採用するものもあった。しかし、学説においては無効説が有力であり、制限超過部分の利息支払いを怠る場合に期限の利益を喪失するという部分は無効になると説く一部無効説と、全部無効の余地があると説く全部無効説とがあった。本判決は、このような展開の中で、単純有効説を明確に否定しつつ、一部無効説を採用した。もっとも、事案によって全部無効説を採用する余地まで否定されているわけではない。

それでは、このような一部無効の期限の利益喪失特約が付されている場合の利息支払いの任意性をどのように考えるべきか。この論点について従来まず問題とされてきたのは、任意性ありと評価するために、超過部分に関する契約が無効であることを債務者が知って支払ったことを要求するか否かであった。下級審裁判例および学説は、認識必要説と不要説とに分かれていたが、最高裁は、この論点について、明確に認識不要説を採用した（最判平成2・1・22民集44巻1号332頁）。

この認識不要説の下で、利息支払いの任意性をどう考えるべきか。下級審裁判例のほとんどは、任意性を肯定していた。このような中で、利息天引きの場合のみなし弁済規定の適用が問題になった事案に関する最判平成16・2・20民集58巻2号475頁における滝井繁男裁判官の補足意見は、任意性否定の方向を説いた。その影響もあってか、その後は、任意性を否定する下級審裁判例が現れてくる。このような流れの下で、本判決は、明確に、任意性否定説を採用した。その結果、制限超過部分の利息支払いについての「みなし弁済」性が否定され、その返還の可能性が開かれることになる。

本判決も含めた一連の最高裁判決を受けて、貸金業法の改正が行われ（平成18年12月20日）、みなし弁済の規定も廃止されることになった（平成22年6月18日施行）。しかし、本判決による任意性判断の枠組みは、他の論点（たとえば貸金業者による民法705条の援用の可否の判断）において生きる可能性があり、本判決の意義がなくなるわけではない。

さらに理解を深める 　民法百選Ⅱ 7 版57事件〔小野秀誠〕　最判解民事篇平成18年度（上）1 頁〔三木素子〕、平成18年度重判民法 8 事件〔小野秀誠〕、川地宏行・法教311号122頁、吉田克己・金判1336号58頁

第1章 契約（取引）関係　7　貸金取引　　　　　　　　　　　丸山愛博

61　異なる基本契約に基づく貸付間での過払金の充当

最高裁平成20年1月18日第二小法廷判決
　事件名等：平成18年（受）第2268号不当利得返還請求等事件
　掲　載　誌：民集62巻1号28頁、判時1998号37頁、判タ1264号115頁、金判1290号46頁

概要　　本判決は、先行する基本契約に基づく金銭消費貸借取引において生じた過払金は、その後に締結された基本契約に係る借入金債務に原則として充当されないが、充当合意があれば充当されるとしたものである。

事実関係　　Xは、貸金業者Yと金銭消費貸借に係る基本契約1を締結して借入と弁済を繰り返し、取引終了時点で過払金が発生していた。取引終了から3年後、Xは、Yと基本契約2を締結して借入と弁済を繰り返した。基本契約2は、基本契約1と、返済方式及び融資限度額は同一であったが、利息及び遅延損害金が若干異なり、返済日が異なっていた。Yは、基本契約2の締結に際し、Xから、借入申込書の提出を受け、健康保険証のコピーなどを徴求した上、Xの勤務先に電話して在籍の確認をした。その際の審査項目の大部分は基本契約1を締結した時のものと同一であり、年収額及びほかに利用中のローンの件数、金額についても大差はない状況であった。基本契約1及び2を扱ったYの支店は同一であった。Xは、基本契約1に基づく取引によって生じた過払金は、基本契約2に係る債務に充当されるとして、過払金の返還を求めて提訴した。第一審はX主張の計算方法を採用しなかったが、原審はこれを採用した。Yより上告受理申立て。

判決要旨　　破棄差戻し。「同一の貸主と借主との間で継続的に貸付けとその弁済が繰り返されることを予定した基本契約が締結され、……過払金が発生するに至ったが、過払金が発生することとなった弁済がされた時点においては両者の間に他の債務が存在せず、その後に、両者の間で改めて金銭消費貸借に係る基本契約が締結され、この基本契約に基づく取引に係る債務が発生した場合には、第1の基本契約に基づく取引により発生した過払金を新たな借入金債務に充当する旨の合意が存在するなど特段の事情がない限り、第1の基本契約に基づく取引に係る過払金は、第2の基本契約に基づく取引に係る債務には充当されないと解するのが相当である〔（最判平成19・2・13 関連判例、最判平成19・6・7 関連判例 参照）。そして、第1の基本契約に基づく貸付け及び弁済が反復継続して行われた期間の長さやこれに基づく最終の弁済から第2の基本契

約に基づく最初の貸付けまでの期間、第1の基本契約についての契約書の返還の有無、借入れ等に際し使用されるカードが発行されている場合にはその失効手続の有無、第1の基本契約に基づく最終の弁済から第2の基本契約が締結されるまでの間における貸主と借主との接触の状況、第2の基本契約が締結されるに至る経緯、第1と第2の各基本契約における利率等の契約条件の異同等の事情を考慮して、第1の基本契約に基づく債務が完済されてもこれが終了せず、第1の基本契約に基づく取引と第2の基本契約に基づく取引とが事実上1個の連続した貸付取引であると評価することができる場合には、上記合意が存在するものと解するのが相当である。」特段の事情の有無等につき審理を尽くさせるために破棄差戻し。

本判決の位置づけ・射程範囲

本判決は、基本契約を異にする過払金発生時には存在していない借入金債務に過払金は原則として充当されないが、充当合意が存在すれば充当されるとし、各基本契約に基づく取引が事実上1個の連続した貸付取引であると評価できる場合には、充当合意が存在すると解すること及び事実上1個の連続した貸付取引と評価するために考慮すべき諸要素を示したものであり、その後の下級審判決に大きな影響を与えている。当事者間で複数の貸付取引が存在する場合における過払金の充当について、本判決以前に、①最判平成15・7・18 本書59事件、本判決が引用する②最判平成19・2・13 関連判例、及び、③最判平成19・6・7 関連判例、並びに、④最判平成19・7・19 関連判例が存在する。これらから、最高裁は、過払金発生時に充当すべき債務がある場合（①）と、過払金発生時に充当すべき債務が存在しない場合（②、③、④）とに

分け、前者では借主の充当指定の有無を、後者では、将来債務への充当指定は通常ありえないとして当事者の合意の有無を問題とし、いずれの場合も基本契約があるとき（①、③）には原則として充当を肯定し、基本契約がないとき（②、④）には原則として充当を否定していると言える。なお、充当の肯否と基本契約の有無が対応するのは、基本契約締結に当事者の継続的な取引の想定を読み取り、この場合には当事者は複数の権利関係が発生する事態を望まないと考えるからである。本件事案は、過払金発生時に充当すべき債務は未発生で、二つの基本契約をカバーする基本契約は締結されていないから、合意による充当が問題とされ、充当が原則として否定されることは、従来の判例と整合的である。本判決は過払金発生時に充当すべき債務が発生していない場合を扱うものであり、過払金発生時に基本契約を異にする充当すべき債務が存在する場合にはその射程は及ばない。

さらに理解を深める

平成20年度重判民法4事件〔吉田克己〕　最判解民事篇平成20年度28頁〔高橋譲〕、吉野内庸子・平成20年度主判解44頁、伊藤進・リマークス2009（上）30頁　関連判例 最判平成15・7・18 本書59事件、最判平成19・2・13民集61巻1号182頁、最判平成19・6・7民集61巻4号1537頁、最判平成19・7・19民集61巻5号2175頁

第1章 契約（取引）関係　7　貸金取引　　　　　　　　　丸山愛博

62　継続的な金銭消費貸借契約における元本と適用される制限利率の変動

最高裁平成22年4月20日第三小法廷判決
　事件名等：平成22年（受）第955号不当利得返還請求事件
　掲載誌：民集64巻3号921頁、判時2084号6頁、判タ1326号115頁、金法1910号73頁、金判1351号39頁

概要　本判決は、継続的な金銭消費貸借取引における元本は、各借入時点における制限利率に基づき計算した従前の残元本と新たな借入金との合計額をいい、ある借入の時点で元本額が利息制限法1条1項所定の各区分における下限額を下回ったとしても適用される利率は変更されないとしたものである。

事実関係　Xは、貸金業者Yと継続的な金銭消費貸借取引に関する基本契約を締結して、借入と弁済を繰り返した。本件取引における弁済は、各貸付ごとに個別的な対応関係をもって行われることが予定されているものではなく、本件基本契約に基づく借入金の全体に対して行われるものであった。本件取引開始当初から、制限利率に基づき計算した従前の借入金残元本と新たな借入金との合計額は100万円未満で推移し、ある時点で10万円未満となった。Xは、利息制限法1条1項の「元本」とは基本契約における極度額又は約定利率に基づいて計算した残元本と新たな借入金との合計額であり、元本が減少しても制限利率は上昇しないとして、Yに対して過払金の返還を求めた。Yは、元本は制限利率に基づいて計算した残元本額と新たな借入金との合計額であり、元本が減少すれば制限利率は上昇するとして争った。第一審は約定利率に基づいて元本を計算して請求を認容したが、原審は制限利率に基づいて元本を計算し、元本が減少すれば制限利率は上昇するとした。Xが上告受理申立て。

判決要旨　破棄差戻し。「継続的な金銭消費貸借取引に関する基本契約に基づいて金銭の借入れと弁済が繰り返され、同契約に基づく債務の弁済がその借入金全体に対して行われる場合には、各借入れの時点における従前の借入金残元本と新たな借入金との合計額が利息制限法1条1項にいう『元本』の額に当たると解するのが相当であり、同契約における利息の約定は、その利息が上記の『元本』の額に応じて定まる同項所定の制限を超えるときは、その超過部分が無効となる。この場合、従前の借入金残元本の額は、有効に存在する利息の約定を前提に算定すべきことは明らかであって、弁済金のうち制限超過部分があるときは、これを上記基本契約に基づく借入金債務の元本に充当して計算するこ

とになる。」「そして、上記取引の過程で、ある借入れがされたことによって従前の借入金残元本と新たな借入金との合計額が利息制限法1条1項所定の各区分における上限額を超えることになったとき〔は〕、……上記取引に適用される制限利率が変更され、新たな制限を超える利息の約定が無効となるが、ある借入れの時点で上記の合計額が同項所定の各区分における下限額を下回るに至ったとしても、いったん無効となった利息の約定が有効になることはなく、上記取引に適用される制限利率が変更されることはない。」

本判決の位置づけ・射程範囲

利息制限法旧1条1項（現1条）は、元本の額に応じて制限利率を定める。すなわち、元本額が、10万円未満は年2割、10万円以上100万円未満は年1割8分、100万円以上は年1割5分である。継続的な金銭消費貸借取引においては借入と弁済が繰り返されることから借入残高は増減することになる。そこで、①何をもって元本と解すべきか、取引の過程において元本が、②上記各区分の上限額を上回った場合、あるいは、③下限額を下回った場合に、適用される制限利率が変更されるのかが問題となる。まず①について、本判決は、制限利率に基づいて計算した残元本額と新たな借入金との合計額を元本と解すべきことを明らかにした。これは下級審裁判例の多くが採用していた立場であり、利息制限法旧1条1項の、貸付金額が多い場合には借主の負担が重くなることから、立法政策上、利息の利率を小さくすることにより、その負担を軽減するとの趣旨に照らしても、妥当であると評価されている。次に制限利率の変動について、本判決は、②の場合には適用される制限利率は変更されるが、③の場合にはいったん無効となった利息の約定が有効になることはないとして適用される制限利率は変更されないとした。制限利率の上昇を否定したことに本判決の意義があるが、上昇を否定する理屈は分かりにくいところがあり、本件の金銭消費貸借取引全体を1つの契約のようにとらえることによって初めて成り立つとの指摘がなされている。つまり、1個の貸付金を分割弁済した場合には元本が減少しても制限利率は上昇しないのであるから、これと同様に解するということである。そうであれば、債務の弁済がその借入金全体に対して行われると評価できることが重要であり、基本契約が締結されていないもののこのように評価できる場合（最判平成19・7・19民集61巻5号2175頁参照）にも本判決の射程が及ぶことになる。なお、その後、従来の借入残元本がなく過払金のみが生じている時に貸付が行われた場合にも、元本に関する本判決が妥当することが、最判平成25・7・18 関連判例 によって確認されている。

さらに理解を深める

平成22年度重判民法6事件〔山本豊〕　最判解民事篇平成22年度（上）328頁〔中村さとみ〕、田中宏治・判例セレクト2010Ⅰ（法教365号別冊）17頁、小野秀誠・リマークス2011（下）42頁　関連判例 最判平成25・7・18判時2201号48頁

第1章　契約（取引）関係　7　貸金取引　　　　　　　　　丸山愛博

63 過払金につき発生した法定利息の充当とその順番

最高裁平成25年4月11日第一小法廷判決
　事件名等：平成22年（受）第1983号不当利得返還請求事件
　掲載誌：判時2195号16頁、判タ1392号61頁、金法1986号120頁、金判1426号26頁

概要　本判決は、過払金について発生した民法704条所定の法定利息は、特段の事情がない限り、その後に発生する新たな借入金債務に過払金よりも先に充当されることを明らかにしたものである。

事実関係　Xは、貸金業者Yとの間で、継続的な金銭消費貸借取引に関する基本契約を締結し、これに基づき金銭の借入と弁済を繰り返した。Xは、Yに対して、過払金について発生した民法704条所定の法定利息も借入金債務に充当されると計算して過払金の返還を求めた。Yは、法定利息を借入金債務に充当することはできないとして争った。

なお、本件基本契約は、過払金充当合意（＝過払金が発生した時に借入金債務が存在しなければ、過払金をその後に発生する新たな借入金債務に充当する旨の合意）を含むものであり、Yは、発生した過払金の取得について民法704条の「悪意の受益者」であった。

第一審及び原審は、当事者の合理的な意思に反すること等を理由に、過払金について発生した法定利息を借入金債務に充当することはできないとした。Xが上告受理申立て。

判決要旨　破棄差戻し。「過払金充当合意を含む基本契約に基づく継続的な金銭消費貸借取引においては、過払金について発生した法定利息を過払金とは別途清算するというのが当事者の合理的な意思であるとは解し難い。そうすると、継続的な金銭消費貸借取引に係る基本契約が過払金充当合意を含むものである場合においては、過払金について発生した法定利息の充当につき別段の合意があると評価できるような特段の事情がない限り、まず当該法定利息を新たな借入金債務に充当し、次いで過払金を新たな借入金債務の残額に充当すべきものと解するのが相当である。……本件基本契約は過払金充当合意を含むものであり、本件において上記特段の事情があったことはうかがわれないから、本件取引については、まず過払金について発生した法定利息を新たな借入金債務に充当し、

次いで過払金を新たな借入金債務の残額に充当すべきである。」

本判決の位置づけ・射程範囲

　本判決の論点は、過払金がその発生当時には存在しないがその後に発生した借入金債務に充当されることが肯定され、かつ、貸金業者が悪意の受益者と認定されて初めて生じる問題である。前者につき、判例は、貸金業者と借主との間で継続的に金銭の借入とその弁済が繰り返される金銭消費貸借に係る基本契約が締結されている場合（最判平成19・6・7 関連判例）や、各貸付が1個の連続した貸付取引と評価できる場合（最判平成19・7・19 関連判例）に、当事者の合意を根拠に充当を肯定する。後者につき、判例（最判平成19・7・17 関連判例）は、利息制限法1条1項所定の制限を超える利息の受領につき貸金業（規制）法旧43条1項の適用が認められないときは、特段の事情がない限り、貸金業者は悪意の受益者と推定されるとする。さらに、過払金充当合意を含む基本契約が締結されている場合には過払金返還請求権の消滅時効は取引終了時から進行することから（最判平成21・1・22 本書57事件）、取引終了時まで法定利息が発生しないとも考えられるが、この場合も法定利息は過払金発生時から生じるとする（最判平成21・7・17 関連判例、最判平成21・9・4裁判所ウェブサイト）。

　そうすると、過払金発生時に充当すべき債務が存在しないために過払金について法定利息が生じることがあり、これをその後に発生する借入金債務に充当できるかが問題となる。これがまさに本判決の争点である。この点については高裁レベルでも肯定するもの（東京高判平成21・11・26判タ1329号254頁、福岡高那覇支判平成21・2・10金判1351号42頁）と否定するもの（本件原審）とに分かれており、その対立点は、過払金充当合意に法定利息も充当するという当事者の合理的意思を推認できるかであった。本判決は、当事者の合理的意思を推認できるとして法定利息の充当を認めた。充当を肯定すると、法定利息と過払金のどちらを先に充当するのかが一応は問題となるが、法定利息から充当するのが一般的である。問題はその理由付けであるが、新たな貸付を過払金に対する弁済と見て民法491条1項を適用するということも考えうるが、本判決は、法定充当の規定によることなく、当事者の合理的意思を根拠に法定利息からの充当を認めた。本判決の射程は、基本契約が締結されていなくても各貸付が1個の連続した貸付取引と評価できるときには過払金充当合意が認められていることから（前掲最判平成19・7・19）、この場合にも及ぶものと思われる。なお、過払金についての民法704条の利息の利率は年5分である（最判平成19・2・13民集61巻1号182頁）。

さらに理解を深める

谷本圭子・判評664号16頁（判時2217号154頁）、中村肇・リマークス2014（下）18頁　関連判例　最判平成19・6・7民集61巻4号1537頁、最判平成19・7・17判時1984号26頁、最判平成19・7・19民集61巻5号2175頁、最判平成21・7・17判時2048号14頁

第1章 契約（取引）関係　8　消費者問題と消費者概念　　　　柳　景子

64　権利能力なき社団の消費者該当性

東京地裁平成23年11月17日判決
　事件名等：平成23年（レ）第26号不当利得返還請求控訴事件
　掲載誌：判時2150号49頁、判タ1380号235頁

概要　本判決は、権利能力なき社団である大学の運動クラブが、「消費者」（消契法2条1項）に該当するとし、旅館の宿泊予約取消料につき、消契法9条1号「平均的な損害」の額を算定し、これを超える分について無効としたものである。

事実関係　Xは、大学のラグビークラブチームであり、権利能力なき社団であるところ、Xの旅行担当幹事であったAは、平成21年5月8日頃、株式会社Bとの間で、同年8月7日から同月12日にYが経営する宿泊施設に宿泊する内容の手配旅行契約を締結した。同月5日、Aは、宿泊を予定していたXの部員の一部が新型インフルエンザに罹患した旨の連絡を受け、その翌日（宿泊開始日前日）である本件宿泊期間前日に、B及びYに対し宿泊を取りやめる旨伝えたところ、YがAに対し、宿泊延べ人数209人の宿泊料金の合計額の7割に相当する96万7774円を取消料として支払うよう求めたため、同月21日、Aはこれに応じた。Xは、Yに対して、Yには上記取消料を受領する法律上の原因がないとして、不当利得に基づく利得金の返還及びこれに対する催告の日の翌日以降の遅延損害金の支払いを求めた。原判決は、XのYに対する請求を棄却したため、これを不服としてXが控訴した。

判決要旨　原判決変更。「〔消契法2条1項〕において、『法人その他の団体』が『事業者』に当たるとされているのは、『法人その他の団体』は、消費者との関係で情報の質及び量並びに交渉力において優位に立っているからである（〔消契〕法1条参照）。そうすると、権利能力なき社団のように、一定の構成員により構成される組織であっても、消費者との関係で情報の質及び量並びに交渉力において優位に立っていると評価できないものについては、『消費者』に該当するものと解するのが相当である。
　これを本件についてみると、……Xは大学のラグビークラブチームであり、その主要な構成員は大学生であるものと認められ、現に、Xの担当者であったAは、本件手配旅行契約締結当時大学生であったことからすると、Xは、事業者であるYとの関係で情報の質及び量並びに交渉力において優位に立っているとは評価できず、『消費者』（〔消契〕法2条1項）に該当するものと認められる。」

「〔消契法9条1号の〕『平均的な損害』とは、同一事業者が締結する同種契約事案について類型的に考察した場合に算定される平均的な損害額であり、具体的には、当該解除の事由、時期に従い、当該事業者に生ずべき損害の内容、損害回避の可能性等に照らして判断すべきものと解するのが相当である。……〔これを本件についてみると、〕Yは、本件予約の取消しにより、……〔合宿料金+グラウンド使用料金−（食費+光熱費、クリーニング費用及びアメニティー費用）=〕79万7845円の損害を免れ得なかったものと認められる。

そして、本件のような手配旅行契約に基づく宿泊施設の予約の取消料については、企画旅行契約における標準旅行業約款（旅行業法2条4項、12条の3参照）のように、業界における標準約款が存在せず……、また、Yと同地域に存する他の宿泊施設においては、宿泊前日の取消料について、宿泊料金の20％から100％までと宿泊施設ごとに大きく異なる金額を定めており、他に基準となるべきものが見当たらない以上、上記損害額が、本件予約の取消しによりYに生ずべき『平均的な損害』に当たるものと解するのが相当である。」

本判決の位置づけ・射程範囲

本判決は、①権利能力なき社団である大学の運動クラブにつき、「消費者」（消契2条1項）に該当するとされた点、及び、②旅館への宿泊の予約の取消しにかかる「平均的な損害」（消契9条1号）の具体的な算定方法を明らかにした点において意義がある。①に関し、本件のXは権利能力なき社団であるため、消契法2条1項、及び2項によれば、「消費者」ではなく「事業者」に当たるのではないかという点が問題となる。この点、本判決は、大学の運動クラブであるXにつき、情報や交渉力の優劣を実質的に判断し、類推適用等の手法を用いずに、消費者に該当すると認めた。なお、当事者が「消費者」に当たるか否かについては、個人か団体かという形式的な判断ではなく、消契法の「保護を及ぼすのが適当かの総合的判断」であるとする学説がある。②に関し、同法9条1号の「平均的な損害」の算定方法に関する学説の状況については、谷本圭子・現消19号78頁以降が詳しい。裁判例は、事案ごとに具体的な判断基準を挙げている（東京地判平成14・3・25 本書29事件、横浜地判平成21・7・10 関連判例）ところ、本判決の示した「平均的な損害」の算定方法の一般論の部分は、逐条解説消費者契約法209頁が示す算定方法と同一である。なお、「平均的な損害」の主張立証責任につき、本判決は最判平成18・11・27 本書30事件①を引用し、当該条項が無効であると主張する消費者側が負うべきであるとしている。

さらに理解を深める

逐条解説消契法208頁以降、落合誠一『消費者契約法』（有斐閣、2001）55〜56頁、堀井智明・法学研究87巻1号83頁、谷本圭子・現消19号73頁　関連判例　東京地判平成14・3・25 本書29事件、横浜地判平成21・7・10判時2074号97頁、最判平成18・11・27 本書30事件①

第1章 契約（取引）関係　8　消費者問題と消費者概念　　　　柳　景子

65　個人事業者への電話機リースとクーリング・オフ

名古屋高裁平成19年11月19日判決
　　事件名等：平成19年（ネ）第632号リース料返還等請求控訴事件
　　掲　載　誌：判時2010号74頁、判タ1270号433頁

概　要　本判決は、個人事業主とリース会社との間で締結された電話機のリース契約につき、個人事業主の営業規模が零細であること、電話機と事業との関連性・必要性が極めて低いこと等から、当該契約が「営業のために若しくは営業として」（特商26条1項1号）締結されたものとは認められないとして、特商法の適用除外に当たらないとしたものである。

事実関係　印刷画工業者Xは、リース会社Yとの間で、2回にわたり、電話機のリース契約を締結した（以下「本件契約」とする）。本件契約は、その目的物たる電話機（以下「本件電話機」とする）の売主A社（電気通信機器やオフィス用機器等の販売業者）の従業員Bが、Xの住居を訪問して締結されたものであり、本件電話機は、AからXに直接搬入された。Xは、Yに対し、本件契約に基づき、リース料として合計55万4400円を支払ったが、その後、XはYに対し、いわゆるクーリング・オフの権利を行使するとともに、上記既払いのリース料の返還を求めた。原審は、Xの請求を棄却したため、Xがこれを不服として控訴した。Yは、Xは特商法26条1項1号の適用除外に該当するため特商法の適用がないと主張したのに対し、Xは、本件契約はXの「営業のため」もしくは「営業として」締結したものではないとして、上記適用除外に当たらないと主張した。

判決要旨　原判決取消し。「特商法26条1項1号は、……その規定の文言等からも明らかなとおり、その趣旨は、契約の目的、内容が営業のためのものである場合には適用除外とするというにとどまり、仮に申込みをした者、購入者又は役務の提供を受ける者が事業者であっても、これらの者にとって、営業のために若しくは営業として締結するものではない販売又は役務の提供を特商法適用の除外事由とするものではないというべきである……。そうすると、同号が定める適用除外となるのは、申込みをした者、購入者又は役務の提供を受ける者が事業者であり、かつ、これらの者にとって、当該契約の目的、内容が営業のためのものである場合ということになると解される。」

　「本件契約に係るリース物件は、複数の従業員があることを想定し、かつ、拡

張性のあるビジネスフォンを前提とした電話機に係る装置等、あるいは、光ファイバーによるインターネット接続を念頭に置いた、ファックス自動切替機能が付いた電話機等であると認められるのであるが、……Xは事業といっても印刷画工を専ら1人で、手作業で行うような零細事業に過ぎず、かつ、X自身パソコンを使えないというのであって、上記目的物は一般的に汎用性、あるいは、利用度の高いコピー機等とは異なり、Xが行う印刷画工という仕事との関連性も必要性も極めて低いことからすると、本件において特商法との関係では、本件契約は、Xの営業のために若しくは営業として締結されたものであると認めることはできない。」

本判決の位置づけ・射程範囲

クーリング・オフとは、主に消費者対事業者間の契約において、一定の期間内であれば、消費者が申込みまたは締結した契約を、無理由かつ無条件で撤回または解除ができる権利である。その趣旨は、取引経験や情報・交渉力の点で事業者に劣る消費者に対し、その契約につき一定の熟慮または再考の期間を保証することである。特商法においては、訪問販売については9条がクーリング・オフ制度を規定し、26条がその適用除外を規定している。本件では、個人事業主が締結した契約が、同条1項1号のいう「営業のために若しくは営業として」締結されたものとして、クーリング・オフの対象外となるかどうかが争われた。同様の争点について判断した裁判例として、大阪高判平成15・7・30 関連判例、東京地判平成20・7・29 関連判例、越谷簡判平成8・1・22 関連判例がある。いずれも、本来事業者に該当する当事者につき、契約目的物と当該事業者が営む事業との間の関連性や必要性が低いこと等から、同号の適用除外に当たらないと判断されている。本件のような、中小事業者を訪問して電話機のリース契約を締結するという商法が社会問題として顕在化したことから、経済産業省は、平成17年12月6日、通達を改正し、電話機リースなどに見られるリース提携販売については、特商法の適用対象であること、リース会社だけでなく販売業者にも規制が及ぶこと、事業者名で契約しても主として個人用・家庭用に使用するためのものである場合には適用が及ぶことを明確化した。本判決は、個人事業主が締結した電話機のリース契約につき、個人事業主の事業状況及び経済状態、契約の目的物たる電話機と事業との関連性や必要性を実質的かつ詳細に検討し、経済産業省の上記通達における法解釈に合致する考え方を採用し、また他の裁判例の傾向に沿った判断を下した事例として、意義がある。

さらに理解を深める　特商法ハンドブック188頁以下、講義136頁以下、142頁注15)、圓山90頁　関連判例　大阪高判平成15・7・30消費者法ニュース57号155頁、東京地判平成20・7・29判タ1285号295頁、越谷簡判平成8・1・22消費者法ニュース27号39頁

第1章 契約（取引）関係　8　消費者問題と消費者概念　　　　柳　景子

66 ドロップシッピング商法とクーリング・オフ

大阪地裁平成23年3月23日判決
　事件名等：平成21年（ワ）第16489号不当利得金返還請求事件
　掲載誌：判時2131号77頁、判タ1351号181頁

概　要　本判決は、いわゆるドロップシッピング事業につき、「業務提供誘引販売取引」（特商51条）に該当し、特商法58条1項に基づく解除（クーリング・オフ）を認めたものである。

事実関係　Xらは、Yが展開するインターネットショッピング運営の支援事業で、いわゆる「ドロップシッピング」（ネットショップのオーナーは在庫を持たず、顧客の注文に応じてドロップシッピングサービス提供業者から注文商品の供給を受け、これを同提供業者から顧客に直接発送する方式）の一形態の事業（以下「A」とする）に加入する契約を締結し（以下「本件契約」とする）、Yに対し、契約金その他の経費として、本件契約規定の金額を支払った。その後、Xらは、Yに対し、本件各契約は特商法51条にいう業務提供誘引販売取引に該当するとして、同法58条1項に基づき本件各契約を解除（クーリング・オフ）するとともに、1週間以内に既払代金を返還するよう求めて訴えを提起した。

判決要旨　請求認容。「〔本件AにおいてXが担った業務の実態についてみれば、〕Xら加入者には、ネットショップの運営主体としての自主性、自律性はほとんど存在しないというべきである。……これに対して、Yが担当する業務は、ネットショップのウェブサイトの作成、販売する商品リストの作成、商品の仕入れ、加入者のYからの商品の仕入れ価格（卸値）の決定、加入者の購入者に対する販売価格の提示、加入者が選択した商品について取扱中止とすること、商品の受注処理及び発送手続、宣伝・集客活動などといったネットショップ経営の根幹といえる重要な業務であり、これらはネットショップの運営主体であればこそ行う経営的判断を伴う行為であると解される。

このような事情からすると、Aにおいては、購入者に対する関係では加入者が売主となるものの、ネットショップの運営主体は、実質的にはYであり、Xら加入者は、その運営の一部の作業をYの指示のもとにYに従属した立場で行っていたにすぎないというべきである。したがって、本件各契約においてXら加入者が従事することとされている業務は、ネットショップの実質的な運営主体であるYが、Xらに対して提供する業務であるというべきである。

そして、……Yは、Xらに対し、本件各契約を締結して、Yが提供するウェブ

サイト製作、宣伝、プロモーション、商品の仕入れ及びXらへの卸売、商品の受注処理及び発送手続等のサービスを利用すれば、Xらは、(a)商品及び販売価格をネットショップに掲載すること、(b)購入者からの質問メールに対応すること、(c)購入者からの入金の管理、(d)仕入れ代金の支払といった簡単な業務に従事するだけで、容易に商品の販売価格と仕入価格の差額を利益として収受することができる旨をホームページやパンフレットに記載して、本件各契約の締結を誘引したことが認められるから、Yは、Xらに対し、『業務提供利益』である商品販売価格と仕入価格の差額を収受し得ることをもって本件各契約の締結を誘引したものと認めることができる。

 以上によれば、本件各契約は、業務提供誘引販売取引に該当するものと認められる。」

本判決の位置づけ・射程範囲

 本判決は、ドロップシッピングと呼ばれる特殊なインターネットショッピング事業につき、業務提供誘引販売取引（特商51条）に該当すると判断された点において意義がある。本件では、Yが、特に同条1項の「その販売の目的物たる……商品……又はその提供される役務を利用する業務（その商品の販売若しくはそのあっせん又はその役務の提供若しくはそのあっせんを行う者が自ら提供を行い、又はあっせんを行うものに限る。）に従事することにより得られる利益（〔業務提供利益〕）を収受し得ることをもって相手方を誘引」する行為を行ったといえるか否かが問題となり本契約のネットショップの運営主体がXらとYのどちらなのかという問題に還元して検討された。本判決は、Aの仕組みを詳細かつ実質的に分析することにより、本件ネットショップの運営主体は実質的にはYであると結論し、Xらの従事する業務は、YがXらに対して提供する業務であるとした。さらに、判旨のとおり、YはXらに業務提供利益を収受し得ることをもって本件契約の締結を「誘引」したとされ、以上のことから、Yの事業Aが業務提供誘引販売取引に該当すると判断された。業務提供誘引販売取引の典型例としては、内職・副業商法やモニター商法が挙げられるが、ドロップシッピングにつき業務提供誘引販売取引と認めた裁判例は多くなく、本件のほかには横浜地判平成22・4・15 関連判例 がある。

 ドロップシッピングは、近年の新たな消費者問題として認識されつつあり、本判決においても、Yは消費者庁から、Aが業務提供誘引販売取引に該当することを前提に、6か月間の業務の一部停止処分を受けていることが指摘されている。

 なお、本件において、Yは、Xらの一部がAを利用して得た利益を本件請求額から控除すべきであると主張したが、本判決はこれを認めなかった。この点につき、同様の判断をした判決として、東京地判平成14・7・24 関連判例 がある。

さらに理解を深める

特商法ハンドブック591～594頁、圓山655頁以降 関連判例 東京地判平成14・7・24判タ1139号171頁、横浜地判平成22・4・15公刊物未登載

第1章 契約（取引）関係　8　消費者問題と消費者概念　　　　　後藤巻則

67　フランチャイズ契約締結過程における予測情報の提供とフランチャイザーの責任

東京高裁平成11年10月28日判決
　事件名等：平成11年（ネ）第77号損害賠償請求控訴事件
　掲載誌：判時1704号65頁、判タ1023号203頁

概要　本判決は、クリーニング店のフランチャイズ契約を締結したフランチャイジーがフランチャイザーに対してした保護義務違反（不正確な情報の提供）による損害賠償請求を認容したものである（過失相殺7割）。

事実関係　Yは、クリーニング店のフランチャイズ事業を展開する株式会社である。Xは、カメラ部品メーカーの元開発部長であったが、Yのフランチャイズに関心を持ち、Yとの間で加盟店契約を締結した。それに先立ち、Yは、損益分岐点売上及び同必要客数を、オーナー給与月額40万円の場合として、月額251万9000円、日平均53人（オーナー給与を除いた場合として、月額187万4000円、日平均39人）、経常利益月平均38万8000円と試算して、開業に不安を抱いていたXに対し、月額40万円程度の収益は見込めるとする資料を作成・交付し、Xは、この売上試算、予測に基づき本件契約の締結に至った。しかし、開業後の営業実績は、売上が一番多い月でも約98万円と、オーナー給与を除いた場合の損益分岐点売上の約半分にしか達していない状態であり、Xは、開業後約9か月で閉店した。そこで、Xは、本件契約の締結に際してYがXに提供した売上予測等の情報が適正でなく、Xのフランチャイズ契約締結に関する判断を誤らせたとして、開業に要した費用等の損害賠償を請求した。

判決要旨　原判決変更。「一般に、フランチャイズ・システムにおいては、店舗経営の知識や経験に乏しく資金力も十分でない者がフランチャイジーとなることが多く、専門的知識を有するフランチャイザーがこうしたフランチャイジーを指導、援助することが予定されているのであり、フランチャイザーはフランチャイジーの指導、援助に当たり、客観的かつ的確な情報を提供すべき信義則上の保護義務を負っているものというべきである。」「本件においては、Xは、……契約に先立ってYから示された開業予定地（物件）に関する売上予測等の最終的な資料によっても、月40万円程度のオーナー手取額が得られるとされ、かつ、営業不振の場合には、営業権の本部移管まで約束されたため、本件契約の締結及び開業に至ったのであるから、契約に先立ってYがXに対して示した情報

が客観的かつ的確な情報でなく、これによりXのフランチャイズ・システムへの加入（契約の締結及び開業）に関する判断を誤らせたといえる場合には、Yは、前記信義則上の保護義務違反により、Xが右加入により被った損害を賠償する責任を負うというべきである。」

本判決の位置づけ・射程範囲

　フランチャイズ契約の締結に際しては、中小小売商業振興法（以下「小振法」という）や日本フランチャイズチェーン協会の自主規制が、フランチャイジー（以下「ジー」という）になろうとする者に対して重要情報を開示することをフランチャイザー（以下「ザー」という）に求めている。しかし、小振法所定の開示書面が交付されても、ザーの情報提供義務が尽くされたことにはならないと述べる裁判例があり（京都地判平成3・10・1 関連判例 ）、ザーは、売上・収益等の予測を提供しなければならないと述べる裁判例もある（名古屋地判平成13・5・18 関連判例 ）。このような法令等によらない義務は、契約締結を勧誘するに際しての信義則上の義務と位置づけられる。本件もこれに関する裁判例の一つである。

　法令等によらない情報提供義務は、契約当事者に情報・交渉力の構造的な格差が存在する契約である消費者契約において重要であるが、フランチャイズ契約は事業者間契約であり、消費者契約とは一線を画する。しかし、フランチャイズ契約の開業準備段階においては、多くの場合、ザーとジーになろうとする者の間に情報・交渉力の構造的な格差が存在することは否めず、売上・収益等の予測は、経営情報等の蓄積を有するザーにとってはある程度可能であるが、ジーになろうとする者にとっては不可能に近い。そのため、売上・収益等の予測に起因する事業損失のリスクをジーに一方的に負わせることは相当でない。そこで、本判決と同様に、ザーに売上・収益等の予測に関する情報提供義務の違反に基づく損害賠償責任を負わせた上で、過失相殺をする裁判例が少なくない。

　もっとも、本件を含め、わが国では、ザーが、売上・収益等の予測に関する情報を提供していることが多く、予測を現に提示する以上は、それが適正・正確でなければならないという観点からザーの責任を肯定しているとも考えられる。学説でも、ザーに法定の開示義務を超えて売上・収益等に関する予測の情報提供を義務づけることには否定的な見解もある（小塚荘一郎『フランチャイズ契約論』（有斐閣、2006）146頁）。しかし、売上・収益等の予測がジーになろうとする者にとって必要不可欠な情報であることを考えると、この点についての義務づけを肯定する方向の解決を探ることが適切であろう。

さらに理解を深める　商法（総則・商行為）百選5版62事件〔山下友信〕　消費者取引百選86事件〔岡部真純〕、百選1事件〔河上正二〕　 関連判例
京都地判平成3・10・1判時1413号102頁、名古屋地判平成13・5・18判時1774号108頁

第2章 安全関係　1　過失　　　　　　　　　　　　　　　　土庫澄子

68　公売されたバトミントンラケット玩具の瑕疵と税関長の注意義務

最高裁昭和58年10月20日第一小法廷判決
事件名等：昭和54年（オ）第1309号損害賠償請求事件
掲載誌：民集37巻8号1148頁、判時1102号48頁、判タ538号103頁

概　要　本判決は、税関長が公売に付したバトミントンラケットを取得した幼児がラケットの瑕疵により受傷した損害につき、税関長に過失がないとしたものである。

事実関係　本件バトミントンラケットは4、5歳の幼児が使用して遊ぶホンコン製の玩具で、関税法79条1項1号に基づき玩具として収容され、陸揚げ後、保税倉庫で保管されていたが、輸入業者が不明なため税関長により同法84条1項に基づき公売に付された。雑貨類販売業者Aは、公売に付された本件ラケットを買い受け、Y_2に売却した。Y_2は本件ラケットをチャリティ・バザーに出品したところ、Bが買い受け、Bの姪であるX（事故当時5歳）に贈与した。Xは本件ラケットで兄Cと遊んでいたところ、Cがシャトルコックを打とうとしてラケットを振り下ろした際に、鉄パイプ製のシャフトが抜け飛び、Xは左目受傷等の傷害を受けた。本件ラケットは、シャフトがグリップに差し込まれていたのみで、接着剤、止め金等の補強具で固定されていなかった。

Xは税関長の不法行為を主張し、国Y_1に対して国家賠償ないし民法715条に基づき、Y_2に対して契約ないし不法行為に基づき損害賠償を請求。第一審はY_1、Y_2の責任を肯定（Y_2の責任につき確定）。Y_1控訴。原審は税関長は輸入業者に準じる地位を併有するとして控訴を棄却。Y_1が上告。

判決要旨　一部破棄差戻し。「(1)税関長は、多種多様であり、かつ、大量に及ぶ収容貨物のそれぞれにつき、その各製造業者又は輸入業者が有し、又は有すべき当該貨物についての構造、材質、性能等に関する専門的知識を有するわけではなく、また、かかる知識を有することが要求されていると認めるべき法律上の根拠はないから、税関長を当該貨物の製造業者又は輸入業者と同視し、税関長が、右のような専門的知識を有することを前提として、当該貨物につき〔関税〕法84条5項に該当するか等の検査をする過程において、その貨物に構造上の欠陥等の瑕疵のあること知るべきであるとすることはできないものというべきであり、……税関長が、右検査の過程において、……瑕疵のあることを現に知り、又は税関長の通常有すべき知識経験に照らすと容易にこれを知りえたと認められる場合にのみ、注意義務違反の責任を問う余地があるものと解するのが相当

であり、また、(2)税関長は、……最終消費者等の損害の発生を予見し、又は予見すべき場合であっても、当該貨物が〔関税〕法84条5項の規定により廃棄しうるものに該当しないときには、保税地域の利用についてその障害を除き、又は関税の徴収を確保するため〔関税〕法79条1項本文）、右貨物を、原則として、まず公売に付すべきであって（〔関税〕法84条1項、3項）、……税関長としては、公売に付した貨物の買受人との売買契約において、買受人に右瑕疵を補修すべき義務を負わせ、その履行の確保を図ること等をしうるのみであり、税関長がかかる措置を講じたときには、当該事故につき結果回避義務を尽くしたものと解するのが相当だからである」。

本判決の位置づけ・射程範囲

関税法に基づく収容・公売制度は、保税地域の円滑な利用と関税徴収の確保を目的とし、税関長の裁量行為とされている。同法84条1項に基づく公売の意義と目的に照らすと、税関長が収容し、公売に付した収容貨物の瑕疵によって生命・身体に損害が発生することはできる限り避けるべきであるが、他方で税関長は同条5項に基づき貨物を廃棄するなど適正な手続を遵守して収容貨物を公売に付さなければならない義務を負っている。

本判決は、公売に付した収容貨物に欠陥があったとしても、税関長には専門知識を前提とする輸入業者に準ずる高度な注意義務違反はなく、税関長が瑕疵を現に知り、または社会通念に照らして税関長が瑕疵を容易に予見すべき場合に注意義務違反が認められるとする。民法570条ただし書は強制競売で物の瑕疵に売主の担保責任は生じないとし、この特則は担保権の実行としての競売や公売に適用されると解されている。不動産競売の現況調査に執行官は高度な注意義務を負わないが、できる限り正確に現況調査を行う注意義務を認める判例があり、参考となりうる（最判平成9・7・15 関連判例 ）。もっとも、本件差戻控訴審は、関税法84条5項の廃棄事由の有無を判断する検査は、当該税関の慣行に従う包装されたバトミントンセットの外形上の検査で足りるとする（大阪高判昭和59・9・28 関連判例 ）。

以上に加え、本判決は、当該税関長が瑕疵を現に知り、また予見しえた場合には買受人に瑕疵修補義務を負わせ履行確保を図りうるとして、結果回避措置の内容について指針を示すものと考えられる。本指針によれば、公売における検査の方法、程度等は、事案ごとに収容貨物の種類や具体的事情に応じて税関長が社会通念に照らし判断していくべきものと考えられる。

本件は、現行関税法に基づく公売における玩具検査の過誤に関し、税関長の過失要件を示す事例である。

さらに理解を深める　百選83事件〔植木哲〕　最判解民事篇昭和58年度441頁〔柴田保幸〕、長尾治助・民商91巻4号574頁、森田宏樹・法協103巻11号2295頁、道河内正人・ジュリ782号149頁〔原審・大阪高判昭和54・9・21判時952号69頁評釈〕、税開研修所『関税法平成27年度〔上〕』（財務省税関研修所、2015）365頁、内田Ⅱ155頁 関連判例 大阪高判昭和59・9・28判時1143号88頁、最判平成9・7・15民集51巻6号2645頁

第2章 安全関係　1　過失　　　　　　　　　　　　　土庫澄子

69　医薬品副作用被害と権限不行使等に関する国の責任（クロロキン網膜症事件）

最高裁平成7年6月23日第二小法廷判決
　事件名等：平成元年（オ）第1260号損害賠償、民訴法198条2項による返還
　　　　　　及び損害賠償請求事件
　掲載誌：民集49巻6号1600頁、判時1539号32頁、判タ887号61頁

概要　本判決は、厚生大臣（当時）による医薬品の製造承認や副作用被害防止措置等の行為について、国の賠償責任を否定したものである。

事実関係　クロロキンは昭和9年にドイツで合成に成功した化学物質で、クロロキン製剤は当初マラリヤ治療薬として開発されたが、後に、エリテマトーデスや関節リウマチの治療にも使用された。我が国では昭和30年頃からクロロキン製剤が輸入製造販売され、前記疾患のほか腎疾患やてんかんの治療にも使用された。クロロキン網膜症は、クロロキン製剤の副作用によって生じる不可逆性の網膜障害で、重症の場合には失明に至りうる。

外国では昭和34年の論文によりクロロキン網膜症の例がはじめて報告され、我が国では昭和37年にはじめてクロロキン網膜症の症例が報告されたが、クロロキンの有用性を否定するものではなかった。厚生大臣は昭和47年からクロロキン製剤の再評価を開始し、昭和51年に結果を公表し、腎疾患には有効だが副作用が上回るため有用性はなく、てんかんには有効とする根拠がないとした。

本件は、昭和34年から昭和50年にかけてクロロキン製剤を服用し、失明に至りうるクロロキン網膜症に罹患した患者Xらが、厚生大臣の製造承認等および危害防止措置等に係る違法を主張し、国賠法1条1項に基づき国に対し損害賠償を請求した。第一審は国の責任を認めたが、控訴審は否定した。Xらが上告。

判決要旨　上告棄却。「薬事法〔（当時）〕の前記の各規制は、医薬品の品質面における安全性のみならず、副作用を含めた安全性の確保を目的とするものと解される」。「昭和37年以降我が国においても、文献等による症例の報告により……クロロキン網膜症に関する知見が次第に広まってきたものの、その内容はクロロキン製剤の有用性を否定するまでのものではなく、一方、クロロキン製剤のエリテマトーデス及び関節リウマチに対する有用性は国際的に承認され、昭和51年の再評価の結果の公表以前において……当時のクロロキン網膜症に関する医学的、薬学的知見の下では、クロロキン製剤の有用性が否定されるま

でには至っていなかったものということができる。したがって、クロロキン製剤について、厚生大臣が日本薬局方からの削除や製造の承認の取消しの措置を採らなかったことが著しく合理性を欠くものとはいえない」。「医薬品の安全性の確保及び副作用による被害の防止については、当該医薬品を製造、販売する者が第一次的な義務を負うものであり、……医師の適切な配慮により副作用による被害の防止が図られることを考慮すると、当時の医学的、薬学的知見の下では、厚生大臣が採った前記各措置は、その目的及び手段において、一応の合理性を有するものと評価することができる」。

本判決の位置づけ・射程範囲

本判決は、医薬品の副作用被害に関して国の規制権限の不行使等の責任を問う国家賠償請求において、規制の目的に照らし医薬品の安全性を確保し、副作用の被害をできる限り防止すべきであるが、著しく不合理と認められない限り、国賠法1条1項の適用上違法ではないとする。規制権限不行使の国家賠償に関し、宅地建物取引業法に関する最判平成元・11・24 関連判例 とともにリーディングケースである。

判旨はまず、昭和54年改正前の旧薬事法（平成25年改正により「医薬品、医療機器等の品質、有効性及び安全性の確保等に関する法律」と改称）の規制は、医薬品の品質のほか副作用を含む医薬品の安全性の確保を目的とすると解し、厚生大臣の医薬品の製造・販売等の規制権限だけでなく、規制の目的に照らして、医薬品の承認取消権限を認める。

判旨は次に、クロロキン製剤の副作用被害に関し、①クロロキン網膜症に関する当時の我が国の医学的・薬学的知見のもとで腎疾患およびてんかんに同製剤の有用性を否定できず、②当時の各被害防止措置に一定の合理性があるとして、規制権限に基づく製造承認等および防止措置のいずれにも国賠法1条1項の違法性はないとする。

判旨は医薬品を使用する医師の適切な配慮により被害防止が図られるとして、今後の安全対策を示唆すると考えられる。もっとも、昭和51年以前の国際的水準に照らし、医薬品の有用性を否定すべきとの説がある。

筑豊じん肺訴訟（最判平成16・4・27 関連判例 ）およびアスベスト泉南訴訟第二陣（最判平成26・10・9 関連判例 ）は、省令制定権限の不行使の違法判断について、判旨一般論の判断枠組みに従い国家賠償責任を認め、水俣病関西訴訟に関する最判平成16・10・15 関連判例 は規制の目的を柔軟に解し、同様の枠組みに従い国家賠償責任を肯定する。

さらに理解を深める

百選75②事件〔吉村良一〕　医事法百選2版12事件〔磯部哲〕、最判解民事篇平成7年度583頁〔山下郁夫〕、桑原勇進・法協114巻6号725頁、宇賀克也『行政法概説Ⅱ〔第5版〕』（有斐閣、2015）442頁　関連判例 平成元・11・24民集43巻10号1169頁、最判平成16・4・27民集58巻4号1032頁、最判平成16・10・15民集58巻7号1802頁、最判平成26・10・9民集68巻8号799頁

第2章　安全関係　1　過失　　　　　　　　　　　　　　　　　土庫澄子

70　業務用冷凍庫を出火源とする飲食店兼住宅の火災

東京地裁平成11年8月31日判決
　事件名等：平成6年（ワ）第24472号損害賠償請求事件
　掲載誌：判時1687号39頁、判タ1013号81頁、金判1080号36頁

概要　本判決は、飲食店兼住宅で生じた火災の発生源が業務用冷凍庫と認められ、製造者の過失を肯定したものである。

事実関係　自宅でレストランを経営するX_1は、昭和61年12月、Yが製造販売した業務用冷凍庫をAから購入して店舗兼居宅に設置し、食材の冷凍保存のために使用していたところ、平成3年7月1日に火災が発生し、店舗兼居宅が半焼した。X_1およびその家族X_2、X_3は、冷凍庫から出火したとしてYに対して不法行為に基づく損害賠償を請求した。本件火災の発火源については、次の事実が認められる。
1　鋼鉄製で外部からの火で燃える蓋然性が低い本件冷凍庫自体が焼損している。
2　冷凍庫の設置場所とその裏側にあたる板壁の焼損の位置は対応し、その部分の焼損の程度が他の部分に比べて大きい。
3　冷凍庫の背面から遠い冷凍庫のサーモスタットの焼損が激しく、冷凍庫内からの火により焼損が広がったと推認される。
4　冷凍庫上扉部分の間隙から背後の板壁に着火したと推認することは、物理的又は科学的に不合理ではない。冷凍庫は燃焼が進んで電器部品が相当程度損傷しており、溶融痕が残存していなかったとみることは相当でない。
5　東京消防庁の統計によると、平成元年から平成8年にかけて、東京都内における電気冷凍庫による火災は毎年複数件（5件～12件）発生している。
6　消防士が火災原因を判定した火災原因判定書は、火災直後の実況見分において、たばこやガス器具といった他原因による出火の可能性を否定している。

判決要旨　請求一部認容、一部棄却。上記1～6に基づいて、「本件火災は、本件冷凍庫を発生源とするものであることを推認することができる」。「消費者が、本来の使用目的に従って製造物を使用し、事故が発生した場合において、その時点で製造物に欠陥が存在したときは、特段の事情の認められない限り、製造物が流通に置かれた時点において、欠陥が存在していたものと推認することが相当である。……製品の製造者は、製品を設計、製造し流通に置く過程で、製品の危険な性状により消費者が損害を被ることのないように、製品の安

全性を確保すべき高度の注意義務（以下「安全性確保義務」という。）を負」う。「安全性確保義務の性質上、本件冷凍庫について流通に置かれた時点において欠陥が認められる以上、製造者たるYが本件冷凍庫を流通過程に置くに際して、安全性確保義務の過失があったものと推定することができ、右推定を覆すに足りる特段の事情は認められない。」

本判決の位置づけ・射程範囲

本件は製責法が適用されない業務用冷凍庫について、火災の発火源の目撃者がなく、発火源が冷凍庫であるかが事実認定上争われた事案で、間接事実を総合して冷凍庫を発火源と推認し、製造者の過失を肯定する。

民事訴訟における立証は、経験則に照らして全証拠を総合的に判断して行う歴史的証明である（最判昭和50・10・24 関連判例 ）。不法行為の事実的因果関係は一般の経験則で十分に証明できない場合が多く、一方で、因果関係の立証負担が重すぎると、実効的な被害救済が難しくなる。製品が焼損し、目撃者の証言という直接証拠がない本件では、製品と火災の因果関係の立証にあたって、製品が発火源であるという特殊専門的な経験則の存在が争点となる。判旨は、①現場の焼損状況等に関する上記1〜6の間接事実を物理的・科学的合理性の観点から検討し、冷凍庫が発火源であると推認することができるとする。

本判決は上の事実認定に照らして、②合理的期間内の通常使用中に火災が発生し、冷凍庫には通常有すべき安全性を欠く欠陥があるとして、③製造者に欠陥ある製品を流通に置いた安全性確保義務違反の過失を認める。判旨は製造者の過失を基準とせず、いわゆる製造物責任の法理によって過失を判断するものである。

関連して、製品火災事案において火災発生時や発生前後の目撃者がある場合に、目撃証言等によって、製品を発火源と認定する例がある（大阪地判平成6・3・29 関連判例 、大阪地判平成9・9・18 関連判例 ）。また、火災発生時の製品燃焼状況を現認する目撃証言があるが、間接事実を総合して他原因から出火した可能性を認める例がある（東京地判平成11・3・29 関連判例 ）。

判旨は損害額の認定につき、④滅失動産等は個々の損害の立証が困難として、民訴法248条を適用して相当額を裁量的に認定する。本件は、発火源の事実認定、欠陥判断、損害額の認定につき、製責法を含む類似事例の参考となる。

さらに理解を深める

民訴法百選3版69事件〔勅使川原和彦〕 渡邉知行・金判1085号54頁、三木浩一「損害賠償額の算定：三洋電機冷凍庫発火事故訴訟判決」伊藤眞＝加藤新太郎編『判例から学ぶ民事事実認定（ジュリ増刊）』（有斐閣、2006）257頁、加藤新太郎『民事事実認定論』（弘文堂、2014）186頁、内田Ⅱ391頁
関連判例 最判昭和50・10・24民集29巻9号1417頁、大阪地判平成6・3・29判時1493号29頁、大阪地判平成9・9・18判夕992号166頁、東京地判平成11・3・29判時1677号82頁

第2章 安全関係　1　過失　　　　　　　　　　　　　　　平野裕之

71　ガス給湯器の不正改造による死亡事故とメーカーの不法行為責任

東京地裁平成24年12月21日判決
　事件名等：平成19年（ワ）第31371号損害賠償請求事件
　掲載誌：判時2196号32頁

概要　本判決は、浴室内設置型ガス給湯器が、通電されておらず排気ファンが作動していないと、一酸化炭素中毒事故を防止するためにガスの燃焼を自動停止する安全装置が備え付けられていたが、修理業者が通電がなく排気がされていなくても自動停止しないように改造したため、居住者が一酸化炭素中毒で死亡した事例について、本件給湯器の製造・販売業者の責任を認めたものである。

事実関係　ガス湯沸器の不完全燃焼による一酸化炭素中毒によりAが死亡、X_3が負傷した事故につき、Aの父母X_1 X_2、兄でこの事故により負傷したX_5、及び姉X_4が、①本件ガス湯沸器の修理業者であるY_1に対し、使用者責任（民715条）、不法行為（民709条、719条1項）または修理契約上の債務不履行に基づき、②本件ガス湯沸器の製造業者及び販売業者（訴訟係属中に吸収合併してY_2となる）に対して、使用者責任（民715条）または不法行為（民709条、719条1項）に基づき、また、③ガス供給業者Y_3に対し、ガス供給契約上の債務不履行または不法行為に基づき（民709条、719条1項）、連帯して損害賠償及び慰謝料等の支払を求めた事案である。

　X_1所有の本件建物の1階は、昭和57年6月1日から平成8年5月31日まで、Bが賃借しその妻とともに居住していた。Y_1の従業員であったCが、平成7年12月30日、本件湯沸器を修理した際、本件湯沸器のコントロールボックスが故障していたが、取替用コントロールボックスを持参していなかったため、排気ファンが作動しなくても点火・燃焼できるような電気回路を構成する改造をし（短絡といわれる）、そのままにされた。

　B夫妻が立ち退いた後、平成11年1月頃から平成17年3月頃まで、本件建物の1階にはX_3が居住した後、同年4月頃から本件事故の日までは、Aが居住していた。平成17年11月27日午後6時頃、前日から本件建物を訪れていたX_3が、シャワーを浴びるために本件湯沸器を点火し、浴室前の廊下で浴室が暖まるのを待っているうちに、意識を失った。通電がされておらず排気ファンが動いていない状態で本件ガス湯沸かし器が作動したため、一酸化炭素中毒になったのが原因である。X_3は一命をとりとめたが、Aは一酸化炭素中毒により死亡した。

判決要旨　Y_1とY_2については請求認容、Y_3については請求棄却。「Y_2らは、遅くとも平成13年1月5日ころには、ハンダ割れによるコントロールボックスの故障等により、安全装置が短絡された本件7機種が全国に存在

していること、安全装置を短絡された機器が通電のない状態で使用されれば、一酸化炭素中毒事故が生じる危険性が高いこと、さらに従前行ってきた自社内やサービスショップに対する注意喚起、修理の機会を利用した停電時遮断点検及び短絡発見並びに通産省及び関連団体に対する働きかけや行政指導という対策では、これまでに短絡された機器を全て発見することはできておらず、同種事故の再発の危険性があることを具体的に予見できた、又は容易に予見可能であった」。
「Y_2らには、本件事故を回避するために、[1]本件7機種の所有者、使用者等に短絡事故の危険性を告知し、当該機種の使用を中止すべきことを告知する義務、[2]製造・販売されている本件7機種につき、直ちに一斉点検・回収を行う義務が発生していたといえる」。「本件湯沸器についても一斉点検・回収が行われ、本件事故を回避できた蓋然性は十分にあった」。

本判決の位置づけ・射程範囲

昭和60年1月よりパロマガス湯沸かし器による一酸化炭素中毒事故が全国で28件発生している（死亡21人・重軽症19人）。その原因は、修理業者による本件同様の「短絡」という応急措置が採られたことにある。そうすると、修理業者の違法ないし不正改造の問題であり、それを製造・販売業者が予見でき、その点検・回収などを採るべき義務が認められる特段の事情がない限りは、その責任は認められないかのようである。

しかし、本件給湯器は、コントロールボックスの故障が全国でみられ、そのためもあってコントロールボックスが手に入らない事態が生じており、コントロールボックスひいては給湯器自体に問題があったとも評価できる事例である。修理業者が、ユーザーからなんとかすぐに使用できるようにならないかと懇願される場面が容易に想像できる。違法な使用目的の改造ではなく、風呂を使用することができるようにするために、コントロールボックスなしに自動停止装置が作動せず使用ができるよう、修理業者が短絡という改造をしてしまうことがままみられたのである。一つや二つの特異な事例ではなく、全国で共通してみられたのである。

短絡改造されても、通電されていれば排気ファンが作動するが、コンセントがはずれていたりして通電がないと、自動停止装置が作動せず一酸化炭素を室内に充満させ中毒事故を引き起こすことになったのである。本件で通電がなかった原因は不明であるが、コンセントが抜けていた可能性が高い。以上のように、修理業者に一方的に責任のある違法改造と言い切れない面があり、本判決はY_2に全国一斉の調査・回収義務を認め、不作為不法行為を認めたのである。本判決が重い義務をY_2に負わせたことにはそのような背景があることを注意すべきである。製責法施行後であれば、欠陥とさえ評価する可能性のある事例であり、Y_2の責任を認めたのは適切であるといえる。

さらに理解を深める

百選81事件〔中村雅人（本件訴訟の原告側訴訟代理人）〕、平野裕之・現消27号78頁　関連判例　パロマ事件についての諸判決については、平野・前掲参照

第2章 安全関係　1　過失　　　　　　　　　　　土庫澄子

72　食品衛生法違反の添加物を含有する健康食品の債務不履行責任

大阪地裁平成17年1月12日判決
　事件名等：平成15年（ワ）第3166号・第3583号損害賠償請求事件
　掲載誌：判時1913号97頁、判タ1273頁249頁

概要　本判決は、いわゆる健康食品として製造販売された製品に食品衛生法違反の添加物が混入していた場合において、販売業者の代金返還義務を肯定したものである。

事実関係　数種の健康食品を製造・販売する株式会社Y_1は、Aが製造したアスタックスを原料として使用した、錠剤状の本件各製品を製造し、アスタキサンチンを含み健康に効果をもつ健康食品とホームページなどで強調し、平成13年3月に発売した。Aはアスタックスを製造するに際し、規制に違反するエトキシキンを含まない原料をBから安定供給されることを期待できない事情が生じたため、抗酸化物質としてエトキシキンが添加された飼料用ヘマトコッカス藻体を仕入れ、アスタキサンチンを抽出し、Y_1に納入した。

Y_2は、Y_1の子会社で本件各製品を通信販売する販売業者である。X_1は同年6月に、X_2は同年8月に本件各製品を購入し、一部を消費した。X_1らに健康被害は生じていないが、本件各製品は食品衛生法に違反する飼料用添加物であるエトキシキンを含有していた。X_1らはY_1らに対して、債務不履行責任、不法行為責任、製造物責任に基づき、代金相当額、慰謝料等の損害賠償を請求した。

判決要旨　請求一部認容、一部棄却。製造業者について、「Y_1としては、本件各製品につき、消費者の生命、身体に危険性を及ぼす物質の混入について十分に調査し、食品への添加が禁止される添加物を自ら混入させないよう注意し、原料等に食品への添加が禁止される添加物が混入されていないことにつき、製造者として、一般的に相当といえる注意を払いつつ、原料等につき、特定の添加物の混入の可能性があり得ると認識したときに、当該添加物の混入につき調査をしていれば、特段の事情のないかぎり、本件各製品につき、安全性の調査義務違反はないというべきである」。「X_1らが購入した本件各製品により、この製品以外のX_1らの生命、身体又は財産が侵害された事実はないから、……Y_1が製造物責任法により損害賠償責任を負うことはない」。

販売業者について、「エトキシキンは、科学的合成品であり、飼料等に抗酸化

剤として使用されるものであり、食品衛生法6条により、食品への添加が禁止されているものである。……本件各製品は……自然物から作り出されるから……健康に効果があることを強調して販売されており、購入者も、本件各製品が……自然物から作り出されるから……健康に効果があると認識して購入するものと思料される……ことからすると……エトキシキンが、本件各製品に混入していた場合、売買契約の当事者である買主によっては、本件各製品が無価値になることは当然にあり得るところである。」

本判決の位置づけ・射程範囲

いわゆる健康食品の製造業者は、健康増進効果を宣伝する食品の原材料等の安全性を確保する責任を負うもので、原材料等の安全性に関し製造業者の調査義務の程度が問題となる。また、健康食品の販売業者は、製造業者が宣伝・強調する健康増進効果に影響を受けて購入し、消費した消費者に対して、規制法に違反する飼料添加物が混入した食品の販売についていかなる責任を負うかが問題となる。

本判決は、本件各製品は原料として食品衛生法違反の添加物を含有するが、当該物質には発がん性は認められず、ADI（一日許容摂取量）に照らして含有量を考慮すると生命・身体に影響を及ぼす危険性が認められないとして、食品製造業者の原材料の安全性に関する調査義務は一般的な注意義務で足り、Y_1に過失はないとする。また、判旨は、仮に食品に欠陥があるとしても拡大損害がなく、Y_1は製責法の責任を負わないとする。

食品事故では、原材料の危険性によって食品を摂取した者に健康被害を生じた場合に製造業者に高度の安全確保義務が課せられるが（カネミ油症事件：福岡高判昭和61・5・15 関連判例）、本件は事案を異にし、製造業者は一般的に相当な注意義務を負うにとどまる。関連して、国際取引において製品の原材料に規制違反の添加物が混入する場合につき、接着剤原液に関する東京地判平成17・7・19 関連判例 は、原告に生じた損害を原料製造者の注意義務の射程外であると解する。

一方で、本判決は販売業者に対して、規制違反の食品の引渡しは債務の本旨に従った履行とはいえないとし、Y_2に追完不能な瑕疵型の債務不履行責任を認める。判旨は賠償の範囲について、既消費分を含めた代金相当額とし、慰謝料を否定する。関連して、一般消費者に有害のおそれがあると認識され、購入されない食品の取引通念上の瑕疵については、大阪地判平成22・7・7 関連判例 がある。

本件は、規制法違反の添加物を含有するいわゆる健康食品の摂取により健康被害が問題とならない場合の、食品製造業者の安全性調査義務の程度および販売者の責任に関する判断の事例である。

さらに理解を深める

百選72事件〔中島貴子〕　井上善雄・月刊国民生活2010年6月号48頁、内田Ⅲ128頁　関連判例 福岡高判昭和61・5・15判時1191号28頁、東京地判平成17・7・19判時1976号76頁、大阪地判平成22・7・7判時2100号97頁

第2章　安全関係　2　製造・製造物・製造業者　　　　　　朝見行弘

73　割烹料亭で提供されたイシガキダイ料理による食中毒

東京地裁平成14年12月13日判決
　事件名等：平成13年（ワ）第12677号損害賠償請求事件
　掲　載　誌：判時1805号14頁、判タ1109号285頁

概要　本判決は、割烹料亭において提供されたイシガキダイ料理につき製責法の適用を認めたうえ、「開発危険の抗弁」の適用を否定したものである。

事実関係　Xら8名は、平成11年8月13日、千葉県勝浦市においてYの経営する割烹料亭を訪れ、Yが調理したイシガキダイ料理を食したところ、これに含まれていたシガテラ毒素を原因とする食中毒に罹患し、下痢、嘔吐、発疹、皮膚掻痒症、鳥肌発作、痺れ、冷感亢進、体のだるさなどの症状を生じ、治療のため入通院を余儀なくされたとして、Yに対し、製造物責任（製責3条）および瑕疵担保責任（民634条2項）に基づき、診療費、休業損害、慰謝料等として合計3800万円余の損害賠償を請求した。本件イシガキダイは、Yが、同月8日、仲卸業者である訴外Aから仕入れ、店内の水槽に放しておいた後、同月12日にこれを捌き、内臓を除去して3枚におろし、身、腹す、兜、中骨に分けて、同月13日、身の部分を氷水で締めてアライにし、兜や中骨の部分は塩焼きにして客であるXらに提供したものであった。

判決要旨　請求一部認容。「〔製責〕法にいう『製造又は加工』とは、原材料に人の手を加えることによって、新たな物品を作り（『製造』）、又はその本質は保持させつつ新しい属性ないし価値を付加する（『加工』）ことをいうものとするのが相当である。そして、食品の加工について、より具体的にいえば、原材料に加熱、味付けなどを行ってこれに新しい属性ないし価値を付加したといえるほどに人の手が加えられていれば、〔製責〕法にいう『加工』に該当するというべきである。」

　「〔製責〕法4条1号にいう『科学又は技術に関する知見』とは、科学技術に関する諸学問の成果を踏まえて、当該製造物の欠陥の有無を判断するに当たり影響を受ける程度に確立された知識のすべてをいい、それは、特定の者が有するものではなく客観的に社会に存在する知識の総体を指すものであって、当該製造物

をその製造業者等が引き渡した当時において入手可能な世界最高の科学技術の水準がその判断基準とされるものと解するのが相当である。」

本判決の位置づけ・射程範囲

1　製責法の対象となる「製造物」とは、「製造又は加工された動産」（製責2条1項）をいうとされているが、本判決は、その「製造」および「加工」の概念を明確にしたものである。立案担当者の解釈によれば、加熱（煮る、煎る、焼く）、味付け（調味、塩漬け、燻製）、粉挽き、搾汁などは「製造」や「加工」にあたるが、単なる切断、冷凍、冷蔵、乾燥などは基本的に「製造」や「加工」にはあたらないとされている（逐条解説製責法61頁、製責法の解説70頁）。なお、本判決を維持した控訴審判決（東京高判平成17・1・26 関連判例 ）は、「加工」について、「それまでになかった新たな危険が加わったこととか、製造業者が製造物の危険を回避し、あるいは発見、除去することができる程度に関与したことなどの要件を付加することは相当ではない」と判示している。

2　本判決は、「開発危険の抗弁」について、新製品の開発意欲が失われ、研究開発や技術革新が停滞し、ひいては産業活力が損なわれて国民経済の健全な発展が阻害される事態を回避するため、政策的配慮から導入されたものであり、これを安易に認めるならば製造物責任制度の意義が失われることになるとして、その適用範囲は限定的に解するのが相当であるとしたうえ、「当該製造物をその製造業者等が引き渡した当時において入手可能な世界最高の科学技術の水準」をもって、その判断基準となる科学知識の水準と判示しており、製責法の立法過程における考え方を踏襲している（逐条解説製責法110頁、製責法の解説142頁など）。そして、本判決は、既存の知識を総合すれば、毒化したイシガキダイが千葉県勝浦市近辺の海域で漁獲されることも予測できないことではなく、シガテラ毒素の含有というイシガキダイ料理の欠陥を認識することが不可能であったとは認められないとして「開発危険の抗弁」の適用を否定している。しかし、「『科学又は技術に関する知見』とは、当該製造物をその製造業者等が引き渡した当時において、科学技術に関する諸学問の成果を踏まえて、当該製造物の欠陥の有無を判断するに当たり影響を受ける程度に確立された知識の全てをいうものと解するのが相当である。」として、「入手可能性」を要件としない裁判例もみられる（名古屋地判平成19・11・30 関連判例 ）。

さらに理解を深める

百選71事件〔前田陽一〕　加藤新太郎・リマークス2004（上）66頁、飯塚和之・判タ1120号74頁、浦川道太郎・判タ1133号54頁、平野裕之・判評535号14頁（判時1824号176頁）、朝見行弘・現消2号92頁　関連判例 東京高判平成17・1・26公刊物未登載（LEX/DB28101913）〔本件控訴審〕、名古屋地判平成19・11・30判時2001号69頁、名古屋高判平成21・2・26裁判所ウェブサイト、東京地判平成15・3・20 本書80事件

第2章　安全関係　2　製造・製造物・製造業者　　　　　　　渡邉知行

74　幼児用自転車ペダルのバリによる負傷

広島地裁平成16年7月6日判決
　　事件名等：平成14年（ワ）第954号損害賠償請求事件
　　掲載誌：判時1868号101頁、判タ1175号301頁

概要　本判決は、幼児用自転車について、ペダル軸の根元部分から飛び出した金属片（ばり）による幼児の受傷事故において、ペダルを取り付けるなど一部の部品を組み立てて販売する業者に対する指示・警告上の欠陥があるとして、製造業者に製造物責任を認めたものである。

事実関係　X（5歳）は、幼児用自転車（本件自転車）に乗って遊戯中に、両足を地面につけた際に、本件自転車の右ペダル軸の根元部分から飛び出した針状の金属片（ばり）に右膝の後部を接触させて、膝窩部裂挫創の傷害を負った。本件自転車は、A会社が、箱入り七分組立ての状態の未完成の自転車（本件製品）を製造したY会社から、ペダルやハンドル等の部品とともに仕入れ、これらを組み立てて完成させて、Xの両親に販売したものである。Yが作成した組み立てマニュアルには、ばりが発生する危険性を注意喚起する記載がなかった。Xは、Yに対し、ばりが発生する設計上の欠陥がある、また、ばりが発生する危険性とばりを除去する必要性の指示・警告を欠く欠陥があると主張して、製造物責任に基づく損害賠償を請求した。

判決要旨　請求一部認容、一部棄却。本件製品について、ペダルを取り付ける際にばりが発生する可能性が低いので、「設計、製造上の欠陥があったと」いえない。
　「一般に、ある製造物に設計、製造上の欠陥があるとはいえない場合であっても、製造物の使用方法によっては当該製造物の特性から通常有すべき安全性を欠き、人の生命、身体又は財産を侵害する危険性があり、かつ、製造者がそのような危険性を予見することが可能である場合には、製造者はその危険の内容及び被害発生を防止するための注意事項を指示・警告する義務を負い、この指示・警告を欠くことは、製造物責任法3条にいう欠陥に当たると解するのが相当である。」
　「本件製品は、未完成の自転車であり、Yからの購入者であるAにおいてペダルをギアクランクに取り付けるなどして組み立てて完成しなければならない商品であったところ、ギアクランクにペダル軸を135N・m〔筆者注：ニュートンメートル〕で締め付けた場合には約10ミリメートルに達するばりが生じる可能性があり、この135N・mは通常用いる25センチメートルのペダルレンチを使用した場合に取っ手部分に55キログラムの力をかけたときと同一の力で、これは成

人男性が容易にかけ得る力である。そして、ばりは針状の金属片であり、長さ約10ミリメートルにも達するばりがペダルの取付部分にあった場合、自転車に乗車した者が足をばりに引っ掛けるなどして受傷する危険性は高く、特に本件自転車が幼児用のものであり、幼児は受傷を避けるための注意力が低いことからすれば、なお一層上記の危険性は高いから、製造者であるYが、本件製品をAに販売した当時、上記のような危険性を予見することは可能であったといえる。以上の点からすれば、Yは、本件製品をAに販売する際、Aに対し、ペダルをギアクランクに取り付けるときはYの組立マニュアルに指示したトルクを遵守すること、このトルクよりも強く締め付けた場合には危険なばりが発生する可能性があること、取付けが完了した後は必ずばりの有無を確認し、ばりが発生していた場合にはこれを取り除くことの各点を指示、警告する措置を講じるべきであったというべきである。

ところが、Yは本件製品をAに納入した際、組立マニュアルをAに交付したが、これにはギアクランクのペダル軸の締め付けトルクを35ないし45N・mと指定することの記載があったにとどまり、締め付け過ぎによるばり発生の危険について注意を促したり、組立て後の点検の際にばりを除去するよう指導する記載はなかったのであるから、この組立マニュアルの交付によって前記のYがなすべき指示、警告の措置を講じたとはいえない」。

本判決の位置づけ・射程範囲

本判決は、一部の部品の組み立てを販売業者が担当する自転車について、組み立ての工程で、乗車した者を負傷させる危険のある「ばり」が発生することを予見できる製造業者が、「ばり」が発生する危険性と「ばり」を除去する必要性を販売業者に指示・警告することを怠っていたとして、指示・警告上の欠陥を認めている。製品を使用する乳幼児については、製品の危険を認識して損害を回避する判断力が不十分であることも考慮されている。乳幼児が受傷すると、成人よりも重傷を負う可能性が高いことにも配慮すべきである。このような事情を考慮することは、高齢者向けの製品の指示・警告にも必要である。

本判決によれば、引渡し先で組み立てられることによって完成して使用される製造物について、製造業者は、引渡し前に欠陥が存在していない場合でも、引渡し先の組み立ての工程で発生する危険の内容や程度に応じて、引渡し先への適切な指示・警告を欠く場合には、欠陥があるものと判断される。東京地判平成15・3・20 本書80事件は、手術後の人工呼吸に際して、個々の医療器具に欠陥がなくても、他の医療器具と合わせて使用されて人身事故が発生した事案において、個々の医療器具に指示・警告上の欠陥があると判示する。

さらに理解を深める

百選87事件〔土倉澄子〕　実践PL法36〜38頁、潮見384〜386頁
関連判例 東京地判平成15・3・20 本書80事件、大阪地判平成22・11・17 本書81事件

第2章 安全関係　2　製造・製造物・製造業者　　　　　　　渡邉知行

75　中古自動車の走行中の発火についての製造業者の責任

大阪地裁平成14年9月24日判決
　事件名等：平成12年（ワ）第10247号損害賠償請求事件
　掲載誌：判タ1129号174頁

概要　本判決は、走行中に発火して焼損した中古自動車について、異物の混入により、損傷して露出したワイヤーハーネス芯線と車体鉄板が接触する欠陥が発火の原因であると認定したが、製造段階で当該欠陥が存在していたと推定できないとして、製造業者の製造物責任を否定したものである。

事実関係　通信機器の販売等を営む会社の代表取締役であるX₁は、A会社から中古自動車（本件車両）を購入して、社用に使用していた。X₁は、平成12年3月22日、従業員X₂を同乗させて、大阪市内の道路上を走行し車線を変更する際に、突然、本件車両の右前部の車高が下がり、走行に支障を来したため、本件車両を路肩に止めたところ、本件車両の右前部から火花が出て出火し、本件車両が焼損した。本件車両は、Y会社が製造し、平成9年11月10日初年登録され、平成10年8月1日にAがB会社からテレビオークションで購入し、同年9月18日までにX₁がAから購入したものである。Xらは、Yに対し、不法行為、製造物責任、または債務不履行に基づく損害賠償を請求した。Xらは、本件車両が焼損したのは右前部に製造上の欠陥があったこと等が原因であると主張した。

判決要旨　請求棄却。「本件車両の発火原因は、エンジンルーム内の右前照灯後方のコルゲートチューブ（PP材）及びその内部に封入されたワイヤーハーネスの被覆（塩化ビニル材）が何らかの理由でいずれも損傷したため、ワイヤーハーネス芯線が露出し、直接あるいは金属類の介在物を通して間接に、この芯線露出部（プラス側）と車体鉄板（マイナス側）が接触することとなり、電気火花（漏電現象）とアーク放電（トラッキング現象）が発生したことに起因するところ、電気火花（漏電現象）、アーク放電（トラッキング現象）状態になると、数10分程度でも、車両は発火、出火する可能性があることを考慮すると、Yによる本件車両製造当時に上記芯線が露出し、同芯線と車体鉄板が直接接触していた場合や、製造過程で既に上記芯線と車体鉄板を介在する異物が混入していた場合には、本件車両は、初年登録時から早々の時期に発火、出火した可能性が高いから、製造当時に上記芯線と車体鉄板が直接接触していた可能性や製造過程で異物

が既に上記芯線と車体鉄板を介在していた可能性は極めて低いといわざるを得ず、また、本件車両内及びその周辺部で異物が発見されていないことをも総合すると、これらの事実を認めることはできない。」

「本件車両の発火部分は、AやCの整備・点検作業の過程において、外部に露出することが幾度かあったことが認められるほか、X_1の前所有者が本件車両を使用していた際や、X_1の使用時においても、D等による給油やエンジンオイル交換等の際に、異物が混入する可能性がないとはいえないから、Yによる製造当時に鋭利な異物が混入したと認めるには足りない。」

「このように製造時から相当期間を経過した後中古車として本件車両を取得し、さらに約1年半後本件事故が発生したが、その間、Y以外の第三者による整備・点検が繰り返された事案においては、Xらの主張するように、製造段階における『欠陥』の存在を前提として、『欠陥』の特定の程度を緩和し又は『欠陥』の存在を一応推定することはできない」。

本判決の位置づけ・射程範囲

　製造業者に製造物責任が成立するには、製造物の引渡し時に欠陥が存在することが必要である。本判決は、事故発生時に認められる中古自動車の欠陥について、製造段階すなわち引渡しまでに存在することが推定できない、と判示した。初年登録時から早々の時期に発火事故が発生していないこと、整備・点検作業や給油やオイル交換等に際して異物が混入する可能性を考慮したことによる。

　これに対して、大阪地判平成6・3・29 関連判例 は、応接室に設置されて主電源の入った待機状態で発煙、発火したテレビについて、原告が合理的利用の範囲内で利用し、「内部構造に手を加えたり、第三者が修理等をした」という事実が認められないとして、製造業者が「流通に置いた時点で既に」欠陥原因が存在していた、と推認した。

　製責法において、一定の事実から欠陥を推定して、被害者の証明責任を軽減する規定は設けられていない。高度の科学的知識や技術によって、大量に製造物が生産されて消費者に供給されるなかで、製造物によって損害が発生した場合に、製造物の欠陥や欠陥と損害との因果関係を証明する証拠は、製造業者側に遍在する。裁判所は、個々の事案において、提出された証拠に応じて、経験則や事実上の推定を通じて、原告の立証責任の軽減を図ることが求められている。合理的な利用方法で使用されている製造物の欠陥によって損害が発生した場合には、製造業者が製造物を引き渡した後に欠陥を生じさせる可能性がある具体的な原因が考えられないならば、製造物の引渡し時に製造物に欠陥が存在していたものと推認すべきである。

さらに理解を深める　逐条解説製責法98〜100頁、実践PL法60〜61頁、潮見396頁
関連判例　大阪地判平成6・3・29判時1493号29頁、東京地判平成11・8・31 本書70事件

第2章 安全関係　3　欠陥　　　　　　　　　　　　　　　渡邉知行

76 コンニャク入りゼリーによる窒息死

神戸地裁姫路支部平成22年11月17日判決
事件名等：平成21年（ワ）第278号損害賠償請求事件
掲載誌：判時2096号116頁、判タ1340号206頁

概要　本判決は、子どもや高齢者が食べないように外装に警告表示がされたこんにゃく入りゼリーについて、祖母から与えられて幼児が喉に詰まらせて窒息死した事故において、設計上の欠陥や指示・警告上の欠陥が認められないとして、製造業者の製造物責任を否定したものである。

事実関係　A（1歳10か月）は、Y_1会社が製造したこんにゃく入りゼリー（本件こんにゃくゼリー）を、昼食後に祖母から与えられて食べたところ、喉に詰まらせて窒息して心停止の状態になり、救急車で病院に搬送された後に死亡した。本件こんにゃくゼリーには、警告表示として、外袋表面の右下隅にイラストと印字で、喉を詰まらせるおそれのある子供や高齢者に本件食品を食べさせない等の注意が記載されていた。Aの両親であるX_1及びX_2は、Y_1に対しては、本件こんにゃくゼリーに設計上の欠陥または指示・警告上の欠陥があるとして、製造物責任または不法行為に基づき、Y_1の代表取締役Y_2及びY_3に対しては、会社法429条1項に基づき、損害賠償を請求した。

判決要旨　請求棄却。こんにゃくゼリーの特性として、口腔内で破砕され難く、溶解しにくく、小児が容器から直接吸って喉に到達すると喉を詰まらせることが考えられるなど指摘されているが、本件食品は、商品名や販売方法を通じて「食品特性を意識しにくい状態にあったとは認められない」。

「本件こんにゃくゼリーのミニカップ容器は、こんにゃくゼリーを吸って食する必要がない構造となっており、その形状も吸って食することを誘発するものではないところ、ある程度の年齢の小児であれば、本件こんにゃくゼリーのミニカップ容器に触れれば、それが吸い出さなくても中身が出てくるものであることは容易に認識し得ると考えられ、またこんにゃくゼリーを摂取する際には、ミニカップ容器の底を摘んでカップより出てきたこんにゃくゼリーのうち自分が食するのに適した大きさの分量だけ嚙み切るなどして摂取すればよいのであり、逆に、例えば自らはミニカップ容器の上蓋を剥がせないような乳幼児に対しては、保護者等がこんにゃくゼリーを適当な大きさに切り分けるなどして与えるべきであっ

て、仮にこのような乳幼児に対しこんにゃくゼリーを切り分けせずに与えた結果、当該乳幼児がこんにゃくゼリーを誤嚥したとしても、それはこんにゃくゼリーの設計上の欠陥を徴表するものではないというべきである。」

「本件こんにゃくゼリーの警告表示は、………外袋の表面にはその右下に、ある程度の大きさで、子供及び高齢者が息苦しそうに目をつむっているイラスト（ピクトグラフ）が描かれ、こんにゃく入りゼリーであることも明示されていること、外袋の裏面には、子供や高齢者はこんにゃくゼリーをのどに詰めるおそれがあるため食べないよう赤字で警告されており、その真上には、ミニカップ容器の底を摘んで中身を押し出し吸い込まずに食するよう、摂取方法が同容器の絵とともに記載されていることに加え、………本件こんにゃくゼリーの外袋表面の中央には『蒟蒻畑』と印字されており、食感等の点で通常のゼリーとは異なることを容易に認識し得ると解されることからすれば、本件こんにゃくゼリーの警告表示は、本件事故当時において、一般の消費者に対し、誤嚥による事故発生の危険性を周知するのに必要十分であったというべきである。」

本判決の位置づけ・射程範囲

こんにゃくゼリーについては、1990年代以降、誤嚥による多数の死亡事故が国民生活センターによって公表されてきた。製品事故を防止するために、国民生活センター、農林水産省、消費者庁などの行政機関や製造・販売業者らの業界団体は、情報提供や警告による対策を行うとともに、製造・販売業者は、容器の形状や外装の注意喚起に改良を加えてきた。本判決は、本件こんにゃくゼリーについて、幼児の誤嚥事故において、容器の形状が誤嚥事故を誘発するものでないとして、設計上の欠陥を否定し、外装のイラストと印字による警告が誤嚥事故を防止するのに十分であるとして、指示・警告上の欠陥を否定した。

本判決は、消費者が誤嚥事故の危険性を認識できる警告表示が外装になされている本件こんにゃくゼリーについて、製造・販売業者による製品の安全確保を厳格に求めて、設計上の欠陥を肯定するのでなく、幼児の祖母が容器から取り出して幼児に食べさせる場合には、通常予見される使用形態として、適当な大きさにゼリーを切り分けて幼児に与えることによって誤嚥事故を回避することが合理的に期待できるのであり、このような事故防止の対応を怠ったことによる誤嚥事故は、設計上の欠陥によるものではないと判断する。

Xらは、本判決を不服として、大阪高裁に控訴した。大阪高裁は、国民生活センターの統計資料を通じて、本件こんにゃくゼリーについて、誤嚥事故の発生原因や発生頻度も考慮したうえで欠陥を否定し、控訴を棄却して、本判決を維持した。

さらに理解を深める 逐条解説製責法70頁、実践PL法36～37頁、60～61頁 **関連判例** 東京地判平成3・3・28判時1381号21頁

第2章　安全関係　3　欠陥　　　　　　　　　　　　　　　渡邉知行

77　プラスチック製食品容器油圧裁断機による従業員の死亡

東京高裁平成13年4月12日判決
　事件名等：平成12年（ネ）第4148号各損害賠償請求控訴事件
　掲載誌：判時1773号45頁

概要　本判決は、プラスチック製の食品容器（フードパック）を裁断して自動搬送する機械について、従業員の死亡事故において、事故を防止する適切な対処方法が講じられていなかった欠陥があるとして、製造業者の製造物責任を認めたものである。

事実関係　Y_2会社の従業員であるAは、Y_2の工場内で、Y_1会社が製造した油圧裁断機（本件機械）で、プラスチック製の食品容器（フードパック）を裁断する作業をしていた。第一コンベア上に荷崩れしたフードパックが残ったため、これを取り除くか、第二コンベアの方に移動させようとして、本件機械を停止させずに第一コンベアを載せたリフトの横から上半身を入れたところ、第一コンベアを載せたリフトが上昇してくるまでに身体を抜くことができずに、上方に移動したリフト上のコンベアと本件機械の天井部分との間に頭部を挟まれ、頭蓋底骨折による出血性ショックにより死亡した。Aの相続人Xらは、Y_1に対しては製造物責任に基づき、Y_2に対しては債務不履行または不法行為に基づき、損害賠償を請求した。原判決は、Y_1について、本件裁断機は通常有すべき安全性を欠いていたといえないとして請求を棄却したが、Y_2について、十分な安全教育を怠った過失があるとして、Aの過失につき7割の過失相殺をして、請求を一部認容した。Xらが控訴。

判決要旨　原判決変更。「本件機械がその特性や通常予見される使用形態などに照らして、通常有すべき安全性を欠いていて、それによって本件事故が生じたといえるときは、Y_1は製造物責任法3条に基づく損害賠償責任を負うものである。」
　「通常の操作担当者であれば、熟練するにつれて、作業効率を考えて、あるいは、特に作業を急がされていなくても、作業が中断して円滑に進まないことを嫌って、」本件機械の構造上頻繁に荷崩れする、フードパックを除去するために本件機械による作業を相当時間中断する「不適切な対処策によらずに、機械を停止させることなく問題を解消しようと考えることが当然予想される。その結果、リフトが作動中に崩れたフードパックを取り除こうとする行動に出ることが想定さ

れるのである。本件機械の製造者としてはそのような操作担当者の心理にも配慮して、機械の安全性を損なうことのないようにする必要があるというべきである。」

「したがって、第一コンベア上でフードパックの荷崩れが起きて、これを取り除かねばならないときに、操作担当者が、本件機械を停止させないまま、作動中のリフトの上部に手や身体を入れてこれを行おうとすることは、十分に予見できるものと認められる」ので、「予測の範囲を超えた異常な使用形態であるということはできない。」

「そして、機械停止せず、作業効率を犠牲にせずに、しかも安全に荷崩れ品を排除する……適切な排除策が講じられていなかった点で、本件機械は、通常有すべき安全性を備えていなかった、すなわち欠陥があったものと認めるのが相当である。また、仮にそうでないとしても、本件のような不適切な排除策を前提に本件機械を設計しておきながら、リフト上に手や身体が入ったときに本件機械が自動的に停止するような対策が講じられていなかった点で、本件機械には欠陥があったものと認めることができる。」

「本件事故の態様からすれば、亡Aにも、本件機械を停止させず、作動したままのリフト上に身体を入れて、荷崩れしたフードパックを取り除こうとした過失がある。」Yらの側の諸般の事情を比較考慮して、Aの過失割合を5割と認めるのが相当である。

本判決の位置づけ・射程範囲

製造物の欠陥を認定するにあたっては、被害者の使用形態が合理的な利用方法の範囲内であるか否かが問われることになる。本判決は、本件機械について、通常の操作担当者であれば、熟練するにつれて、作業効率を考えて停止させずにフードパックを除去することが想定されるとして、上半身をリフト上に入れて天井との間に頭部を挟まれたAの行動が通常予見される使用形態であると解した。製造業者や雇主が想定する使用形態でなく、製造物責任によって保護される通常の操作者が行うと想定される使用形態を前提として、適切な事故防止策がとられていないとして、欠陥があると判断している。

工場の作業現場で生命・身体に危険のある機械を使用するに際しては、製造業者、雇主または被用者の間で事故防止の役割をどのように分担するべきか問題となる。本判決によれば、被用者が当該業務の担当者として効率的な方法で作業を行うことを前提に、製造業者と雇主に適切な事故防止対策を講じることが求められる一方で、過失相殺を通じて、被用者にも事故防止のための相応の負担が求められている。

さらに理解を深める

逐条解説製責法70頁、実践PL法38〜39頁　 関連判例 大阪地判平成6・3・29判時1493号29頁、東京高判平成16・10・12 本書88事件、鹿児島地判平成20・5・20 本書78事件

第 2 章　安全関係　3　欠陥　　　　　　　　　　　　　　渡邉知行

78　カプセル入り玩具のカプセルにより窒息した幼児の脳障害

鹿児島地裁平成20年 5 月20日判決
　事件名等：平成18年（ワ）第22号損害賠償請求事件
　掲 載 誌：判時2015号116頁

概　要　本判決は、カプセル入り玩具のカプセルを幼児が誤飲し窒息して重大な後遺症を負った事案において、誤飲したカプセルに設計上の欠陥があるとして、玩具の製造業者に製造物責任を認めたものである。

事実関係　X_1（2 歳）は、X_1の兄A（6 歳）が専用ゲーム機の景品として取得したカプセル（本件カプセル）を、Aとともにボール代わりにして遊んでいたところ、本件カプセルを口に持っていった瞬間に、本件カプセルが口腔内に入って窒息した。母親X_2及び救急隊員Bは、X_1の口腔から本件カプセルを取り出すことができず、X_1が救急車で搬送されたC病院の医師Dが、コッペルで本件カプセルを引っ張り出して蘇生措置を行った。X_1は、2 か月間入院して治療したが、両上肢・下肢の機能全廃及び体幹部の機能障害が残った。X_1とその両親であるX_2及びX_3は、Yに対し、本件カプセルについて、幼児が手にとって遊ぶという通常予見しうる使用形態を考慮すると、設計上の欠陥があると主張して、製造物責任に基づく損害賠償を請求した。

判決要旨　請求一部認容、一部棄却。本件カプセルについて、封入された玩具が取り出された後に、幼児が玩具として遊びに用いることは「通常予見される使用形態」である。

　「本件カプセルは、表面は概ね滑らかでほとんどゆがみのない球体であったこと、本件窒息事故発生当時、X_2やBがX_1の口腔から本件カプセルを除去しようとしたが除去できなかったこと、C病院に搬送されたとき本件カプセルはX_1の喉頭部にはまりこみ、指も届かない部位にあったことからすると、本件カプセルのような表面の滑らかな球体は、一度口腔内に入ると指でつかんで取り出すことが難しいこと、最大開口量とほぼ同じ大きさの物でも口腔の奥へと入り込みやすい形状であることが推認できる。さらに、本件カプセルの表面には、空気抜きの穴が 1 つあるのみで口腔内に入った場合の通気孔はなかったことから、本件カプセルが咽頭ないし喉頭で停滞すると、気道を完全に閉塞することになる。

　すると、本件カプセルの設計は、乳幼児の口腔内に入ってしまった場合の口腔からの除去や気道確保が非常に困難となる危険な形状であったというべきで、本

件カプセルのように幼児が手にする物は、口腔から取り出しやすくするために、角形ないし多角形とし、表面が滑らかでなく、緊急の場合に指や医療器具に掛かりやすい粗い表面とする、また気道確保のために十分な径を有する通気口を複数開けておく等の設計が必要であったというべきである。」「本件カプセルは、3歳未満の幼児が玩具として使用することが通常予見される使用形態であるにもかかわらず、3歳未満の幼児の口腔内に入る危険、さらに一度口腔内にはいると除去や気道確保が困難になり、窒息を引き起こす危険を有しており、本件カプセルは設計上通常有すべき安全性を欠いていたというべきである。」

「球状の物体の場合、咽頭ないし喉頭で停滞して窒息する場合もあり、誤飲及び窒息を防ぐためには、物体が口腔内に入ることを防止することが必要になるのであり、ST基準が定めるサイズでは不十分である。」「したがって、ST基準を満たすことのみで本件カプセルが幼児の窒息防止のための十分な安全性を有していたとは認められない。」

「自宅内での幼児の窒息事故を防止する注意義務は、一次的にはX_1の両親であるX_2及びX_3らにある。」「X_2らは、X_1が本件カプセルで遊んでいるのを漫然放置し、これにつき十分な管理、監督を行っていたはいえず、前記注意義務を十分に果たしたとはいえない」。「そうすると、Xらの損害のうち、Yは、その3割を負担するのが相当である。」

本判決の位置づけ・射程範囲

玩具の製造業者は、様々な玩具による事故発生のデータが集積されるなかで、製品の形状やサイズ等を調整することを通じて、損害が発生する危険を低減ないし回避する専門的知識や技術を有している。本判決は、玩具の球状のカプセルについて、幼児が、製造業者が想定していない方法で遊戯に用いて誤飲した事案においても、遊戯中の誤飲によって重大な後遺症を生じた経緯から、幼児がとりうる通常の行動の形態と身体に重大な損害が発生する危険性を考慮して、通常予見できる使用形態に対応する安全性を欠くものとして、設計上の欠陥を認めている。

日本玩具協会による安全基準（ST基準）が満たされているので欠陥がない、というYの反論を退けている。

他方、親権者は、子を監護する義務として、幼児の玩具による遊戯に際して受傷することを回避する義務を負っており、遊戯中の受傷につき親権者に過失がある場合には、被害者側の過失として、過失相殺によって賠償額が減額されうる。本判決は、製造業者に玩具の欠陥責任を認める一方で、自宅内での幼児の窒息事故であり、親権者に現実の監督が及ぶ場所で事故が発生していることから、親権者が一次的に損害を防止する義務を負うものとして、製造業者の賠償額を3割に減額している。

さらに理解を深める 百選84事件〔角田美穂子〕 逐条解説製責法70頁、実践PL法38〜39頁 関連判例 大阪地判平成6・3・29判時1493号29頁、東京高判平成13・4・12 本書77事件、東京高判平成16・10・12 本書88事件

第2章 安全関係 3 欠陥　　　　　　　　　　　　　　　　田島純藏

79 給食用食器コレールと製造物責任

奈良地裁平成15年10月8日判決
　事件名等：平成12年（ワ）第513号損害賠償請求事件
　掲載誌：判時1840号49頁

概要　本判決は、国立大付属小学校の学校給食で小学3年生生徒が落とした強化耐熱ガラス製の食器の破片により右目を受傷した事故につき、同食器製造会社の指示・警告上の欠陥による製造物責任を認めたが、小学校側の過失はないとし、国家賠償責任は否定したものである。

事実関係　国立大付属小学校（本件小学校）3年生の女生徒Xが、平成11年2月19日、給食を食べ終わり、食器類を返却する際、コレール（積層強化ガラス）を使用した強化耐熱性のガラス製の食器（本件食器）を誤って床に落下させ、割れて飛散した微小かつ鋭利な破片がXの右眼角膜に突き刺さり角膜裂傷等の傷害を負い後遺障害も残った（本件事故）。Xは、本件食器は製造物として通常有すべき安全性を欠いていたので欠陥があるとして本件食器を加工・販売したY₁社及びY₂社に対して製造法3条に基づき、また、本件小学校及びその教諭には過失があり、また、本件食器は公の営造物であるとして、本件小学校を設置する国（Y₃）に対し、国賠法1条1項、2条1項に基づき、それぞれ1440万円余の損害賠償を請求する訴えを提起した。

判決要旨　請求一部認容、一部棄却。本判決は、食器の設計上の欠陥は否定したものの表示上の欠陥によるY₁及びY₂の損害賠償責任を認めたが、小学校側に過失はないとしてY₃（国）に他する国家賠償責任は否定した。その理由は次のとおりである。
1　コレールは衝撃に強く割れにくいという学校給食の食器としての大きな有用性がある反面、割れた場合には細かく鋭利な破片が広範囲に飛散するという危険性を有するものであるが、それは衝撃を内部にとどめる構造ゆえのものであって、割れにくさという有用性と表裏一体をなすものであり、これをもって直ちに設計上の欠陥があったと評価することはできないなど、コレールないし本件食器には、その設計において給食器として通常有すべき安全性を欠いていたとはいえず、設計上の欠陥はない。
2　取扱説明書等には、コレールはガラス製品であり、衝撃により割れることがあるといった趣旨の記載があるが、これは一般的な注意事項であり、コレールが割れた場合の破片の形状や飛散状況から生じる危険性が他の食器に比して大きいのに、その危険性について、十分な情報を提供するに足りる程度の記載がなさ

れたとはいえず、また、コレールがどのような態様で割れるかについての記載もない。したがって、これらの表示は、コレールが割れた場合の危険性について、消費者が正確に認識し、購入に当たっての必要な情報を提供しておらず、使用に当たっての十分な注意喚起もしていないので、その表示につき製責法3条の欠陥がある。

3　コレールを採用するのに、事前調査としては十分なものでその時点でなし得る十分な検討をしており、学校側に児童・生徒の安全を保持すべき義務への違反はない。また本件食器を給食用食器として使用したことをもって、公の営造物の設置・管理に瑕疵があったとはいえない。

本判決の位置づけ・射程範囲

本判決は、学校給食で使用した給食器がコレールという商品名の積層強化ガラスによるものであったため落とした同食器が割れて広範囲に微細かつ鋭利な破片が飛び散り、この破片で右目を受傷した国立大付属小学校の低学年女生徒が同食器を加工・販売をした被告らに対して製責法3条に基づき、また、学校給食用食器に危険なコレール製のものを採用した学校教諭等に過失があり、同食器の設置・管理に瑕疵があるとして、国に対して国賠法に基づき損害賠償を請求した事案につき、国の責任は否定したが、本件食器を加工・販売した被告会社らの指示・警告上の欠陥を認め、製責法3条の製造物責任を認めたものである。

コレールとは、3層の積層強化ガラス構造となっており、膨張率の違いから割れ難いものとしたものであるが、いったん割れると内部にため込まれた引張応力が解放されて、大きな破裂音を立てて、鋭利で細かい破片が激しく広範囲に飛散するなどして破損する性質を有するものである。本判決は、コレールの持つ有用性をも考慮し、危険性はあってもコレールの本件食器そのものの設計上の欠陥は否定した。しかし、この危険に対する警告表示がないとして、被告会社らの製造物責任を認めたものである。

製造物責任につき、製品自体の設計上の責任は認めないが、指示・警告上の欠陥を認める判例は、いくつも出されているが、本件では、ガラスの膨張率の違いにより割れにくくするという新しい技術を用いたもので、しかも、小学校の低学年の給食用の食器として用いられていての事故という特殊性がある。新しい素材や構造の製品の事故の製造物責任の判断について参考となる。

なお、本判決は、コレールの被告販売会社についても製造物責任を認めているが、これは、同被告が被告コレール加工会社が出資する子会社であり、取扱説明書にお問い合わせ先として記載されていることから製責法2条3項3号の「実質上の製造業者」であることに争いがなかったことによる。

さらに理解を深める

百選73②事件〔大橋洋一〕　[関連判例]　学校給食について製造物責任が問題となった判例として、大阪地堺支判平成11・9・10 [本書100事件]。学校給食については、より厳しい安全性が求められている

第2章 安全関係　3　欠陥　　　　　　　　　　　　　　　　　田島純藏

80　呼吸回路器・気管切開チューブの欠陥に対する責任

東京地裁平成15年3月20日判決
　事件名等：平成13年（ワ）第27744号損害賠償請求事件
　掲載誌：判時1846号62頁、判タ1133号97頁

概要　本判決は、生後3か月の乳児の気管切開後に、医師が呼吸回路と気管切開チューブとを接続して用手人工呼吸を行おうとしたところ、呼吸回路が閉塞して乳児が換気不全に陥って死亡した事故につき、呼吸器回路と気管切開チューブに指示・警告上の欠陥があったとしたうえ、同チューブの接続不具合について欠陥があることの認識はできなかったとする開発危険の抗弁を排斥して、同呼吸回路器の製造業者と同気管切開チューブの輸入業者の製造物責任を認めたものである。

事実関係　生後3か月の乳児は、呼吸器障害のため東京都（Y_1）の設置した病院（A病院）に入院し、平成13年3月13日、気管切開術を受けた後、病棟に帰室する途中、担当医師が、気管切開部に装着された輸入業者（Y_2）の輸入・販売にかかる気管切開チューブ（本件気管切開チューブ）に、製造業者（Y_3）の製造・販売にかかる小児用麻酔回路（ジャクソンリース回路）である呼吸回路器（本件呼吸回路器）を接続して、用手人工呼吸を行おうとした。ところが本件呼吸回路器は新鮮ガス供給パイプが突出したタイプであり、また、本件気管切開チューブは接続部の内径が狭い構造となっていたため、新鮮ガス供給パイプの先端が本件気管切開チューブの接続部の内壁にはまり込んで密着し回路の閉塞をきたし、同乳児は換気不全に陥って死亡した。

　本件は、同乳児の両親Xらが、Y_1に対しては不法行為責任及び債務不履行責任に基づき、本件呼吸器のY_3及び本件気管切開チューブのY_2に対して製造物責任及び不法行為責任に基づき損害賠償を請求した事案である。

判決要旨　請求一部認容、一部棄却。本判決は、本件呼吸回路器に設計上の欠陥、指示・警告上の欠陥があったのかにつき、本件呼吸回路器に長い新鮮ガス供給パイプが付いているのは小児麻酔用として構造自体合理的なもので、セット販売されている付属品マスクと接合すれば閉塞は起こらないので設計上の欠陥があったとはいえないが、他社製品と組み合わせて使用されると閉塞が生じる危険性があったから、その危険性とそのような組み合わせで使用しないよう指示・警告等の措置を採るべきであったのにこれを採ったとはいえないからか

ら、指示・警告上の欠陥があるとした。また、本件気管切開チューブに設計上の欠陥、指示・警告上の欠陥があったのかにつき、本件気管切開チューブの接続部の内径を狭い構造としたのは、換気量の少ない小児・新生児の換気に際し死腔を減らすためであるとしてその設計上の欠陥は否定したが、本件呼吸器回路と接続した場合、閉塞を起こす危険があったのに、そのような使用をしないように指示・警告しなかったとして、指示・警告上の欠陥を認めたうえ、本件気管切開チューブの不具合は認識できないとの開発危険の抗弁については、Y_2がA病院に本件気管切開チューブを納入した当時における科学又は知見によっては欠陥があったとは認識することができなかったことを証明できたとは到底いえないから開発危険の抗弁は認められないとした。また、A病院の不法行為責任及び債務不履行責任については、Y_1は使用者責任を負うとし、Yらは、それぞれ損害賠償としてXらに総額5000万円余を支払うことを命じた。

本判決の位置づけ・射程範囲

本件は、手術後の患者の人工呼吸器のために使用された製造者の異なる二つの医療器具の接続の不具合により患者が死亡した事故につき、それぞれの医療器具の欠陥と指示・警告上の欠陥、医療器具製造業者の製造物責任が争われた事案である。個々の製品としては欠陥がなくても、複合使用することにより不具合が生じた場合に個々の製品の欠陥といえるのか、また複合使用についての危険性等につき指示・警告がない場合に指示・警告上の欠陥があるのかが争われたのであるが、本判決は、個々の医療器具については欠陥がないとしながらも、複合使用についての危険性についてなされるべきであった適切な指示・警告がなかったとして各医療器具製造業者の製造物責任をいずれも認めたものである。製品そのものの欠陥がなくても、複合使用についての指示・警告上の欠陥を認めたものとして、理論的にも重要な裁判例であるということができる。また、本件では製責法4条1号の開発危険の抗弁も争われたが、本件気管切開チューブを納入した当時における科学又は技術の知見によって欠陥があることを証明できたとは到底いえないとしてこの抗弁は否定された。開発危険の抗弁とは、製造物責任の欠陥が認められても、製造業者が、製品を流通に置いた当時の科学・技術に関する知見では、欠陥であることを認識することができなかったことを主張・立証した場合に製造物責任を発生させない抗弁のことである。

さらに理解を深める

百選77事件〔手島豊〕 関連判例 医療機器の欠陥が問題となった裁判例としては、人工心肺の送血ポンプにつき説明義務違反を肯定し製造業者の不法行為責任を認めたものとして、次の判例①、手術用カテーテルの製造上の欠陥を認めた判例②、手術用骨癒合促進プレートの輸入・販売業者の製造物責任を否定した判例③などがあり、また、開発危険の抗弁を否定したものとして、判例④などがある。
①東京高判平成14・2・7判時1789号78頁、②東京地判平成15・9・19判時1843号118頁、③神戸地判平成15・11・27裁判所ウェブサイト、④東京地判平成14・12・13 本書73事件

第2章 安全関係　3　欠陥　　　　　　　　　　　　　　　　　　田島純藏

81 痩身用サウナ器具の欠陥と製造物責任

大阪地裁平成22年11月17日判決
　事件名等：平成19年（ワ）第16679号損害賠償請求事件
　掲載誌：判時2146号80頁

概要　本判決は、痩身用のサウナ器具により網状皮斑が生じたことにつき、同器具の設計上の欠陥は否定したが、指示・警告上の欠陥を肯定し、また、同器具の製造業者のほか同器具等に商標を表示した販売業者の製造物責任を認めたものである。

事実関係　Xは、平成17年5月、Y_1の経営する会員制フィットネスサロンの会員となり、翌平成18年5月末まで、同サロンに設置された赤外線を使用した痩身用のサウナ器具（本件器具）をほとんど毎日使用していた。本件機器は、Y_2が製造し、Y_3が販売しており、本件機器等には、Y_3の商標が付されていた。また、Xは、平成18年5月、Y_1のスタッフAを介してY_3から本件器具を購入し、自宅で本件器具を使用した。Xの使用方法は、通常の使用方法より、長時間で高温であった。平成17年7月頃から本件機器を使用した直後にXの両下肢に大理石様の赤い模様が現れるようになり、平成18年11月以降、両下肢の網状皮斑につき医師の診断、治療を受けた。Xは、Y_1に対しては債務不履行、不法行為に基づき、Y_2に対しては製造物責任、不法行為に基づき、Y_3に対しては、表示上の製造業者であるとして製造物責任、不法行為、債務不履行に基づき、582万余円の損害賠償を求める訴えを提起した。本件では、Y_3の製造業者等の該当性、Xの症状の本件機器使用による起因性、本件器具の欠陥、因果関係、損害、過失相殺が争点とされた。

判決要旨　請求一部認容、一部棄却。
1　本件機器本体や取扱説明書には、Y_3の商標のみが表示されているが、電化製品に製造業者の商標が圧倒的に多いことからすると、この商標は、Y_3が本件機器の製造業者であると誤認させるような表示（製責2条3項2号）であると認められる。
2　本件機器の使用は網状皮斑（本件症状）発生の原因となり得ること、Xの本件症状の発生時期及び発生個所と本件機器の利用開始時期及び本件機器の利用箇所はほぼ一致することなどの事情に照らせば、Xの本件症状は、本件機器を使用したことによって発生したものと認められる。
3　Xの本件機器の使用は、通常の使用方法と異なり、負荷の高い過剰な態様であった。一方、過剰な使用方法を用いず、連続使用もせずに本件機器を使用した場合に、本件症状や低温やけど等の異常が身体に生ずる危険性があることは認め

られない。本件機器が通常有する安全性を欠くということはできず設計上の欠陥は認められない。

4　本件機器の取扱説明書には、1日の使用限度時間や限度回数、危険な使用方法に対する警告が記載されておらず、また、長期間かつ過剰な使用による具体的な危険性及び異常が生じた場合の対処方法等の警告が、使用者が明確に理解できる形で表示されているとはいえないから、本件機器は、指示・警告上の欠陥がある。

5　XはAから本件機器を購入したものであり、XとY₃との売買契約は成立していないからY₃は債務不履行責任は負わない。

6　Y₁には説明義務違反が認められるが、安全配慮義務違反は認められない。

7　平成17年7月頃に本件症状を自覚したのに、その後も病院を受診することなく本件機器を長時間継続使用したことはXの過失であるので4割の過失相殺をするのが相当である。

本判決の位置づけ・射程範囲

本判決は、痩身用のサウナ器具について、通常の使用によっては網状皮斑や低温火傷等の異常が生じる危険性はないなどとして設計上の欠陥は否定したが、取扱説明書に長時間、過剰な使用をすると不可逆的な網状皮斑が生じる危険性があることの警告がないなどとして指示・警告上の欠陥があるとして被告製造業者の製造物責任を認めたものである。本判決は、この指示・警告上の欠陥を認定するにあたり、本件機器を長時間、負荷を大きくして使用を継続することが容易に予見できるのでこのような使用方法の禁止などを表示する義務があるとしたうえで、この義務に反してこのような表示を欠く場合に指示・警告上の欠陥があるとしている。製造物責任は、過失責任ではなく、無過失責任であるといわれるが、本判決は、少なくとも指示・警告上の欠陥については過失責任主義的な構成をとったものといえる。義務違反といえないような場合には、危険性について指示・警告がなくても欠陥とはいえないとするものであろう。この点、最判平成25・4・12 本書84事件 は、医薬品の指示・警告上の欠陥について、引渡時点で予見しえない副作用について添付文書に記載がなくても指示・警告上の欠陥はないとしている。指示・警告上の欠陥については、予見可能な危険性について、指示・警告が書けることが必要とされるのであろう。なお、本判決は、電化製品には販売業者ではなく製造業者の商標が記載されることが圧倒的に多いことを根拠に、本件機器に商標のみを付した販売業者を、製責法2条3項2号所定の「当該製造物にその製造業者と誤認させるような氏名等の表示をした者」に該当するとした。

さらに理解を深める

指示・警告上の欠陥の成立について、予見可能性を必要とするとした最判平成25・4・12 本書84事件 について民法百選Ⅱ7版83事件〔橋本佳幸〕参照（抗がん剤の副作用が問題となった）　関連判例 最判平成25・4・12 本書84事件

82 衝突事故による負傷とシートベルトのロック機能、ETR、エアバッグの欠陥

朝見行弘

東京地裁平成23年3月29日判決
　事件名等：平成16年（ワ）第19917号損害賠償請求事件
　掲載誌：判タ1375号164頁

概要　本判決は、自動車につき衝突時にシートベルトのロック機能、ETRおよびエアバッグが機能しない欠陥があったものと認めなかったものである。

事実関係　交差点を直進しようとしたX₁運転の普通乗用車（X車）に対向車線から右折してきたY₁運転の普通乗用車（Y車）が衝突し、X₁は、ハンドルに顔面を打ち付けて、顔面多発骨折等の傷害および外貌醜状および嗅覚障害の後遺障害を負ったため、Y₁に対し不法行為責任（民709条）に基づき、X車の製造業者であるY₂社に対し、X車のシートベルトのロック機能、ETR（衝撃時にシートベルトのたるみを巻き取って身体をシートに拘束し、車両内装との接触や衝撃を減少させるシートベルト・テンショナーと呼ばれる装備）およびエアバッグに欠陥が存在したとして、製造物責任（製責3条）に基づき入院治療費およびX車の修理費など1億2800万円余りの損害賠償を請求した。

　また、X車の所有者であるX₂社も、本件事故によって被った企業損害につき、Y₂社に対し黙示の保証責任に基づいて5500万円の損害賠償を請求した。

判決要旨　Y₂社につき請求棄却、Y₁につき請求一部認容。「X₁の下腹部の圧迫痕ないし擦過痕は、本件シートベルトのロック機能が作動し、同部がシートベルト（腰ベルト）で固定され続けたため、Y車との衝突及び歩行者用信号機の支柱との衝突を通じて荷重がかかり形成されたものと認めるのが相当である。……本件シートベルトに擦過痕がないこと、X₁が顔面をハンドルに打ち付けたことは、本件シートベルトのロック機能が作動しなかったことを推認させるに足りる事情とは認められず、他に、これを認めるに足りる証拠はないから、本件事故当時本件シートベルトにロック機能が作動しない欠陥があったということはできない。」

　「本件事故におけるX車とY車の衝突形態は、直進するX車に対向車線から右折してきたY車が衝突したもので、X車への入力方向は右斜め前であり前面衝突ではないから、クラッシュ・パルスが基準値（閾値）に達しなかったためETR及びエアバッグが作動しなかった可能性があり、X車がY車と衝突したにもかかわ

らずETR及びエアバッグが作動しなくとも、そのことから直ちにETR及びエアバッグに欠陥があるということはできない。また、X車は、Y車と衝突後、その弾みで本件交差点の角にある信号機の支柱に衝突しているが、X車の前面中央部分のみが信号機の支柱と衝突してその部分だけが大きく凹損しており、X車の一部が極端に変形するような衝突の場合にあたるから、ETR及びエアバッグが作動しなくとも、そのことから直ちにETR及びエアバッグに欠陥があるということもできない。……その他、本件事故によりETR及びエアバッグが作動しなかったことが、正常に安全保護機能が作動しなかったことになると認めるに足る証拠はないから、本件事故によりX車のETR及びエアバッグが作動しなかったことが欠陥に当たるということはできない。」

本判決の位置づけ・射程範囲

1　関連判例 に示したとおり、自動車の欠陥にかかる製造物責任が争われた裁判例は数多くみられるが、本判決は、自動車のシートベルトのロック機能、ETRおよびエアバッグについて、その具体的なメカニズムを明らかにし、本件事故の客観的な態様およびXの受傷部位などを認定したうえで、その欠陥性を否定したものであり、具体的な欠陥の判断過程を示した事例として参考になる。

2　本判決は、シートベルトのロック機能について、X_1の片脇腹部および下腹部に生じた圧迫痕ないし擦過痕は、シートベルトに圧迫されたことによるものであり、ロック機能は作動していたものと考えられると判断した。そして、ロック機能が作動して負荷がかかったときに生じる擦過痕がシートベルトに認められないことについては、本件事故の態様からすると、衝突の衝撃によりシートベルトが外れて負荷がかからず擦過痕が生じないことは十分ありうるとして、ロック機能が作動しなかったことを推認させるに足りる事情とはならないとしている。

3　本判決は、本件事故時にETRおよびエアバッグが作動しなかったことを認めたうえで、前面衝突ではなく右斜め前方からの衝突という本件事故の衝突形態によってはETRおよびエアバッグが作動しない可能性があり、直ちにETRおよびエアバッグに欠陥が存在したということはできないと判断した。同様に、X車は、Y車との衝突後、その弾みで信号機の支柱に衝突し、前面中央部分のみが大きく凹損しているが、このような一部が極端に変形するような衝突の場合にETRおよびエアバッグが作動しないことはありうるのであって、これをもって直ちにETRおよびエアバッグに欠陥が存在するものということはできないとしている。

さらに理解を深める　関連判例　東京地判平成26・3・27判時2228号43頁、高松地判平成22・8・18判タ1363号197頁、東京地判平成21・10・21判時2069号67頁、東京地判平成21・9・30判タ1338号126頁、神戸地判平成21・1・27判タ1302号180頁、東京地判平成19・4・24判時1994号65頁、東京地判平成15・5・28判時1835号94頁、大阪地判平成14・9・24判タ1129号174頁など

第2章 安全関係 3 欠陥 朝見行弘

83 化粧品による皮膚障害と指示・警告上の欠陥

東京地裁平成12年5月22日判決
　事件名等：平成10年（ワ）第23176号損害賠償請求事件
　掲載誌：判時1718号3頁

概要　本判決は、化粧品の使用と顔面の皮膚障害との因果関係を認めたうえ、当該化粧品につき指示・警告上の欠陥を否定したものである。

事実関係　Xは、平成7年7月初めころ、Y_3デパートにおいて、Y_1社が製造し、Y_2社を販売元とする化粧品（ファンデーション）を購入し、使い始めたところ、顔面に紅斑と痛みおよび痒みが生じたため、同月5日、知人の紹介により自宅から遠く離れたA医院を受診し、B医師の診察を受けた。その後、平成8年1月12日になって、Xは、C病院皮膚科においてD医師の診察を受け、接触皮膚炎の疑いがあるとして、本件化粧品を含む化粧品類の使用を中止させられたところ、紅斑や瘙痒は軽快した。D医師は、本件化粧品および本件化粧品の改良品としてY_3デパートの従業員からXに渡された化粧品につき、同月16日にXの上腕でパッチテストを実施したところ、いずれも陽性反応が出たのに対し、シャンプーや石鹸などXが使用する他の化粧品に含まれる成分30品目につき、同月24日にXの背中でパッチテストを行ったところいずれも陰性反応であったため、本件皮膚障害が接触皮膚炎であり、本件化粧品が顔面の皮膚障害の増悪因子の一つであると診断した。

そこで、Xは、本件化粧品に指示・警告上の欠陥が存在したとして、Y_1社およびY_2社に対し製造物責任（製責3条）および不法行為責任（民709条）により、Y_3デパートに対して不法行為責任（民709条）および債務不履行責任（民415条）に基づき、治療費など660万円余りの損害賠償を請求した。

判決要旨　請求棄却。「本件皮膚障害（顔面の皮膚障害）の原因の全てが本件化粧品の使用によるものとはいえないとしても（……アトピー性皮膚炎や真菌症の症状も混在している可能性は否定できない。)、少なくとも、本件化粧品の使用は、顔面の皮疹の症状を発生させ、増悪させる因子の一つとして働いたものと認められる。」

「本件化粧品の成分のどれかに対して原告のようにアレルギー反応を引き起こす消費者がいたとしても、そのアレルギー反応の出現は、本件化粧品を使用して初めて判明することであるから、本件注意文言のように、本件化粧品が『肌に合

わない』場合、すなわち、皮膚に何らかの障害を発生させる場合があり得ることを警告するとともに、その場合は、使用を中止するように指示することは、まれに消費者にアレルギー反応を引き起こす可能性のある本件化粧品の指示・警告としては、適切なものであったというべきである。」

本判決の位置づけ・射程範囲

1 Xは、昭和55年ころから顔面に紅斑等の症状が出ることがあり、皮膚科で診療を受け、アトピー性皮膚炎や真菌症と診断され、治療を受けていたことから、本判決においては、本件皮膚障害と本件化粧品の使用との間の因果関係が問題となった。本判決は、①Xが、平成7年7月初めに本件化粧品を購入し、同月5日には、本件皮膚障害が発生したとして遠方にあるA医院を訪れていること、②Xが、本件皮膚障害発生後、2か月近く欠勤していること、③本件化粧品の使用中は、顔面の皮膚障害が持続していたが、本件化粧品の使用中止によって症状が軽快したこと、④本件化粧品のみがパッチテストで陽性反応を示し、その結果を踏まえてD医師が、Xの顔面の皮膚障害について接触皮膚炎と診断し、本件化粧品が顔面の皮疹の増悪因子の一つであると判定していることなどの間接事実を認定することによって、本件化粧品の使用と本件皮膚障害との間の因果関係を肯定している。

2 本判決は、化粧品が本来的にアレルギー反応を引き起こす危険性を内在するものである以上、化粧品の使用によってアレルギー反応による皮膚障害が発生したとしても、それだけで当該化粧品が通常有すべき安全性を欠くものということはできず、当該危険性の現実化を防ぐために必要とされる適切な指示・警告を欠く場合において、「指示・警告上の欠陥」があるということができるものと判示している。

そして、Y_2社が、本件化粧品の外箱と容器に、肌に合わないこともありうること、そのようなときには本件化粧品の使用を中止することを枠囲いで注記していたことをもって、消費者の目につきやすい態様で端的に記載することにより注意を喚起していたものと評価することができるとして、消費者にアレルギー反応を引き起こす可能性のある本件化粧品の指示・警告としては、適切なものであったとされた。

本判決は、化粧品に表記された「お肌に合わないときはご使用をおやめ下さい」との文言が当該化粧品に内在する危険性の警告として適切であり、パンフレットにおける「敏感なお肌の方でも安心です」という表示についても「皮膚疾患がある場合についてまで安全であることを表現したものとは解されない」として、指示・警告上の欠陥性を否定したものであり、化粧品に関する指示・警告の適切性に関する先例となるものである。

さらに理解を深める 百選78事件〔畑中綾子〕 **関連判例** 東京地判平成26・3・20判時2230号52頁、大分地判平成26・3・24公刊物未登載（LEX/DB25503783）

第2章 安全関係　3　欠陥　　　　　　　　　　　　　　　　　瀬川信久

84　医薬品の副作用に関する添付文書の記載の適否
　　　　——イレッサ薬害訴訟

最高裁平成25年4月12日第三小法廷判決
　事件名等：平成24年（受）第293号損害賠償請求事件
　掲載誌：民集67巻4号899頁、判時2189号53頁、判タ1390号146頁

概要　本判決は、抗がん剤の有用性と処方する医師の予見可能性等を理由に、添付文書の副作用記載を製造物責任法の欠陥でないとしたものである。

事実関係　末期肺がん患者ABは、Y社販売の抗がん剤イレッサにより間質性肺炎になり死亡した。遺族XらがYに対し、①イレッサの有効性・有用性の欠如、②副作用に関する添付文書の記載の不十分さ、副作用報告に応じた添付文書改訂等の懈怠、③誇大広告、使用医師の限定の不実施等を理由に製責法3条の損害賠償を請求した。第一審は②のみ認めて請求を容認。原審は①②③すべてを斥けた。最高裁はXらの上告受理申立てを②の論旨に限って受理した。

判決要旨　上告棄却。理由4(1)の一般論では、「医薬品は……副作用の存在をもって直ちに製造物として欠陥があるということはできない。……副作用に係る情報が適切に与えられていないことを一つの要素として、当該医薬品に欠陥があると解すべき場合が生ずる。」「〔副作用に関する〕添付文書の記載が適切かどうかは、上記副作用の内容ないし程度……、当該医療用医薬品の効能又は効果から通常想定される処方者ないし使用者の知識及び能力、当該添付文書における副作用に係る記載の形式ないし体裁等の諸般の事情を総合考慮して、上記予見し得る副作用の危険性が上記処方者等に十分明らかにされているといえるか否かという観点から判断すべき」だと述べる。
　理由4(2)では、イレッサの副作用を二つに分けて検討し、添付文書第1版の欠陥を否定した（以下では判旨を要約する）。ア）間質性肺炎発症例のうち死亡症例にイレッサ投与との因果関係を積極的に肯定できるものはなかったから、副作用は他の抗がん剤と同程度の間質性肺炎にとどまると認識され、Yは添付文書第1版に「警告」欄を設けず、「使用上の注意」欄の「重大な副作用」欄の4番目に間質性肺炎を記載するにとどめた。そして、イレッサの通常想定される処方者・使用者である肺がん治療を行う医師は、添付文書第1版の記載を閲読すれば、イレッサ投与により間質性肺炎を発症すると致死的になり得ることを認識できた。イ）イレッサ投与により実際に生じた急速に重篤化する間質性肺炎は、本件輸入承認時点までに予見し得たといえない。そして、イレッサが、極めて予後

不良の難治がんを効能・効果とし、第Ⅱ相までの試験結果により承認されたことも、肺がん治療を行う医師には容易に理解し得ることに照らせば、急速に重篤化する間質性肺炎を前提とした添付文書第3版のような記載がないことを不適切だとはいえない。4裁判官の補足意見がある。

本判決の位置づけ・射程範囲

製責法の欠陥は通常、引渡し時の当該製品の性状のみで判断するが、指示・警告上の欠陥は被告の行為を評価する点で、過失判断に近い。その過失は、(a)予見義務を尽くせば結果を予見できたのに(b)結果回避行為を怠った場合に肯定される。ここでの(a)予見義務・予見可能性と(b)執るべき回避行為の内容は、当事者の関係や侵害の態様によって異なる。

判例は、(1)被告の利益のための活動による(2)一方的な侵害で、(3)結果回避は被告の行為によるしかない場合には、(a)高度な予見義務を課し、(b)操業中止まで考える（新潟地判昭和46・9・29判時642号96頁〔新潟水俣病〕）。また、薬品販売行為は(1)一般に患者の利益のためであるが、(2)被害をもたらした危険につき患者に何も説明していない場合には、(a)高度な予見義務を課している（東京地判昭和53・8・3判時899号48頁〔東京スモン〕等）。しかし、(1)患者の利益になる行為が、(2)伴う危険を患者に説明してなされた場合には、(b)回避行為が適切ならば過失はないとしている（最判昭和44・2・6民集23巻2号195頁は、水虫放射線治療の効果と皮膚癌の危険度を考量して線量が適切で、医師が皮膚の異常に対処すれば過失はないとした〔事案では過失を肯定〕）。

以上に対し、本件は、(1)一般的には患者の利益になる薬品が、(2)伴う危険を患者に説明してその意向により投与され、(3)結果回避が一次的には被告（薬品会社）ではなく第三者（処方医師）による場合である。この場合に、本判決は、ア)他の抗がん剤と同程度の間質性肺炎については、(a)予見できたとしつつ、(b)添付文書により医師が致死的副作用を予見し（適切に回避し）えたとして欠陥を否定した。他方、イ)急速に重篤化する間質性肺炎は、(a)予見できなかったとし、薬品の効能とそれに基づく承認を理由に欠陥を否定した。ア)でもイ)でも特に高度な予見義務、結果回避行為を課していない。過失、欠陥の内容が侵害のなされた関係と態様によって異なることは、本件の(1)(2)(3)の特徴が製造物事故でよくみられるだけに重要である。

本判決は欠陥を否定したが二つの問題を残した。一つは、第Ⅲ相試験を承認後としたことで、多数の患者がイレッサの効用を享受した裏でABらが実験台となったことである。田原・大谷・大橋補足意見はこれを、「許された危険」による薬害被害者救済、有用な新規開発医薬品の副作用リスクの分担の問題だとする。いま一つは純粋な説明義務違反の責任である。これは専ら民法709条に基づく責任である。

さらに理解を深める　民法百選Ⅱ7版83事件〔橋本佳幸〕　最判解民事篇平成25年度171頁〔伊藤正晴〕、吉村良一・立命館法学350号137頁以下

第2章 安全関係　3　欠陥　　　　　　　　　朝見行弘

85　エスカレーターのハンドレールへの接触と体の持ち上がりによる落下死亡事故

東京高裁平成26年1月29日判決
　事件名等：平成25年（ネ）第3142号損害賠償請求控訴事件
　掲載誌：判時2230号30頁

概要　本判決は、商業用複合ビル内に設置されたエスカレーターのハンドレールに接触して身体を持ち上げられ、吹き抜け下に落下して死亡した事故につき、事故原因はエスカレーターの本来の用法と大きく異なる被害者の行動にあるとして、エスカレーターの欠陥を否定したものである。

事実関係　Aは、平成21年4月8日夜、東京都港区所在の商業用複合ビルに設置されている2階から1階への下りエスカレーターの乗り口付近において、乗り口を背にして後ろ向きに移動したところ、右側ニュアル（エスカレーター乗降口のハンドレールの折り返し部分）に臀部が接触し、身体が持ち上げられて体勢を崩し、エスカレーター外側の吹き抜けから1階に転落し、翌日死亡した。Aの父X₁および母X₂は、本件ビルの共有者でこれを管理運営するY₁社および本件ビルを別の共有者から賃借してY₁社に管理運営を委託しているY₂社に対し土地工作物責任（民717条）に基づき、本件エスカレーターを製造したY₃社に対し製造物責任（製責3条）に基づき、相続によるAの逸失利益およびXら固有の慰謝料など、X₁につき4900万円余り、X₂につき4700万円余りの損害賠償を請求した。

原判決（東京地判平成25・4・19 関連判例）が、本件事故原因はエスカレーターの本来の用法と大きく異なる被害者の行動にあり、本件エスカレーターが通常有すべき安全性を欠いているものということはできないとして、Xらの請求をいずれも棄却したため、Xらから控訴がなされた。

なお、本判決に対しXらは上告受理申立てを行ったが、最高裁判所は不受理決定を下している（最決平成27・3・26 関連判例）。

判決要旨　控訴棄却。「Aは、意図して本件移動手すりに接近し、背面側の中心線を本件移動手すりの折り返し部分に接着させてこれに後ろ向きに寄りかかり、その結果、本件移動手すりに身体が乗り上げる結果になったものと認められ、このような行動は、エスカレーターの本来の用法とは大きく異なるものであり、エスカレーターの利用者の中に判断能力等が十分でない者が含まれ

ることを前提としても、少なくとも本件事故以前において、Aのとったような行動をとる者がいることを予見して、本件エスカレーターを設置、保存すべきであったということはできない。」

「利用者が身体の背面側の中心線を移動手すりの折り返し部分に接着させて後ろ向きに寄りかかるというのは、通常予見されるエスカレーターの使用形態であるとはいえず、そのような使用形態によって本件事故が発生したとしても、本件エスカレーターが通常有すべき安全性を欠いているものということはできず、これに欠陥があるということはできない。」〔原判決引用部分〕

本判決の位置づけ・射程範囲

1　本判決は、本件事故は、エスカレーターの本来の用法と大きく異なる被害者の行動によるものであるとして他原因を認定したうえ、本件エスカレーターが通常有すべき安全性を欠くものであるということはできず、その設置または保存の瑕疵および欠陥の存在を否定し、Y_1社およびY_2社の土地工作物責任ならびにY_3社の製造物責任をいずれも否定しており、原判決に新たな判断を付け加えるものではない。

2　原判決は、本件エスカレーターのニュアル部分の形状が、傾斜が緩やかで高さも低く、ハンドレールのベルトの材質が比較的に摩擦係数の大きなものであるとしても、利用者が「エスカレーターの存在を十分認識しながら、意図して、本件移動手すりに接近し、背面側の中心線を本件移動手すりの折り返し部分に接着させてこれに後ろ向きに寄りかか〔る〕」といった異常な行動に出ない限り、ハンドレールの上に身体が持ち上げられるということはなかったと認定しており、本判決もこの認定を維持している。

これに対し、本件事故について、消費者安全法24条3項に基づく事故原因調査を行った消費者安全調査委員会は、「ハンドレールへの接触による人体の持ち上がりの可能性については、人がハンドレールに飛び乗る、ハンドレール上に座るなどの意図的・能動的な行動ではなく、ハンドレールに後ろ向きに不意に接触した場合に人体が持ち上がる可能性について、一定の条件を設定したコンピューターシミュレーションを用いて検証を行った。その結果、エスカレーターのハンドレールへの接触は、体勢を不安定にさせ、場合によっては人体が持ち上がる可能性が存在していることが確認された。」として、異なる結論に至っているが（「さらに理解を深める」参照）、この報告書が公表されたのは、平成27年6月26日であり、本判決が下された平成26年1月29日より後のことである。

さらに理解を深める

消費者安全調査委員会「消費者安全法第24条第3項に基づく事故等原因調査報告書：平成21年4月8日に東京都内で発生したエスカレーター事故」（平成27年6月26日）〔http://www.caa.go.jp/csic/action/pdf/150626_honbun.pdf〕　〔関連判例〕東京地判平成25・4・19判時2190号44頁〔本件第1審〕、最決平成27・3・26公刊物未登載（LEX/DB25506277）〔本件上告審〕

第2章 安全関係　3　欠陥　　　　　　　　　　　　渡邉知行

86 サスペンション分離による自転車走行中の転倒

東京地裁平成25年3月25日判決
　事件名等：平成22年（ワ）第12475号損害賠償請求事件
　掲載誌：判時2197号56頁、判タ1415号346頁

概要　本判決は、スポーツ仕様の自転車について、走行中に生じた転倒事故の原因が、前輪部のサスペンション部分が分離したことにあり、製責法上の欠陥があるとして、輸入業者に対する損害賠償請求を認めたものである。

事実関係　X_1は、通勤のために、スポーツ仕様の自転車（クロスバイク、本件自転車）を運転して走行中に転倒し（本件事故）、頸椎損傷、頸髄損傷等によって四肢麻痺等の後遺症を負った。本件事故は、X_1が本件自転車を購入した後6年4か月が経過した時点で発生した。X_1は、本件自転車について、初期点検及び定期点検を受けていなかった。本件自転車の取扱説明書には、サスペンションの部品の定期的な交換を要すると記載されていない。X_1及び妻X_2は、本件事故の原因が、本件自転車の前輪のサスペンション部分が上下に分離したことにあり、本件自転車に設計上の欠陥及び指示・警告上の欠陥があるなどと主張して、本件自転車の輸入業者Yに対し、製造物責任に基づく損害賠償を請求した。

判決要旨　請求一部認容、一部棄却。「X_1は、本件自転車により走行中、そのサスペンションが分離し、前輪及びこれと連結しているアウターチューブが脱落したことによって、支持を失って転倒して受傷したものであるところ、以上によれば、X_1は、本件自転車を、その特性に従い、通常予想される使用形態で使用していたのであって、購入後の経過期間、保管やメンテナンスの状況を考慮しても、本件自転車は、走行中にサスペンションが分離したという点において、通常有すべき安全性を欠いていたといわざるを得ない。」

「本件における製造物責任法にいう『製造物』とは自転車であって、………本件自転車の特性、通常予想される使用形態、引渡時期からすれば、本件事故における転倒の原因が本件自転車の部品であるサスペンションの分離であることが主張立証されれば、製造物責任法に定める欠陥についての主張立証としては必要十分であり、これ以上に、サスペンションの分離に至る詳細な科学的機序、あるいは、サスペンションの構造上の不具合までを主張立証する必要はないと解するのが相当である。このように解しても、製造物責任法に定める『欠陥』の捉え方としては十分に具体的であって、欠陥の有無についての攻撃防御を尽くすことは可

能であり、また、製造業者等の行為規範としても具体性に欠けるところはない」。
　「X_1が定期点検を受け、あるいは、サスペンションの状態について点検を受けていれば、スプリングの腐食の進行の程度を発見することができた可能性があり、本件事故の発生を未然に防止し得た可能性も否定できない。」「一度も点検やサスペンションのメンテナンスを受けたことがなかったことは、一定程度の落ち度として評価するのが相当である。」「定期点検を受けることが常識となっているとはいえず、また、自転車の点検の際にサスペンションの内部の点検まで行うことが点検の依頼を受けた業者の通例であるともいえない」ので、「損害賠償の額としては、X_1に生じた損害から１割を減じた額とするのが相当である。」

本判決の位置づけ・射程範囲

　製造物責任の「欠陥」とは、「通常有すべき安全性を欠くこと」であり、欠陥の内容が具体的に特定されることは必要でないと解される。これまで、判例は、携帯電話によって低温火傷を負った事案（仙台高判平成22・4・22　本書90事件）、ヘリコプターの出力が低下して墜落した事案（東京地判平成24・1・30　関連判例）などにおいて、通常の用法にしたがって使用していたにもかかわらず、通常予見できない損害が発生した場合には、製造物の欠陥が認められ、具体的な欠陥を特定して科学的機序を証明することは必要でない、と解してきた。本判決もまた、本件自転車について、サスペンションの分離が転倒の原因であるとして、その科学的機序や構造上の不具合を証明することを要することなく、製責法上の欠陥を認定した。また、Xらが、本件自転車について、同法の判断基準に照らして、サスペンション部分の設計上の欠陥や取扱説明書等による指示・警告上の欠陥を主張したのに対して、Xらの主張するこれらの事実を総合的に判断して、欠陥の存在を認定している。

　本件事故は、Xが本件自転車を購入した後、6年4か月を経過して発生している。定期点検によるサスペンションのメンテナンスを通じて、Xが本件事故を回避できた可能性もある。このような事情について、本判決は、取扱説明書の記載による注意喚起がないことから、合理的な使用方法の範囲内と解し、Xらが主張する指示・警告上の欠陥を認める一方で、過失相殺によって賠償額を調整するが、一般にサスペンションの点検が行われていないとして、減額する割合を1割にとどめている。製造業者は、製品について、安全性を確保する専門的な知識や技術を有するので、通常の使用期間内に欠陥によって損害が発生することを防止するために、指示・警告等を通じて適切な措置を採ることが求められている。

　さらに理解を深める　吉村良一・判評667号25頁（判時2226号155頁）、渡邉知行・現消20号77頁、実践PL法32〜34頁、潮見394〜395頁　関連判例　大阪地判平成6・3・29判時1493号29頁、仙台高判平成22・4・22　本書90事件、東京地判平成24・1・30訟月56巻7号2585頁、広島地判平成16・7・6判時1868号101頁

第2章 安全関係　4　損害　　　　　　　　　　　中村雅人

87 部品の欠陥による完成品のリコール費用についての部品メーカーの賠償責任

東京地裁平成15年7月31日判決
　事件名等：平成13年（ワ）第13266号損害賠償請求事件
　掲載誌：判時1842号84頁、判タ1153号106頁

概要　本判決は、カーオーディオ製品を設置した自動車のバッテリーが上がるなどの事故が発生した場合において、カーオーディオの部品であるスイッチに設計上の欠陥が認められ、カーオーディオの製造業者からスイッチ部品の製造業者に対する損害賠償請求で製造物責任を肯定したものである。

事実関係　Xは、音響機器の製造販売等を行う会社であるところ、Yの製造する本件FTスイッチを購入、使用して、カーオーディオを製造販売したが、本件FTスイッチの一部が常時短絡して電源が入ったり消えたりする不具合が発生し、自動車のバッテリーが上がるなどの事故が多発したため、これを回収したり修理するため多額の費用の支出を余儀なくされた。そこで、Xは、本件FTスイッチには設計上の欠陥があったとし、Yに対して、製責法3条に基づき、本件FTスイッチの交換等に要した費用等の損害合計約5729万円余の賠償支払を求めた。

　Yは、本件FTスイッチは汎用品として、多種多様な電子機器の部品として使用されているが、本件仕様書の保証の範囲内で使用されている限り、同様のトラブルが発生した事例はなく、本件事故は、Xが本件仕様書の保証範囲を超えて使用したことによって発生したものであるとして責任を争った。

判決要旨　請求一部認容。本件FTスイッチは本件保証の範囲内で本件短絡事故を発生し、その原因は銀マイグレーション現象によるものであって、銀マイグレーション現象自体は、よく知られた現象であり、接点の銀メッキを金メッキにするなどすれば、本件短絡事故は発生しなかったのであるから、本件FTスイッチは設計上の欠陥のために、通常有すべき安全性を有していなかったものと認められる。

　本件カーオーディオ製品を搭載した車については、本件欠陥のため、短時間で車両の電源バッテリーが枯渇することになり、Xは、本件カーオーディオ製品の製造者として、その修理をする必要が生じたと認められ、バッテリー上がりに伴

う修理費等については、サービス対応費も含めて、その全額が本件欠陥と相当因果関係のある損害として認められる。

また、本件欠陥により、MDディスクを誤挿入した場合に、取り出せなくなるという故障が生じると認められるので、その故障に伴う修理費等についても、相当因果関係があると認められる。

さらに、本件欠陥のため、イルミネーションが消えないなどの故障も生じ、この修理費等についても、相当因果関係があると認められる。

本判決の位置づけ・射程範囲

本件は、事業者間の取引対象製品に欠陥があったとして損害賠償を請求する事案につき、契約責任ではなく製造物責任に基づき請求がなされ、「過失」責任の民事ルールの特則として「欠陥」に基づく責任を定めた製責法が適用されている。原告としては、契約上の過失を主張・立証することなく、当該製品に欠陥があったことを主張・立証することで足りるので、製責法に基づき請求したものと思われる。なお、この場合、遅延損害金については、商事法定利率年6分ではなく、民事法定利率年5分となる。

また、被告は、本件スイッチは汎用品であるから、仕様書の保証の範囲で使用する限り本件のようなトラブルは発生しないと争ったが、判決は、高温、多湿、連続印加の複合状態で使用することも仕様書の保証の範囲内の使用であるとし、接点を銀メッキから金メッキにするなどすれば、本件事故は発生しなかったとして、スイッチの欠陥を認めた。

なお、本件は、控訴後、控訴審で和解が成立している。

事業者間の取引製品に欠陥があると、リコール等に多額の費用がかかり、損害額が大きくなることがあるが、判決は、事故の原因調査費用のほかに、問題の製品を搭載した自動車の出荷前、出荷後すべての製品に手直しや、回収・修理に要したいわゆるリコール費用や、暫定的な対策費用等につき、相当因果関係のある経済損害と認めた。

エアバッグの欠陥による事故が何件か発生し、多数の車に搭載されている同一メーカーのエアバッグのリコールが社会問題になっているが、同一メーカーの製品であるからといって、どの範囲の損害を賠償させるかについては、欠陥を認定し、相当因果関係のある範囲を特定する必要があり、本件は、事例判断として意義がある。

さらに理解を深める

実践PL法18、45頁、伊藤154頁、神田桂「事業者間における製造物責任訴訟」松本還暦311頁 関連判例 東京地判平成17・2・8 2005WLJPCA02080003、東京高判平成18・1・18 2006WLJPCA01186009、東京地判平成24・1・30訟月58巻7号2586頁、東京高判平成25・2・13判時2208号46頁、東京高判平成16・10・12 本書88事件

第2章　安全関係　4　損害　　　　　　　　　　　　　　　　　中村雅人

88 製品の欠陥による完成品の売上額の減少についての部品メーカーの賠償責任

東京高裁平成16年10月12日判決
　事件名等：平成15年（ネ）第6196号損害賠償請求控訴事件
　掲載誌：判時1912号20頁

概要　本判決は、汎用品としてのポンプ、バルブのバリの残留は、製造上の「欠陥」に当たるとして、その製造業者の損害賠償責任を認めたものである。

事実関係　Xは、平成11年8月、A食品の注文により、Y_1製作の本件ポンプとY_2製作の本件バルブを使用して、食肉の本件自動解凍装置を製作して、同年10月、Aにこれを納入した。そして、Aが本件自動解凍装置を稼働させたところ、解凍食肉に金属異物が付着するという本件事故が発生したため、Xは、Aから損害賠償を請求され、売上額が減少するなどして多額の損害を被った。
　そこで、Xは、本件事故の原因は、本件自動解凍装置の製作に使用した本件ポンプ及び本件バルブのバリであり、右バリの存在は本件ポンプ及びバルブの欠陥であるとし、Y_1とY_2に対して、民法719条及び製責法3条に基づき、連帯して3億4661万円余の損害賠償を請求した。
　これに対し、Yらは、本件ポンプ及び本件バルブにバリが残留したことが解凍食品の汚染の原因であるとはいえないし、バリの残留が製責法にいう「欠陥」には該当しないなどと主張した。
　第一審は、本件ポンプ及び本件バルブにバリが残留したことに争いがなく、その残留バリが剥れ落ちて解凍液に混入し、解凍食品に金属異物として付着したものとしたが、本件ポンプ及び本件バルブに本件で認められる程度の残留バリが存在しても、汎用品のポンプ及びバルブとして通常有すべき安全性を欠いた「欠陥」があるとはいえないと判断し、Xの請求を棄却した。これに対してXは控訴した。

判決要旨　原判決変更、請求一部認容。「〔前記に認定したとおり〕Y_1の本件ポンプの切削バリによって本件装置における解凍食肉が金属異物によって汚染されたのであるから、本件装置における使用形態が本件ポンプにバリが存在しても差し支えないような場合に当らないことは明らかである。
　以上の検討の結果と前記……に判示したところを併せ考えると、切削バリが残っていた状態にあった本件ポンプは、その特性、通常予見される使用形態その他当該製造物に係る事情からして、通常有すべき安全性を欠いていたと認められる。」

(Y_2のバルブに対しても同一の認定をしている。)

「本件事故によってXの売上額が減少し損害が生じたことは明らかであるから、当裁判所は、民事訴訟法248条の趣旨を踏まえて、……売上額の減少分のうち2割に当たる3833万1338円をXの本件事故により被った損害額と認定するのが相当であると判断する。」「食品機械の設計・製作の専門業者であるXとしては、自ら食品を扱う本件装置に使用するに相応な機器を選別し、本件装置に解凍食肉の汚染を防ぐための装置を講じるなどの注意義務を負っていると考えられるが、本件装置に使用するポンプやバルブを選定するに当たって、その仕上げの程度、安全面、機能面等において、本件装置に使用するのに適切か否かを製造業者であるYらに確かめることをしないで、……選定した点、……解凍食肉の汚染を防ぐための措置を講じていない点において、Xの食品の安全性に対する認識が不十分であったといわざるを得ない。本件事故は、……本件ポンプ及び本件……バルブの通常有すべき安全性の欠如とXの……注意義務違反が相まって発生したと認められ、損害の負担の公平という観点から、……本件事故によるXの損害について5割の過失相殺をするのが相当であると考える。」

本判決の位置づけ・射程範囲

本件は、「欠陥」の判断について、原審と正反対の判断をし、これを認定している。

事業者間の事案は、経済損害が高額になりがちであり、Xの請求額は3億4661万円余であった。原審は、汎用品のポンプやバルブのバリによる食肉の汚染から高額の賠償を認めることに躊躇したものと思われ、「欠陥」の判断で否定し遮断したが、本判決は、「切削バリが残っていた状態にあった本件ポンプ（バルブも）は、その特性、通常予見される使用形態その他当該製造物に係る事情からして、通常有すべき安全性を欠いていたと認められる。」として欠陥を認めた。バリが残っている本件ポンプとバルブを使用した食肉の自動解凍装置を稼働させたら金属異物で食肉が汚染されたのであるから、欠陥を認めるのは当然である。汎用品であるからといって食肉加工用の使用を禁じた表示もないのであるから、欠陥を認めなかった原審は変更されることになる。

その一方で、売上減少分の2割だけを損害と認め、食品メーカーへの賠償、受注解除、機械のスクラップ損害については証拠上認められないとし、さらにXも食品機械の設計・製作の専門業者として尽くすべき注意義務を尽くしていないとして、5割の過失相殺をして認容額をかなり抑えている。しかし、判旨を見る限りは、損害立証に関し、裁判所の釈明権の行使が十分であったか疑問なしとしない。

さらに理解を深める 神田桂「事業者間における製造物責任訴訟」松本還暦311頁
関連判例 東京地判平成15・7・31 本書87事件

第2章 安全関係　5　欠陥と因果関係の立証　　　　　　中村雅人

89　ジュース中の異物によるのどの負傷

名古屋地裁平成11年6月30日判決
　事件名等：平成10年（ワ）第2443号損害賠償請求事件
　掲載誌：判時1682号106頁、金判1071号11頁

概要　本判決は、ファストフード店でジュースを購入した顧客がジュースに混入した異物により咽頭部を負傷したとして、店に対して損害賠償を請求した事案において、混入した異物を特定することができない場合に、ジュースの欠陥を認めたものである。

事実関係　Xは、カード会社に勤務する事務員であったが、平成10年2月13日、Yが経営するファストフード店で、ハンバーガー、フライドポテト、オレンジジュースを525円で購入し、この順で飲食したが、本件ジュースを飲んだ後、吐血を理由にA診療所で診察を受け、B国立病院に救急車で搬送され、診察を受けた。Xは、本件ジュースに異物が混入しており、本件異物によって負傷したと主張し、製造物責任、債務不履行、不法行為に基づき、Yに対して慰謝料30万円、弁護士費用10万円の損害賠償を請求したというものである。

　本件の争点は、①Xが咽頭部を負傷したかどうか（Yは、Xの負傷自体を争っている）、②Xの負傷が本件ジュースに起因するものであるかどうか（Yは、調理の過程から、故意によらない限り、本件ジュースに異物が混入する可能性がないとして、混入の可能性を争っている）、③本件ジュースに欠陥があったかどうか、④損害額である。

判決要旨　請求一部認容。「Xが吐血を訴えた直後にXを診察した……医師が、救急車を呼んで、国立病院に受診するよう勧めていること、国立病院の……医師も、喉頭ファイバースコープで粘膜の下に出血を認めて診断書を書いていることからして、Xは、右診断書記載の内容の受傷……をしたと認められる。」

　「①Xは、本件ジュースを飲んだ直後に、喉に受傷していること、②Yが本件ジュースを販売してから、Xがそれを飲むまでの間に、本件ジュースに、喉に傷害を負わせるような異物が混入する機会はなかったと考えられること、③Xは、本件受傷当時、歯科治療を受けておらず、また、ダブルチーズバーガーやフライドポテトを全て食べ終わってから本件ジュースを飲んでおり、Xの口腔内にあらかじめ異物が存在していたとは考えられないことなどからすれば、本件受傷は、

本件ジュースに混入していた異物を原因とするものと認められる。

Yは、本件ジュースの製造工程からして、直径約7ミリメートルのストローを通過するような異物が混入することはあり得ないと主張するが、前記……認定の製造工程からすると、コンクジュースをオレンジジュースマシン内の容器に入れる際や、保存庫から氷をすくう際などに、異物が混入する可能性は否定できないのであり、Yの右主張は採用できない。

そして、本件ジュースに、それを飲んだ人の喉に傷害を負わせるような異物が混入していたということは、ジュースが通常有すべき安全性を欠いていたということであるから、本件ジュースには製造物責任法上の『欠陥』があると認められる。

なお、右異物は発見されず、結局異物が何であったかは不明なままであるが（……認定の事実によれば、恐らく、Xが胃の内容物を嘔吐した際、異物も吐き出したものと考えられる上、本件ジュースも検査されないまま捨てられてしまったのであるから、これ以上、Xに異物の特定を求めることは酷である。）、それがいかなるものであろうと、ジュースの中に、飲んだ人に傷害を負わせるような異物が混入していれば、ジュースが通常有すべき安全性を欠いているものであることは明らかであるところ、本件ジュースに、それを飲んだ人の喉に傷害を負わせるような異物が混入していたという事実（本件ジュースに『欠陥』が存在したこと）自体は明らかである以上、異物の正体が不明であることは、右認定に影響を及ぼさない。」

本判決の位置づけ・射程範囲

本判決は、平成7年7月1日に製責法が施行されてから初めて同法が適用された判例である。同法は、施行日以降に引き渡された製造物について適用になるところ、相当期間の使用を経て事故を起こす家電製品などと比べ、製造直後に販売・使用される飲食物の場合は、事故が発生するまでにさほど時間を要しないことから、同法が適用された第1号の判例になった。

Yは、あらゆる場面で否認して争ったが、裁判所は、実に明快に、経験則を活用し、欠陥と因果関係を認定している。事実認定の仕方として参考になる。認容された損害は、慰謝料5万円と弁護士費用5万円の合計10万円ではあったが、製責法が制定され、過失責任から欠陥責任へと転換されたことを実感させる判決である。同法の制定までには、相当の議論があり、施行直後ころの裁判官は立法の経過を熟知していることから、被害者の立証負担の軽減を図るという同法の立法趣旨を踏まえた事実認定をし、判断をしたものと思われる。

さらに理解を深める 　**百選70事件〔菱田雄郷〕** 　升田純・リマークス2000（下）78頁、実践PL法179頁、伊藤36頁　**関連判例**　大阪地堺支判平成11・9・10　**本書100事件**、東京地判平成13・2・28判タ1068号181頁

第2章　安全関係　5　欠陥と因果関係の立証　　　　　中村雅人

90　ホームコタツで仮眠中に生じた携帯電話機による低温やけど

仙台高裁平成22年4月22日判決
事件名等：平成19年（ネ）第337号損害賠償請求控訴事件
掲載誌：判時2086号42頁

概要　本判決は、左大腿部に熱傷を負ったXが、その原因は当時ズボンのポケットに収納していた携帯電話機の異常発熱であるとして、当該携帯電話機の製造業者に対し、製責法3条又は民法709条に基づき、損害賠償を請求したところ、請求を棄却した原判決を取り消し、請求を認容したものである。

事実関係　Xは、製造業者Yの製造した携帯電話機（内蔵されたリチウムイオン電池を含む）を、ズボンの左前ポケットに入れていたところ、左大腿部に熱傷を負った。Xは、本件熱傷は、本件携帯電話又は本件リチウムイオン電池の異常な発熱に起因しているとして、Yに対し、製責法3条又は民法709条に基づく損害賠償等を請求した。原審である仙台地判平成19・7・10判時1981号66頁が、本件熱傷が本件携帯電話又は本件リチウムイオン電池の異常発熱が原因とは認められないとして、Yの責任を否定したため、Xが控訴した。

判決要旨　原判決変更、請求認容。「受傷状況の写真……によれば、本件熱傷の位置、形状が、Xの主張する本件時間帯に本件携帯電話を収納していた場所にほぼ一致すること……などによれば、本件熱傷は、本件時間帯に、本件携帯電話に関連して生じたものと推認するのが自然である。」
　「〔製造物の欠陥が争われるような場合には、〕製造物責任法の趣旨、本件で問題とされる製造物である携帯電話機の特性及びその通常予見される使用形態からして、製造物責任を追及するXとしては、本件携帯電話について通常の用法に従って使用していたにもかかわらず、身体・財産に被害を及ぼす異常が発生したことを主張・立証することで、欠陥の主張・立証としては足りるというべきであり、それ以上に、具体的欠陥等を特定した上で、欠陥を生じた原因、欠陥の科学的機序まで主張立証責任を負うものではないと解すべきである。すなわち、本件では、欠陥の箇所、欠陥を生じた原因、その科学的機序についてはいまだ解明されないものであっても、本件携帯電話が本件熱傷の発生源であり、本件携帯電話が通常予定される方法により使用されていた間に本件熱傷が生じたことさえ、Xが立証

すれば、携帯電話機使用中に使用者に熱傷を負わせるような携帯電話機は、通信手段として通常有すべき安全性を欠いており、明らかに欠陥があるということができるから、欠陥に関する具体化の要請も十分に満たすものといえる。」

「そうすると、Xは、本件携帯電話をズボンのポケット内に収納して携帯するという、携帯電話機の性質上、通常の方法で使用していたにもかかわらず、その温度が約44度かそれを上回る程度の温度に達し、それが相当時間持続する事象が発生し、これにより本件熱傷という被害を被ったのであるから、本件携帯電話は、当該製造物が通常有すべき安全性を欠いているといわざるを得ず、本件携帯電話には、携帯使用中に温度が約44度かそれを上回る程度の温度に達し、それが相当時間持続する（異常発熱する）という設計上又は製造上の欠陥があることが認められる。」

本判決の位置づけ・射程範囲

本件は、製造物責任における「欠陥」の主張・立証につき、カラーテレビ出火事故に関する大阪地判平成9・9・18 関連判例 や、冷凍庫発火事件に関する東京地判平成11・8・31 本書70事件 などの考え方を踏襲確認し、「本件携帯電話について通常の用法に従って使用していたにもかかわらず、身体・財産に被害を及ぼす異常が発生したことを主張・立証することで、欠陥の主張・立証としては足りるというべきであり、それ以上に、具体的欠陥等を特定した上で、欠陥を生じた原因、欠陥の科学的機序まで主張立証責任を負うものではないと解すべきである。」と判断し、原審の認定を覆した。

製造物責任訴訟の現場では、裁判官が、欠陥の部位や欠陥原因を知りたがり、そこが不明確な場合に、製品起因性や欠陥の存在を認定せず請求を棄却される事例が見受けられる。しかし、製品事故は予期せぬ時に突然起こるため、詳細が証明できないことがほとんどである。その部分の立証負担を被害者に全面的に負わせることは公平でなく、裁判所には事実上の推定を活用することが期待されている（立法時の国会政府答弁）。本件原審（単独）は、製造業者が行った実証実験で当該携帯電話が44℃までしか上昇しなかったこと等を根拠に、携帯電話による火傷を否定したが、控訴審では、44℃であっても相当時間持続する事象が発生し低温火傷はするとし、熱傷部位の形状等も携帯電話の形に一致すると認定している。本件は、事実認定のありかたの点から見ても参考になり、下記に 関連判例 として掲げた判例と同様、製責法の趣旨を正確に反映した判断を、高裁段階でも示し、最高裁で確定したところに意義がある。

さらに理解を深める

松本博之・現消15号67頁、実践PL法33、214頁、伊藤100頁
関連判例 大阪地判平成9・9・18判夕992号166頁、東京地判平成11・8・31 本書70事件 、東京地判平成24・4・11消費者法ニュース95号381頁

第2章 安全関係　5　欠陥と因果関係の立証　　　　　小野寺倫子

91　建設作業従事者に対する国と石綿含有建材製造業者等の責任

東京地裁平成24年12月5日判決
事件名等：平成20年（ワ）第13069号・第15292号損害賠償請求事件
掲載誌：判時2183号194頁

概要　本判決は、建設作業に従事し、石綿（アスベスト）粉じんに曝露したことから、石綿肺、肺がん、中皮腫等の石綿関連疾患に罹患した労働者に対して、国の労働関係法規に基づく規制権限の不行使について一定の要件の下で国賠法1条1項に基づく責任を一部肯定し、他方、石綿含有建材の製造・販売を行った企業らの民法719条1項に基づく共同不法行為責任についてはこれを否定したものである。

事実関係　Xらは、建設作業に従事し、その過程で石綿粉じんに曝露したことにより、石綿関連疾患に罹患した者又はその相続人である。Xらは、石綿の生命・身体への危険性にかんがみれば、Y_1（国）は石綿含有建材の製造販売を禁止するか、石綿粉じん曝露防止対策の義務付けなど安衛法等に基づく規制権限を適時適切に行使すべきであったのにこれを怠ったことは違法であるなどと主張し、Y_1に対して国賠法1条1項に基づく損害賠償を請求した。また、Xらは、石綿含有建材の製造・販売を中止する義務、建設作業従事者に対して石綿含有の事実や危険性等を警告する義務を怠ったY_2ら（国交省データベース掲載の石綿含有建材の製造・販売企業ら）は、民法719条1項前段もしくは後段等に基づき、Y_1と連帯してXらに生じた損害を賠償すべきであると主張した。

判決要旨　請求一部認容、一部棄却。Y_1の労働関係法規に基づく規制権限の不行使について、労働者の安全等に関する「Y_1の責任は、二次的」であるが「粉じん曝露防止策が、事業者や石綿含有建材の製造販売企業によって現実に講じられることがなかったこと」は明らかで「Y_1による規制権限の行使の必要性が特に高かったというべきであり、Y_1が規制権限を行使しなければ、X等の石綿粉じん曝露は避けられない状況であった」。Y_1は遅くとも昭和56年1月には規制権限行使の義務を負っており、それを怠ったことは違法である。

Y_2ら企業の責任について「民法719条1項前段は、結果の発生に関与した複数の行為者について、一切の減責の主張を許さず、不真正連帯責任を負わせるという法的効果をもたらすことにかんがみれば、同項前段が定める共同不法行為の要件である関連共同性についても、共同の不法行為を行った旨主張されている者らの結びつきが、損害の発生との関係において、上記効果を正当化するに足り

だけの強固なものであることが求められる」。Y₂ら「が製造販売した石綿含有建材のうちに、X等が当該建材に由来する石綿粉じんに暴露した可能性がないか又はその可能性は極めて低いと考えられるものが存在すると認められ」Y₂らの「行為のなかには、現実には、X等に対し石綿粉じん暴露の危険性を及ぼし得なかったものが含まれているといわざるを得ないから……Y₂らが個々のX等に対し一体的に加害行為(侵害行為)をしたとは認め難」く、Y₂らに「全部責任を正当化するに足るだけの法的な結びつき」は認められない。「民法719条1項後段は……関連共同性を欠く数人の加害行為により損害が生じ、その損害が当該数人中の誰かの行為によって生じたことは明らかであるが、誰が生じさせたか不明の場合(択一的競合の場合)において、因果関係を推定し、当該行為者に連帯して賠償責任を負わせる趣旨の規定であると解される」。「〔この〕効果の強さに照らすと、同項後段を適用する前提として、加害行為が到達する相当程度の可能性を有する行為をした者が、共同行為者として特定される必要があり、かつ、その特定は、各被害者(各原告等)ごとに個別にされる必要がある」が本件においてこのような特定がされていると認めることはできない。本件が、「Y₂らの複数の行為が累積的に競合して損害を惹起したか、又は寄与度が不明な場合に当たる」として「民法719条1項後段を適用又は類推適用」する場合も同様である。

本判決の位置づけ・射程範囲

本判決では労働者の安全に関する国や企業の責任が問題とされたが、消費者被害の場面でも、危険な製品等について企業の対策が不十分で国の規制のあり方が問われる場合や、多数の企業により同種の製品が製造・販売され、当該製品によって人身被害等が発生したが、個別の被害者において被害の原因となった製品の特定が難しいという事態が想定されうる。後者に関し、本判決は、全損害についての不真正連帯債務という効果に照らし民法719条1項前段の関連共同性をY₂らの行為について否定し、被告の側で行為と損害との因果関係の不存在を立証しない限り責任を免れないことから本件の方式では同項後段の適用又は類推適用の前提としての加害者の特定に不十分とした。学説では、同項後段の適用又は類推適用などにより企業らの責任を肯定した上で寄与度による減免責を認めるべきとの主張や、市場占有率責任論のアスベスト訴訟への応用可能性も示唆されている。

さらに理解を深める

評釈等として、**平成25年度重判行政法7事件〔前田定孝〕**、後掲横浜地判を合わせて論評する、松本克美・立命館法学339=340号515頁(判決前のもの)、吉村良一・立命館法学347号1頁、大塚直「建設アスベスト訴訟における加害行為の競合」野村豊弘先生古稀記念論文集『民法の未来』(商事法務、2014) 263頁など。関連文献は多いがさしあたり内田Ⅱ538、548頁、前田達明=原田剛『共同不法行為法論』(成文堂、2012)、前田陽一「民法719条1項後段をめぐる共同不法行為論の新たな展開」前掲『民法の未来』291頁、大塚直・NBL1056号47頁などを参照　関連判例　横浜地判平成24・5・25裁判所ウェブサイトなど

第2章 安全関係　6　住宅の欠陥と瑕疵　　　　　　　　　　松本克美

92　重大な瑕疵があり居住に適さない欠陥住宅の請負人の注文者に対する損害賠償の範囲

最高裁平成14年9月24日第三小法廷判決
　事件名等：平成14年（受）第605号損害賠償請求事件
　掲　載　誌：判時1801号77頁、判タ1106号85頁

概　要　本判決は、請負契約の目的物である建物に重大な瑕疵があって建替えが必要な場合には、建替費用相当額の損害賠償を請求できることを最高裁として初めて認めたものである。

事実関係　1　XがYに注文した本件建物（木造・三世帯居住用建物）には筋交い仕口の施工不良や構造部分の隙間、基礎の欠陥など構造上、施工上の数々の欠陥があった。そこでXは建て替えるしかないとして、本件建物を建築施工したYらを相手取り、請負人の瑕疵担保責任に基づき建替費用相当額の損害及び慰謝料など総額約4750万円の損害賠償を請求した。これに対して、Yは本件瑕疵は建て替えなくても修繕可能であるなどとして争った。
2　第一審は鑑定によれば建替えが必要だとして、建替費用相当額の損害を全額認容するとともに、慰謝料を100万円認容した。これに対してYは、民法635条ただし書は土地工作物に重大な瑕疵があっても解除を制限しているのだから、これとの均衡上、解除を認めたのに等しい建替費用相当額の賠償は認められるべきでないとして控訴した。
3　原審は第一審同様に建替費用相当額の賠償請求を認容するとともに、Xの5年あまりの本件建物への居住利益600万円を損害額から控除し、財産的損害の賠償を認めることによっても回復されない精神的苦痛を被ったとまでは言えないとして慰謝料請求は棄却した。これに対して、Yが不服として上告。

判決要旨　上告棄却。「請負人が建築した建物に重大な瑕疵があって建て替えるほかはない場合に、当該建物を収去することは社会経済的に大きな損失をもたらすものではなく、また、そのような建物を建て替えてこれに要する費用を請負人に負担させることは、契約の履行責任に応じた損害賠償責任を負担させるものであって、請負人にとって過酷であるともいえないのであるから、建て替えに要する費用相当額の損害賠償請求をすることを認めても、同条ただし書の規定の趣旨に反するものとはいえない。したがって、建築請負の仕事の目的

物である建物に重大な瑕疵があるためにこれを建て替えざるを得ない場合には、注文者は、請負人に対し、建物の建て替えに要する費用相当額を損害としてその賠償を請求することができるというべきである。」

本判決の位置づけ・射程範囲

　請負契約の目的物が建物のような土地工作物である場合に、重大な瑕疵を理由に建替費用相当額の損害賠償を請求できるかについて、下級審裁判例及び学説は肯定説と否定説に分かれていた。否定説の論拠は、本件被告が主張するように、民法635条ただし書が土地工作物の瑕疵を理由にした解除を制限していることとの均衡にある。このただし書の趣旨は、解除を認めると請負人は報酬を全く得られず酷であること、建物を取り壊さなければならない社会経済的損失もあることなどに求められてきた。これに対して、肯定説は、本判決も指摘するように、重大な瑕疵があって建替えが必要な建物は、それを取り壊しても社会経済的損失にはならないこと、請負人は仕事完成義務を負っているのであるから、瑕疵ある建物により注文者の契約目的が達成できないのであれば解除や建替費用請求が認められて当然であることを挙げていた。

　本判決は、このように肯定説、否定説が対立する中で、重大な瑕疵があるため建て替えざるを得ないような建物は、取り壊しても社会経済的損失はないことと、請負契約上の仕事完成義務を履行させるだけであるから請負人にとって苛酷とは言えないという二つの理由で、建替費用相当額の損害賠償請求を最高裁として初めて認めた点で大きな意義がある。残された課題としては、①建て替えざるを得ないほどの重大な瑕疵とはどの程度の瑕疵か（本件では、建物全体の強度や安全性に著しく欠け、地震や台風などの振動や衝撃を契機として倒壊しかねない危険性があると認定された事案であるが、そこまで至らない場合）、②通常の品質はあるが、契約で特に定めた品質を欠き（いわゆる主観的瑕疵）、建替えをしないと契約通りの品質を実現できない場合に建替費用相当額の損害賠償は認められるのかといった問題を指摘できる。なお、上告審では争点となっていないが原審は上述のように賠償額からの居住利益の控除を認めている。このような控除を認めるか否かは下級審裁判例、学説とも肯定説、否定説に分かれていたが、最高裁は重大な瑕疵があって建替えが必要な建物に居住していた利益を賠償額から控除できないことを明言するに至った（最判平成22・6・17 本書93事件 参照）。

さらに理解を深める

百選64事件〔円谷峻〕　不動産取引百選3版78事件〔原田剛〕、岡孝・リマークス2004（上）54頁　関連判例 最判平成15・10・10判時1840号18頁、最判平成22・6・17 本書93事件

第2章 安全関係　6　住宅の欠陥と瑕疵　　　　　　　　　　　　石橋秀起

93　建物に重大な瑕疵がある場合の建替費用相当額の損害賠償責任と居住利益等の控除の可否

最高裁平成22年6月17日第一小法廷判決
　事件名等：平成21年（受）第1742号損害賠償請求事件
　掲載誌：民集64巻4号1197頁、判時2082号55頁、判タ1326号111頁

概要　本判決は、建物購入者の建築施工者等に対する建替費用相当額の損害賠償請求権につき、当該建物での居住による利益（以下「居住利益」とする）等を損害額から控除することはできないと判示したものである。

事実関係　Xらは、Y₁から本件建物（新築住宅）を購入し、居住していたところ、同建物に構造耐力上の安全性に関わる重大な瑕疵がみられたため、建替えを余儀なくされた。そこでXらは、Y₁に対し、住宅の品質確保の促進等に関する法律（品確法）88条1項（本件当時。現95条1項）または不法行為に基づく損害賠償として、またY₂（建築施工者）およびY₃・Y₄（設計・工事監理者）に対し、不法行為に基づく損害賠償として、それぞれ建替費用相当額および遅延損害金の支払を求めて本件訴訟を提起した。原審は、建替費用相当額の損害が発生していることを認めたうえで、居住利益による損益相殺を否定した。そこで、Yらが上告受理申立てを行った。なお、上告受理申立て理由において、Yらは、居住利益による損益相殺のほか、耐用年数伸長利益（建替えにより当初から瑕疵のない建物の引渡しを受けていた場合と比べて耐用年数の伸長した新築建物を取得することができるという利益）による損益相殺を主張している。

判決要旨　上告棄却。「売買の目的物である新築建物に重大な瑕疵がありこれを建て替えざるを得ない場合において、当該瑕疵が構造耐力上の安全性にかかわるものであるため建物が倒壊する具体的なおそれがあるなど、社会通念上、建物自体が社会経済的な価値を有しないと評価すべきものであるときには、上記建物の買主がこれに居住していたという利益については、当該買主からの工事施工者等に対する建て替え費用相当額の損害賠償請求において損益相殺ないし損益相殺的な調整の対象として損害額から控除することはできないと解するのが相当である。」

「また、Xらが、社会経済的な価値を有しない本件建物を建て替えることによって、当初から瑕疵のない建物の引渡しを受けていた場合と比べて結果的に耐用年数の伸長した新築建物を取得することになったとしても、これを利益とみるこ

とはできず、そのことを理由に損益相殺ないし損益相殺的な調整をすべきものと解することはできない。」

本判決の位置づけ・射程範囲

最判平成14・9・24 本書92事件（以下「平成14年判決」とする）によると、建物に「重大な瑕疵」があるため、これを建て替えざるをえない場合、①注文者は請負人に対し、建替費用相当額を損害として賠償請求を行うことができる。また同様のことは、②建物購入者が新築住宅の売主に対して賠償請求を行う場合や、③建物購入者が建築施工者に対して賠償請求を行う場合にも妥当しうる。本判決は、このうちの②と③の場合について判示するものであるが、その射程は①の場合にも及ぶものと解されている。

ところで、本判決の判示するところによると、「社会通念上、建物自体が社会経済的な価値を有しないと評価すべきものである」場合、居住利益を控除することはできない。したがってこれによると、当該建物に「社会経済的な価値」がある場合には、居住利益を控除する余地があるということになる。もっとも、この点に関しては、次の2点に注意が必要である。第一に、建物に「社会経済的な価値」がある場合、そもそも建替費用相当額の損害賠償責任が発生しうるかが問題となる。例えば、平成14年判決は、建替費用相当額の損害賠償責任を導く根拠として、当該建物の収去が「社会経済的に大きな損失をもたらすものではな」いことを挙げる。したがってここでは、そのような場合で、かつ、建物に「社会経済的な価値」がある場合を想定しうるかが問題となる。第二に、仮に居住利益があるとして、損益相殺のその他の要件が充足されるかどうかが問題となる。ここでは、不法行為と利益の発生との因果関係（居住利益は、建物所有権の取得によって生じる利益ではないのか）および利益と損害との同質性について、検討する必要がある。

以上のほか、本判決は、耐用年数伸長利益の発生を否定しているが、Xらの本件建物での居住につき居住利益の発生を否定する以上、当然の内容を述べたものだということができる。

なお、本判決では、裁判官1名により補足意見が出されており、そこでは、居住利益や耐用年数伸長利益を控除すると「誠意なき売主等を利する」結果となることが指摘されている。この指摘は、当該建物に「社会経済的な価値」がある場合も含め、これらの利益の控除を広く否定する論拠となりうる。

さらに理解を深める 平成22年度重判民法11事件〔根本尚徳〕最判解民事篇平成22年度（上）393頁〔武藤貴明〕、石川真司・法セミ675号30頁、北居功・民商143巻3号358頁、古積健三郎・速報判例解説8号123頁、小西洋・平成22年度主判解136頁、新堂明子・法協129巻7号187頁、円谷峻・法支162号62頁、中村肇・法セミ672号122頁、錦織成史・リマークス2011（下）62頁、松本克美・法時83巻4号143頁、渡邊力・判評625号20頁（判時2099号182頁） 関連判例 最判平成14・9・24 本書92事件

第2章 安全関係　6　住宅の欠陥と瑕疵　　　　　　　　　　　　石橋秀起

94　建物の「設計・施工者等」が「居住者等」に対して負う不法行為責任の要件

最高裁平成19年7月6日第二小法廷判決
　事件名等：平成17年（受）第702号損害賠償請求事件
　掲載誌：民集61巻5号1769頁、判時1984号34頁、判タ1252号120頁

概要　本判決は、注文者から建物を購入した者が、建物の瑕疵を理由に建築施工者および設計・工事監理者に対して不法行為責任を追及した事案において、その責任要件を提示したものである。

事実関係　Xらは、Y_1が設計および工事監理をし、Y_2が施工した9階建ての本件建物（共同住宅・店舗）を、その注文者であるAから購入した。そして、Xらが本件建物において居住を開始したところ、廊下、床、壁のひび割れ、はりの傾斜、鉄筋量の不足、バルコニーの手すりのぐらつき、排水管の亀裂やすき間等の瑕疵があることが判明した。そこで、XらはYらに対し、不法行為に基づく損害賠償を請求した。第一審は、Xらの主張を大筋で認め、請求を一部認容した。これに対し、原審（福岡高判平成16・12・16判タ1180号209頁）は、次のように述べてXらの請求を棄却した。

「確かに不法行為責任は、瑕疵担保責任等の契約責任とは制度趣旨を異にするが、本来瑕疵担保責任の範疇で律せられるべき分野において、安易に不法行為責任を認めることは、法が瑕疵担保責任制度を定めた趣旨を没却することになりかねない。……以上の考察に照らすと、請負の目的物に瑕疵があるからといって、当然に不法行為の成立が問題になるわけではなく、その違法性が強度である場合、例えば、請負人が注文者等の権利を積極的に侵害する意図で瑕疵ある目的物を製作した場合や、瑕疵の内容が反社会性あるいは反倫理性を帯びる場合、瑕疵の程度・内容が重大で、目的物の存在自体が社会的に危険な状態である場合等に限って、不法行為責任が成立する余地が出てくるものというべきである。」

そこで、Xらが上告受理申立てを行った。

判決要旨　破棄差戻し。「建物は、そこに居住する者、そこで働く者、そこを訪問する者等の様々な者によって利用されるとともに、当該建物の周辺には他の建物や道路等が存在しているから、建物は、これらの建物利用者や隣人、通行人等（以下、併せて『居住者等』という。）の生命、身体又は財産を危険にさらすことがないような安全性を備えていなければならず、このような安全性は、建物としての基本的な安全性というべきである。そうすると、建物の建築に

携わる設計者、施工者及び工事監理者（以下、併せて『設計・施工者等』という。）は、建物の建築に当たり、契約関係にない居住者等に対する関係でも、当該建物に建物としての基本的な安全性が欠けることがないように配慮すべき注意義務を負うと解するのが相当である。そして、設計・施工者等がこの義務を怠ったために建築された建物に建物としての基本的な安全性を損なう瑕疵があり、それにより居住者等の生命、身体又は財産が侵害された場合には、設計・施工者等は、不法行為の成立を主張する者が上記瑕疵の存在を知りながらこれを前提として当該建物を買受けていたなど特段の事情がない限り、これによって生じた損害について不法行為による賠償責任を負うというべきである。」

本判決の位置づけ・射程範囲

購入した建物に瑕疵がある場合、建物購入者は前主に対して瑕疵担保責任（民570条）を追及することができる。これに対し、権利行使期間（民566条3項）の経過や前主の無資力によって前主に対する責任追及が不可能ないし実効性をもたない場合、「設計・施工者等」に対して不法行為責任（民709条）を追及できるかどうかが問題となる。ここでは、建物の瑕疵によって損害を被った建物購入者の利益のほか、建物の瑕疵についての責任を、約款等をつうじて一定期間に限定しておきたいという「設計・施工者等」の利益にも配慮する必要がある。この点につき原審は、後者の利益を重視して、不法行為責任の成立を限定すべきとの見解をとっている。これに対し、本判決は、当該建物に「建物としての基本的な安全性を損なう瑕疵」がある場合について、前者の利益を重視した責任要件を提示している。

ところで、本判決に関しては、なお解明すべき点が残されている。第一に、本判決が判示する「設計・施工者等」の「居住者等」に対する不法行為責任は様々なケースにおいて成立しうるところ、Xらの生命、身体、所有権が未だ侵害されていない本件において、いかなる法益が侵害されたとみうるかが問題となる。第二に、本判決のいう「建物としての基本的な安全性を損なう瑕疵」とはどのような瑕疵を意味するかが問題となる。このうち、第二の点に関しては、本件の差戻上告審である最判平成23・7・21 本書95事件 が、一定の見解を示している。これに対し、第一の点に関しては、本判決のいう「生命、身体又は財産が侵害された場合」の解釈としてどのような「財産」法益を観念しうるかが問題となる。なお、本件建物は、一審係属中に競売によって第三者に売却されている。第一の点を考えるにあたっては、この点にも留意する必要がある。

さらに理解を深める　百選66事件〔吉岡和弘〕　民法百選Ⅱ7版82事件〔山本周平〕、平成19年度重判民法11事件〔円谷峻〕、最判解民事篇平成19年度（下）499頁〔髙橋譲〕、秋山靖浩・法セミ637号42頁、鎌野邦樹・NBL875号4頁、幸田雅弘・法セミ638号18頁、花立文子・リマークス2008（下）48頁、平野裕之・民商137巻4＝5号438頁、松本克美・立命館法学313号100頁　**関連判例**　最判平成23・7・21 本書95事件

第2章 安全関係　6　住宅の欠陥と瑕疵　　　　　　　　　　　　石橋秀起

95　建物の「設計・施工者等」が負う不法行為責任の要件である「建物としての基本的な安全性を損なう瑕疵」の意義

最高裁平成23年7月21日第一小法廷判決
　事件名等：平成21年（受）第1019号損害賠償請求事件
　掲　載　誌：判時2129号36頁、判タ1357号81頁

概　要　本判決は、最判平成19・7・6 本書94事件（以下「第1次上告審判決」とする）のいう「建物としての基本的な安全性を損なう瑕疵」の意義を明らかにしたものである。

事実関係　Xらは、Y₁が設計および工事監理をし、Y₂が施工した9階建ての本件建物（共同住宅・店舗）を、その注文者であるAから購入した。そして、Xらが本件建物において居住を開始したところ、同建物の各所（ 本書94事件 の項を参照）に瑕疵があることが判明した。そこで、XらはYらに対し、不法行為に基づく損害賠償を請求した。Xらの請求を棄却した第1次控訴審に対し、第1次上告審判決は、当該「建物に建物としての基本的な安全性を損なう瑕疵があり、それにより居住者等の生命、身体又は財産が侵害された場合……、設計・施工者等は、……これによって生じた損害について不法行為……責任を負う」と判示して、審理を高裁に差し戻した。そうしたなか、第2次控訴審（福岡高判平成21・2・6判時2051号74頁）は、次のように述べてX（Xら2名のうち1名は死亡）の請求を棄却した。

　第1次上告審判決のいう「『建物としての基本的な安全性を損なう瑕疵』とは、建物の瑕疵の中でも、居住者等の生命、身体又は財産に対する現実的な危険性を生じさせる瑕疵をいうものと解され」る。

　そこで、Xがふたたび上告受理申立てを行った。

判決要旨　破棄差戻し。「第1次上告審判決にいう『建物としての基本的な安全性を損なう瑕疵』とは、居住者等の生命、身体又は財産を危険にさらすような瑕疵をいい、建物の瑕疵が、居住者等の生命、身体又は財産に対する現実的な危険をもたらしている場合に限らず、当該瑕疵の性質に鑑み、これを放置するといずれは居住者等の生命、身体又は財産に対する危険が現実化することになる場合には、当該瑕疵は、建物としての基本的な安全性を損なう瑕疵に該当すると解するのが相当である。」「以上の観点からすると、当該瑕疵を放置した場合に、……建物の全部又は一部の倒壊等に至る建物の構造耐力に関わる瑕疵はもとより、建物の構造耐力に関わらない瑕疵であっても、これを放置した場合に、……人身被害につながる危険があるときや、……建物の利用者の健康や財産が損

なわれる危険があるときには、建物としての基本的な安全性を損なう瑕疵に該当するが、建物の美観や居住者の居住環境の快適さを損なうにとどまる瑕疵は、これに該当しないものというべきである」。「そして、建物の所有者は、自らが取得した建物に建物としての基本的な安全性を損なう瑕疵がある場合には、第1次上告審判決にいう特段の事情がない限り、設計・施工者等に対し、当該瑕疵の修補費用相当額の損害賠償を請求することができるものと解され、上記所有者が、当該建物を第三者に売却するなどして、その所有権を失った場合であっても、その際、修補費用相当額の補填を受けたなど特段の事情がない限り、一旦取得した損害賠償請求権を当然に失うものではない。」

本判決の位置づけ・射程範囲

第2次控訴審は、第1次上告審判決のいう「建物としての基本的な安全性を損なう瑕疵」を、「生命、身体又は財産に対する現実的な危険性を生じさせる瑕疵」(傍点筆者)であると理解した。これは、生命、身体、財産(所有権)に対する侵害が差し迫った段階において不法行為責任の成立を認めるものであり、学説上もこれと同様の発想をとるものがある(橋本佳幸・法学論叢164巻1＝6号412頁以下。ただし、生命・身体侵害のみを対象とする)。これに対し、本判決は、上記の「瑕疵」の理解において、侵害の切迫性を問題としていない。したがって、上記の「瑕疵」とは、「居住者等」の「生命、身体又は財産を危険にさらすことがないような安全性」(第1次上告審判決)が欠如した状態に尽きることとなる。また、第1次上告審判決によれば、ここにいう「安全性」は、隣人や通行人をも含めた「居住者等」全般との関係において備わっていなければならない。したがって、この「安全性」は、請負契約の当事者が合意によって設定した安全性(最判平成15・10・10判時1840号18頁)とは概念上区別されることとなる。

ところで、本件建物は、第一審係属中に競売によって第三者に売却されている。そこでこの点と関わって、本判決は、建物「所有者が、当該建物を第三者に売却するなどして、その所有権を失った場合であっても、その際、修補費用相当額の補填を受けたなど特段の事情がない限り、一旦取得した損害賠償請求権を当然に失うものではない」と判示する。ここでは、①建物所有者が売却に際して「修補費用相当額の補填を受けた」場合とはどのような場合か(一般に想定しうる事態なのか)、②建物の売却後に賠償請求を行う場合、その中身は常に「修補費用相当額」となるのか、といった点について、なお解明が求められている。

さらに理解を深める 平成23年度重判民法12事件〔野澤正充〕 石橋秀起・新・判例解説Watch 10号65頁、笠井修・NBL 963号42頁、坂本武憲・リマークス2012(下)38頁、瀬川信久・現消14号90頁、円谷峻・法支167号58頁、松本克美・法時84巻6号114頁、米村滋人・民商146巻1号115頁 　関連判例　最判平成19・7・6　本書94事件

第2章 安全関係　6　住宅の欠陥と瑕疵　　　　　　　　　石橋秀起

96　工事監理者として名義を貸与した建築士の不法行為責任

最高裁平成15年11月14日第二小法廷判決
　事件名等：平成12年（受）第1711号損害賠償請求事件
　掲載誌：民集57巻10号1561頁、判時1842号38頁、判タ1139号73頁、金判1210号42頁

概要　本判決は、建築確認申請にあたり工事監理者として名義を貸与した建築士が、工事監理が行われない状態で完成した瑕疵ある建物の購入者に対し、不法行為責任を負う旨を判示したものである。

事実関係　Y社は、本件建物（建売住宅）につき、A社から設計図書の作成および建築確認申請の代行を依頼された。本件建物は、建築基準法上、一級または二級建築士による設計および工事監理が必要とされる建築物であった。そこで、Yの代表者で一級建築士であるBは、建築確認申請にあたり、申請書の工事監理者欄に自己の氏名を記載した。ところで、建築基準法施行規則上、工事監理者の届出は、建築主が工事着手前に行うべきものとされている。ところが、大阪市は、建築確認申請の段階で工事監理者を定め、申請書に記載すべきことを指導していた。Bによる上記工事監理者欄への氏名の記載は、Aがこの指導に対処するためBに要請したものであり、両者の間に工事監理契約は締結されていない。そうしたなか、Aにより本件建物の工事が行われた。工事は、建築確認を受けるために用いられた設計図書とは異なる図面に基づき、工事監理者がいない状態で実施された。このため、本件建物は、建築基準法が要求する構造耐力を有していないなど、重大な瑕疵のある建築物となった。Xらは、Aから本件建物を購入したが、外壁に多数の亀裂が生じたことなどから売買契約を解除し、Yに対して不法行為に基づく損害賠償を請求した。原審（大阪高判平成12・8・30判タ1047号221頁）は、Yの責任を肯定したうえで、本件のような著しい手抜き工事が行われることは予見しがたかったなどとして、損害の約1割の限度でXらの請求を認容した。そこで、Yが上告受理申立てを行った。

判決要旨　上告棄却。①「建築士は、その業務を行うに当たり、新築等の建築物を購入しようとする者に対する関係において、建築士法及び〔建築基準〕法の……各規定による規制の潜脱を容易にする行為等、その規制の実効性を失わせるような行為をしてはならない法的義務があるものというべきであり、建築士が故意又は過失によりこれに違反する行為をした場合には、その行為によ

り損害を被った建築物の購入者に対し、不法行為に基づく賠償責任を負うものと解するのが相当である。」

②「このような見地に立って、本件をみると、……Yの代表者であり、一級建築士であるBは、……建築確認申請書にBが本件建物の建築工事について工事監理を行う旨の実体に沿わない記載をしたのであるから、Bには、自己が工事監理を行わないことが明確になった段階で、建築基準関係規定に違反した建築工事が行われないようにするため、本件建物の建築工事が着手されるまでに、Aに工事監理者の変更の届出をさせる等の適切な措置を執るべき法的義務があるものというべきである。ところが、Bは、……何らの適切な措置も執らずに放置し、これにより、Aが上記各規定による規制を潜脱することを容易にし、規制の実効性を失わせたものであるから、Bの上記各行為は、上記法的義務に過失により違反した違法行為と解するのが相当である。そして、Aから重大な瑕疵のある本件建物を購入したXらは、Bの上記違法行為により損害を被ったことが明らかである。したがって、Yは、Xらに対し、上記損害につき、不法行為に基づく賠償責任を負うというべきである。」

本判決の位置づけ・射程範囲

建築士法3条～3条の3、および建築基準法5条の6（本件当時は5条の2）は、一定規模を超える建築物の新築等につき、当該建築物の規模に応じた建築士による設計および工事監理を義務づけている。これらの規定は、専門家である建築士の関与をつうじて建築物の安全性を確保しようとするものであり、その違反は私法上、不法行為責任の成立を導く（取締法規違反による不法行為責任）。判決要旨のうち、①は、この点を確認したものと解される。もっとも、本件では、Bの行為と法規違反との関係について注意が必要である。②によると、Bは、「Aに工事監理者の変更の届出をさせる等の適切な措置を執るべき法的義務がある」にもかかわらず、「何らの適切な措置も執ら」ないまま、「上記各規定による規制を潜脱することを容易にし、実効性を失わせた」（傍点筆者）。このように、Bの法規違反に対する関与は、不作為によるものであり、しかも間接的なものにとどまる。この点は、原審の解決（割合的責任）を読み解くうえでも重要な意味をもつ。

なお、本件で問題となった「名義貸し」は、今日では建築士法21条の2によって禁止されている。同条が取締法規に加わることで、「名義貸し」による不法行為責任は、より明確かつ強固な基礎を与えられることとなる。

さらに理解を深める 平成15年度重判民法11事件〔鎌田薫〕　最判解民事篇平成15年度（下）690頁〔宮坂昌利〕、朝倉亮子・平成17年度主判解88頁、大西邦弘・広島法学28巻2号177頁、加藤新太郎・NBL790号111頁、小島彩・法協122巻12号144頁、下村信江・リマークス2005（上）54頁、谷村武則・判タ1244号42頁、野口昌宏・判評551号16頁（判時1873号186頁）　**関連判例** 最判平成19・7・6〔本書94事件〕

第2章 安全関係　6　住宅の瑕疵と欠陥　　　　　　　　　　　　秋山靖浩

97　指定確認検査機関のした建築確認の過誤と同機関・地方公共団体の国家賠償法上の責任

横浜地裁平成24年1月31日判決
　事件名等：平成21年（ワ）第4065号損害賠償請求事件
　掲載誌：判時2146号91頁、判タ1389号155頁

概要　本判決は、指定確認検査機関のした建築確認の過誤について、同機関は国賠法1条1項に基づく損害賠償責任を、また、地方公共団体は特定行政庁が同機関に対する監督権限の行使を怠った限りで同責任を、それぞれ負うとしたものである。

事実関係　本件マンションの建築確認の申請が指定確認検査機関Y₁に対してなされ、Y₁の従業員Aがこの申請について建築確認済証を交付した。その際、本件マンションの設計監理業務を受託したY₃（代表者Y₄）の従業員Bが作成した構造計算書では、本件安全率（耐力壁にせん断破裂するおそれがあるかどうかを左右する数値）が1以上を要するにもかかわらず、1を下回る旨が記載されていた。Aは、これをBに指摘して修正させたが、Bの施した修正が誤っていることを修正せず、本件安全率が1以上となっているかを確認しないまま建築確認を行っていた。その後、耐震強度不足の瑕疵により、本件マンションは大地震の際に損傷・倒壊する危険性があることが判明した。そこで、本件マンションの区分所有権を購入したXらは、Y₁に対しては不法行為に基づき、また、Y₁の建築確認の事務が帰属する地方公共団体Y₂に対しては国賠法1条1項に基づき、それぞれ損害賠償を請求した（なお、XらのY₃・Y₄に対する不法行為に基づく損害賠償請求は認容された）。

判決要旨　請求一部認容。Y₁に対する請求は国賠法1条1項に基づく請求を含むと解した上で、「指定確認検査制度は、建築確認等の事務の主体を地方公共団体から民間の指定確認検査機関に移行したものであって、指定確認検査機関は、自ら設定した手数料を収受して、自己の判断で建築確認業務を行っており、その交付した建築確認済証は、建築主事が交付した確認済証とみなされるものである。そうすると、指定確認検査機関は、行政とは独立して、公権力の行使である建築確認業務を行っているのであって、指定確認検査機関の行った建築確認に瑕疵がある場合には、その国賠上の責任は指定確認検査機関自身が負う」。Y₁は、Aの過失によって本件マンションの耐震強度不足を生じさせたから、同規定に基づき、耐震強度不足によってXらに生じた損害を賠償する責任を

負う。Y₂に対する請求については、特定行政庁（Y₂の市長〔建築基準法2条35号参照〕）が指定確認検査機関に対して限定的な監督権限のみを有している（その内容は判決文参照）ことから、特定行政庁がその権限の行使を怠った限りで「特定行政庁が属する地方公共団体も、国賠法上の責任を負う」。しかし、本件では監督権限の行使を怠ったとはいえず、Y₂の責任は否定される。

本判決の位置づけ・射程範囲

指定確認検査機関のした建築確認（建築基準法6条の2）に過誤があった場合に、当該建築物の購入者や周辺住民等に対して、「指定確認検査機関」と「建築主事の置かれた地方公共団体」のいずれ（あるいは両方）が国賠法1条1項に基づく賠償責任を負うだろうか。

指定確認検査機関による確認事務は、建築主事による確認事務と同様に地方公共団体の事務であり、当該確認に関する建築物について確認権限を有する建築主事が置かれた地方公共団体に帰属する（最決平成17・6・24 関連判例）。それゆえに、同機関のした建築確認処分に対する取消訴訟を、行政事件訴訟法21条1項に基づき、地方公共団体に対する損害賠償請求訴訟に変更することが許されるとした）。そこで、(a)確認事務の帰属先を強調すると、同機関のした建築確認処分は当該地方公共団体の公権力の行使に当たると評価され、同処分に係る事務の違法については、当該地方公共団体が国賠法1条1項に基づく責任を負うとされる（横浜地判平成17・11・30 関連判例）。確認事務の帰属先＝公権力の行使主体と見るわけである。

これに対して、(b)建築基準法の仕組みでは、地方公共団体が同機関を具体的実質的に指揮監督する関係にない（不十分な監督権限しか有していない〔平成18年改正前の建築基準法6条の2、77条参照〕）ことに着目すると、同機関のした建築確認処分を当該地方公共団体の公権力の行使と見ることはできず、むしろ、同機関がその主体として国賠法1条1項に基づく責任を負うとされる（東京高判平成21・3・25 関連判例）。この見解は、公権力の行使主体を、確認事務の帰属先ではなく、同機関と建築主事の置かれた地方公共団体との具体的実質的な関係に即して決めようとしている。

本判決は、基本的に上記(b)と同様の見解に依拠した上で、事案の解決としても指定確認検査機関の国賠法上の責任を認めた点、および、特定行政庁が同機関に対する監督権限の行使を怠った限りで、特定行政庁が属する地方公共団体も国賠法上の責任を負う可能性を認めた点に意義がある。今後、最高裁がどのような見解に立つか、また、平成18年建築基準法改正が同機関に対する特定行政庁の監督権限を強化したことがこの問題の解決にいかなる影響を及ぼすかが注目される。

さらに理解を深める

板垣勝彦・自治研究89巻6号137頁、池村好憲＝髙橋雅夫・判例地方自治378号96頁、山本隆司『判例から探求する行政法』（有斐閣、2012）602頁、金子正史・同志社法学64巻7号81頁、百選67事件〔秋山靖浩〕

関連判例 最決平成17・6・24判時1904号69頁、横浜地判平成17・11・30判例地方自治277号31頁、東京高判平成21・3・25公刊物未登載

第2章 安全関係　6　住宅の欠陥と瑕疵　　　　　　　　松本克美

98 新築マンションのシックハウス症候群

東京地裁平成21年10月1日判決
　事件名等：平成16年（ワ）第18418号損害賠償請求事件
　掲載誌：消費者法ニュース82号267頁

概要　本判決は、購入した新築マンションによってシックハウス症候群、化学物質過敏症に罹患した買主が不法行為責任等を理由に売主に対してこの健康被害等に対する損害賠償を請求した事案で、請求を一部認容し、この種の健康被害について建物の売主の不法行為責任を初めて認めたものである。

事実関係　Xは不動産開発業者のY建設会社から完成したばかりの本件マンションの一室を購入し入居したが、室内の空気に異臭を感じ、頭痛、味覚異常、咽頭への刺激、じんま疹等の症状（シックハウス症候群）を発症するようになった。さらに入居から2年後には、Xの症状は一層悪化し、原因不明の下痢、頭痛、倦怠感などの不定愁訴が出現したため、専門病院の診察を受けたところ、化学物質過敏症（シックハウス症候群が当該建物から離れると症状が軽くなるのに対して、化学物質過敏症は治癒が困難となる）等と診断された。その後、症状の悪化によりXは本件マンションでの生活が困難になり、別の市に古い戸建住宅を借りて、同所に居住している。Xは本件症状は、本件マンションの専有部分の室内に使われている建材から放散されているホルムアルデヒドが原因となり発症増悪したものであるとして、Yの不法行為責任ないし売主としての瑕疵担保責任ないし売買契約上の安全配慮義務違反の債務不履行責任に基づく損害賠償を求めて提訴するに至った。

判決要旨　請求一部認容。「開発業者は、請負業者に対して建物の建築を注文する際に、注文者の立場から建物の安全性を検討すべきものであって、開発業者は、設計者及び施工者と同様、買主その他の建物の居住者等に対する関係において、その生命、身体及び重要な財産を侵害しないような基本的安全性を確保する義務を負うものというべきである。」「Yには、本件マンションの開発に当たり、設計業者や施工業者に対し、厚生省〔(当時)〕指針値に適合するようなF1等級の建材を使用させなかったこと、若しくはXに対し本件マンションがF2等級の建材を使用していること及びそのリスクを説明しなかったこと……について過失があるというべきである。」

厚生省指針値を超えるホルムアルデヒドを放散していた本件専有部分にXが入居してほどなく化学物質過敏症と見られる症状が発生したこと（場所的要因）、X

による接近の時期と発症の時期が近接していること（時間的要因）、化学物質過敏症の原因物質が他にもあったとしても、Xが原因物質と接している時間は本件専有部分内におけるものが最も多いこと、その他Xの生活環境、職業、行動状況から見て、他に同様の症状を生じさせるような要因が見当たらないことなどからすれば、「本件専有部分からホルムアルデヒドが放散されていたこととXの罹患した化学物質過敏症との間には法律上の因果関係が存在すると認めることができる。」

現時点においては、ホルムアルデヒドの放散量は少なくなっていることや、ホルムアルデヒドを多量に放散する建材を交換すれば問題が解消することからすれば、本件専有部分が無価値物であるとして本件建物の売買代金相当額そのものを損害として認めることはできず、その他、本件専有部分の市場価格という観点から経済的価値を観念することが困難であり、民訴法248条を適用し、一切の事情を考慮して、本件専有部分の売買代金及びこれに関連する費用の合計額の4割である1895万円余をもって損害と認める。その他、逸失利益として673万円余を、また慰謝料として700万円を相当と認めた。

本判決の位置づけ・射程範囲

日本で1990年代になってから一般に認識されるようになってきたシックハウス症候群や化学物質過敏症など建物に使われている建材から飛散する化学物質による健康被害に対する損害賠償請求事案は、本件以外にも数件が知られていたが、法的責任を認めた判決は本件までには売買契約上の瑕疵担保責任に基づき売買代金の返還等の財産的損害に対する請求を認めた東京地判平成17・12・5 関連判例 があるだけであった。従来の裁判例は予見可能性や結果回避可能性を否定して不法行為責任を否定し、また当時は瑕疵があったとは言えないとして、責任を否定してきたのである（東京地判平成19・10・10 関連判例 など）。本件におけるXの本件マンション購入時期は平成12年であるが、平成9年にはすでに厚生省がホルムアルデヒドの室内濃度の指針値を定めていた。本判決では、本件マンションのパンフレットに「人への優しさと安心感が基本」「化学物質を含まない接着剤を使用」などと記載されており、化学物質に配慮したマンションであるかのような記載がなされていること、上記厚生省指針値と比較して本件マンションに適切な等級の建材を使用していない点やリスクの説明をしていない点を重く見て不法行為上の過失を認定している。なお過失の前提となる注意義務として本判決が指摘する開発業者の建物についての安全性確保義務は最判平成19・7・6 本書94事件 をふまえたものと言えよう。

さらに理解を深める 宮澤俊昭・速報判例解説9号321頁 関連判例 東京地判平成17・12・5判時1914号107頁、最判平成19・7・6 本書94事件

第２章　安全関係　6　住宅の欠陥と瑕疵　　　　　山野目章夫

99　建築基準法の規定に適合しない建物の建築を目的とする請負契約の効力

最高裁平成23年12月16日第二小法廷判決
　事件名等：平成22年（受）第2324号請負代金請求本訴、損害賠償等請求反訴事件
　掲 載 誌：判時2139号3頁、判タ1363号47頁、金法1959号102頁

概　要　本判決は、建築基準法の規定に適合しない建物を建築する内容の請負契約が公序良俗に反して無効であるとしたものである。

事実関係　Aは、平成15年2月14日、Yに対し、報酬を定めて甲建物と乙建物の各建築を注文した（この仕事を「本件本工事」とよぶことにする）。この請負契約においては、甲・乙の建物が法令の定める建築基準に適合するとみせかけるための「表の図面」と、現実の施工内容を描く「裏の図面」とが合意された。裏の図面によると、甲建物は、表の図面には存在しない居室を地下に設け、反対に表の図面では2階の居室のロフト上部に設けるはずの天井を設けず、乙建物は、表の図面より居室の数を増やすものとし、いずれも建築基準法などの関係法令に反する違法建築物である。

Yは、平成15年5月2日、Xに対し、報酬を定めて本件本工事を注文した。下請負人のXは、表・裏の二つの図面がある事情を承知していた。

表の図面により建築確認が与えられ、本件本工事は、甲建物の地下は裏の図面によりされ、その余は、表の図面により進められた。ところが、やがて経緯を行政庁が知り、近隣住民からの苦情もあって、Xは、違法建築部分を是正する本件追加変更工事が余儀なくされた。

そこで、Xは、本件本工事に続いて本件追加変更工事を実施したうえで、Yに対し甲・乙の建物を引き渡した。Yは、Xに対し報酬の一部しか支払っていない。Xは、Yに対し残余の報酬の支払を求めて訴訟を提起した。原審は、本件の各請負契約が公序良俗違反ないし強行法規違反により無効であるとして、Xの請求を棄却した。X上告。

判決要旨　破棄差戻し。本件本工事について——「建築基準法所定の確認及び検査を潜脱するため、確認図面〔表の図面〕のほかに実施図面〔裏の図面〕を用意〔するなど〕し……確認済証や検査済証を詐取して違法建物の建築を実現するという、大胆で、極めて悪質なものといわざるを得ない」。「当初の計画どおり実施図面に従って建築されれば……居住者や近隣住民の生命、身体等の安全に関わる違法を有する危険な建物となるものであ」る。「本件各建物の建築は著しく反社会性の強い行為であるといわなければならず、これを目的とする

第 2 章　安全関係　6　住宅の欠陥と瑕疵　199

本件各契約は、公序良俗に反し、無効……である」。

本件追加工事について——「その中には本件本工事の施工によって既に生じていた違法建築部分を是正する工事も含まれていた……。……違法を是正することなくこれを一部変更する部分があるの……でなければ、これを反社会性の強い行為という理由はない……」。

全体の判断——「原判決中、本件本工事の代金の請求に関する部分と本件追加変更工事の代金の請求に関する部分とを区別することができないから……本件を原審に差し戻すこととする」。

本判決の位置づけ・射程範囲

建物の建設工事を請け負う契約が、いくつかの点で公序良俗に反して無効であるということがないか、が問われている事件が本件である。公序良俗に反する契約は、無効であり、この契約を原因とする債務は存在しないから履行する必要がない（民90条）。請負契約が無効であるとされる場合は、それを発生原因とする報酬を支払う義務を負わない。

本件を特徴づけている事情は、建設される建物が建築基準に関する法令に違反する違法建築物であるということにある。一般に、法令に反する契約が無効であるかどうかは、法令で明確に定められている場合を除き、問題となる規定の趣旨目的に照らし法律行為を無効としなければならないほどの強い公益性的要請があるかどうか、を判断して見定められる。

本件判決では本件本工事の部分が無効であるとされ、その論理構成としては、①建築基準法に反する建物建築が仕事であるから、②確認済証や検査済証を詐取するに等しい不当な経過があったから、③安全を欠き危険な建物の建築であるから、という諸点が理由として挙げられている。判決の理解としては、建築基準に関する法令の違反（①）があれば常に無効とするものではないと思われる。本件事案の関係者が表裏の図面を作成するなどしてしたことは、こざかしい。そこを強調する観点が②である。くわえて③は、むしろ客観的な事情であり、単なる法令違反ではなく、人の安全に関わる違反行為であることが重視される。本件判決は、①に加え、②・③のいずれかを、または②・③の両方を総合的に勘案するものであると理解される。

また、本件追加工事は、違法な状態を除去するためのものであるという側面を有しており、これが正義に反する内容であるか、は悩ましい。実際問題としても、その部分を無効とすることは、違法状態を解消する工事を請け負う者がいないという事態にもなりかねない。本件判決が、追加変更工事の部分を無効とするかどうか、について慎重な姿勢をとることは、このよう観点から理解される。

さらに理解を深める

おもに本件本工事をめぐる論点について、**平成24年度重判民法1事件**〔曽野裕夫〕。本件追加工事に係る論点の丁寧な検討は、原田昌和・リマークス2013（上）10頁

第2章 安全関係 7 サービスの安全　　　　　　前田太朗

100　学校給食でのO-157感染による死亡事故と学校設置者の責任

大阪地裁堺支部平成11年9月10日判決
　事件名等：平成9年（ワ）第28号損害賠償請求事件
　掲載誌：判タ1025号85頁

概要　本判決は、学校給食を原因とする食中毒により児童が死亡した場合において、過失の推定を用いて学校設置者の損害賠償責任を認めたものである。

事実関係　平成8年7月に大阪府Y市が開設する小学校において、給食を原因とする集団食中毒が発生し、これを喫食したY市内の小学校に通う児童Aが溶血性尿毒症（HUS）に罹患し敗血症により死亡した。感染児童の便からO-157が検出されたが、その汚染食材・汚染経路等が不明であった。Aの親X₁及びX₂（以下Xらとする）は、食中毒の原因を病原性大腸菌O-157により汚染された貝割れ大根にあるとし、Yに対して、製造物責任、在学契約に基づく債務不履行責任、そして国賠法1条ないし憲法29条3項の類推適用に基づく責任等を原因として損害賠償を求めた。これに対して、Yは、汚染食材・汚染源・汚染経路が特定されていないこと及びO-157に対して適切な措置を講じていたとして、過失がないと反論した。

判決要旨　請求一部認容、一部棄却。本件集団食中毒の原因が学校給食にあること、喫食調査に基づいて、冷やしうどんがO-157に汚染されていたと疑われることを認め、そのうえでYの過失について次のように判断した。「学校給食は……学校教育の一環として行われ、児童側にこれを食べない自由が事実上なく、献立についても選択の余地はなく、調理も学校側に全面的に委ねているという学校給食の特徴や、学校給食が直接体内に摂取するものであり、何らかの瑕疵等があれば直ちに生命・身体へ影響を与える可能性があること、また、学校給食を喫食する児童が、抵抗力の弱い若年者であることなどからすれば、学校給食について、児童が何らかの危険の発生を甘受すべきとする余地はなく、学校給食には、極めて高度な安全性が求められているというべきであって、万一、学校給食の安全性の瑕疵によって、食中毒を始めとする事故が起きれば、結果的に、給食提供者の過失が強く推定されるというべきである。」YのO-157に対する対処について、「感染源や感染経路が判明しているときにそれに対する対策をとることは当然であって、感染源や感染経路が判明していない場合に、どのような対策をとるかが問題であり、学校給食は、抵抗力の弱い児童を対象として行われるものであり、食品の特徴として、人体に直接摂取するものであり、極めて高度な安全

性が求められているのであるから、学校給食の実施に当たっては、最新の医学情報、食中毒事故情報などについての収集を常時行うなど、最大限の注意義務が課せられており、まして、通知通達類や新聞報道によって、平成8年は、例年になく食中毒による死者数が多く、O157が全国的に流行し、その感染源が不明であること、O157が他の食中毒菌に比べて菌数が極端に少なくても発症させ、小児が罹患しやすく、場合によっては死に至ることがあること、現時点ではHUSについては治療法がないことなどが指摘されていたことからすれば、本件当時、学校給食については、特に厳重な注意が必要であり、幾ら注意してもしすぎるということはなかったといえること、……個人レベル・家庭レベルにおける予防対策として、食肉類等のみの加熱処理で十分であったとしても、多数の児童の命を預かる学校給食においては、個人レベル・家庭レベル以上の厳重な注意が必要であること……などを総合すれば、Yの主張・立証するところによっても、到底、過失の推定は覆らないというべきであり、他に過失の推定を覆すに足りる証拠はない。」

本判決の位置づけ・射程範囲

　安全配慮義務違反を原因とする損害賠償責任(債務不履行責任及び不法行為責任)では、加害者はいかなる措置を講じるべきであったかを被害者(原告)が原則として裁判において主張・立証しなければならない(最判平成24・2・24判時2144号89頁)。しかし専門性や証拠の収集能力等に限界があるため、原告は困難に直面しうる。過失の推定が認められれば、それだけ原告(被害者)の救済可能性は広げられる。たしかに、過失の推定であり、立証責任の転換ではないことから、被告はこの推定を覆す可能性がある。しかし、本判決の示す過失責任は、学校給食の構造、食品が身体・生命に直接的な影響可能性、給食の摂食者の属性等(危険の支配可能性の観点)を考慮して理由づけている。これら事由からは、実体的にも厳格化していることがうかがえ、それだけ過失の推定を覆すのは難しい。

　これに対して、「過失の衣を着た無過失責任」と反論できよう。しかし、給食の加熱処理の必要性の認識可能の判断では、国や府からの各種通知、新聞報道を重視しており、上記体制を整えていれば、容易に対処できよう。またここで求められる結果回避措置は、食品の加熱処理であるから、公害事件で示されたような「窮極的結果回避義務」までを求めていないのである。本判決が示した過失の推定及び過失の厳格化は、給食の安全性に関するものであるが、ここからは学校(それを設置する自治体)は児童・生徒の生命・身体・健康等に対して安全の確保をしなければならないという基本的な要請が示唆されており、これは他の学校事故の裁判例(例えば部活動中の事故、いじめ等)で示される安全配慮義務と同様の法益を保護の対象とする。加害行為の態様を考慮したうえで、過失の推定・過失の厳格化を認めた本判決のアプローチは、他の学校事故にも参考になろう。

さらに理解を深める　百選73①事件〔大橋洋一〕

第2章 安全関係　7　サービスの安全　　　　　　　　小野寺倫子

101　登山ツアー中の死亡事故についてのツアー主催者の責任

熊本地裁平成24年7月20日判決
　事件名等：平成22年（ワ）第345号損害賠償請求事件
　掲載誌：判時2162号111頁、判タ1385号189頁

概要　本判決は、プロの登山ガイドとして登山ツアーを主催した者が事前に天候に関する収集可能な情報を収集すべき義務、登山中の悪天候による危険が予見される場合には登山の中止など適切な処置等をとるべき義務を履行せず、そのため、参加者がツアー中に強風及び吹雪に曝されて低体温症により死亡した場合について、ツアー主催者の不法行為に基づく損害賠償責任を肯定したものである。

事実関係　亡Aは、プロの登山ガイドYが主催した平成18年10月6日から同月11日まで5泊6日の登山ツアー（本件ツアー）に参加した。Yは、日本山岳ガイド協会の資格の一つである「上級登攀ガイド」（職能範囲は「日本国内で季節を問わず全ての山岳ガイド及びインストラクター行為を行うことができる。但し、山岳スキー及びその分野に該当するものを選択しなかった者は、これを除く」）の資格を有しており、本件ツアーの代金には、ガイド代、宿泊代、交通費、保険代等が含まれていた。なお、本件ツアーの構成（本件一行）は、Y、ガイド見習いB、Aを含む一般参加者5名（いずれも50～60歳代の女性）であった。同月7日午前5時過ぎ頃、本件一行は、祖母谷温泉から白馬山荘に向かう予定コース（本件コース）の途中において、強風及び吹雪に曝され、Aを含む一般参加者4名が低体温症により死亡した。そこでAの相続人であるX₁～X₃は、Yに対し、安全配慮義務違反又は不法行為に基づきAの死亡から生じた損害の賠償を請求した。

判決要旨　請求認容。「登山は、遭難、事故等により生命の危険を伴うものであるから、登山ツアーを企画実施する者は、参加者の生命身体に危険が生じないような適切な準備や指示、処置をする注意義務を負っているというべきである」。「Yは、プロの登山ガイドとして、本件ツアーを企画し参加者を募集し、ガイド代を含む参加費を徴して本件ツアーを実施したのであるから、参加者としては、登山を引率するにふさわしい技術・能力を持ったプロの登山ガイドであるYがガイドすることを前提にし、その技術・能力等を信頼して本件ツアーに参加したといえ」、「Yはプロの登山ガイドとして高度の注意義務を負っていたというべきである」。具体的には「万が一にも本件ツアー中に事故が発生しないように最善の注意を払い……事前に収集可能な情報を収集すべき義務」（「事前情

報収集義務」)、同義務を前提として、「収集した情報を事前に検討し、天候が悪化し、生命や身体に危険が及ぶと予見される場合には、登山を中止するなどの適切な処置等をすべき義務」(「催行検討義務」) を負う。しかし、「Y及びBは、本件ツアーのコースの天気に関する情報収集の方法として、携帯電話で天気情報を取得する、7日午前5時過ぎに出発する前にテレビ等で天気予報を見る、177番の天気予報ダイヤルで情報を得る又は本件コースの目的地である白馬山荘に電話をするなどの方法をとることが可能であったにもかかわらず、これらの情報取集を何らしなかった」。したがって「Yには、事前情報取集義務違反があ」り、「事前情報収集義務を怠った結果、催行検討義務を履行することができなかった」のであるから「Yには、同義務違反がある」といえる。

本判決の位置づけ・射程範囲

登山は、遭難、事故等により生命、身体等に危険が発生する可能性の高いレジャーである。そのため、非商業的に企画された登山に関する裁判例でも、引率者等がプロの山岳ガイドか否かにかかわらず、登山の企画・実施、引率等を行う者は、気象情報等の収集やそれを踏まえたルート、催行の決定等参加者の生命・身体に対する安全確保などについて、注意義務を負うものとされている(関連判例)。まして本件は、プロの登山ガイドが主催・企画し、一般の参加者を募集した商業的登山ツアーに関する事案であり、一般参加者が独自に情報収集等を行うことは想定しにくく、ツアー主催者が事前情報収集義務及び催行検討義務を負うものとされたことは、当然といえよう。上記事前情報収集義務及び催行検討義務は、実質的に登山主催者の安全配慮義務を具体化するものとしても理解できる。ただし、本判決は、結論としては不法行為構成をとり、Yが両義務を果たしていれば、ツアー中の強風、吹雪等の発生を予見でき、本件事故の結果を回避できたとしてYの責任を肯定している。なお同様に危険性を有するレジャーであるダイビング中の事故については、ツアー主催者等の責任を否定する裁判例もあり、事案により結論は分かれているが、責任肯定例では、不法行為構成、契約上の安全配慮義務違反による債務不履行構成の双方によるものがみられる。

さらに理解を深める

解説として、国民生活センター相談情報部・国民生活ウェブ版19号30~32頁 関連判例 営利を目的とする登山ツアーに関する事案ではないが、①社会人の体育文化活動団体主催の登山中の死亡事故について、主催団体、登山リーダーの不法行為責任を認めた静岡地判昭和58・12・9判時1099号21頁、国家賠償事件として、②山岳部の部活動中の事故について引率教師の注意義務違反を肯定した最判平成2・3・23判時1345号73頁、③文部科学省登山研究所主催の研修会中の死亡事故について引率講師ら(プロの山岳ガイドを含む)の過失が肯定された富山地判平成18・4・26判時1947号75頁などがある。なお、ダイビングツアー中の事故に関しては、主催者等の責任を肯定する裁判例として、④札幌地判平成21・10・16判夕1317号203頁、東京地判平成16・7・30判夕1198号193頁、それを否定する裁判例として、⑤大阪地判平成13・1・22判時1750号114頁、⑥福島地郡山支判平成21・9・4判時2062号134頁などがある

第2章 安全関係　7　サービスの安全　　　　　　　　　　　　小野寺倫子

102　外国での主催旅行中のバス事故についての旅行業者の責任

東京地裁平成元年6月20日判決
　事件名等：昭和61年（ワ）第12340号・第14304号・第14784号損害賠償請求事件
　掲載誌：判時1341号20頁、判タ730号171頁、金判842号6頁

概要　本判決は、台湾を旅行目的地とする主催旅行（いわゆるパッケージ・ツアー）実施中に旅行参加者を乗せたバスが道路から逸脱・転落し、旅行参加者8名が死亡、8名が負傷した事故について、安全確保義務等への違反がないとして、旅行を企画・募集しバスを手配した旅行業者の損害賠償責任を否定したものである。

事実関係　旅行業者Yは、台湾の観光を目的とする旅行を企画・募集し、亡A、原告X₁〜X₆（X₁〜X₃は亡Aの相続人）との間で、標準旅行業約款（昭和58年運輸省告示第59号〔当時〕）と同一の内容の旅行業約款（本件約款）に基づいて主催旅行契約（平成16年の旅行業法改正後の募集型企画旅行に相当）を締結した。本件旅行の実施中、Yが手配し、旅行者らが乗車したバスが道路から逸脱、谷底に転落し、亡Aを含む8名が死亡、Xら8名が負傷した。Xらは、バス行程についての旅客運送契約に基づく旅客運送人としての責任、主催旅行契約上の安全確保義務違反に基づく責任、手配及び旅程管理上の過失に基づく責任を理由として、Yに対してAの死亡、Xらの受傷によって生じた損害の賠償を請求した。なお、本件約款では、21条1項（現行標準旅行業約款27条1項に相当）において、Yは主催旅行契約の履行に当たってY又はその手配代行者の故意又は過失によって発生した旅行者の損害を賠償する責任を負う旨が、同条2項において、旅行者がY又はその手配代行者の管理外の事由によって損害を被ったときは、Y又はその手配代行者の故意又は過失が証明されたときを除き、Yは損害賠償責任を負わない旨が規定されていた（現行標準旅行業約款27条2項を参照）。

判決要旨　請求棄却。（旅客運送人としての責任について）「標準〔旅行業〕約款の制定過程に照らすと……主催旅行契約につき、旅行業者は自ら旅行サービスを提供するものではなく、旅行サービスの提供について手配をする地位にある契約とするのが妥当」であり、「旅行業者は、旅行者と主催旅行契約を締結したことのみによって、旅行者に対し、主催旅行の運送サービスにつき、旅客運送人たる契約上の地位に立たないものというべきである」。
　（安全確保義務について）「旅行業者は、主催旅行契約の相手方である旅行者に対し、主催旅行契約上の付随義務として、旅行者の生命、身体、財産等の安全を

確保するため、旅行目的地、旅行日程、旅行サービス機関の選択等に関し、あらかじめ十分に調査・検討し、専門業者としての合理的な判断をし、また、その契約内容の実施に関し、遭遇する危険を排除すべく合理的な措置をとるべき注意義務（以下『安全確保義務』という。）があるものというべきである」。本件約款21条はこの注意義務の存在を示すと共に旅行業者の責任の範囲を限定した規定と解すべきであり、「当該主催旅行の目的地が外国である場合には……日本国内において可能な調査……資料の収集をし、これらを検討した上で、その外国における平均水準以上の旅行サービスを旅行者が享受できるような旅行サービス提供機関を選択し、これと旅行サービス提供契約が締結されるよう図るべきであり……旅行の目的地及び日程、移動手段等の選択に伴う特有の危険……が予想されるときには、その危険をあらかじめ除去する手段を講じ、又は旅行者にその旨を告知して旅行者みずからその危険に対処する機会を与える等の合理的措置を採るべき義務があることを定めた規定と解すべきである」。本件では、台湾における法令上資格ある運送機関・運転手を手配し、法令上運行の認められた運送手段を選択したといえ、運転手が危険性の高い運転を行った等の事情もないことから、Y及びYの履行補助者たる添乗員の安全確保義務への違反は認められない。

本判決の位置づけ・射程範囲

本判決は、旅行業法及び標準旅行業約款制定の経緯から、主催旅行契約を締結した旅行業者について、①主催旅行に含まれる運送サービスに関して旅客運送人としての責任を否定する一方、②主催旅行契約上の付随義務として、旅行者の生命、身体、財産等について安全を確保する義務（安全確保義務）を負うとした。この安全確保義務は、一般的に、いわゆる安全配慮義務と同一の義務と理解されている。本判決は、旅行業者の安全確保義務の存在を肯定し、その内容を具体的かつ詳細に示した点で概ね評価されている。もっとも、標準旅行業約款は、旅行業者をサービスの手配者と位置づけその責任の範囲を限定しつつ旅行サービスの瑕疵により旅行者に生じた損害について一定の限度で旅行業者の責任の有無にかかわりなく補償されるべきものとしているが（特別補償制度）その補償額は低額に制限されていること、また、旅行者の海外の手配代行業者への損害賠償請求には事実上困難が伴うことなどから、本判決において認められた主催旅行の法的性質や安全確保義務の内容、具体的結論の妥当性については、学説の評価が分かれている。

さらに理解を深める

百選91事件〔澤山啓吾〕　そのほか評釈として、國井和郎・判タ736号39頁、大橋敏道・ジュリ1016号124頁、高橋弘・判評383号54頁（判時1364号216頁）、商法（総則）・商行為）判例百選4版103事件〔重田晴生〕、坂本昭雄・金判854号43頁。旅行中の事故に関する旅行業者の責任一般については、山田希・名古屋大学法政論集254号695頁、大橋慧・国民生活ウェブ版42号38頁など　関連判例　フィリピンでの団体旅行中のバス事故に関する静岡地判昭和55・5・21判タ419号122頁、パキスタンでの主催旅行中のバス事故に関して本件とほぼ同一の判断枠組みを示した東京地判昭和63・12・27判時1341号37頁など

第2章 安全関係　7　サービスの安全　　　　　　　　　　　　小野寺倫子

103　パーキンソン症候群患者の嚥下障害による死亡と介護老人保健施設の責任

水戸地裁平成23年6月16日判決
　事件名等：平成21年（ワ）第103号損害賠償請求事件
　掲載誌：判時2122号109頁

概要　本判決は、パーキンソン症候群により嚥下機能が低下していた高齢者が刺身の誤嚥により死亡した場合について、誤嚥の可能性の高い刺身を常食として提供した介護老人保健施設の介護契約上の安全配慮義務違反、不法行為上の過失を認め、結論としては不法行為に基づく損害賠償の請求を一部認容したものである。

事実関係　亡Aは、平成15年8月25日、医療法人Yが開設・経営する介護老人保健施設Bセンターとの間で、施設介護サービス利用契約を締結し、Bセンターに入所した。Aには入所以前からパーキンソン症候群による嚥下機能の低下がみられ、Aの誤嚥の危険性は家族からの希望、ケアプランの作成・見直しなどにおいて繰り返し確認されていた。平成16年11月3日、A（当時86歳）は、Bセンターから昼食として提供された刺身の誤嚥により窒息し（「本件事故」）、心肺停止状態となり、Bセンターに隣接しYが開設・経営するC中央病院において蘇生治療を受けた。しかし、Aが意識を回復することはなく、平成17年3月17日、心不全により死亡した。Aの相続人であるX_1〜X_3は、Bセンターには、誤嚥の可能性の高い刺身を常食で提供したこと、Aの食事中に見守りを怠ったことに、安全配慮義務違反、過失が認められ、その結果Aが死亡したとして、Yに対して、民法415条又は709条に基づき、Aの死亡により生じた損害の賠償を請求した。

判決要旨　請求一部認容、一部棄却。「本件事故当日にAに提供されたまぐろ及びはまちの刺身の大きさは……健常人が食べるのとそれほど異ならない大きさであるが、Bセンターは嚥下しやすくするための工夫を特段講じたとは本件証拠上認められない」。提供された刺身は「嚥下能力が劣る高齢の入所者に提供するのに適した食物とはいい難く、Bセンターの職員は、……Aの嚥下機能の低下、誤嚥の危険性に照らせば、Aに対しそのような刺身を提供すれば、誤嚥する危険性が高いことを十分予想し得た」といえ、「BセンターがAに対し刺身を常食で提供したことについて、介護契約上の安全配慮義務違反、過失が認められる」。したがって、「（Bセンターによる本件事故当日の見守りについて、介護契約上の安全配慮義務違反が認められるか。）について判断するまでもなく、Yには債務不履行が成立する。同時に、Aに対する不法行為（過失による不法行為）が成立す

ると認められる」。なお、A自身が刺身等の常食での提供を希望したことを理由とする過失相殺については、「当時の病状、能力から考えてAが誤嚥の危険性及び誤嚥した場合には重篤な結果が生じ得ることを十分認識していたとは考え難く、かつ、そのような判断を1人でするのに十分な能力を有していたとは考え難いこと、Bセンターは介護老人保健施設という専門機関であることも斟酌すると、Aが刺身とうなぎを常食で提供してほしいと希望したことをもって過失があるとまでは認め難い。本件〔常食提供の〕決定がAの希望に基づいて行われたことは……慰謝料の算定において考慮することとする」とした。

本判決の位置づけ・射程範囲

介護老人保健施設等の高齢者向け介護施設（以下「施設等」という）での介護サービス提供に際して発生した誤嚥事故についての裁判例においては、事故発生以前に当該施設等やその職員によって被害者の誤嚥の可能性が通常の高齢者より高いことが具体的に認識されていたかどうかが、施設等の責任の有無の判断の重要な要素とされているものが多く見受けられる（後掲 関連判例 を参照）。施設等は病院ではなく嚥下機能についての判断に困難が伴う場合も想定されること、責任回避のために常食を摂取可能な高齢者にまで刻み食等を提供することは望ましくないこと、施設等における食事中の見守りについての人員配置上の現実的限界があることなどを考慮すると、このような判断基準は一般的に妥当性を有するといえよう。本件では、Aの嚥下機能の低下について、入所当時からYの職員らに認識されており、施設長である医師の判断に基づき、Aに誤嚥の危険の高い食品を提供したことについてYの介護契約上の安全配慮義務違反及び不法行為上の過失を肯定した裁判所の判断は、従来の裁判例と整合的であるといえる。

ところで本件では、誤嚥の原因となった食品の摂取をA自身が希望したことについて、過失相殺の対象とはならないとしつつ、慰謝料額の算定においてはそのことを考慮要素の一つとしている。判断能力の低下した高齢者について、安全の確保と自己決定の尊重とが衝突した場合における調整の方法として参考となる。

さらに理解を深める

誤嚥を含む高齢者の介護事故については、さしあたり菊池馨実・賃金と社会保障1427号23頁、1428号41頁、渡辺裕介・現消29号29頁を参照 関連判例 ①嚥下障害について医師の診断があることを職員が認識していた高齢者の誤嚥による死亡について特別養護老人ホームの不法行為責任、使用者責任を認めた松山地判平成20・2・18判タ1275号219頁、②嚥下状態の観察が必要との記載のある院外看護要約が病院から介護施設職員に渡されていた事故当時97歳の入所者の誤嚥への対応についての職員らの過失を認め特別養護老人ホームの使用者責任を肯定した東京地判平成19・5・28判時1991号81頁、③事故まで嚥下機能低下をうかがわせる症状のなかった高齢者の誤嚥による死亡について介護付有料老人ホームの安全配慮義務違反を否定した東京地判平成22・7・28判時2092号99頁、④パーキンソン症候群などの症状があったものの嚥下障害の診断はなかった要介護度5のデイサービス利用者（81歳）の誤嚥による死亡につき職員の過失、施設の債務不履行責任を否定した東京地立川支判平成22・12・8判タ1346号199頁などがある

第2章　安全関係　7　サービスの安全　　　　　　　　　　　　　村山淳子

104　4回目の豊胸術の効果と合併症に関する説明義務

東京地裁平成17年1月20日判決
　事件名等：平成15年（ワ）第18653号損害賠償請求事件
　掲載誌：判タ1185号235頁

概要　本判決は、4回目の豊胸術に先立ち、効果が期待できず危険性が高いことを説明しなかった点につき、担当医師の説明義務違反を認め、かつ、この説明義務違反と同手術を受けたことによる依頼者の損害との間に相当因果関係を認めたものである。

事実関係　Xは、Yが開設するクリニックにおいて、計5回の豊胸術を受けた。第1回手術で経腋窩大胸筋下食塩水バッグ挿入術を行ったが、左右の乳房の大きさに依頼者が不満足であったため、第2回手術で大胸筋下再剥離の上でバッグ入替術を実施したものの、被膜拘縮を発症し、第3回手術で両側バッグ入替術を行っても、結果が思わしくなく、第4回手術でバッグ除去術および経腋窩両側大胸筋上乳腺下バッグ挿入術を実施すると、内出血・左右交通・浸出液貯留などの合併症を発症し、第5回手術で経腋窩両側大胸筋上乳腺下バッグ除去術でインプラント（生理食塩水バック）を除去するに至った。その後も内出血・癒着・瘢痕化・しこり・陥没などがみられたのである。

Xは、第1回・第3回・第4回につき担当医師の施術上の過誤を主張し、また、第1回・第4回につき担当医師の説明義務違反を主張して、Yに対し、診療契約上の債務不履行に基づき、各手術によって生じた治療費を含む損害の賠償を請求した。

判決要旨　請求一部認容。「以上の事実からすると、本件第4回手術を乳腺下インプラント挿入術の方法で実施するのは、効果が期待できないだけでなく、危険性も非常に高いものであったと認められるから、〔担当〕医師としては、Xに対し……本件第4回手術を……実施しても効果が期待できず、危険性も非常に高いということを説明すべき義務を負っていたというべきである（場合によっては、Xに対し、これ以上の手術をあきらめ、インプラントを抜去することを説得することも検討すべきであった。）。」「ところが、〔担当〕医師は……〔この点について〕一切説明しておらず……説明義務違反があるというべきである。」「担当医師の本件説明義務違反がなければ……Xの豊胸手術の効果を期待する気持ちが強く、また、海外旅行が迫っていたという事情があったとしても、Xは本件第4回手術を受けなかったものと認められる」。「したがって、〔担当〕医師の本件

説明義務違反とXが本件第4回手術を受けたことによって被った損害との間には相当因果関係が認められ、Yは、Xに対し、本件診療契約の債務不履行に基づき、Xが本件第4回手術を受けたことによって被った損害を賠償する責任を負う。」

本判決の位置づけ・射程範囲

ライフ・スタイルが多様化した現代、美容医療は、その数と種類を増し、訴訟を含むトラブルも増加傾向にある。美容医療の特徴は、緊急性・必要性ないし医学的適応性を欠き、もっぱらより美しくありたいという依頼者の主観的願望の実現を目的とする点にある。そもそも医療行為といえるのかどうかが議論され、刑法学説の主流はいまだ消極的見解を示す。美容医療では、依頼者の主観的願望が、施術の適法性を担保する唯一の拠り所であり、債務の目的を構成することから、インフォームド・コンセントが強調され、医師の説明義務が加重される。

本判決は、手術の概要や通常予想される合併症や危険性についての説明のみならず、第4回手術に先立ち、効果が期待できず、危険性も非常に高いことを説明することを担当医師に求めている。

そして、かっこ書ながら、場合によっては、これ以上の手術をあきらめインプラントを抜去することを「説得」することも検討すべきであったとする。特にこの「説得」は、美容医療であっても、実施の要・適否は医師の専門的判断に拠るべきとの、これまで裁判例が示してきた態度に連なるものである（大阪地判昭和48・4・18判時710号80頁〔アカンベ事件〕、東京地判昭和52・9・26判タ365号386頁参照）。

なお、美容医療では、治療費を取り戻すことをはじめ、経済的利益の回復も、依頼者の重大な関心事である（この点が、消費者法分野の知見を活かしうるところであろう）。本件でも、Xは各手術を受けたことによる治療費を含む損害の賠償を請求しており、本判決は、第4回手術を受けたことによる治療費を含む損害を、医師の説明義務違反と相当因果関係のある損害と認めている。

美容医療に関しては、一定の裁判例の蓄積があり、このうち術前の説明や承諾が問われた事例群を 関連判例 に挙げた。下線が付されたものは治療費の賠償までも認容された事例である。全体的傾向としては、医療側に厳しい姿勢が示され、責任認容例が多い。美容医療において、求められる説明内容は具体的事案に即して多彩であるところ、本判決は事例の意義を有するものである。

さらに理解を深める　**医事法百選2版34事件〔廣瀬美佳〕**　手嶋豊ほか・現消26号4頁、中村哲『医療訴訟の実務的課題』（判例タイムズ社、2001）112頁、太田幸夫編『新・裁判実務体系(1)』（青林書院、2000）361頁　関連判例 京都地判昭和51・10・1判時848号93頁、名古屋地判昭和56・11・18判時1047号134頁、福岡地判平成5・10・7判時1509号123頁、広島地判平成6・3・30判時1530号89頁、東京地判平成7・7・28判時1551号100頁、東京地判平成13・7・26判タ1139号219頁、神戸地判平成13・11・15裁判所ウェブサイト、東京地判平成15・4・22判タ1155号257頁、東京地判平成16・1・28医療訴訟ケースファイル(1)359頁、東京地判平成19・1・31判時1988号28頁、東京地判平成24・9・20判時2169号37頁、大阪地判平成27・7・8判時2305号132頁

第２章　安全関係　7　サービスの安全　　　　　　　　　　　　　　村山淳子

105　一般的でない代替治療を施す場合の医師の説明義務

東京地裁平成17年6月23日判決
　事件名等：平成16年（ワ）第1746号損害賠償請求事件
　掲載誌：判時1930号108頁

概要　本判決は、乳癌患者に対し、一般的でない代替治療（「新免疫療法」と称する）を実施するに先立ち、一般的な治療方法である外科手術について十分な説明をせず、代替治療の効果・予後について正確な説明をしなかった点につき、医師の説明義務違反を認め、併せて、実質的に一体として新免疫療法を実施していたと認定される健康食品の販売会社にも共同不法行為責任を認めたものである。

事実関係　乳癌の疑いがあると診断されたAは、Y_1の開設するクリニック等において、Y_1の診察・治療を受けた。Y_1は、癌治療として「新免疫療法」（下記＊参照）と称する独自の治療方法を実施しており、Aに対しても同療法を実施した。また、Y_2会社は、Y_1と実質的に一体として新免疫療法を実施しており、同療法を実施する一環として、Aに健康食品を販売したものである。Aは他の医療機関も受診したが、結局死亡した。
　Aの遺族であるXらは、Y_1に対しては、外科手術の適応があったことなどを説明しなかった説明義務違反、Y_2に対しては、Y_1と同様の説明義務違反があったと主張し、Y_1およびY_2に対して、不法行為（共同不法行為）または債務不履行に基づき、損害賠償を請求した。

　＊　「新免疫療法」とは、Y_1の説明によれば、人間本来の免疫機能を高め、かつ、癌の増勢に伴う新生血管の形成を阻害することにより、抗腫瘍効果を期待する治療法であり、具体的にはサメ軟骨などの健康食品を摂取するというものである。

判決要旨　請求一部認容。「癌の治療方法としては……一般的な手術、抗癌剤投与、放射線療法といった治療方法以外にも、有効な治療方法の研究・検証・開発・普及が期待される」。「もっとも、一般的でない治療方法を試みる場合には、それを受けようとする患者に対しては、一般的な治療方法である手術、抗癌剤投与、放射線療法の内容やその適応、副作用等を含めた危険性、治療効果・予後等について説明を受けて理解をしていることが前提であり、担当医師としては、それらについて説明をした上で、試みようとする一般的でない治療方法について……当該患者がいずれの治療方法についても、十分理解して自ら選択

できるよう、正確な情報を提供する義務がある」。「Y_1は、Aに対し、乳癌の確定診断がついた段階で、……同人の左乳房に乳癌があること、その病期はステージⅡであり、手術適応があること、手術をした場合には予後がよいこと、併せて、手術をする場合の具体的な手術方法、危険性等について十分な説明をせず、新免疫療法の治療効果・予後について……Y_1が公表している奏効率とは大きく異なる可能性もあることについて説明しなかったものであり、この点に説明義務違反……が認められる。」「Y_2は、……クリニックひいてはY_1と実質的には一体として新免疫療法を実施しているものというべきであ」る〔から〕「Y_1と同様」〔の説明義務を負っていたものであり、〕「Y_1とともに、その生じた損害について共同不法行為責任を負うというべきである。」

以上のように判示して、Y_1の不法行為責任、およびY_1とY_2の共同不法行為責任を認め、逸失利益および慰謝料等の賠償を命じた。

本判決の位置づけ・射程範囲

癌などの難治性の疾患の治療において、単独で、あるいは一般的な治療と併用されるなどして、代替治療が医療側から提案・告知され実施されることがある（最判平成13・11・27 関連判例 〔乳房温存療法事件〕とある意味対極である）。現代医療への不信、患者の絶望からくる「藁にもすがる思い」、そしてこれを利用する健康市場の存在が、背景事情にあるといえる。本件はメディアで大きく報じられ、公刊されたかぎりで唯一の貴重な裁判例である。

このような代替治療は、一定の安全性を前提とし、厳格なインフォームド・コンセントを得ているかぎりにおいて、法的には許容される。しかし、患者の客観的利益と必ずしも合致しないことから、一般的な治療方法によるよりもいっそう、インフォームド・コンセントが強調され、医師の説明義務が加重される。本判決では、一般的な治療方法である外科手術の適応があること、手術をした場合には予後がよいことに併せて、新免疫療法の治療効果・予後についてY_1が公表している奏効率とは異なる可能性があることまで、ハイリスクの引き受けの念押しともいえるような加重された説明義務が認められている。

なお、代替治療には、患者の「藁にもすがる思い」を利用する健康市場が存在する場合が多い（この点が、消費者法分野が関心を寄せるゆえんでもある）。本件では、Y_1の妻が代表取締役を務めるY_2会社が、Y_1と実質的に一体として、新免疫療法の実施に関与し、同療法を実施する一環として、健康食品を販売して利益を得ていたのである。これに対し本判決は、医療者ではないY_2に対しても、Y_1と同様の説明義務を課し、共同不法行為者と位置づけている。

さらに理解を深める　医事法百選2版31事件〔千葉華月〕、医事法百選57事件〔山口斉昭〕、最判解民事篇平成13年度（下）714頁〔中村也寸志〕

関連判例　最判平成13・11・27民集55巻6号1154頁（乳房温存療法最高裁判決）

第2章 安全関係 7 サービスの安全 村山淳子

106 レーシック手術（近視矯正手術）による遠視化についての説明義務

大阪地裁平成21年2月9日判決
　事件名等：平成19年（ワ）第11474号損害賠償請求事件
　掲載誌：判時2052号62頁、判タ1300号276頁

概要　本判決は、レーシック手術（近視矯正手術）に先立ち、合併症の一つとして遠視化の可能性があることを説明しなかった点に、医師らの説明義務違反を認め、患者が手術を受けるか否かを真摯に選択判断する権利（いわゆる自己決定権）を侵害したとして、医療法人に慰謝料の賠償責任を認めたものである。

事実関係　テレビカメラマンのXは、眼科クリニックを開設する医療法人Yの広告・宣伝により、同クリニックでレーシック手術（下記*を参照）を受ければ、強度の近視も矯正が可能であると考え、同クリニックを受診し、同手術を受けたものである。しかし、術後の合併症の一つである遠視化が生じ、裸眼視力が弱く、眼鏡またはコンタクトレンズの装用が必要である等の後遺症が発生した。

Xは、矯正視力を過度に高く設定するなどの執刀医師の手技上の注意義務違反、およびレーシック手術の合併症の一つである遠視化についてのクリック医師らの説明義務違反を主張し、診療契約上の債務不履行または不法行為（使用者責任）に基づき、Yに対して、逸失利益等を含む損害賠償を請求した。

*　レーシック手術とは、近視や乱視の度数に応じて、エキシマレーザー（生体組織に熱変性〔やけど〕をほとんど起こすことなく正確な切開や切除ができる特殊な高エネルギーのレーザー）を角膜実質に照射し、角膜のカーブを変化させ、眼の屈折力を正常に戻すことにより、近視や乱視を治す視力矯正術である。

判決要旨　請求一部認容。「Xの術後遠視の原因は、事前に予測できないX自身の何らかの要因によって本件手術の際に過矯正が生じたことである」「Yクリニック医師らに過失・注意義務違反があったということはできない。」「術後遠視は、エキシマレーザーによる近視矯正手術による合併症の中で最も避けなければならないものの一つとされており、日本眼科学会のガイドラインにも将来を含めて遠視とならないことを目標とする旨明記されていること、近視が強度の場合……過矯正が生じやすいとされ……ていることなどからすれば、Yクリニック医師らには、本件手術に先立ち、Xに対して本件手術の合併症として術後遠視が生じる可能性があることを説明すべき注意義務があった」。「Xは本件手術

を受けることについて強い意向を有していた……若年者の場合、過矯正は高齢者と比較して生じにくく、多少の遠視化は調節可能で大きな問題とならない場合が多いこと、術後遠視が生じても再手術によって回復・改善する可能性があることからすれば、仮にXが本件手術の合併症として術後遠視が生じる可能性がある旨説明を受けていたとしても、Xは本件手術を受けることに同意したと推認することができる。したがって……Yクリニック医師らの上記説明義務違反とXが主張する上記損害の発生との間に因果関係があるとは認められない。」「Yクリニック医師らによる説明義務違反によって、Xとしては、適切に情報を提供され、これに基づいて本件手術を受けるか否かを真摯に選択判断する権利(いわゆる自己決定権)を侵害されたといえるから、上記説明義務違反と自己決定権侵害との間には因果関係があるものと認められ、上記侵害に対する慰謝料を認めることができる。」

本判決の位置づけ・射程範囲

近年、眼科領域において、レーシック手術が行われるようになり、それをめぐる紛争も発生している。また、平成21年に報道された東京都内での集団感染事件は耳目を集めた。比較的新しく登場した施術であるため、裁判例の蓄積がまだそれほどなく（ 関連判例 参照）、本判決は貴重な先例にあたる。

 本書105事件 で取り上げた美容医療で顕著にいえることであり、レーシック手術でもいえることであるが、緊急性・必要性が乏しく、個人のライフ・スタイルにかかわる医療では、インフォームド・コンセントが強調され、説明義務が加重される（ 本書105事件 参照）。本件でも、Xはレーシック手術を受けなくても、コンタクト・レンズを装用して仕事を行い日常生活を送ることができており、Xにとって同手術の必要性は乏しく、まして緊急性はなかった。むしろ、視力回復による生活の質の向上こそがXの目的であったといえる。発生の可能性がそれほど高くなく、発生しても大きな問題とはなりにくい合併症でも、またXの選択の結論自体を左右するものではなくても、自己の生き方を真摯に選択していきたいというXの精神的利益を守るために、判示の具体的諸事情を考慮し、説明義務を認めたものと評価できる。

レーシック手術の合併症の説明義務については、個別具体的事案ごとに裁判所の判断は異なる（例えば、大阪地判平成12・9・22 関連判例 は責任肯定、東京地判平成17・3・4 関連判例 は責任否定）。本件具体的事情の下で示された判断は事例的意義を有する。

 さらに理解を深める 　平沼直人・民事法情報281号77頁、百選88事件〔畔柳達雄〕、古川俊治『メディカル・クオリティ・アシュアランス――判例にみる医療水準〔第2版〕』(医学書院、2005)、手嶋豊ほか・現消26号4頁 　 関連判例 　大阪地判平成10・9・28判時1682号78頁、大阪地判平成12・9・22判時1740号60頁、東京地判平成17・3・4裁判所ウェブサイト、東京地判平成19・2・16裁判所ウェブサイト、大阪高判平成21・9・18公刊物未登載(本件控訴審)、東京地判平成23・10・6判夕1409号391頁

第2章 安全関係　7　サービスの安全　　　　　　　　　　前田太朗

107　ペットの治療方針についての獣医師の飼い主に対する説明義務違反と慰謝料

東京高裁平成20年9月26日判決
　事件名等：平成18年（ネ）第3631号・第3823号損害賠償請求控訴事件、附帯控訴事件
　掲載誌：判タ1322号208頁

概要　本判決は、ペットの治療に関して獣医に医療水準に従った治療をなすべきこと、動物医療を考慮した説明義務を負うことを明らかにし、飼い主の慰謝料を認めたものである。

事実関係　Xが飼育していた犬Aが、免疫異常を原因とする無菌性結節性皮下脂肪織炎に罹患し、高度な治療ができることを標榜していた動物病院Yを受診した。本件疾病においては、細菌培養検査を行う必要があるが、Yの医師Bが適切な対応をとらなかったため、Aは、一時生命の危機に瀕するほどの重篤な症状に至り、また転院を余儀なくされた。Xは、Yに対して、適切な治療を行わなかったこと等からXに多大な精神的苦痛を与えたとして、治療費・交通費等の財産的損害の賠償とともに慰謝料の賠償もYに求めた。第一審は、Xの請求を一部認容し、Yが控訴した。紙幅の関係で説明義務に関する判断を見る。

判決要旨　原判決変更。「獣医師は、準委任契約である診療契約に基づき、善良なる管理者としての注意義務を尽くして動物の診療に当たる義務を負担するものである。そして、この注意義務の基準となるべきものは、診療当時のいわゆる臨床獣医学の実践における医療水準である。この医療水準は、診療に当たった獣医師が診療当時有すべき医療上の知見であり、当該獣医師の専門分野、所属する医療機関の性格等の諸事情を考慮して判断されるべきものである」。獣医師が自ら医療水準に応じた診療をすることができないときは、医療水準に対応した医療機関に転医することについて説明すべき義務を負い、それが診療契約に基づく獣医師の債務の内容となる。動物の医療における特殊性（健康保険制度がないことによる治療費の高額化、ペット飼育か家畜飼育か）を考慮して、ａ動物診療で求められる内容は、飼い主の意向により左右されるとして、その意向の判断の前提として、病状、治療方針、予後、診療料金等の説明義務、ｂ副作用を生じさせる治療の飼い主の同意のための説明義務、ｃ療養方法の指導としての説明義務、さらにｄ飼い主の要請に応じた（民645条参照）、診療経過・治療結果等の説明義務がある。本件では、ａｂｃを否定したが、Aの症状が悪化し、XがY

を再受診して以降の治療において、少なくともこの時点では、Yの医師Bは、細菌培養検査を行う等の義務を履行するべきであったがこれを懈怠したとして、Yの損害賠償責任を認めた。また本件では、治療費・交通費等の財産的損害に加えて、AがXにとって家族同然の存在であったこと、治療過誤により生死が危ぶまれるような重篤な症状に至り、またこれがAの退院後の長期かつ頻度の高い通院の原因と推認されることから、Aが多大な精神的苦痛を被ったとして、40万円の慰謝料を認めた。

本判決の位置づけ・射程範囲

本判決以前の裁判例において、獣医・動物病院の医療水準を明示する裁判例はあまりみられなかったが（名古屋高金沢支判平成17・5・30 関連判例 は医学的知見に基づく治療プロセスを示しており、本判決と同旨といえる）、未熟児網膜症事件判決（最判平成7・6・9民集49巻6号1499頁）が示した「診療当時のいわゆる臨床医学の実践における医療水準」が、獣医師にもあてはまることを示した点に本判決の第一の意義がある。次に本判決は、動物医療の特殊性を考慮した四つの説明義務を負うことを明らかにした点でも意義がある。従来の裁判例でも、本判決が示したa、bの説明義務と同内容の治療方法に関する飼主の同意のための説明義務を示す裁判例（前掲名古屋高金沢支判 関連判例 及び東京高判平成19・9・27 関連判例 ）がみられたが、本判決は、これ以外にもc、dの説明義務を示す。本判決はこれらの説明義務を類型化する前提として動物治療の特殊性を考慮しているところ、人間に対する医療と動物医療では、それぞれの説明義務の保護目的・対象（前者は生命・健康という重大な法益に向けられるが、後者は所有権の保護に向けられる）が異なることから、これに対応して判断されるべきだろう（さらに慰謝料の判断で明示されるようにペットは家族同然の存在であるから、物以上のものとしてa、bだけでなく、c、dの義務も課されることも正当化されようか）。説明義務を認める裁判例は数が少ないため、今後の集積が待たれる。慰謝料に関して、従来の裁判例の傾向から動物が愛玩用として飼われている場合には、慰謝料を認めるのが前提とされ（繁殖用に飼われている動物の死亡であっても、努力して入手したり愛情を持って育てたことを考慮して慰謝料を認める裁判例〔ペットホテルでの管理中での事故であるが千葉地判平成17・2・28裁判所ウェブサイト〕がある）、本件では死亡に至らない医療過誤でも慰謝料を認めた点で、物という法益侵害における慰謝料を考えるうえで、本判決は重要な裁判例であろう。

さらに理解を深める

関連文献として吉田克己「財の多様化と民法学の課題——鳥瞰的整理の試み」吉田克己＝片山直也編『財の多様化と民法学』（商事法務、2014）1頁 関連判例 名古屋高金沢支判平成17・5・30判タ1217号294頁（評釈として、椿久美子・リマークス2007（下）34頁及び浦川道太郎・判タ1234号55頁）、東京高判平成19・9・27判時1990号21頁

第3章　情報関係　1　個人情報　　　　　　　　　　　　　　　　川地宏行

108　顧客情報の流出についての事業者の責任

東京高裁平成19年8月28日判決
　　事件名等：平成19年（ネ）第1496号・第3013号各損害賠償請求控訴、同附帯控訴事件
　　掲　載　誌：判タ1264号299頁

概　要　本判決は、サーバー業者の過失によりエステ業者の顧客情報がネット上に流出した事案において、顧客のプライバシー侵害を理由にサーバー業者の不法行為責任とエステ業者の使用者責任を認定したものである。

事実関係　エステ業者Y社は、A社からサーバーのレンタルを受けて自社のウェブサイトを開設し、Yのウェブサイトにおける内容の修正、更新などの業務をAに委託した。Yはウェブサイト上において自社のサービスの紹介や宣伝をするとともに、アンケートや無料体験の募集ならびに資料送付申込などの受付を行い、利用者が応募する際には、氏名、住所、年齢、職業、電話番号、メールアドレス等ならびに質問に対する回答を入力するように設定されていた。Aがサーバー移設作業を行った際に、Aのミスにより、Yの顧客情報が第三者によって自由に一覧できる状態になった。Yの顧客であるX等は顧客情報の流出により迷惑メールやいたずら電話などの二次被害に遭ったとして、Aの不法行為（民709条）についての使用者責任（民715条）等に基づきYに対して損害賠償を請求した。第一審は請求一部認容。Yが控訴。X等も附帯控訴。

判決要旨　控訴棄却、附帯控訴棄却。「氏名、住所、電話番号及びメールアドレスは、社会生活上個人を識別するとともに、その者に対してアクセスするために必要とされる情報であり、一定の範囲の者に知られ、情報伝達のための手段として利用されることが予定されているものであるが、他方で、そのような情報であっても、それを利用して私生活の領域にアクセスすることが容易になることなどから、自己が欲しない他者にはみだりにそれを開示されたくないと考えるのが自然のことであり、そのような情報がみだりに開示されないことに対する期待は一定の限度で保護されるべきものである。また、職業、年齢、性別についても、みだりに開示されないことの期待は同様に保護されるべきものといえる」。「そのほかに、……Xらが関心を有していたコース名、回答の内容等……XらがYが提供しているエステティックサービスに関心を有し、そのため、Yに対し、……個人の情報を提供したことは、純粋に私生活上の領域に属する事柄であって、一般に知られていない事柄でもある上、社会一般の人々の感受性に照ら

し、他人に知られたくないと考えることは、これまた自然のことであるから、これらの情報全体がプライバシーに係る情報として法的保護の対象となる」。「個人情報の申告を受けるYは、……慎重な配慮のもとに顧客の個人情報を厳密な管理下で扱わなければならないと解すべきである。以上によれば、個人識別情報のほかにエステティック固有の事情に関する情報は、全体として、顧客が個人毎に有する人格的な法的利益に密接なプライバシーに係るものといえ、……何人に対しても秘匿すべき必要が高く、また、顧客の合理的な期待としても強い法的保護に値するものというべきである」。「民間部門における電子計算機処理に係る個人情報保護に関するガイドライン（平成9年3月4日通商産業省告示第98号）は、個人情報の利用の安全性の確保として、個人情報への不当なアクセス又は個人情報の紛失、破壊、改ざん、漏えい等の危険に対し、技術面及び組織面において合理的な安全対策を講ずるものとしており、……個人情報を取り扱う企業に対しては、その事業内容等に応じて、個人情報保護のために安全対策を講ずる法的義務が課せられていたものというべきである」。「Aは、……上記注意義務を怠り、……過失により、……本件情報がインターネット上に流出したものであるから、Aが民法709条による不法行為責任を負う」。「本件ウェブサイトの管理は、……Yの業務の執行に該当する。……民法715条の使用者責任の……使用関係の有無を判断するに当たっては、……実質的な指揮、監督関係があるかどうかについて決するのが相当と解される。……本件ウェブサイトの具体的内容の決定権限や、本件ウェブサイトの最終的な動作確認の権限はYにあるものとされ、……Yは、本件ウェブサイトの管理を主体的に行い、Aに委託したコンテンツの内容の更新、修正作業等についても実質的に指揮、監督していた」。以上によりYは民法715条の使用者責任を負う。

本判決の位置づけ・射程範囲

本判決は、秘匿性が高いセンシティブ情報（顧客のエステへの関心、顧客が選択したエステコース、アンケートの回答など）のみならず、秘匿性の低い個人識別情報（顧客の氏名、住所、電話番号、メールアドレスなど）ならびに中間的な個人情報（顧客の年齢、性別、職業など）についても、みだりに開示されないという顧客の期待が保護に値するとして、Aの過失によるネット上への個人情報流出についてプライバシー侵害に基づく不法行為が成立するとした。また、YA間における事実上の使用関係を認定してAの不法行為についてYに使用者責任を負わせた。なお、センシティブ情報については 関連判例 ①が、個人識別情報については 関連判例 ②が、さらに、不正アクセスによる個人情報流出については 関連判例 ③が参考になる。

さらに理解を深める

浦川道太郎・リマークス2009（上）66頁、川地宏行・現消4号115頁 関連判例 ①東京地判昭和39・9・28判時385号12頁、②最判平成15・9・12民集57巻8号973頁、③大阪地判平成18・5・19判時1984号122頁

第3章　情報関係　1　個人情報　　　　　　　　　　　前田太朗

109　玄関ドアに督促状を貼付した家賃保証会社の不法行為責任

大阪地裁平成22年5月28日判決
　事件名等：平成21年（ワ）第12036号損害賠償請求事件
　掲　載　誌：判時2089号112頁

概要　本判決は、いわゆる追い出し屋の賃借人に対する立ち退き行為が不法行為にあたるとして損害賠償責任を認めたものである。

事実関係　XはAとの間でマンションの一室について賃料8万5000円で賃貸借を締結した。その際賃料保証のためにXはYと保証委託契約を締結した。Xは、平成20年9月分の賃料の支払いが遅れ、XはYの従業員Aに支払猶予を求め、Aもこれを承諾したが、その期日にも賃料を払うことができず、XはYの従業員Bに対して同月25日までの支払いの猶予を求めた。しかしXはその期限にも支払うことができず、Bは部屋の玄関に、3分の1ほどに紙を折って「督促状」という表題を見える形で貼付した。そこには、賃料に5000円を加えた9万円の支払いの督促、及び回収担当者の氏名及び連絡先が記載されていた。その後9月分の家賃の支払いは10月末にようやく行われたが、それまでの間、Yの従業員Bらは、家賃を払え、出ていけ、Aと出ていってもらうという話はついている等の高圧的な口調を用いて取立行為を行った。Xは、Yに対してBらの違法な取立行為を受けたとして使用者責任に基づく損害賠償を求めた。以下督促状の貼付行為に関する判断を中心にみていく。

判決要旨　請求一部認容、一部棄却。「債権の取立行為の態様が、債務者の名誉を毀損したり、脅迫を伴うものであるなど、社会通念上相当とされる限度を超える場合には、有効な債権の取立行為であっても不法行為を構成する場合があると解される。」本件では事実の概要で示した督促状の貼付が認められるとして、「本件居室前の通路を通行する他の入居者が上記表題〔評釈者注：督促状〕が付された同書面を見ることにより、本件居室の入居者であるXが、家賃等の支払を遅滞し、債権者から取立てを受けている旨を認識し、又は容易に推知しうるといえるから、本件付貼書面を玄関ドアに貼り付けることは、他人に知られることを欲しないことが明らかな家賃等の支払状況というプライバシーに関する情報を不特定の人が知り得べき状態に置き、もってXの名誉を毀損するものであるというべきであって、社会通念上相当とされる限度を超える違法な取立行為というべきである。」Xに支払いを促す手段は他にあること（新聞受けや郵便受

けに督促状を入れられ、それでも応じない場合には支払督促の申立てや訴訟提起等の措置を講じればよく、YもXとの約定において訴訟提起に関する合意があったことから左記手段を認識していた）から、「貼付行為に及んだことにつき違法性がないということはできない。」「Yは、本件貼付書面の記載内容からは、Xを強制的に退去させようとしていると受け取られる記載はないと主張するが、『督促状』又は『催告状』との表題が付されている書面を見れば、少なくともXが家賃等を滞納し、その取立てを受けていることを容易に推知しうるといえるから、本件貼付書面を貼り付ける行為がXの名誉を毀損するものであることは明らかである。」さらに、本判決は、督促に際して家賃に加えられた5000円は法的根拠を欠くものとして、慰謝料5万円、上記5000円及び弁護士費用の賠償を認めた。

本判決の位置づけ・射程範囲

本判決は、追い出し屋による賃料取立行為・追い出し行為において、①督促状を賃借人の玄関に貼付する行為が名誉毀損にあたるとし、②高圧的な口調を用いた取立てを不法行為と認め、かつ③算定根拠不明の損害金の取得が不当利得だけでなく不法行為となることを認めた点で特徴的である。①及び②をみていく（そもそも追い出し屋がどのような権限で賃貸借契約を解除し、追い出し行為を行っているのかの問題もある）。②に関して、本判決は社会通念を基準とするが、東京地判平成24・3・9 関連判例 は「退去要求の態様が、その行為自体が刑法上の脅迫、強要行為に該当する程度には至らない行為であったとしても、家賃を滞納しているという負い目のある賃借人に、法的手続によることなく、着の身着のままでの退去を迫ること自体が社会的相当性に欠け、違法行為」と判示しており、追い出し行為の民事上の違法性の判断を考えるうえで重要であろう（大阪高判平成23・6・10判時2145号32頁も参照）。①に関して、ある事実を適示して名誉を毀損する行為が不法行為を構成するかどうかは、そもそも当該行為が「公共の利害に関する事実に係りもっぱら公益を図る目的」（最判昭和41・6・23民集20巻5号1118頁）をもたなければならない。本件で問題となった督促状の貼付により、Yの賃料支払いの遅滞を明らかにすることは、公共の利害に関せず、かつ公益を図る目的もない（貼付行為はあくまで債権の支払い・回収を目的とするものであり、代替手段により達成できる）。②③に加えて名誉毀損の成立を認めることで、追い出し屋による追い出し行為を受けた被害者を多様な救済アプローチにより保護することも可能となろう。また会社それ自体の民法709条責任を問う構成は、個々の構成員の不法行為の立証を賃借人が負わないというメリットとともに、不法な取立て・追い出し行為を会社ぐるみで行うという追い出し業行為の実態にも適合的な解決といえよう（髙嶌・後掲も参照。大阪簡判平成21・5・22判時2053号70頁参照）。

さらに理解を深める

髙嶌英弘・消費者法ニュース80号211頁、中田＝鹿野198〜201頁 関連判例 東京地判平成24・3・9判時2148号79頁、東京地判平成24・9・7判時2171号72頁（なお、この判決の評釈として、橋本佳幸・リマークス2014(上)54頁参照）

第3章 情報関係　1　個人情報　　　　　　　　　　　　　小笠原奈菜

110 誤情報を信用情報機関に提供したクレジット会社の責任

大阪地裁平成2年7月23日判決
　事件名等：昭和62年（ワ）第3179号損害賠償事件
　掲　載　誌：判時1362号97頁、金法1289号29頁

概　要　本判決は、クレジット会社が顧客に関する誤った信用情報を信用情報機関に提供し、その誤情報に基づき当該クレジット会社が当該顧客からのクレジット契約の申込みを拒絶した場合の当該クレジット会社の債務不履行責任を認め、損害として慰謝料及び弁護士費用を認めたものである。

事実関係　Xは、大手自動車販売会社に勤務する者であり、昭和58年6月、ビデオデッキを購入した際、クレジット会社Y_1から融資を受け、これを毎月分割払いで支払ってきた。しかしY_1は、昭和61年6月、信用情報機関Y_2に対して、誤って延滞等のいわゆる「ブラック情報」を報告した。同年10月、Xの妻がY_1のクレジットの利用を申し込んだ際に、Y_1は、Y_1の登録した誤情報の提供をY_2から受けたため、申込みを拒否した。そこで、Xは、Y_1がY_2に対して誤った「ブラック情報」を報告したことは、クレジット契約上あるいは信義則上の義務に違反すると主張するとともに、Y_2が消費者に不利益な情報を登録した場合には消費者に対し通知を発する信義則上あるいは条理上の義務があるのにこれを怠った過失があると主張し、Y_1及びY_2に対し、慰謝料等550万円の支払いを求めた。

判決要旨　請求一部認容、一部棄却。Y_1の責任について、信用情報の提供については、Xから同意を得ているから、「Y_1が前回のクレジット契約に基づくXの正確な信用情報をY_2に提供する限り、何ら違法ではない。……しかし、Y_1は、Y_2にXの信用情報を提供するに当たり、信義則上、前回のクレジット契約に付随して、正確を期し、誤った情報を提供するなどしてXの信用を損なわないように配慮すべき保護義務があり、この保護義務に違反すれば、債務不履行（不完全履行）責任を負うと解するのが相当である。……そして、……Y_1が前回のクレジット契約において、従業員の手違いで、昭和58年7月5日に第一回分割払金の口座振替がされるように社内処理をせず、昭和59年7月3日にXに無断で口座振替の手続を取って右分割払金を受け取ったことが、Y_2の規定する延滞後完済に当たらないのに、Y_1は、Xに延滞後完済の事実があったとの本件

誤情報をY₂に報告してXの信用を損ない、その後本件クレジット契約申込みに際し、Y₂から右延滞後完済の情報の提供を受け、右申込みを断ったのであるから、前回のクレジット契約について、Y₁に、前記保護義務違反の債務不履行責任がある。」

Y₂の責任について、「消費者信用情報について消費者に不利益な情報を登録した場合、Y₂が当該消費者にその旨通知すべき義務があったとはいえず、他にこの通知義務の存在を認めるに足りる証拠はないから、不法行為責任の主張は理由がない。」

本判決の位置づけ・射程範囲

本判決は、クレジット会社が信用情報機関に顧客の情報を提供するに当たり、信義則上、誤情報を提供するなどして顧客の信用を損なわないように配慮すべき保護義務があり、この保護義務に違反すれば、債務不履行責任を負うことを示した。ただし、損害としては不法行為に基づく精神的苦痛に対する慰謝料及び弁護士費用を認めている。医療過誤などと類似の請求権競合のケースと言える。信用情報機関については、いわゆるブラック情報が登録された旨を当該情報主体に通知する義務はないとして不法行為責任を否定した。

多重債務者問題等に対処するために、信用情報機関による個人信用情報の収集と提供が行われている。個人信用情報として、当該情報主体にとって不利な、誤った情報が登録されると、当該情報主体に経済的損害や精神的損害が生じる可能性のあることは明白であり、したがって、このような誤った情報の登録に関与した者に過失があれば、その者が不法行為責任を負うことになる点について異論はないであろう。誤情報登録者と情報主体との間に契約関係がある場合には、同時に債務不履行責任も負うことになる。信用情報機関の責任について、本判決は、クレジット会社が誤情報を信用情報機関へ提供したため認めなかったが、信用情報機関が自ら収集・登録した情報が誤情報である場合には、不法行為責任を負うことになる（大阪地判平成2・5・21 関連判例 ）。なお、信用情報機関は、誤情報が登録された場合に、誤情報登録者の資力が不十分であるならば、過失の有無にかかわらず補充的責任を負うべきとする見解もある。

損害の内容について、本判決ではクレジットの利用の拒絶という事情を前提としたうえで精神的損害が認められた。誤情報が登録されただけで、まったく誰にも提供、漏洩されなかった場合でも、誤情報が登録されたということだけで、自己情報コントロール権としてのプライバシー権の侵害であり、精神的損害が認められるべきであろう。

さらに理解を深める

百選99事件〔尾島茂樹〕 松本恒雄・金法1304号72頁、大村236頁、渡辺達徳「誤情報と慰謝料（クレジット関係個人情報）」竹田稔=堀部政男編『新・裁判実務大系(9)』（青林書院、2001）376頁以下 関連判例 大阪地判平成2・5・21判時1359号88頁

第3章 情報関係　2　通信事業　　　　　　　　　　　　　　　小笠原奈菜

111 未成年の子が利用したダイヤルQ2有料情報サービスに係る通話料

最高裁平成13年3月27日第三小法廷判決
　事件名等：平成7年（オ）第1659号通話料金請求事件
　掲載誌：民集55巻2号434頁、判時1760号19頁、判タ1072号101頁、金法1628号50頁

概要　本判決は、加入電話契約者以外の者の利用によるダイヤルQ2サービスに係る通話料請求の可否について、信義則違反を理由として、事業者の消費者に対する通話料の請求の縮減を認めたものである。

事実関係　Yの子A（当時中学3年生の男子）は、本件加入電話からYの承諾なしにダイヤルQ2サービスを利用した。その利用に係る通話料は、2か月で約10万円となった（それまでのY宅の電話料金は毎月1万円以内であった）。Yは当時同サービスの存在を知らなかったが、X（NTT）から電話料金の請求を受けて同サービスの利用による電話料金の高額化に気が付き、直ちに同サービスの利用規制を講じた。なお、当時の電話契約サービス約款（本件約款）118条によると、加入電話契約者は、その契約者回線から行った通話に関しては、加入電話契約者以外の者による場合であっても通話料金の支払いを要するとされていた。XはYに対して上記通話料の支払いを求めて提訴した。第一審（広島地尾道支判平成6・1・21判タ843号248頁）は、本件約款118条はダイヤルQ2サービスの利用による通話料には適用されないとして、原審（広島高判平成7・5・24判タ892号241頁）は、Xの本件約款118条に基づく通話料請求は信義則上許されないとして、ともにXの請求を棄却した。Xが上告。

判決要旨　一部破棄自判、一部上告棄却。「Q2情報サービスは当時における新しい簡便な情報伝達手段であって、その内容や料金徴収手続等において改善すべき問題があったとしても、それ自体としてはすべてが否定的評価を受けるべきものではない。しかし、同サービスは、……その利用に係る通話料の高額化に容易に結び付く危険を内包していたものであったから、公益的事業者であるXとしては、一般家庭に広く普及していた加入電話から一般的に利用可能な形でダイヤルQ2事業を開始するに当たっては、同サービスの内容やその危険性等につき具体的かつ十分な周知を図るとともに、その危険の現実化をできる限り防止するために可能な対策を講じておくべき責務があったというべきである。本件についてこれを見ると、……Xが上記責務を十分に果たさなかった……とい

うことができる。こうした点にかんがみれば、Yが料金高額化の事実及びその原因を認識してこれに対する措置を講ずることが可能となるまでの間に発生した通話料についてまで、本件約款118条1項の規定が存在することの一事をもってYにその全部を負担させるべきものとすることは、信義則ないし衡平の観念に照らして直ちに是認し難いというべきである。そして、その限度は、加入電話の使用とその管理については加入電話契約者においてこれを決し得る立場にあることなどの事情に加え、前記の事実関係を考慮するとき、本件通話料の金額の5割をもって相当とし、Xがそれを超える部分につきYに対してその支払を請求することは許されないと解するのが相当である。」

本判決の位置づけ・射程範囲

　約款に基づく請求を否定するために、公序良俗違反、契約（条項）の解釈、信義側により、約款の適用を否定するか、約款自体の効力を否定するという論理が採られてきた。本判決は、契約条項の内容の妥当性に関して、信義則ないし衡平の観念を理由に約款に基づく権利の行使を一部制限するものである。約款の条項を無効にできない場合であっても、信義則を根拠に履行請求権が縮減されることが承認された意義は大きい。理由付けとして、XがダイヤルQ2の内容やその危険等につき周知を図り、その危険の現実化を防止するために可能な対策を講じておくべき責務を認め、その責務の懈怠の効果として割合的制限を導いている。責務を認める根拠は、契約当事者の当初の予想と著しく異なる結果を招来するような事実関係の変化とXが事業内容のあり方を決定し情報を独占的に有する公益的事業者であることである。同様に信義則を用いて事業者の履行請求権を制限する裁判例として、釧路簡判平成6・3・16 関連判例 （多重債務の事案）がある。本判決は、契約者以外の者の利用による通信料の支払いが問題とされたものであり、契約者自身の利用については射程外である。

　オンラインゲームの利用料を月々の携帯通信料と一緒に支払えるサービスなど、新たな情報通信サービスが実用化されるたびに、市民の財産的安全は脅かされる危険がある。新たなサービスにより、契約のよって立つ事実関係が変化し、予想外の事態が生じた場合の法的責任を判断する上で、本判決の判断枠組みは参考になるといえる。なお、本判決を引用する裁判例として、名古屋地判平成24・5・31 関連判例 （連帯保証契約において、4割の免責を認めた）がある。

さらに理解を深める　**百選97事件〔大澤彩〕**　最判解民事篇平成13年度（上）297頁〔豊澤佳弘〕、金山直樹・民事研修635号30頁、条解三法75頁、長尾治助＝中田邦博＝鹿野菜穂子編『レクチャー消費者法〔第5版〕』（法律文化社、2011）81頁以下、中田＝鹿野28頁以下、大村230頁、講義73頁以下、アクセス209頁以下　関連判例 釧路簡判平成6・3・16判夕842号89頁、名古屋地判平成24・5・31裁判所ウェブサイト

第3章 情報関係　2　通信事業　　　　　　　　　　　　　　鈴木　恵

112 パソコン通信上の名誉棄損と関係者の責任（ニフティ・サーブ事件）

東京高裁平成13年9月5日判決
　事件名等：平成9年（ネ）第2631号・第2633号・第2668号・第5633号損害賠償・反訴各請求控訴・附帯控訴事件
　掲載誌：判時1786号80頁、判タ1088号94頁

概要　本判決は、パソコン通信のフォーラム内の会議室における名誉棄損発言につき発言者に不法行為に基づく損害賠償責任を認めたが、シスオペの不法行為責任及びパソコン通信主宰会社の安全配慮義務を否定したものである。

事実関係　Y_1社主宰のパソコン通信上の現代思想フォーラムのフェミニズム会議室でのY_3の発言が名誉棄損にあたるとして、Xが、Y_3、Y_2（当時のシステムオペレーター〔シスオペ〕。平成5年11月就任）に対し不法行為、Y_1に対しY_2の使用者責任または会員契約付随の安全配慮義務違反等の債務不履行に基づき、損害賠償等を求めたのが本件である。Xは平成2年より同会議室で活発に書込みを続け、一時はシスオペから課金免除資格・運営会議室参加を認められていた。一方Y_3は平成5年4月に本フォーラムに入会し過去の発言を読み、Xらが考え方の異なる会員に対し対話を拒否し撤退させ、反論や批判を認めないことは改めるべきだとの考えに従い同年5月5日より発言を始めた。フェミニズムを揶揄する発言もあり、Xはこれに対し不快の念を持った。同月7日のリアルタイム会議室にY_3が参加したところ、参加中の他の会員にXが働きかけ、特定機能を用いてY_3を事実上排除したり、同月21日にY_3の個人情報をXが書き込むなどの事件が生じた。これらにつき批判も受けたXは11月に別フォーラムを設立し本会議室で発言しなくなった。そのフォーラムではY_3の問題発言の削除、アクセス禁止措置がとられたため、Y_3はその後本会議室で専ら発言し、そのうちの一部が本件で問題となった。問題発言につきX側よりY_1及びY_2に対処が求められ、やり取りの後Y_2により削除されている。原審はY_3の不法行為、Y_2の作為義務違反による不法行為、Y_1の使用者責任を認めた。Y側が控訴。

判決要旨　Y_3について控訴棄却。Y_1、Y_2について原判決変更。Y_3の発言のうちXが嬰児殺し及び不法滞在の犯罪を犯したとする発言につき「Xの社会的評価を低下させ……名誉棄損にあたる。……フォーラムにおいては、批判や非難の対象となった者が反論することは容易であるが、言葉汚く罵られることに対しては、反論する価値も認め難く、反論が可能であるからといって、罵倒

することが言論として許容されることになるものでもない。」Y₂について、シスオペの誹謗中傷等の問題発言の条理上の削除義務を認めつつ、①Y₂が議論の積み重ねにより発言の質を高めるとの考えに従いフォーラムを運営してきたこと、②Y₂が問題発言につき、遅滞なくY₃に注意喚起し、Xの削除等の措置の要求には対象の明示や削除措置の手順等への了解を求め、訴訟代理人からの削除要求への対応も行っていて「Y₂の削除に至るまでの行動について、権限の行使が許容限度を超えて遅滞したと認めることはできない」こと、③名誉棄損や侮蔑など議論の内容と関せず反論による対抗を相当としない発言についても、Y₂は会員相互の働きかけにより不規則発言を封じることを期待したこと、特にY₃発言は思想を扱うフォーラムで異見排除・個人情報の信義に悖る方法での獲得をしたXに対する非難を含み、Xの弁明を要する事柄にも関係するとして「Y₃の不法行為となる本件発言が議論の内容と関わりがなく、反論すべき内容を含まないからといって、Y₂が削除義務に違反したと認めることもできない」として、不法行為責任を否定した。Y₁について、Xは会員規約のY₁及びシスオペの削除権限の定めを根拠に個々の会員に対し誹謗中傷等の発言を削除する義務を負うと主張したが、「会員規約に基づき、Y₁が会員に……パソコン通信ネットワークを利用することができる権利を与え、その対価として……一定の利用料を支払うことを主旨とする契約であり……Y₁が……安全配慮義務その他の契約上の義務を負うとは認められず……」として債務不履行を否定した。

本判決の位置づけ・射程範囲

本件はパソコン通信上の名誉棄損、シスオペの削除義務違反、パソコン通信主宰者の責任に関するわが国初の地裁判決の控訴審である。ネット上の名誉棄損でも不法行為は成立しうるが、当事者が対等かつ自由に参加・議論できる場では反論により名誉回復すべきであるという「対抗言論の理論」により責任が否定される可能性がある。しかし本判決は反論する価値も認められないとして不法行為成立を認めている。シスオペについて、条理上の削除義務の存在を認めつつも義務違反は否定した。シスオペが問題発言を認識しても、当事者との交渉や削除に向けた行為の経緯によっては責任を負わないとされている。もっとも本件の結果だけですべての名誉棄損が相手との交渉等をまって削除すればよいものとはいえまい。本件の特殊性として、思想関連フォーラムでの名誉棄損、会員相互の議論を通じた不規則発言低減を期待した運営、問題発言が被害者の行為への批判も含むことも大きく影響している。シスオペに不法行為が成立せずパソコン通信主宰者の使用者責任は問題とならなかったが、契約上の安全配慮義務も否定されている。

さらに理解を深める メディア百選111事件〔西土彰一郎〕 橋本佳幸・判評530号16頁（判時1809号178頁） 関連判例 東京地判平成11・9・24判時1707号139頁、東京高判平成14・12・25判時1816号52頁等

第3章 情報関係　2　通信事業　　　　　　　　　　　　鈴木　恵

113 プロバイダ責任制限法4条1項の発信者情報開示請求に応じなかった特定電気通信役務提供者の損害賠償責任

最高裁平成22年4月13日第三小法廷判決
　事件名等：平成21年（受）第609号発信者情報開示等請求事件
　掲載誌：民集64巻3号758頁、判時2082号59頁、判タ1326号121頁

概要　本判決は、インターネット上の掲示板の書き込みにつき、プロバイダ責任制限法4条1項に基づく発信者情報の開示請求に応じなかった特定電気通信役務提供者に同条4項の重大な過失がないとして、不法行為に基づく損害賠償責任を否定したものである。

事実関係　Xは発達障害児のための学校「A学園」を設置・経営する学校法人の学園長である。2ちゃんねる上の電子掲示板の「A学園Part2」と題するスレッドにおいて、Y（電気通信事業を営む会社でインターネット接続サービスを運営する）の提供するインターネット接続サービスを利用して「なにこのまともなスレ　気違いはどう見てもA学長」との書き込みがされた。XはYに対し裁判外で「本件書き込みのきちがいという表現は、激しい人格攻撃の文言であり、侮辱に当たることが明らかである」との理由を付し、プロバイダ責任制限法4条1項に基づき書き込み者の氏名、住所等の開示請求をした。しかし3か月以上経過後にYからXに対し書面で、発信者への意見照会の結果開示に同意しないとの回答があり、本件書き込みによりXの権利が侵害されたことが明らかであるとは認められないため発信者情報の開示に応じられない旨が回答された。そこでXがYに対して、発信者情報の開示と、開示請求に応じなかったことに重大な過失があるとして、不法行為に基づく損害賠償を請求したのが本件である。第一審は両請求を棄却したが原審は両請求を認めたためYが上告した。発信者情報開示請求は上告受理の決定において排除されたため上告棄却となった。

判決要旨　一部破棄自判、一部上告棄却。「開示関係役務提供者は、侵害情報の流通による開示請求者の権利侵害が明白であることなど当該開示請求が同条一項各号所定の要件のいずれにも該当することを認識し、又は上記要件のいずれにも該当することが一見明白であり、その旨認識することができなかったことにつき重大な過失がある場合にのみ、損害賠償責任を負う……。」「本件書き込みは、その文言からすると、本件スレッドにおける議論はまともなものであって、異常な行動をしているのはどのように判断してもXであるとの意見ない

し感想を、異常な行動をする者を『気違い』という表現を用いて表し、記述したものと解される。このような記述は『気違い』といった侮辱的な表現を含むとはいえ、Xの人格的価値に関し、具体的事実を摘示してその社会的評価を低下させるものではなく、Xの名誉感情を侵害するにとどまるものであって、これが社会通念上許される限度を超える侮辱行為であると認められる場合に初めてXの人格的利益の侵害が認められ得るに過ぎない。……Xを侮辱する文言は……『気違い』という表現の一語のみであり、特段の根拠を示すこともなく……意見ないし感想としてこれが述べられていることも考慮すれば、……書き込みの文言それ自体から、これが社会通念上許される限度を超える侮辱行為であることが一見明白であるということはできず、本件スレッドの他の書き込みの内容、本件書き込みがされた経緯等を考慮しなければ、Xの権利侵害の明白性の有無を判断することはできないものというべきである。そのような判断は、裁判外において本件発信者情報の開示請求を受けたYにとって、必ずしも容易なものではない……。」として重大な過失を否定し、損害賠償責任を否定した。

本判決の位置づけ・射程範囲

　本判決は、プロバイダ責任制限法4条4項の「重大な過失」の判断基準につき、同条1項各号のすべてに該当することが一見明白であり、かつその旨認識することができなかったことにつき重大な過失がある場合に限定した判決であり、それに基づいて特定電気通信役務提供者の損害賠償責任を否定している。同条1項の発信者情報の開示請求権は実体法上の権利であるため、特定電気通信役務提供者は裁判外の請求を受けた場合、自ら同項の要件充足性を判断しなければならない。その際、情報がいったん開示されると開示前の状態への回復は困難であるので、同条2項の手続も踏まえた上で慎重な判断をせざるをえない。そのため、開示に応じなかった際の損害賠償責任を不法行為に関する一般原則通りに負わせることは適切でないとして制限を加えたのが同条4項であるとされる。本判決はこれを踏まえて要件充足性が「一見明白」であることを要求し、かなり厳格な態度をとっている。具体的判断においても、「気違い」の一語のみで根拠も示されていないので、社会通念上許される限度を超える侮辱行為であることが一見明白とはいえないとしている。判断に際しては他の書き込みや書き込みの経緯等の考慮も必要と考えているようである。なお、関連判例により、本件のようにインターネット接続サービスを提供しただけのプロバイダも、同法の「特定電気通信役務提供者」に該当するとの判断がされている。

　さらに理解を深める　　平成22年度重判民法13事件〔河上正二〕　最判解民事篇平成22年度（上）291頁〔中村さとみ〕、古田利雄・平成22年度主判解154頁、和田真一・民商143巻4＝5号461頁、池田秀敏・信州大法学論集21号147頁　関連判例　最判平成22・4・8民集64巻3号676頁

第3章　情報関係　2　通信事業　　　　　　　　　　　　　　前田太朗

114　架空請求においてプライバシー侵害が認められた裁判例

東京地裁平成17年3月22日判決
　事件名等：平成16年（ワ）第16044号・第19911号損害賠償請求事件、損害賠償反訴請求事件
　掲載誌：判時1916号46頁

概要　本判決は、架空請求において、相手方の個人情報を不正に取得し開示する行為はプライバシー侵害にあたるとしたものである。

事実関係　Xは、自身が運営する出会い系サイト（以下「本件サイト」という）を利用したとして、Yに督促状を送付した。督促状は、Yの本件サイトの利用、架空請求ではないこと、督促状到達後4日以内に支払わない場合の法的措置（裁判による請求及び詐欺罪での訴訟となること）が書かれていた。督促状とともに、本件サイトの登録内容を示す書面（登録内容書面）が添付され、携帯電話の解約の場合には、悪質な踏み倒しとして刑事告訴すること、支払請求を放置した場合にはYの配信記録を開示し調査に入る可能性があること、この請求に対してYがXに連絡問い合わせをしない場合には、Yが承諾をしたとし、支払いがない場合には悪質な料金踏み倒しとして身元確認をするという内容であった。さらに調査結果書面と題してYの氏名、自宅電話番号、勤務先等の情報を挙げ、また、今後の調査事項としてYの家族構成、負債状況、銀行残高、交友関係等を項目として挙げていた。その後XはYに対して出会い系サイトの利用料（14万3000円）の支払いを求め簡易裁判所に提訴した（以下「本訴」という）。これに対してYはXの請求は、架空のものであると争い、Yのプライバシーに関する情報が不正に集められかつ架空請求に基づく本件本訴により精神的苦痛を被ったとして、慰謝料を求め、反訴を提起した（以下「反訴」という）。

判決要旨　本訴につき、請求棄却。反訴につき、請求一部認容。裁判所は、本訴について請求を棄却し、反訴について次のように述べた。Xの不法行為について、督促状、登録内容書面及び調査結果書の記載事項を示したうえで、これらの書面の内容から、「これらを受け取ったYに対して、請求に応じて支払わないと大変な事態となるかのごとく畏怖させるのに十分な表現であると評価でき」、「また、Yのプライバシー情報が多数記載されている本件調査結果書面については、Xに対して何らの情報提供をも行ったことのないYにとっては、Xがいかなる方法にて情報を取得したかが全く不明な状況の中で大きな不安を感じるのは当然であ」り、そのうえ、これ以外の情報にも調査が及ぶ旨示唆されてい

ることから、Yの「不安は一層拡大されたものといえるから、当該書面とは、Yを畏怖させるのに十分なものと評価できる。」さらにXは「本件サイトの運営業者を名乗る以上、Xとしてもそのことは十分承知しているはずであり、にもかかわらず、本件督促状、本件通告書を送付しているのは、出会い系サイト利用経験のある者ならば、利用したものと誤信して支払いに及ぶ可能性を見込んだものであるとの推認ができる。……また、実際に本訴の提起に及んでいることについては、いわゆる架空請求について、一般的に『相手にしないで放置するべき』と報道されていることに便乗し、提訴後も応訴することなく弁論期日に欠席させることで勝訴判決を取得できるとの計算のもとに提訴に及んでいるのではないか、敢えて少額訴訟を選んだのはYが応訴してきた場合でも第一回期日での終結を押し切ろうとしたのではないか、との推認もでき、被害予防のための報道や裁判制度をも悪用する極めて悪質ないわゆる訴訟詐欺に該当する可能性が高いものといわざるを得ない。」Xの一連のプライバシー侵害、恐喝行為等により、Yは精神的苦痛を被ったとして慰謝料は30万円を認めた。

本判決の位置づけ・射程範囲

本判決は、架空請求に際して、請求の相手方の個人情報を不正に取得しかつそれを開示した行為についてプライバシー侵害があったとして不法行為責任を認めた点に意義がある。本判決のプライバシーの理解は、最判平成15・9・12民集57巻8号973頁の示すプライバシーの理解に沿うものと思われる。プライバシーの法的性質に関して、一方で自己情報コントロール権と理解すると、本人の同意を得ずに、プライバシーに関する情報を収集したりみだりに開示することは、不法行為となりうる。他方で、本件ではXの架空請求を企図しなければ、YはXにより自己の情報を不正に入手されかつそれを開示されて畏怖を感じる必要もなかった、つまりXのプライバシー侵害行為(不正取得・開示)によりYの精神生活の平穏が害されていると解する余地も出てこよう。いずれにしても、プライバシー侵害行為が不法行為を構成するかどうかの判断(違法性判断)においては、「公表されない法的利益とこれを公表する理由に関する諸事情を個別具体的に審理し、これらを比較衡量」する必要がある(最判平成15・3・14民集57巻3号229頁)が、架空請求に関連して行われる架空請求者による請求の相手方のプライバシーの取得及び開示行為は、架空請求者による法的根拠を欠く金銭取得を目的としており、架空請求者側の事情を考慮する必要性は認めがたいと考えられることから、原則として不法行為を構成しよう。架空請求は督促手続を用いるパターンも登場しており、この際、債務者のプライバシーを開示する形で請求が行われているならば、本判決が示したプライバシー侵害を認めて架空請求者の責任を肯定するアプローチも被害者救済の観点において事態適合的であり、重要性をもとう。

さらに理解を深める

百選26①事件〔山田誠一〕　プライバシーに関して橋本佳幸＝大久保邦彦＝小池泰『民法Ⅴ(事務管理・不当利得・不法行為)』(有斐閣、2011) 129~130頁、藤岡康宏『民法講義Ⅴ 不法行為法』(信山社、2013) 223~234頁

第３章 情報関係 ２ 通信事業　　　前田太朗

115 詐欺に使用された携帯電話を貸与したレンタル業者の責任

東京地裁平成24年１月25日判決
　事件名等：平成22年（ワ）第37512号
　掲載誌：消費者法ニュース92号290頁、先物取引裁判例集64巻422頁

概要　本判決は、詐欺商法において用いられた携帯電話についてそのレンタル業者の不法行為責任を認めたものである。

事実関係　A会社、B会社及びC会社は価値のないC会社の株式を勧誘・販売する仕組みを構築し、Xに対して、この株式が購入希望者の多く価値が高いなどと虚偽の事実を示し、Xはこれを受けて300万円で購入した。この勧誘行為において、偽の運転免許証を提示して、携帯電話レンタル会社であるY会社から、レンタルされた携帯電話が使われていた。Xは、C会社及びY会社及びこれら会社の代表取締役また取締役に対して、民法709条、719条及び会社法429条に基づく損害賠償責任を追及した。以下ではY会社の責任をみていく。

判決要旨　請求一部認容、一部棄却。C会社及びその取締役らの損害賠償責任を肯定したうえでY会社の責任を次のように判断した。まずY会社は「携帯電話のレンタル事業を営んでおり、携帯電話不正利用防止法にいう「通話可能端末設備等を有償で貸与することを業とする者」として、携帯電話不正利用防止法上の『貸与業者』」にあたる。そしてレンタルの携帯電話を用いた振り込め詐欺被害の深刻化を受けて携帯電話不正利用防止法が改正され、レンタル事業者は、貸与契約時において、本人確認を行わなければ携帯電話を交付できず、レンタル事業者が貸与時本人確認義務等を怠った場合に、レンタル事業者への罰則が定められた。「レンタル携帯電話は、振り込め詐欺を始めとして、自らの氏名や立場を明らかにすることができない者の詐欺行為の重要なツールとして利用されていることは否定し得ないのであり、携帯電話不正利用防止法は、このような犯罪行為を防止するため、レンタル事業者に対し、罰則を伴う厳格な本人確認義務を課しているのである。しかるところ、レンタル携帯電話を犯罪行為に利用しようとする者は、レンタル事業者に対して提示する運転免許証等の公的証明書を偽造することは容易に想定されるのであるから、携帯電話のレンタル事業者は、借受希望者から、本人確認のために運転免許証等の公的証明書が提示された場合

には、それが偽造されたものであるか否かを慎重に調査すべき高度の注意義務を課せられていると解するのが相当である。」本件では、本人確認において免許証が用いられたところ、免許証に実在しない住所が示されており、これは容易に確認できること、免許取得年月日に矛盾があることから、Y従業員が、「本件運転免許証につき簡易な調査をすれば、偽造の事実が容易に判明した」とし、かつ借受希望者が3台の携帯電話を申し込んでいる一方で、印章を持っておらず、「疑わしい点があったのであるから、このような調査をすべき要請は一層高かった」として、この借受希望者に「携帯電話を貸与すれば、それが詐欺行為等の犯罪に利用されるに至ることを予見することは十分に可能であったものというべきである」として、Y会社の使用者責任及び共同不法行為責任を認めた。

本判決の位置づけ・射程範囲

　詐欺的商法により商品を購入した者は、その販売者に対して法律行為法、契約法、そして不法行為法により救済されうるが、そうした者らは資力を欠く可能性がある。そこで詐欺的な商法の道具の提供者に責任追及が可能であれば、被害者の救済に資することになろう。ここで問題となるのは、詐欺的商法で用いられた道具それ自体は価値中立的なものであるため、こうした道具の提供者が、不法行為上の義務を負うことの正当化が求められる。本判決の説示に基づけば、携帯電話のレンタル業者は、携帯電話について携帯電話不正利用防止法が制定されているように犯罪行為に利用されやすい危険性をもつこと、このことについてレンタル業者の認識可能性、上記法律により求められる本人確認に対応する措置を講じることによる犯罪行為の回避可能性等を考慮して、不法行為法上も本人確認の義務を負うことを正当化していると考えられる（京都地判平成17・10・26判時1919号132頁も参照）。なお本人確認において運転免許証が用いられる場合には、本判決の示すように偽造される可能性があることから、慎重にその真贋を判断しなければならず、複数の手段で本人確認を行うことが求められる。そうであれば、不法行為責任の判断においては従業員の個人的な応対だけでなく、事業者の人的物的組織の編成にも焦点をあてるべきであろう。このアプローチはより事態適合的なものと思われる。さらに、詐欺的商法等で用いられる道具は多様であり、その種類・使用方法等は当該道具に左右されるものであるから、個々の道具に対応した形で不法行為責任の判断枠組みを構築していくことが求められよう（詐欺的商法において用いられた電話転送サービス事業者の責任〔本人確認義務〕に関し、さいたま地判平成27・5・12消費者法ニュース104号370頁、IP電話回線のレンタル業者の責任について東京地判平成25・5・8公刊物未登載〔ただし回線が犯罪行為に利用されることの予見可能性を欠くとして業者の責任を否定〕）。

さらに理解を深める

村本武志・現消23号86頁、荒井哲郎・現消19号58～59頁、荒井哲郎・現消22号23～25頁

第 3 章　情報関係　2　通信事業　　　　　　　　　　　　　前田太朗

116　電話が不通となった場合の電話会社の利用者に対する損害賠償責任

東京高裁平成 2 年 7 月12日判決
　事件名等：平成元年（ネ）第1545号損害賠償請求控訴事件
　掲載誌：判時1355号 3 頁、判タ734号55頁

概要　本判決は、電話がケーブル火災により不通となった場合において利用者に発生した損害を電話会社に求めた場合において、電話会社の責任制限が認められたものである。

事実関係　被告Y（旧電電公社）の通信用地下ケーブルの洞道において、Yの下請け業者が火災を起こし、Y所有の回線が 8 日あまり不通となった（以下「本件事故」という）。YはXらに対して、公社の電気通信役務の不提供により利用者が損害を被った場合に、その責任を制限する旧公衆電気通信法109条に基づき、電話基本料金の 5 倍に相当する金額を損害賠償金として支払った。しかしXらはこれでは本件事故による損害（不法行為及び債務不履行により被った営業上の損失や通信が途絶したことにより被った精神的苦痛）を填補するのに十分ではないとし、この損害の賠償をYに求めた。第一審は、Xらの請求を退け、また公衆電気通信法109条の適用について判断しなかった。Xらが控訴。

判決要旨　請求棄却。「当裁判所は、本件事故による損害の賠償につき公衆電気通信法……109条の規定がXらの主張する民法及び国家賠償法の各規定に優先して排他的に適用されるものと解する。」この理由を次のように述べる。すなわち「電電公社は、全国規模における膨大な数の利用者に対し可能な限り低廉な料金で良質の電気通信役務を公平に提供するという公共性の高い責務を有し、そのため時代の電気通信技術水準に見合う設備と技術力を保持し、更にはその強化を図ることを可能にする健全な財政基盤の維持が要請されていたものである。一方、電気通信業務のもつ技術的要因あるいは人為的要因に起因する事故の発生は不可避であるため、その損害の補填を予定しなければならないが、全国規模で展開される電電公社の電気通信役務の提供における利用者数の膨大さに応じていったん事故が発生した場合、被害を受ける利用者が極めて多数に上ることが予想されるだけでなく、利用者にとって電気通信役務の利用内容は多種多様であって、その利用によって利用者が享受する経済価値もまた大小様々であるため、事故によって利用者が受ける損害も様々であり、高額に上ることが予想されることから、電電公社においてすべての損害の賠償に応じるとするならば、財

政的負担は極端に重いものにならざるをえなかったのみならず、このような事態に対処するため、利用料金水準の決定に当たり損害補填に必要な財政負担を考慮するとしても、あらかじめ電気通信役務の提供が不能になった場合に受ける損害額をすべて的確に量定することは困難であり、仮にこれをある程度技術的に量定しえたとしても一部の利用者の損害額が高額に上る場合があり、これを利用料金額に反映させるとすれば、一部利用者の損害補填のため一般利用者に対し高額な料金を負担させることとなり、前述のごとく可能な限り低廉な料金によって良質な電気通信役務を公平に提供するという電電公社の前記責務は果たしえないことにならざるをえなかったものである。したがって、右の見地からすれば、公衆電気通信法109条の規定が民法及び国家賠償法の債務不履行ないしは不法行為に関する一般規定に優先して排他的に適用されるべきものとして設けられたものであったと解するのが相当であ……る。」

本判決の位置づけ・射程範囲

会社や商店等事業者が電気・通信等のインフラが遮断・障害を起こした場合には、営業できないことにより、営業上の損害が生じ、これはインフラの遮断・障害が継続する限り拡大し、被害者の数も増える。しかしこうした損害のすべてを、インフラ事業者が負うならば、上記態様から、インフラ事業者は過剰な負担を強いられる。そこで、インフラ事業者の責任範囲を調整することが求められる。本判決は、被害者の数の膨大さ、損害填補による電電公社の過剰な負担、損害額の事前の把握の困難さ、これが可能であっても利用料金への反映の不当さ及びこのことによる低廉な料金でのサービスの提供の不可能性を考慮している。また本判決では挙げられていないが、被害者の多さのため迅速な救済を図ることが困難であること、事業者等において発生する経済的損失は、営業利益の損失であるから、これを自身のリスクと考えて付保等での対処可能性の期待も考慮されるべきであろう。以上を踏まえると、インフラ事業者の責任制限は認めることは妥当性があろう。しかし、責任制限を常に認めることも妥当性を欠く。書留郵便物の亡失やき損等による損害について、郵便法上の責任制限があるが、最大判平成14・9・11 関連判例 は、この責任制限を安価で遍く公平に郵便役務を提供するという目的にかなうものとする一方で、「郵便業務従事者の故意又は重大な過失による不法行為についてまで免責又は責任制限を認める規定に合理性があるとは認め難い」とした。電気・通信等のインフラ設備に起因する事故に関する免責特約においても、右最判と同様の理由があてはまると考えられよう（例えばNTT東日本の約款によると、「故意・重過失」がある場合には責任の制限は適用されないとする）。

さらに理解を深める　**平成2年度重判行政法4事件〔小幡純子〕**　第一審判例評釈：樋口範雄・判評379号42頁（判時1352号204頁）、藤岡康宏＝藤原正則・リマークス1990・101頁、藤岡康宏＝藤原正則・判夕722号59頁　関連判例 最大判平成14・9・11民集56巻7号1439頁

第3章 情報関係　2　通信事業　　　　　　　　　　　　　　前田太朗

117 サービスの再販売業者を介した利用者に対するレンタルサーバ業者の責任

東京地判平成21年5月20日判決
　事件名等：平成20年（ワ）第24300号損害賠償請求事件
　掲載誌：判タ1308号260頁

概要　本判決は、サーバ上のデータ等の記録の消失・毀損においてホスティングサービス業者の免責特約を直接の契約関係にない利用者に対しても認めたものである。

事実関係　Yは、共用サーバホスティングサービスを提供しており、サーバ事業者であるAと、共用サーバホスティングサービスの利用契約を締結した。Y-Aの契約では利用規約が定められており、Yが定める制限事項を順守することに同意すれば第三者にホスティングサービスを利用させることができること（9条1項）、Yの帰責事由（故意または重過失を除く）に基づくサービスの不提供により生じた損害の一定額の填補に限定すること、またこれらの条項が、故意また重過失による場合を除いてYが契約者に対して負う責任のすべてであるという内容であった（X-Aの契約でも同様の免責規定・責任制限がなされていた）。Xら5社は、健康補助食品等の製造・販売・輸入等を行う株式会社であり、Aに対して、ウェブサイト上で商品を販売するプログラム（以下「本件プログラム」という）の作成を依頼し、これと併せてAから共用ホスティングサービスの提供を受ける利用契約を締結した。このプログラムは、購入履歴、顧客情報等（以下「本件データ」という）をサーバ上に保存するものであった。平成20年1月16日に、YはAに対して、サーバ及びハードディスクの故障により共用ホスティングサービス契約を提供できなくなったことを伝え、さらにこの障害により、サーバ上に保存されていた本件プログラム及び本件データが喪失した。XはYに対して、データ喪失の防止義務や損害の拡大防止義務、データの喪失防止義務等の懈怠を理由に損害賠償請求を行った（紙幅の関係でデータ喪失防止義務の判断をみる）。

判決要旨　請求棄却。本判決は、YはXと直接の契約当事者ではないことから、Yの第三者Xに対するデータ消失防止義務に関して次のように判断する。すなわち、YはAとのサーバ契約において、責任制限条項や免責規定を定めるとともに、9条1項を置いていることから、「Yは、契約者の提供先である第三者に対しても本件利用規約の免責規定が当然に及ぶものとして上記サービスを提供していることは明らか」とする。他方で、利用規約のホームページ上での開示、利用規約がX-A間での契約における規約とほぼ同内容であり、免責規定も

設けられていることから、XにもYの規約において免責規定があることを知っていると推認されることから、Yは、規約を超える責任をXとの関係でも負う理由はない。それゆえYは本件データの消失を防止する義務を負わない。実質的に考えても、Yが免責規定や責任制限規定を前提として利用料金を設定し、共用サーバホスティングサービスを提供していること、他方でXは、Aの免責規定によりAに対して本件プログラムや本件データの滅失、毀損について責任を追及することができないこと、そして、サーバの故障により保存されているプログラム等が消失することはありうるが、プログラム等はデジタル情報であり複製することが容易であることから、Xらは本件プログラムや本件データの消失防止策を容易に講ずることができたことを考慮すると、「Xら及びY双方の利益状況に照らせば、本件サーバを設置及び管理するYに対し、Xらの上記記録を保護するためにその消失防止義務まで負わせる理由も必要もない」。

本判決の位置づけ・射程範囲

本判決は、インターネット上のサーバに記録された記録が毀損・喪失した場合において、サーバー・ホスティング事業者の不法行為責任を、免責・責任制限条項を介して否定した点で重要である。この問題に関し、宅配便における責任制限条項を判断した最判平成10・4・30 関連判例 が参考になる。同判決は、宅配便における荷送人と運送人との間で責任制限がなされていることについて、運賃を可能な限り低額にして宅配便を運営していくうえで合理的として、債務不履行責任のみならず不法行為責任でもこの特約を認めないとこれを定めた意味がなくなるとした。そのうえで、契約当事者ではない荷受人が宅配便利用の可能性を容認している場合には、信義則を介してこの特約を第三者である荷受人にも適用した。本判決も、免責・責任制限特約に基づくサーバサービスの提供及びこれら特約の存在の利用者の認識等を考慮しており、平成10年判決に沿ったものといえる。

さらに、本判決は、免責・責任制限条項を不法行為上の義務の判断と関連付けて、Yのデータ消失防止義務を否定する。これは一見すると責任成立と効果の混同をうかがわせる。しかし免責・責任制限特約からは、本判決も示すように、aサーバが完全無欠のものではなくその故障による記録等の消失・毀損の可能性があること、b利用者側がプログラムやデータの保存等の措置を容易に講じられることが考慮されていることがうかがえる。つまりこの二つの観点は記録等の消失・毀損の危険の支配可能性・回避可能性を考慮しているといえ、この観点からみたときには、本判決のYの不法行為法上の義務賦課の判断を正当化できよう。上記bは利用者の属性を問題としており、仮に利用者が事業者ではないならば、サーバ事業者は、サーバ上の記録等の消失・毀損等の危険性を利用者に周知ないし告知する等の不法行為法上の義務を負うことも考えられよう。

さらに理解を深める　古田利雄・平成21年度主判解120頁、池田秀敏・信州大学法学論集18号115頁　関連判例　最判平成10・4・30判時1646号162頁。同判決の評釈として百選36事件〔落合誠一〕、民法百選Ⅱ7版106事件〔山本豊〕

第4章　手続関係（手続法と消費者）　　　　　　　　　　　　　　杉本和士

118　全支店を順位付けした預金債権差押命令の申立ての適法性

最高裁平成23年9月20日第三小法廷決定
　事件名等：平成23年（許）第34号債権差押命令申立て却下決定に対する執行抗告棄却決定に対する許可抗告事件
　掲載誌：民集65巻6号2710頁、判時2129号41頁、判タ1357号65頁、金法1934号68頁、金判1379号16頁

概要　本決定は、大規模な金融機関である第三債務者の全ての店舗等を対象として順位付けをした上、先順位の店舗の預貯金債権の額が差押債権額に満たないときは、順次予備的に後順位の店舗の預貯金債権を差押債権とする旨の差押命令の申立ては、差押債権の特定を欠き不適法であるとしたものである。

事実関係　X（債権者・抗告人）が、Y（債務者・抗告の相手方）に対する金銭債権を表示した債務名義による強制執行として、Yの第三債務者Z_1〜Z_3銀行に対する預金債権並びに第三債務者Z_4銀行に対する貯金債権の差押えを求める申立てをした。Xは、その申立書において、差し押さえるべき債権（差押債権）を表示するに当たり、各第三債務者の全ての店舗又は貯金事務センター（以下、単に「店舗」という）を対象として順位付けをした上、同一の店舗の預貯金債権については、先行の差押え又は仮差押えの有無、預貯金の種類等による順位付けをしている。第一審である執行裁判所は申立てを却下。Xが抗告を申し立てたが、原審は抗告を棄却し、Xが許可抗告の申立てを行った。

決定要旨　抗告棄却。「民事執行規則133条2項の求める差押債権の特定とは、債権差押命令の送達を受けた第三債務者において、直ちにとはいえないまでも、差押えの効力が上記送達の時点で生ずることにそぐわない事態とならない程度に速やかに、かつ、確実に、差し押さえられた債権を識別することができるものでなければならないと解するのが相当であり、この要請を満たさない債権差押命令の申立ては、差押債権の特定を欠き不適法というべきである。債権差押命令の送達を受けた第三債務者において一定の時間と手順を経ることによって差し押さえられた債権を識別することが物理的に可能であるとしても、その識別を上記の程度に速やかに確実に行い得ないような方式により差押債権を表示した債権差押命令が発せられると、差押命令の第三債務者に対する送達後その識別作業が完了するまでの間、差押えの効力が生じた債権の範囲を的確に把握することができないこととなり、第三債務者はもとより、競合する差押債権者等の利害関係人の地位が不安定なものとなりかねないから、そのような方式による差押債

権の表示を許容することはできない。」「本件申立ては、……各第三債務者において、先順位の店舗の預貯金債権の全てについて、その存否及び先行の差押え又は仮差押えの有無、定期預金、普通預金等の種別、差押命令送達時点での残高等を調査して、差押えの効力が生ずる預貯金債権の総額を把握する作業が完了しない限り、後順位の店舗の預貯金債権に差押えの効力が生ずるか否かが判明しないのであるから、本件申立てにおける差押債権の表示は、送達を受けた第三債務者において上記の程度に速やかに確実に差し押えられた債権を識別することができるものであるということはできない。そうすると、本件申立ては、差押債権の特定を欠き不適法というべきである。」（田原睦夫裁判官の補足意見がある）

本決定の位置づけ・射程範囲

債務者が銀行等の金融機関に対する預貯金債権につき差押命令の申立てを行うに際して、その特定方法（民事執行規則133条2項）が問題とされてきた。その端緒は、債権者が債務者の預貯金債権に対する差押命令の申立てを行うために当該債権を差押債権として特定しようとしても、金融機関が守秘義務（最決平成19・12・11民集61巻9号3364頁参照）を理由に情報を開示しないため、債権者がどの店舗（支店）に預貯金口座を持っているのかが判明し難いことにあった。そこで、実務上、金融機関の複数の（又は全部の）取扱店舗を対象に、各店舗に順序を付して列挙し（例えば、「支店番号の若い順序による」という順序付けをする）、その順位に従い執行債権金額に満つるまで順次充当する旨の債権差押命令の申立て（「全店一括順位付け方式」）が行われ、この方式による特定の有無が下級審裁判例において争われてきた。本決定は、「差押債権の特定とは、債権差押命令の送達を受けた第三債務者において、……差押えの効力が……送達の時点で生ずることにそぐわない事態とならない程度に速やかに、かつ、確実に、差し押さえられた債権を識別することができるものでなければならない」と説示した上で、全店一括順位付け方式による申立てを否定した。

本決定後、金融機関の複数店舗のうち、預金債権額合計の最も大きな店舗の預金債権を対象とする旨の表示（「預金額最大店舗指定方式」）による特定の有無につき下級審裁判例の判断が分かれていたが、最決平成25・1・17 関連判例 が、この方式による申立てを不適法とする原審の判断を是認したことで決着を見た。また、差押命令送達時に現に存する現存の普通預金のみならず、同送達の日から起算して1年が経過するまでの入金により生じる将来預金をも差押債権とする申立てにつき、最決平成24・7・24 関連判例 は、本決定を参照引用し、将来預金に関する部分については、第三債務者において速やかに、かつ、確実に、差し押さえられた債権を識別することができるとはいえないとして、差押債権の特定を欠き、不適法であると判示している。

さらに理解を深める

執行・保全百選2版47事件〔高田昌宏〕　最判解民事篇平成23年度（下）609頁〔谷口園恵〕　関連判例 最決平成24・7・24判時2170号30頁、最決平成25・1・17判時2176号29頁

第4章 手続関係（手続法と消費者）　　　　　　　　　　杉本和士

119 合意管轄条項と民事訴訟法17条による移送

東京地裁平成11年3月17日決定
　事件名等：平成11年（ソ）第2号移送申立却下決定に対する抗告事件
　掲載誌：判タ1019号294頁（①事件）

概　要　本決定は、信販会社と消費者との間で定型的に作成された契約書に合意管轄条項の定めがあるにもかかわらず、遠隔地に居住する消費者が経済的、時間的に応訴することが困難であるとして、民訴法17条による移送を認めたものである。

事実関係　信販会社である株式会社X（基本事件における原告。相手方）は、消費者であるY（基本事件における被告。抗告人）に対して、消費貸借契約に基づく貸金返還請求訴訟を東京簡易裁判所に提起した。東京簡易裁判所に管轄が認められるのは、上記契約を締結した定型的な「限度額借入基本契約書（金銭消費貸借包括契約書）」中の合意管轄条項に基づくものである。そこで、Y（広島市在住）は、本件訴訟につき東京簡易裁判所から広島簡易裁判所への移送申立てを行ったところ、原審はこの申立てを却下したため、Yが抗告を行った。抗告理由は、本件訴訟で予定されている証拠調べに必要な関係証人はいずれも広島市内に在住していること、Yは（平成16年破産法改正前の）破産宣告を受け、東京簡易裁判所への出頭費用を負担する資力がないのに対し、Xは広島市内に支店を設置する会社組織であり、広島簡易裁判所における審理による不都合がないこと等の事情により、民訴法17条移送の事由に該当するというものであった。

決定要旨　原決定取消し、本件を広島簡易裁判所に移送。「定型的な契約書の中に合意管轄条項があるが、消費者が遠隔地に居住しており、応訴に当たり、経済的、時間的に困難を来している場合の手続的配慮を定める規定が、民事訴訟法17条である。右の趣旨を踏まえて、訴訟の著しい遅滞を避け、又は当事者間の衡平を図るために、移送が必要であるか否かを検討していくことにする。」「本件契約は、Y、X間で、X広島支店において締結されたものである。そして、Yは、本件契約の締結時期、借入金額等を争うとし、Y本人のほか、同人の妻、X広島支店の担当者の人証申請を行う予定であるという。もっとも、これがどのような争いであるかは明らかにされていないが、Yの主張を前提にすれば、本件契約の担当者らの証人尋問等が必要であることになり、右証人等はいずれも広島市内に在住しているため、東京簡易裁判所において右証人等の尋問を実施する場合は、期日の調整等の必要から、審理が遅延し、また、費用が多額となるこ

とが予測される。ただし、簡易裁判所の訴訟手続に関する特則その他の手続を利用することにより、これらの負担は軽減されることになるが、それにしても、本件が広島簡易裁判所において審理される場合と比較すれば、抗告人にとって、より負担となり、審理期間も長めとなることは避けられないと考えられる。」「Yは、平成10年5月19日、広島地方裁判所において、破産宣告を受け、同月22日、免責申立てをしたというのであるから、Yが、東京簡易裁判所への出頭費用を負担することは相当困難であるものと推認される。この点は、当事者間の衡平を考えるに当たり、重要な点といわなければならない。」「Xは、平成10年7月末日、広島支店を閉鎖した旨主張するが、……しかし、Xの主張を前提としても、Xは、各地に支店を有して営業する株式会社であるから、本件を広島簡易裁判所で審理することとしても、Yが本件について東京簡易裁判所で応訴することとの比較では、特に大きな経済的不利益を受けるものとは認められない。」「そうすると、本件は、何よりも、定型的な契約書の中に合意管轄条項が盛り込まれているために、これに基づき東京簡易裁判所に提訴されたものであるところ、遠隔地に居住するYが、経済的、時間的に応訴の困難を来しているものと見なければならないのである。このことに加えて、……本件諸事情を考慮すると、本件は、民事訴訟法17条により、訴訟の著しい遅滞を避け、又は当事者間の衡平を図るため、東京簡易裁判所から広島簡易裁判所に移送するのが相当であると解される」。

本決定の位置づけ・射程範囲

本決定は、信販会社が消費者を被告として提起した訴訟につき、信販会社と消費者との間で作成された定型的な契約書に含まれる合意管轄条項に定められた裁判所に提起されたが、民訴法17条に基づいて消費者である被告の普通裁判籍所在地を管轄する裁判所への移送を認めたものであり、同条の適用に関する事例判断としての意義を有する。

普通契約約款等による専属的合意管轄の定めにつき、企業の本店所在地等の約款作成者に有利な裁判所を管轄裁判所とすることが多く、そのため消費者が住所地から離れた場所で応訴せざるを得ないという問題が生じていた。そこで、平成8年改正前より、下級審裁判例は解釈によりその弊害除去を図ってきた（東京高決昭和58・1・19判時1076号65頁、高松高決昭和62・10・13判時1275号124頁等）。

この問題については、旧民訴法31条による裁量移送も活用されたが、平成8年改正による民訴法17条では、裁量移送の要件が従前より緩和され、当事者双方が訴訟を追行するために要する労力や出費等を総合的に考慮して、柔軟かつ適切に移送を認めることが可能となった。その結果、同条の裁量移送により被告とされる消費者の保護を図る可能性が広がった。

さらに理解を深める

民訴法百選3版6事件〔松下淳一〕　【関連判例】大阪地決平成11・1・14判時1699号99頁、東京地決平成11・4・1判タ1019号296頁（②事件）、大阪地決平成13・4・5判タ1092号294頁等（以上、肯定例）、東京高決平成12・3・17金法1587号69頁（否定例）

第4章　手続関係（手続法と消費者）　　　　　　　　杉本和士

120　同時破産廃止の決定の確定後にされた破産者の給料等債権への強制執行

最高裁平成2年3月20日第三小法廷判決
　事件名等：昭和63年（オ）第1566号不当利得金返還請求事件
　掲 載 誌：判時1345号72頁、判タ725号63頁、金法1255号28頁

概　要　　本判決は、同時破産廃止の決定が確定した後、破産宣告の前後にわたる破産者の給料等の債権に対する強制執行手続により配当等による弁済がなされると、その後に免責決定が確定しても、この弁済は法律上の原因を失わず、不当利得返還請求権の対象とならないとしたものである（平成16年破産法改正前）。

事実関係　　Y（被告・被控訴人・被上告人）は、昭和60年7月、503万円余の債権を保全するためX（原告・控訴人・上告人）の給料等の債権に仮差押えをした。同年10月、Xが自己破産の申立てを行い、翌昭和61年2月24日に破産宣告及び同時廃止決定を受け、翌3月7日に免責の申立てを行った。他方、同年10月、免責審理期間中にYは前記債権につき給付判決を取得し、同年12月11日、これを債務名義として給料等の債権につき差押命令の発令を受けて、昭和60年7月2日から昭和61年12月10日までのXの給料等から合計90万円余の弁済金を受領した。その後、昭和61年12月26日にXに対して免責決定がなされ、翌昭和62年3月3日にこれが確定した。そこで、免責決定が確定したことにより、Yの得た弁済は法律上の原因を欠く不当利得であるとして、Xがこの返還を求めて提訴したのが本件事案である。

第一審判決（大津地判昭和62・12・25公刊物未登載）はXの請求を棄却し、これに対してXが控訴したところ、原審判決（大阪高判昭和63・7・28公刊物未登載）が控訴を棄却した。これに対してXが上告した。

判決要旨　　上告棄却。「原審の適法に確定した事実関係のもとにおいて、破産宣告及びこれと同時にされた破産廃止決定の確定後に、破産債権に基づき、その支払期が破産宣告の前から右宣告の後に及ぶ破産者の給料及び賞与の各債権に対してされた強制執行は適法であり、右強制執行により破産債権についてされた弁済は、その後に確定した破産者を免責する旨の決定により、遡って法律上の原因を欠くこととなるものではないから、Yが得た弁済金を返還すべきものではないとした原審の判断は、正当として是認することができ、その過程に所論の違法はない」。

本判決の位置づけ・射程範囲　　平成16年破産法改正前の旧法下においては、破産の申立てと同時に免責の申立

【現行法における規律】

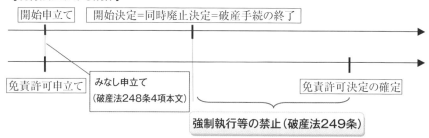

てがなされたときであっても、免責審理期間中に破産手続が終了すれば、強制執行の禁止（旧破産法16条）が解除された。また、同時破産廃止決定の確定後であってもその1か月以内であれば免責の申立てをすることが認められていたが（同法366条ノ2第1項）、免責の効力は免責決定が確定するまで生じず（同法366条ノ11）、免責審理期間中に強制執行禁止の効果は働かない。そのため、同時破産廃止決定確定から免責決定確定まで一定の期間を要するため、その期間内に債権者が強制執行により配当等の満足を得ることの可否が問題となっていた。本判決は、このような強制執行が適法であることを前提に、この強制執行により受けた配当等による弁済は免責決定の確定によっても法律上の原因を欠くことなく不当利得とならない旨を判示したものである。

なお、第三小法廷は、本判決と同日、破産宣告・同時廃止決定後に取得した損害賠償請求権等（破産者の妻を死亡させた交通事故によるもの）に対する強制執行に関する事案についても、同じ結論を導く判決を下している（最判平成2・3・30 関連判例）。破産廃止決定の確定後、免責の申立てがされても、破産宣告による破産宣告に対する制約が存続するという根拠規定を欠き、また、免責決定の確定による免責の効力が遡及することを認める趣旨の規定を欠くことを理由とする）。ただし、この判決は同時廃止決定後に破産者が取得した新得財産に対する強制執行に関する事案であるのに対して、本判決では、強制執行の対象は破産宣告の前後にわたる破産者の給与等であり、新得財産のほか、同時廃止決定がなければ、本来、破産財団を構成したはずの財産も含んでいる点で両者の事案は異なる。

本判決の結論に対しては、給料等を破産者から奪うことを認めた点で、その経済生活の再生を妨げ、免責制度の理念に反する、また、債権者間の不平等を認めることになると批判されていた。そこで、平成16年改正により、免責審理期間中の破産債権に基づく強制執行は許されない旨を定める破産法249条が創設され、問題の是正が図られた（図参照）。併せて、債務者が破産手続開始の申立てをした場合、それと同時に免責許可の申立てをしたものとみなす（破産法248条4項本文）「みなし申立て」の制度も導入され、同時廃止決定後から免責申立てまでに間隙が生じる事態を防止している。

| さらに理解を深める | 平成2年度重判民訴法7事件〔山本弘〕　倒産百選3版95事件〔松下淳一〕　関連判例 最判平成2・3・30民集44巻2号416頁 |

第5章　公正競争関係　1　独占禁止法違反　　　　　　　前田太朗

121　石油カルテルと消費者に対する不法行為責任（鶴岡灯油訴訟）

最高裁平成元年12月8日第二小法廷判決
- 事件名等：昭和60年（オ）第933号・第1162号損害賠償請求事件
- 掲載誌：民集43巻11号1259頁、判時1340号3頁、判タ723号57頁、金判846号3頁

概要　本判決は、石油元売業者により石油の価格協定による価格上昇で消費者が損害を被った場合において、価格上昇の立証責任を消費者が負うとしたものである。

事実関係　Yら石油元売業者らは第一次石油危機を背景にして断続的に民生用灯油の値上げを行った。民生用灯油の購入者であったXら（1600名以上）は、Yらの価格協定の形成により、その形成以前よりも高い価格で灯油を購入させられ余計な出費をさせられたとして、民法709条に基づいてYらに損害の賠償を求めた。第一審は請求棄却、第二審は請求を一部認容した。

判決要旨　破棄自判。独占禁止法違反の行為により自己の法益を侵害された者は、当該行為が民法上の不法行為に該当するならば、損害賠償を求めることができるとしたうえで、本件における損害について、次のように判断した。すなわち、①「価格協定に基づく石油製品の元売仕切価格の引上げが、その卸売価格への転嫁を経て、最終の消費段階における現実の小売価格の上昇をもたらしたという因果関係が存在していることが必要であり、このことは、被害者である最終消費者において主張・立証すべき責任があるものと解するのが相当である」。②石油元売業者の違法な価格協定によって商品の購入者が被る損害は、当該価格協定により余儀なくされた支出分として把握される。消費者が、石油元売業者に対し損害賠償を求めるには、当該価格協定が実施されなかったとすれば、現実購入価格よりも安い小売価格（想定購入価格）が形成されていたといえることが必要であり、これも被害者が主張・立証すべきである。もっとも、想定購入価格は現実には存在しなかった価格であり、かつ直接に推計することに困難が伴うため、現実に存在した市場価格を手がかりとしてこれを推計する方法が許される。「一般的には、価格協定の実施当時から消費者が商品を購入する時点までの間に当該商品の小売価格形成の前提となる経済条件、市場構造その他の経済的要因等に変動がない限り、当該価格協定の実施直前の小売価格（以下、『直前価格』という。）をもって想定購入価格と推認するのが相当である」。しかし協定がなされ消費者が商品を購入するまでの間に、小売価格の形成に影響を及ぼす顕著な経済的要因等の変動があるならば、上記事実上の推定を働かせる前提を欠くため、

第5章 公正競争関係 1 独占禁止法違反

直前価格だけで想定購入価格を推認することは許されない。この場合には、直前価格に加えて当該商品の価格形成上の特性及び経済的変動の内容、程度その他の価格形成要因を総合検討してこれを推計しなければならない。消費者が、直前価格を想定購入価格にあたるとするならば、協定実施から購入までの間に売価格の形成に影響を及ぼす経済的要因等にさしたる変動がないとの事実関係についても消費者が立証すべきであり、「その立証ができないときは、右推認は許されないから、他に、前記総合検討による推計の基礎資料となる当該商品の価格形成上の特性及び経済的変動の内容、程度その他の価格形成要因をも消費者において主張・立証すべき」とする。本件では、以上に関する立証をXらは行っていないため、Yらの価格協定の形成により「現実の小売価格よりも安い小売価格が形成されていたとは認められない」として、Xらの請求を退けた。

本判決の位置づけ・射程範囲

損害について原告（被害者）が立証責任を負うことは、通説・判例の立場に沿うが、本件で特に問題となるのは、現実には存在しなかった想定小売価格の立証を原告だけが負うのかという点であろう。本判決は一般論として、現実に存在した市場価格を手がかりとして、協定実施の直前価格を想定小売価格として推認できる場合があるとして、原告の立証責任が緩和される可能性を示す（本判決の原審である仙台高判秋田支判昭和60・3・26判時1147号19頁が採用し、最判昭和62・7・2 関連判例 も一般論として認める）。しかし本判決はこの推認について、顕著な経済的要因等の変動がある場合にはその前提を欠くとして、この場合には原告が想定小売価格を明らかにしなければならないとする（最判昭和62・7・2 関連判例 も同旨）。次に、ここで求められる原告の立証は、想定小売価格についてa 具体的な価格（何円）なのか（東京高判昭和52・9・19判時863号20頁参照）、b 現実価格よりも想定価格が安いことで足りるかが問題となる。a ならば、原告にとっては損害の発生に加えてその額までの厳密な立証が求められるが（本判決の論旨からすれば、この立証は事実上不可能であろう）、bであれば、想定小売価格を裏付ける資料を原告が示すことでその立証責任を果たしたと考えられ、この点で原告の立証責任は緩和されることになろう（白石・後掲参照）。現行法では民訴法248条が、損害の発生が認められ、しかし損害額の算定が極めて困難な場合には、裁判所が相当な額を定めることができるとする（最判平成20・6・10 関連判例 ）。仮にbであれば、同条により損害額が裁判所により定められることになろう。さらに学説上、同条が損害発生の立証責任までも緩和したかは争いがあるが、仮にこれを肯定するならば、aにおいても、本件においてもXらの損害賠償請求が認められる可能性があるといえよう（なお損害概念において損害事実説の立場に立った場合の可能性について窪田・後掲参照）。

さらに理解を深める

百選110①事件〔和田健夫〕　経済法百選117②事件〔窪田充見〕、最判解民事篇平成元年度455頁〔小倉顕〕、白石忠志・法協113巻5号850頁　関連判例 最判昭和62・7・2民集41巻5号785頁、最判平成20・6・10判時2042号5頁

第5章 公正競争関係　2　広告　　　　　　　　　　　　　　　中田邦博

122 予備校の虚偽広告と受験生からの慰謝料等請求

福井地裁平成3年3月27日判決
　事件名等：平成3年（ワ）第15号・第43号損害賠償請求事件
　掲　載　誌：判時1397号107頁

概要　本判決は、大学受験予備校の入学に際して行われた広告・宣伝が虚偽であることを理由として受講生とその親が予備校およびその代表者に対して行った慰謝料および損害賠償の請求を認容したものである。

事実関係　Y_1会社は大学受験予備校を開設した。Y_2はその会社の代表者であり、同予備校の最高責任者である。Yらは、原告Xらに対して、予備校の入学を勧誘し、次の3点の記載のあるパンフレットおよび募集要項を配布し、その記載通りの受験教育を実施する旨を説明した。そこでの記載は、①講師の全員が専任講師であること、②入試情報の提供・アドバイス体制として有名予備校と「提携」していること、③前年度の合格実績について私立大学だけで26名であったこと、である。

この説明を信じたXらは、この3点を重視して本件予備校に入学を申し込み、入学金等を支払った。しかし、この3点は次の事実と相違していた。①講師のうち4名はアルバイトであった。②Y_1は有名予備校と「提携」した事実はなく、有名予備校の模試への参加とその解答・解説や成績の判断資料が提供されることを提携と表現していたにすぎない。③前年度の本件予備校の受講者の大学入試合格実績は零であった。

そこで、Y_1およびY_2に対して、Xらは不法行為に基づく損害賠償を求めたのが本件である。X_1からX_3は、入学後、2ないし3か月で本件予備校を退学したことによって被った精神的損害（慰謝料）として各40万円を請求し、またX_1～X_3の親であるX_4～X_6は、物質的損害（納入した入学金・受講料等の額に相当するもの）として、各80万の賠償を求めた。本判決は、Y_1およびY_2の損害賠償責任を肯定した。

判決要旨　請求一部認容、一部棄却。「大学入学試験合格実績、有名予備校との連携及び講師陣の構成の3点は、受験生らが入学する予備校を選択する際の重要な基準であり、それ故にY_1会社も右3点を強調して宣伝し、その従業員もその旨Xらに説明している。……昭和63年度にも前記本件予備校の入学勧誘のパンフレット及び募集要項とほぼ同内容のパンフレット等が作成され、Y_2はこれらに目を通していたのであるから、Y_2は、その職責上からも前記3点についての宣伝及び入学志望者に対する本件予備校の従業員の説明が虚偽である

ことについて、故意又は過失があると推認されるので、Y_2は民法709条によりXらの損害を賠償する責任がある。仮にY_2が主張するように、本件予備校の業務一切を従業員に権限を委任して行わせていたとしても、Y_2は民法715条2項によりXらの損害を賠償する責任がある。右事実によれば、Y_1会社は商法261条3項、78条2項、民法44条1項又は民法715条1項によりXらの損害を賠償する責任がある。」

本判決の位置づけ・射程範囲

　本判決の事案は、悪質なケースであり、予備校が虚偽の広告・宣伝をあえて意図的に行ったとみられる詐欺的な事例である。消費者が、事業者の虚偽の広告・宣伝を信頼して契約を締結した場合には、その救済の方法として、大きく契約責任を追及する方法と不法行為責任を追及する方法との二つがある。前者は、債務不履行の立証や損害額の算定、精算の方法などがやや複雑となるおそれもある（たとえば、大阪地判平成5・2・4判時1481号149頁〔大学受験予備校〕、その解説として消費者取引百選58事件〔平野裕之〕）。Xらは、本件では、不法行為構成を採用し、債務不履行や受講契約の取消しといった主張は行っていないが、その理由としては、①欺罔行為の存在が明白であり、不法行為構成によって損賠賠償を請求することが容易であったこと、②債務不履行構成では慰謝料の請求が認められにくいこと、また③債務不履行では認められない弁護士費用の請求も可能になることを考慮したのであろう（平野・後掲慶應法学3号174頁参照）。

　本判決は、虚偽の宣伝行為を不法行為であると認定する一方で、本件受講契約の効力を維持することで、X_4〜X_6が当該契約に基づいて支払った金額（債務不履行や取消構成であれば返還の対象となる）を損害として認め、X_1〜X_3である受講生が退学を余儀なくされたことで精神的な苦痛や心労を受けたことを認定し、これにより慰謝料請求を肯定した。事案は異なるが、同種の不法行為構成がとられた事例（東京地判昭和57・3・30 関連判例（語学留学斡旋））もある。

　本判決時には消費者法上の特別な規制は存在していなかったが、現行法下では消契法や特商法の適用を検討する必要がある。本件と同種の事案では、重要事項について相手方が虚偽の説明をすることで締結された消費者契約となり、消契法4条1項1号の不実告知による取消しの要件を満たすものとなる可能性が高い。また、（本件のように）浪人生のみを対象とした予備校は別として、予備校の講座が浪人生と現役生が入り交じって受講する形式のものであれば、「生徒や学生」を対象とした「学習塾」となり、特商法の特定継続的役務提供（特商41条以下参照）としての規制（不実告知の取消し・中途解約権など）に服することになる。

さらに理解を深める

消費者取引百選58事件〔平野裕之〕、および、平野裕之・慶應法学3号174頁、松本恒雄・法教177号55頁、さらに河上正二・ジュリ1139号76頁　関連判例　東京地判昭和57・3・30判タ475号83頁（語学留学斡旋）、大阪地判平成5・2・4判時1481号149頁（大学受験予備校）

第5章 公正競争関係 2 広告　　　　　　　　　　中田邦博

123 マンションの青田売り広告を掲載した新聞社の責任

最高裁平成元年9月19日第三小法廷判決
　事件名等：昭和59年（オ）第1129号新聞広告掲載に伴う損害賠償請求事件
　掲載誌：集民157号601頁、裁判所ウェブサイト

概要　本判決は、一流新聞が掲載した竣工前の分譲マンション広告によって当該マンションの購入契約を締結した者が、当該マンション業者の倒産によって損害を被ったため、広告を掲載した新聞社・広告社の債務不履行責任および不法行為責任を追及した事案において、最高裁が広告媒体の真実性調査義務を初めて認めたものである（ただし、損害賠償責任は否定）。

事実関係　昭和44年から45年頃、訴外A社を広告主として、同社の分譲マンションの広告が代表的な全国的日刊新聞社Y₁らが発行する新聞紙に掲載された。購読者Xらは右広告によってAに竣工能力があると信じてA社と売買契約を締結し、内金を支払った。しかし、本件マンションが完成する前の昭和46年にAは破産し、Xらはいずれもa社から購入したマンションの引渡しも、支払った代金の返還も受けることができなくなった。そこでXらは、Y₁らおよび、同広告をY₁らに仲介・取次した広告取次店Y₂らを相手に、Aに支払った金額相当の損害賠償を請求した。

判決要旨　上告棄却。「元来新聞広告は取引について1つの情報を提供するものにすぎず、……とりわけこのことは不動産の購買勧誘広告について顕著であって、広告掲載に当たり広告内容の真実性を予め十分に調査確認した上でなければ新聞紙上にその掲載をしてはならないとする一般的な法的義務が新聞社等にあるということはできない」。「広告媒体業務にも携わる新聞社並びに同社に広告の仲介・取次をする広告社としては、新聞広告のもつ影響力の大きさに照らし、広告内容の真実性に疑念を抱くべき特別の事情があって読者らに不測の損害を及ぼすおそれがあることを予見し、又は予見しえた場合には、真実性の調査確認をして虚偽広告を読者らに提供してはならない義務があり、その限りにおいて新聞広告に対する読者らの信頼を保護する必要があると解すべき」である。「本件掲載等をした当時、Yらにおいて前記真実性の調査確認義務があるのにこれを怠って右掲載等をしたものとはいえない」。

本判決の位置づけ・射程範囲　本判決は、不当な広告によって被害を受けた者が、広告を掲載した広告社（媒

体事業者とも呼ばれるが、新聞社や出版社、テレビ放送事業者、インターネットでの広告事業者などである）に対し、被った損害の賠償を請求できるかについて判断したものである。本判決は、具体的な事案においては新聞社と広告代理店双方の責任を否定したが、その意義は新聞社と広告代理店の調査義務の存否について判断したところにある。すなわち、①新聞社・広告社には、広告の真実性についての一般的な調査義務がないこと、②例外的に、疑念を抱く特別の事情があり、読者らに不測の損害を及ぼすおそれがあることを予見し、または予見し得た場合には調査義務がある、としたのである。この調査義務は、不法行為の要件としての過失の中核的要素（予見可能性と結果回避義務）であって、具体的には読者への損害発生の予見可能性およびその前提としての調査・確認義務となる。上記の判断基準は、その後、いくつかの下級審判決において用いられ、例外はあるものの、そのほとんどが本判決と同様に広告社および広告代理店の責任を否定する傾向にある（髙嶌・後掲参照）。他方で、本判決の媒体責任に関する考え方には、一般的な人々の意識や実務の現状からかけ離れているのではないかという疑念が向けられている（都総合法律事務所編・後掲328頁参照、疋田・後掲も参照）。こうした指摘を真摯に受け止めるなら、本判決をリーディングケースとして今後もそのまま維持することについては疑問が生じる。新聞社などの媒体事業者（広告社）は、新聞の販売とともに、広告掲載による収益を事業の柱としている。また、媒体事業者の広告掲載行為は、広告主やその広告代理店と共同して行っている。媒体事業者が、広告主の事業内容や広告内容が倫理規範や法令等に適合することを確認することは、自らの事業活動に関するコーポレートガバナンス上の責任として、もはや当然のことであろう。広告の内容の調査義務は、広告情報を社会に発信する者全てが負う基本的な責任といえよう。この義務の具体化として、媒体事業者は、虚偽広告の掲載を未然に防止する体制を構築することが要請される。その際、広告関与者（広告主、媒体者ほか）は、本判決が示したような広告の真実性の調査義務を媒介として、民法、景表法や不正競争防止法、その他の法令、慣習や自主規制的慣行などによって示される基準に照らして広告の適切さを事前に判断しなければならない。ところが、最近のインターネット上での広告などはほぼ野放しで、広告審査が十分に浸透していない状況が見られる。最高裁判所に求められているのは、本判決の論理を改め、広告内容についての一般的な調査確認義務が媒体事業者にもあることを正面から認め、その具体的な内容を提示することではなかろうか。

さらに理解を深める　**百選12事件〔山田卓生〕**　松本恒雄・法セミ477号84頁、長尾治助『広告と法』（日本評論社、1988）92、228、232頁、都総合法律事務所編『広告の法理』（民事法研究会、1988）326頁、疋田聡・経営論集51号319頁、髙嶌英弘「広告の民事責任に関する従来の裁判例」中田邦博＝鹿野菜穂子編『ヨーロッパ消費者法・広告規制法の動向と日本法』（日本評論社、2011）238頁以下　**関連判例**　東京地判昭和46・6・9判時726号67頁、東京地判昭60・6・27判時1199号94頁。なお、詐欺事例に近いものであるが、広告社の責任を肯定した大阪地判平成22・5・12 **本書124事件** がある

第5章 公正競争関係　2　広告　　　　　　　　　　　　　　　髙嶌英弘

124　パチンコ攻略法を使った打ち子募集広告と広告代理店等の責任

大阪地裁平成22年5月12日判決
事件名等：平成20年（ワ）第5965号損害賠償等請求事件
掲載誌：判時2084号37頁

概要　本判決は、雑誌の広告を見て広告主に連絡を取り、詐欺の被害にあった原告に対し、雑誌の発行者と広告代理店の双方が過失による不法行為責任を負うと判断したものである。

事実関係　原告Xは、出版社たる被告Y_1の発行した雑誌の広告を見て、広告主Aのパチンコ攻略法を使った打ち子（業者に雇われてサクラとしてパチンコを打つ作業の従事者を意味するが、実際には業者が手数料収入等を得るのが目的であり、雇用の実態はない）の募集に応じて保証金を支払い、さらにその後に別の広告主Bからもパチンコ攻略情報を購入したところ、そのいずれもが詐欺であったとして、Y_1及び広告を提供した広告代理店たる被告Y_2に対し、広告内容の真実調査義務違反に基づく不法行為を理由として、AとBに支払った255万円と弁護士費用等の賠償を請求した。

判決要旨　請求一部認容、一部棄却。本判決は、Aの打ち子募集とBのパチンコ攻略法提供の双方を詐欺と認定したうえ、雑誌発行者とその広告代理店がどのような場合に広告の真実性の調査確認義務を負うかの基準を次のように示す。「雑誌広告……に対する読者らの信頼は、当該雑誌やその発行者に対する信頼と全く無関係に存在するものではなく、広告媒体業務にも携わる雑誌社及びその広告の仲介・取次をする広告代理店としては、雑誌広告の持つ影響力の大きさに照らし、広告内容の真実性に疑念を抱くべき特別の事情があって、読者らに不測の損害を及ぼすことを予見し、又は予見し得た場合には、真実性の調査確認をして虚偽広告を読者らに提供してはならない義務があり……その義務に違反した場合は不法行為が成立する」。そして、発行部数等からY_1の雑誌にはある程度の信頼や影響力があったこと、Aの広告とBの広告のいずれも内容が通常は考えられない取引形態であること、業界団体内で打ち子勧誘詐欺の警告文書が周知されていたこと等を認定したうえ、Y_1、Y_2ともにこれらの広告内容の真実性に疑念を抱くべき特別の事情があったのに調査確認を怠ったとして両者の過失を認定し賠償を認めた。ただし、損害拡大につきXにも過失があったとして、A関係の損害につき5割、B関係の損害につき7割の過失相殺がなされた。

本判決の位置づけ・射程範囲

　一般に、メディア発行者や広告業者の民事責任を扱う従来の裁判例の多くは、実態を見れば詐欺ないし詐欺的商法の事案である。本事案を含め、この種の事例では被害が顕在化した時点で直接の加害者の所在が不明であったり賠償資力がなかったりすることが多いという事情が、これらの者への責任追及の背景にある。

　不当な広告を掲載したメディア発行者やこれを取り次いだ広告業者が真実性の調査確認を怠った場合の民事責任を扱う従来の裁判例のうち、責任肯定例は雑誌発行者の責任を認めた下級審判決が1件あるだけであり（東京地判昭和60・6・27判時1199号94頁）、他は責任否定例であった。最高裁も、新聞社と広告業者の調査義務が問題になった最判平成元・9・19 本書123事件 で双方の責任を否定していた。本判決は、このような状況のもとで、広告代理店の調査確認義務違反に基づく責任を肯定した初の事例であるとともに、同義務違反に基づき雑誌発行者と広告代理店の責任を同時に認めた初の事例である点で意義を有する。

　従来の裁判例の多くは、最判平成元・9・19 本書123事件 の示す基準を踏襲して真実性の調査確認義務の有無を判断しており、近時の裁判例（東京高判平成22・12・1判時2113号103頁、東京地判平成27・3・25公刊物未登載）もこれに従っている。これに対し本判決は、形式的には、広告内容の真実性に疑недを抱くべき特別の事情の存在を認定し、これをもとに真実性の調査確認義務の存在とその違反を導いており、最高裁の基準を踏襲しているように見える。しかし詳細に見ると、最高裁が「読者らに不測の損害を及ぼすおそれがあることを予見し、又は予見しえた場合」に調査確認義務があるとしているのに対し、本判決は「読者らに不測の損害を及ぼすことを予見し、又は予見し得た場合」に調査確認があるとしており、損害を及ぼすおそれがあるにとどまる場合が除外されている。

　本件は、広告対象たる商品やサービスの存在自体に合理的な疑念を持つのが当然と評価されうる事案のため、この基準でもYらの責任を肯定できたと考えられる。しかし、広告対象たる商品やサービス自体は客観的合理性を有するが、それらを提供する広告主には広告通りの商品やサービスを提供する意思や能力がない場合には結論が変わる可能性がある。調査確認義務の有無を判断する要素は広告媒体の種類だけではなく、関与者の種類、広告との関連性の程度なども要素となりうることを考えれば、より柔軟な最高裁の基準を原則とするほうが、個々の事案の特性に応じた処理が可能になろう。

　なお、本件のように実質的に詐欺の幇助行為に近い事例において、安易に過失相殺を認めることには問題がある。このような場合の過失相殺は、広告業者に対し、悪徳業者に詐欺の場を提供するインセンティブを与えかねないからである。

さらに理解を深める

本書123事件 で参照された諸文献に加え、髙嶌英弘、現消6号68頁。本件評釈として、髙嶌英弘・現消14号96頁 関連判例 東京地判平成17・11・8 本書23事件。本文中に挙げたもののほか、髙嶌・前掲（現消14号96頁）に従来の裁判例が紹介されている

第5章 公正競争関係　2　広告　　　　　　　髙嶌英弘

125 詐欺的商法の広告に出演した芸能人の責任

東京地裁平成22年11月25日判決
事件名等：平成20年（ワ）第13087号損害賠償請求事件
掲載誌：判時2103号64頁、判タ1357号178頁

概要　本判決は、会社の組織的な投資詐欺により損失を被った被害者7名が、コンサートやDVD出演により当該会社の広報に関与した著名な歌手に対し、当該会社との共同加害ないし幇助を理由として不法行為に基づく損害賠償の支払いを請求したところ、これを否定したものである。

事実関係　株式会社Aは、何ら収益性ある事業を行っていないのに多額の収益を上げているかのように装い、原告X$_1$～X$_7$のそれぞれから百数十万円～1000万円強を出資させた後に倒産したが、Aの事業活動に際し、代表取締役Bの友人であった著名な歌手Yが、A及びその投資商品の宣伝にかかわっていた。そこでXらは、Aの事業実態は詐欺であり、Yの上記行為がAとの共同加害ないし幇助に当たるとして、不法行為に基づく損害賠償を請求した。

判決要旨　請求棄却。判決はまず、Aの主催するコンサートにYが出演したことやDVDに出演したこと等の行為は、事実上A及びその商品に対する信頼をそれなりに高める結果となったことが推認できるとしつつ、Yは積極的にAを推奨したとまでは認められず、その他の行為もXらに対する加害性が認められないとしたうえ、広告主の事業内容・商品等についての調査義務につき次のように判断した。「芸能人等有名人が、広告に出演する場合に、広告主の事業内容・商品等について、常に調査をしなければならないという一般的な注意義務を認めることは、過度の負担を強いるものであって、相当でない……。有名人が、広告に出演する場合に、調査義務を負うか否か及びその程度等については、個別具体的に、当該有名人の職業の種類、知名度、経歴、広告主の事業の種類、広告内容などを総合して判断すべきである。……出資者らの広告に対する信頼を保護する必要性からすれば、Aを事実上広告することになるコンサート等に出演するYとしては、Aの商法に疑念を抱くべき特別の事情があり、出資者らに不測の損害を及ぼすおそれがあることを予見し、又は予見し得た場合には、Aの事業実態や経済活動等について調査・確認をすべき義務があるというべきであり、かかる調査・確認を怠った場合には過失があるというべきである……。」そして本件では、Yは代表取締役Bと個人的な親交関係はあったがAの商法等の具体的な仕組

み等について認識していたとは認められず、したがってAの商法に疑念を抱くべき特別の事情があったとはいえないとした。

本判決の位置づけ・射程範囲

詐欺的商法を推奨し、あるいは推奨には至らない広報行為によって事業者に対する信頼を高めた者の民事責任を扱う裁判例としては、本件に先立ついくつかの下級審判決が存在する。まず、①大阪地判昭和62・3・30判時1240号35頁は、原野商法のパンフレットに推薦文を掲載する等した著名な歌手の責任が認められた事例であり、芸能人が広告に出演する場合の調査義務の有無・程度は芸能人の知名度・芸能人としての経歴・広告主の事業の種類・広告の内容・程度などに応じて個別具体的に決まるとしたうえ、パンフレットに推薦文を載せる場合には、推薦を裏付ける調査をする義務を負うとされた。これに対し、②東京地判平成6・7・25判時1509号31頁は、証券会社からモーゲージ証書（抵当証券の預り証書）を購入した原告1182名が、当該証券会社の役員、従業員に加え、パンフレットへの写真掲載やテレビコマーシャルに関与した元力士に損害賠償を請求した事例であり、役員と従業員に対しては請求が認容されたが、元力士については、調査・予見義務がないとして責任が否定された。そして調査・予見義務の程度・範囲については、広告主の事業の種類、商品等の種類、広告内容、出演者の知名度、経歴、出演者の果たす主体性の程度、出演によ

る利益の多寡等を総合して決すべきであるとされた。

本件は、広告への関与者が有名人である点で①②と共通しており、調査義務の有無・程度は諸要素の総合判断であるとする点も類似しているが、①では推薦文を掲載した行為が加害会社や商品を積極的に推奨したと評価されたのに対し、本件と②における有名人の行為は、個人として具体的・積極的に加害会社ないしその商品を推奨する内容ではないと評価されて責任が否定されている。このように、従来の裁判例では、詐欺的商法に対する関与の態様・程度が積極的な推奨に当たるか否かで結論が分かれているといえる。

ただし、調査義務の有無を決定するに当たって上記の裁判例が挙げる要素にはなお若干表現の違いが見られることからすれば、今後、判断枠組みをより精緻化する作業が必要であろう。この点を考えるうえでは、③専門学校のパンフレットに氏名等を掲載した者の責任を否定した大阪地判平成15・5・9判時1828号68頁が、広告関与者の責任判断の枠組みとして、「当該宣伝広告の内容自体から、それが虚偽であることが明白か否か、当該宣伝広告に対する関与の態様及び効果、当該宣伝広告に関与することによって関与者が受ける利益の多寡等の諸般の事情を総合考慮して判断すべきである」との基準を挙げており、参考になる。

さらに理解を深める

①の評釈として、消費者取引百選36事件〔中村哲也〕。②の評釈として、百選13事件〔滝沢昌彦〕。③の解説として、髙鳥英弘・現消6号68頁

第6章 行政関係

宮澤俊昭

126 特急料金の改訂認可処分の取消訴訟における利用者住民の原告適格

最高裁平成元年4月13日第一小法廷判決
　事件名等：昭和60年（行ツ）第41号近鉄特急料金認可処分取消等請求事件
　掲載誌：判時1313号121頁、判タ698号120頁、金法828号42頁

概要　本判決は、平成16年改正前の行政事件訴訟法（以下「行訴法」という）のもとで、特別急行料金改定認可について鉄道利用者の原告適格を否定したものである。

事実関係　A社は、地方鉄道法21条1項（なお鉄道事業法施行により昭和62年廃止）の定めるところにより、昭和55年3月8日、特別急行の料金の値上げ（改定）について、Y（大阪陸運局長）の認可を受けた（以下「本件認可処分」という）。そこで、通勤定期乗車券を購入し、かつ月に15～20回の頻度で特急料金を支払ってA社が運行する特急に乗車していたXらが、本件認可処分の取消しを求める取消訴訟等を提起した。第一審（大阪地判昭和57・2・19判時1035号29頁）はXらの原告適格を肯定し、Yに本件認可処分をする権限がなかったことを理由として本件認可処分は違法であるとしながらも、行訴法31条を適用して、Xらの請求を棄却するとともに本件認可処分を違法であることを宣言した。第二審（大阪高判昭和59・10・30判時1145号33頁）は、Xらの原告適格を否定して訴えを却下した。これに対してXら上告。

判決要旨　上告棄却。「地方鉄道法（大正8年法律第52号）21条は、地方鉄道における運賃、料金の定め、変更につき監督官庁の認可を受けさせることとしているが、同条に基づく認可処分そのものは、本来、当該地方鉄道利用者の契約上の地位に直接影響を及ぼすものではなく、このことは、その利用形態のいかんにより差異を生ずるものではない。また、同条の趣旨は、もっぱら公共の利益を確保することにあるのであって、当該地方鉄道の利用者の個別的な権利利益を保護することにあるのではなく、他に同条が当該地方鉄道の利用者の個別的な権利利益を保護することを目的として認可権の行使に制約を課していると解すべき根拠はない。そうすると、たとえXらがA社の路線の周辺に居住する者であって通勤定期券を購入するなどしたうえ、日常同社が運行している特別急行旅客列車を利用しているとしても、Xらは、本件特別急行料金の改定（変更）の認可処分によって自己の権利利益を侵害され又は必然的に侵害されるおそれのある者に当たるということができず、右認可処分の取消しを求める原告適格を有し

ないというべきであるから、本件訴えは不適法である。」

本判決の位置づけ・射程範囲

行訴法9条1項は、取消しを求めるにつき法律上の利益を有する者に限って取消訴訟の原告適格を認めている。「法律上の利益を有する者」の解釈として、最高裁判例（最判昭和53・3・14 関連判例、最判平成元・2・17 関連判例 等）は、法律上の利益と反射的利益の区別を前提としたうえで、処分の根拠法令によって原告の主張する利益が一般的公益としてだけでは足りず、個々人の個別的利益として保護されていることまで要求をしていた。ただし、当該行政法規が個々人の個別的利益として保護しているか否かは、当該行政法規だけでなく、それと目的を共有する関連法規の関連規定によって形成される法体系のなかにおいて解釈するものとされていた。このような判例を基礎として事案ごとに原告適格の有無が判断されてきたが、必ずしも明確な基準のもとに判断されたとはいい難く、また厳格に過ぎると評価しうる判決もあるとされてきた。

このような状況を打開するため平成16年の行訴法改正において、新たに9条2項が追加された。この趣旨として、第三者も法律上の利益を有する場合のあること（反射的利益論の機械的適用の否定）、直接の根拠条文のみならず広く関連法令の趣旨目的にまで視野を広げること（根拠条文の形式的文言解釈の否定）、被侵害利益の状況を視野に入れること、が挙げられている。

平成16年行訴法改正後、最大判平成17・12・7 関連判例 は、都市計画事業認可の取消訴訟における付近住民の原告適格について、事業地内に不動産の権利を有する者以外の原告適格を認めていなかった従前の判例（最判平成11・11・25 関連判例）を変更して、一定範囲の付近住民の原告適格を肯定した。この小田急訴訟最高裁判決については、参酌する関係法令の範囲を格段に広く捉えた点に特徴があると指摘されている。

平成16年行訴法改正前の事例である本判決は、地方鉄道法に基づいてなされた本件認可処分につき、沿線住民の原告適格を否定した。なお、地方鉄道法は昭和62年に廃止され、鉄道事業法が施行された。鉄道事業法1条は、鉄道等の利用者の利益の保護も目的に含めている。東京地判平成25・3・26 関連判例、東京高判平成26・2・19 関連判例 は、国土交通大臣が鉄道事業法に基づいてした旅客運賃変更認可処分について、居住地から職場や学校等への日々の通勤や通学等の手段として反復継続して日常的に鉄道を利用している者の原告適格を認めた（ただし請求は棄却。最決平成27・4・21公刊物未登載は、原告の上告を受理しないものとした）。

さらに理解を深める 行政法百選Ⅱ6版172事件〔横田光平〕　塩野123頁以下、大橋89頁以下、特に112頁以下、行政法の争点116頁〔高橋滋〕

関連判例 最判昭和53・3・14民集32巻2号211頁（主婦連ジュース訴訟）、最判平成元・2・17民集43巻2号56頁（新潟空港訴訟）、最判平成11・11・25判時1698号66頁（環状6号線訴訟）、最大判平成17・12・7民集59巻10号2645頁（小田急訴訟）、東京地判平成25・3・26判時2209号79頁、東京高判平成26・2・19訟月60巻6号1367頁

第6章 行政関係

宮澤俊昭

127 詐欺的商法に対する監督権限の不行使についての国家賠償責任

大阪高裁平成20年9月26日判決
　　事件名等：平成19年（ネ）第2042号、平成20年（ネ）第607号損害賠償請求各控訴、同附帯控訴事件
　　掲載誌：判タ1312号81頁

概　要　本判決は、財産的損害について、権限不行使に基づく国の賠償責任を肯定した初めての確定判決である。

事実関係　D社（大和都市管財）は、A（近畿財務局長）に対して抵当証券業の登録を申請し、Aは、昭和63年12月、D社を抵当証券業者登録簿に登録した。

Aらは、D社の抵当証券商法の問題性（不動産鑑定の過大評価等）を遅くとも平成4年ごろから認識をしていたところ、D社が多数の大口顧客の抵当証券モーゲージを中途解約させて詐欺まがい商品に乗り換えさせている等の情報に基づき平成6年に立入検査を実施し、平成7年8月には業務改善命令を発出する決裁まで終えていたが、D社の実質的経営者Bの気勢に気圧されたために撤回に至り、処理を先送りにした。その後、Aらは、平成9年10月31日に業務改善命令を発したものの、形式的審査のみにより同年12月21日に更新の登録を行った。

平成9年登録更新後、Aらは、平成12年の検査の結果、簿外債務を認定するなどして、平成13年4月にD社の更新登録を拒否した。

平成14年4月、D社に対する民事再生手続開始決定がなされ、同年8月ころ、再生計画案が可決・認可された。また、平成16年3月25日、Bは、詐欺罪で懲役12年の有罪判決を受け、平成17年1月29日、Bの控訴は棄却された。

D社から平成10年1月以降に抵当証券を購入したXら721名は、抵当証券業規制などに関する法律に基づきD社の監督規制権限を有していたAが平成9年12月21日付けで違法にD社の更新登録を行ったことなどにより損害を被ったと主張して、国賠法1条1項に基づきY（国）に対して損害賠償を求めて訴えを提起した。第一審（大阪地判平成19・6・6判時1974号3頁）は、Xらの一部について、各購入額から過失相殺の趣旨に照らして6割を控除するなどしたうえで請求を一部認容した。これに対して、請求を棄却されたXら、およびYが控訴。なお、金融庁が上告を断念したために本判決は確定している。

判決要旨　原判決一部変更、請求一部認容。「更新登録を行うという財務局長等の判断は、抵当証券業への参入を拒否する方向での規制権限を行使

しないという実質を有するものであって、それ自体が規制権限の不行使という性格を有することは否定できない。そして、更新登録に係る財務局長等の規制権限の不行使は、その権限を定めた法令の趣旨、目的や、その権限の性質等……に照らし、具体的事情の下において、その不行使（更新登録を行うこと）が許容される限度を逸脱して著しく合理性を欠くと認められるときは、職務上通常尽くすべき注意義務を尽くすことなく漫然と更新登録をしたものとして、これにより被害を受けた者との関係において、国賠法1条1項の適用上違法となると解すべきである」。

本判決の位置づけ・射程範囲

　国賠法1条は、公権力の行使に基づく国または公共団体の損害賠償責任を定める。行政庁の権限の不行使（不作為）も、その権限を定めた法令の趣旨、目的や、その権限の性質などに照らし、具体的事情のもとにおいて、その不行使が許容される限度を逸脱して著しく合理性を欠くと認められるときは、行使により被害を受けた者との関係において、同条1項の適用上違法となるとするのが最高裁判例である（最判平成元・11・24 関連判例 、最判平成7・6・23 本書69事件 、最判平成16・4・27 関連判例 、最判平成16・10・15 関連判例 ）。権限不行使の違法性判断についてのこのような立場は裁量権消極的濫用論と呼ばれる。これに対し、一定の要件を満たす場合には行政裁量が零に収縮し、行政の行為義務が生じるとする見解（裁量権収縮論）も主張されている。

　国賠法1条における故意・過失、違法性の要件に関しては、自然人たる公務員の故意・過失と、当該公務員を媒介としてなされる国家行為の客観的違法を区別して違法概念を構成する違法性二元説（公権力発動要件欠如説）と、行為の違法と当該公務員に課せられた職務上の注意義務の懈怠は一元的に違法性要件として審査されるとする違法性一元説（職務行為基準説）が対立している。公権力の行使の不作為による国家賠償が問題となる裁判例においては、職務行為基準説が取られているとされる。

　本判決は、職務行為基準説に立ち、かつ裁量権消極的濫用論の枠組みでAの違法性を肯定し、国の賠償責任を認めた。なお、権限不行使による国の賠償責任を認めた最高裁判決（最判平成16・4・27 関連判例 、最判平成16・10・15 関連判例 ）は、いずれも生命・身体に関わる損害に関する事例であった。これに対し、本判決は、財産的損害について、権限不行使に基づく国の賠償責任を肯定した初めての確定判決である。

さらに理解を深める

百選60事件〔小幡純子〕　塩野299頁以下、特に306頁以下、大橋384頁以下、特に394頁以下、行政法の争点146頁〔北村和生〕

関連判例 　最判平成元・11・24民集43巻10号1169頁、最判平成7・6・23 本書69事件 （クロロキン薬害訴訟）、最判平成16・4・27民集58巻4号1032頁（じん肺訴訟）、最判平成16・10・15民集58巻7号1802頁（関西水俣病訴訟）

第6章 行政関係　　　　　　　　　　　　　　　　　　　　　　宮澤俊昭

128 国民生活センターによる浄水器の商品テスト結果の公表

東京地裁平成9年8月29日判決
　事件名等：平成6年（ワ）第24325号謝罪広告等請求事件
　掲載誌：判タ985号225頁

概要　本判決は、商品の比較・性能テストに基づく結果の公表について、テスト方法および公表内容の相当性をもって真実性を判断し、名誉毀損に基づく損害賠償責任を否定したものである。

事実関係　Xは、浄水器Nの総代理店としてこれを販売する株式会社である。国民生活センター法に基づいて設立された特殊法人（当時）であるY₁は、平成6年7月から9月にかけて、浄水器Nを含む6機種の浄水器等の性能に関し、浄水器等を通過した水（以下「浄水」という）中の一般細菌数およびミネラル分の増加などについてテスト施設内の水道水および市販のミネラルウォーターと比較するテスト（以下「本件テスト」という）を行い、その結果を小冊子にまとめ、同年11月7日、これを報道機関に発表したところ、テレビ・新聞などで報道された。また、同月9日、Y₁発行の機関紙にもテスト結果は掲載された。本件小冊子および機関紙には、(1)浄水器Nによる浄水については、水道法の水質基準を超える一般細菌が検出され、浄化どころか汚染されており、飲料水としては衛生的とはいい難く、表示通りの抗菌力はなかった（以下「本件記述(1)」という）、(2)浄水器Nによる浄水については、カルシウムの量は水道水と変わらなかったので、表示通りの効果はなかった（以下「本件記述(2)」という）との内容を含む記事が掲載されていた。Xは、名誉・信用を毀損されたなどとしてY₁および実験担当者であるY₂らに対して謝罪広告の掲載と損害賠償を求めて訴えを提起した。

判決要旨　請求棄却。Yが消費者の健康に影響を及ぼす浄水器の性能という公共の利害に関する事項について、一般消費者に情報を提供するという公益を目的として本件テストを行ったことを認めた上で、真実性につき次のように判断した。「本件テストは、細菌ないし水の成分に関するテストであり、本件テスト結果が真実であるか否かを肉眼で検証することは不可能であるから、テスト目的に照らしてテスト方法が相当であれば、結果についても真実であるというべきである。……本件テストは、実験担当者として十分な知識と経験のある

Y₂が、各種テスト用の専門的な設備・器具を使用して適切な手順に従って行った実験であり、一般細菌テストについては、……概ね上水試験方法に従って行ったのであり……また、カルシウムのテストについては、自動的に結果が印字される分析用の機械を用いて行われているのであるから、その目的に照らしてテスト方法は相当であると認められ、したがって、その結果も真実と認められる」。「消費者は、浄水器の滞留水についても水道水と同様の安全性を求めていると考えられることに照らすと、浄水器についても水道法の水質基準との比較において衛生面の性能を判断することも相当であって、右水質基準以上の一般細菌が検出されたことから、浄水が汚染されており、衛生的ではない旨の表現を用いて発表することも、なお相当性の範囲内にあるというべきである。」

本判決の位置づけ・射程範囲

不法行為上の名誉毀損における「名誉」とは、人がその品性、徳行、名声、信用等の人格的価値について社会から受ける客観的な評価（社会的名誉）を指す（最判昭和45・12・18 関連判例）。被害者の社会的評価を低下させられた場合、不法行為上の権利侵害が認められる。ただし判例（最判昭和41・6・23 関連判例）は、その行為について公共性と公益目的が認められる場合には、摘示された事実が真実であることが証明されたとき、または、右事実が真実であることが証明されなくても、その行為者においてその事実を真実と信ずるについて相当の理由があるときには、不法行為は成立しないものとする。

商品の比較・性能実験に基づく消費者向け雑誌等の記述の真実性に関して、東京地判平成7・2・16 関連判例は、実験に基づく記事の内容が真実であるために、(a)当該記事が実験結果を正しく記載していること、(b)右実験の結果自体が真実であることの証明がそれぞれ必要であるとする。さらに(b)については、分子レベル・細菌レベルの化学実験である場合には実験結果が真実であるか否かを肉眼で検証することは不可能であるから、それは実験目的に照らした実験方法の相当性を検討することにより明らかになるとする。

本判決は、以上に見た判断枠組みに沿い、Xの社会的評価が低下したこと、Y₁のテストが公共の利害に関する事実に係り、かつ公益を図る目的に出ていることをそれぞれ認定したうえで、テスト方法が相当であるためにその結果は真実と認められ、本件記述(1)(2)ともに表現として相当性の範囲内にあるとして、Xの請求を棄却した。

さらに理解を深める

潮見佳男『債権各論Ⅱ 不法行為法〔第2版〕』（新世社、2009）177頁以下、吉村良一『不法行為法〔第4版〕』（有斐閣、2010）48頁以下、116頁以下、内田貴＝大村敦志編『民法の争点』（有斐閣、2007）304頁〔中島雅〕

関連判例 最判昭和45・12・18民集24巻13号2151頁、最判昭和41・6・23民集20巻5号1118頁、東京地判平成7・2・16判時1546号48頁

第6章 行政関係　　　　　　　　　　　　　　　　宮澤俊昭

129　O-157事件の原因についての厚生労働大臣記者会見と国家賠償責任

東京高裁平成15年5月21日判決
　事件名等：平成13年（ネ）第3067号損害賠償請求控訴事件
　掲載誌：判時1835号77頁

概要　本判決は、集団食中毒の原因食材として公表された食材の生産者団体による国家賠償請求を認めたものである。

事実関係　堺市において平成8年7月中旬ころ発生した腸管出血性大腸菌O-157に起因する学童らの集団食中毒につき、厚生大臣（当時）が、貝割れ大根が原因食材とは断定できないが、その可能性も否定できないとする中間報告、原因食材としては特定施設から7月7日、8日および9日に出荷された貝割れ大根が最も可能性が高いと考えられるとする最終報告を公表した。X_1（日本かいわれ協会）およびその構成員であるX_2らは、この公表により、貝割れ大根が前記食中毒の原因食材であって貝割れ大根一般の安全性に疑問があるかのような印象を与え、貝割れ大根の売上が激減したとして、Y（国）に対し、それぞれ国賠法1条に基づき損害賠償請求を行った。第一審（東京地判平成13・5・30判時1762号6頁）は、本件各報告の疫学的判断および結論に不合理な点は認められず、これらの公表が同法上違法であるとはいえないとして、X_1らの請求を棄却した。これに対してX_1らが控訴した。

判決要旨　原判決変更、請求一部認容。「本件各報告の公表は、現行法上、これを許容し、又は命ずる規定が見あたらないものの、関係者に対し、行政上の制裁等、法律上の不利益を課すことを予定したものでなく、これをするについて、明示の法的根拠を必要としない。本件各報告の公表を受けてされた報道の後、貝割れ大根の売上が激減し、これによりX_1らが不利益を受けたことも、前記……のとおりであるが、それらの不利益は、本件各報告の公表の法的効果ということはできず、これに法的根拠を要することの裏付けとなるものではない。……しかしながら、本件各報告の公表は、なんらの制限を受けないものでもなく、目的、方法、生じた結果の諸点から、是認できるものであることを要し、これにより生じた不利益につき、注意義務に違反するところがあれば、国家賠償法1条1項に基づく責任が生じることは、避けられない。」「本件において、厚生大臣が、記者会見に際し、一般消費者及び食品関係者に『何について』注意を喚起し、これに基づき『どのような行動』を期待し、『食中毒の拡大、再発の防止を

図る』目的を達しようとしたのかについて、所管する行政庁としての判断及び意見を明示したと認めることはできない。かえって、厚生大臣は、中間報告においては、貝割れ大根を原因食材と断定するに至らないにもかかわらず、記者会見を通じ、前記のような中間報告の曖昧な内容をそのまま公表し、かえって貝割れ大根が原因食材であると疑われているとの誤解を広く生じさせ、これにより、貝割れ大根そのものについて、O-157による汚染の疑いという、食品にとっては致命的な市場における評価の毀損を招き、全国の小売店が貝割れ大根を店頭から撤去し、注文を撤回するに至らせたと認められる」。「厚生大臣によるこのような中間報告の公表により、貝割れ大根の生産及び販売に従事するX_2ら並びに同業者らを構成員とし、貝割れ大根の生産及び販売について利害関係を有すると認められるX_1の事業が困難に陥ることは、容易に予測することができたというべきで、食材の公表に伴う貝割れ大根の生産及び販売等に対する悪影響について農林水産省も懸念を表明していた……のであり、それにもかかわらず、上記方法によりされた中間報告の公表は、違法であり、Yは、国家賠償法1条1項に基づく責任を免れない。」

本判決の位置づけ・射程範囲

義務の不履行あるいは行政指導に対する不服従があった場合にその事実を一般に公表する手法（制裁的公表）については、違反行為の是正勧告などと結合させることによって実効性確保の機能を営むことになることから、法令の根拠を求める見解が通説的見解である。他方、本件のように、一般消費者や食品関係者に対して注意を喚起することにより食中毒の拡大・再発の防止を目的とする公表については、法令の根拠を必要としないとするのが通説的見解とされ、本判決も同様の立場に立つものと評価されている。

違法性の判断基準について、かつての裁判例は、私人による名誉毀損の不法行為責任と同様の基準に基づいて、主として真実性の基準により違法性を判断していた。しかし、行政機関による公表においては、私人の表現の自由と人格権（名誉権）との衝突の場合と異なり表現の自由の行使が問題とならず、むしろ行政機関は国民（住民）に対して説明する責務を負う主体であることから、異なる基準により判断すべきとの見解が有力に示されていた。本判決は、この有力説の立場を支持したものと理解されている。

なお、集団食中毒の直接の原因食材を生産した可能性があるとされた特定施設の生産業者によるYに対する損害賠償請求について、大阪地判平成14・3・15 関連判例 はその請求を一部認容し、大阪高判平成16・2・19 関連判例 はYの控訴を棄却した。

さらに理解を深める　百選74事件〔宇賀克也〕　平成15年度重判行政法3事件〔横田光平〕、塩野宏『行政法Ⅰ〔第6版〕』（有斐閣、2015）266頁、大橋洋一『行政法Ⅰ〔第3版〕』（有斐閣、2016）33頁、行政法の争点60頁〔加藤幸嗣〕
関連判例　大阪地判平成14・3・15判時1783号97頁、大阪高判平成16・2・19訟月53巻2号541頁

第7章 心の消費者問題　　　　　　　　　村千鶴子

130 宗教団体への加入の勧誘行為と不法行為責任（青春を返せ裁判）

広島高裁岡山支部平成12年9月14日判決
　事件名等：平成10年（ネ）第158号損害賠償請求控訴事件
　掲載誌：判時1755号93頁

概要　本判決は、Yの霊感商法について、入会者がY会員らに違法行為があったと主張して損害賠償を求めた事案について、Y会員の勧誘行為に違法があったとしてYの使用者責任を認めたものである。

事実関係　Yは、昭和29年に韓国ソウルで設立された宗教団体で、昭和39年東京都知事から宗教法人として認証を受け、宗教法人の設立登記を経、各都道府県に布教所を置き、地区本部、教会又は伝道所等を設置している。Yの目的は、神と人間の究極の理想である人間完成と地上天国を実現するところにあるとし、Yの信者が役員となってその傘下に複数の販売会社を経営し、韓国のY関連企業で製造された大理石の壺、多宝塔、高麗人参濃縮液を輸入し、Yの信者がその実践活動として、詐欺的で暴利的な霊感商法によって販売してきた。Yらの信者らは、街頭で珍味売りをしたり、宝石、毛皮、呉服、絵画の展示会を開いて販売し、自らYに多額の献金をし、他者に働きかけて多額の献金をさせてきた。Yの信者は、経済活動をするに当たって、地上天国の実現のために「復帰した万物」を用いるのであるから、他人を騙してもそれは、その人のためには罪滅ぼしになり、その人のためになるものと考え、詐欺的商法に対しても罪障感を持たないまま、販売マニュアルに沿って販売成績をあげることに懸命となる。Yの信者が、献金勧誘活動、販売活動等の経済活動によって得た多額の資金はほとんどYに渡る。このような状況下で、Xは、Yあるいはその信者らの違法なマインドコントロールを伴う勧誘・教化行為によって、Yに対し、献金をし、セミナー参加費・腕時計購入代金を支払うことを余儀なくされ、また、宗教選択の自由を不当に侵害されたうえ、その人格権を侵害され、霊感商法等数々の反社会的経済活動をする反社会的集団に心ならずも所属させられてその一員として活動させられ多大な精神的苦痛を被ったとして、Yに対し献金額・セミナー参加費・商品購入代・精神的損害の損害金合計200万円および遅延損害金の支払いを求めた。

判決要旨　一部控訴棄却・一部取消し。「Yの信者らによる一連の勧誘、教化行為あるいは経済活動は、……Yの宗教活動ないしそれと密接に関

連する布教活動の一環として行われ、かつ、Yの教義、信仰の実践活動と認められる。したがって、Yの信者らがY法人と別に組織・団体を構成し、その信者組織の意思決定に従って布教活動あるいは経済活動を行う場合であっても、Yとその信者組織とは同じ目的のために存立し、信者組織は、宗教法人たるYを母体とし、その存立基盤としているのであって、Yの存立目的を達成するのに必要な限度と方法において、Yが信者組織ないしはその構成員である信者らを規律・監督することが本来予定されているとみるべく、しかも、現にこれが実行されているのであるから、Yにおいて、信者組織に対する実質的な指揮監督関係があるものということができる。」「宗教団体が、非信者の勧誘・教化する布教行為、信者を各種宗教活動に従事させたり、信者から献金を勧誘する行為は、それらが、社会通念上、正当な目的に基づき、方法、結果が、相当である限り、正当な宗教活動の範囲内にあるものと認められる。しかしながら、宗教団体の行う行為が、専ら利益獲得等の不当な目的である場合、あるいは宗教団体であることをことさらに秘して勧誘し、徒らに害悪を告知して、相手方の不安を煽り、困惑させるなどして、相手方の自由意思を制約し、宗教選択の自由を奪い、相手方の財産に比較して不当に高額な財貨を献金させる等、その目的、方法、結果が、社会的に相当な範囲を逸脱している場合には、もはや、正当な行為とは言えず、民法が規定する不法行為との関連において違法であるとの評価を受けるものというべきである。」

本判決の位置づけ・射程範囲

宗教団体の勧誘行為について不法行為責任が問われる事案としては、法外な価格の商品・役務契約、献金などをさせるケースと宗教団体への加入の勧誘行為が問題とされるケースがある。前者に関しては、福岡地判平成6・5・27 [関連判例]、東京高判平成10・9・22 [関連判例]、大阪高判平成11・6・29 [関連判例]、東京地判平成19・5・29 [関連判例] など多数ある。後者に関しては本件のほか、札幌地判平成13・6・29 [関連判例]、名古屋地判平成13・6・27 [関連判例] などがある。否定判決として名古屋地判平成10・3・26 [関連判例] がある。宗教団体の責任については、最判昭和41・7・21 [関連判例] の使用者と被用者との間に実質的な指揮監督関係があれば足りるとする判例の趣旨に沿って使用者責任を肯定しているものが多い。奈良地判平成9・4・16 [関連判例] は宗教団体の民法709条の不法行為責任を肯定したが、高裁では使用者責任としている。

さらに理解を深める 百選103事件〔村本武志〕 藤原究・早稲田大学大学院法研論集121号175頁 [関連判例] 最判昭和41・7・21民集20巻6号1235頁、福岡地判平成6・5・27判時1526号121頁、奈良地判平成9・4・16判時1648号108頁、札幌地判平成13・6・29判タ1121号202頁、名古屋地判平成13・6・27判タ1131号148頁、東京高判平成10・9・22判時1704号77頁、大阪高判平成11・6・29判タ1029号250頁（奈良地判平成9・4・16の高裁判決）、東京地判平成19・5・29判タ1261号215頁

第7章 心の消費者問題　　　　　　　　　　　　　　　　村千鶴子

131　入会時に全財産を出えんした入会者の脱会の際の返還請求権

最高裁平成16年11月5日第二小法廷判決
　事件名等：平成14年（受）第808号損害賠償請求事件
　掲載誌：民集58巻8号1997頁、判時1881号67頁、判タ1170号163頁

概要　本判決は、「無所有共用一体社会」の実現を活動の目的としている権利能力なき社団に入会するに当たり全財産を出えんした者がその後同団体を脱退した場合には、加入時に出えんした財産の返還を求めたのに対して、一切の返還を要求しない旨の特約は公序良俗に反して無効であるとして、脱会の時点で返還するのが合理的かつ相当と認められる範囲で不当利得返還請求を認めたものである。

事実関係　Yは「無所有共用一体社会」の実現を目的としている権利能力なき社団である。Xは夫の死後3人の子供とともに遺産の一部を売却してアパートを建ててその家賃で生活していた女性である。Xは長女が非行に走ったことに悩むようになり、地域のYの会員に相談したことなどからYの活動に関心を持ち特講などへ参加するようになり、平成元年にYに参画した。参画に当たりXは、Yの目的に即して約3億円の全財産をYに交付した。参画の際の契約には、Xは参画の際に出えんした財産等の請求を一切しない旨定められていた。XはYの実顕地で生活していたが、他の会員たちとの関係がうまくいかなくなったり子供たちがYから出て生活するようになるなどしたことから、子どもたちと暮らすために約6年後にYの同意を得て脱会した。その際には長女の分として4030万円がYから返還された。Xは返還済みの分を除いた全額（約2億5000万円）の支払いを求めて提訴。第一審は不当利得に当たるとして全額認容した。Yが控訴。控訴審は、認容額を1億円に減縮したのでXが上告受理申立てをした。

判決要旨　上告棄却。「出えんに係る約定及びこれに基づくXの出えん行為は、Yイズム社会において要求される『無所有』の実践として行われたものであり、Xが、終生、Yの下でYイズムに基づく生活を営むことを目的とし、これを前提として行われたものであることが明らかである。ところが、本件においては、Xは、Yへの参画をした後、……Yの同意を得てYから脱退をしたものである。これにより、上記出えんに係る約定及びこれに基づくXの出えん行為の目的又はその前提が消滅したものと解するのが相当である。そうすると、上記出え

んに係る約定は、上記脱退の時点において、その基礎を失い、将来に向かってその効力を失ったものというべきである。したがって、上記Xの出えん行為は、Xの脱退により、その法律上の原因を欠くに至ったものであり、Xは、Yに対し、出えんした財産につき、不当利得返還請求権を有する。」

「XがYに対して不当利得として返還を請求し得る範囲について検討する。上記不当利得返還請求権がXの脱退により事後的に法律上の原因を欠くに至ったことを理由とするものであること……等の諸点に照らすと、XがYに対して出えんした全財産の返還を請求し得ると解するのは相当ではない。Xの不当利得返還請求権は、Xが出えんした財産の価額の総額、XがYの下で生活をしていた期間、その間にXがYから受け取った生活費等の利得の総額、Xの年齢、稼働能力等の諸般の事情及び条理に照らし、Xの脱退の時点で、Xへの返還を肯認するのが合理的、かつ、相当と認められる範囲に限られると解するのが相当である。」

「参画に係る契約には、Xが出えんした財産の返還請求等を一切しない旨の約定があるが、このような約定は、その全財産をYに対して出えんし、Yの下を離れて生活をするための資力を全く失っているXに対し、事実上、Yからの脱退を断念させ、Yの下での生活を強制するものであり、XのYからの脱退の自由を著しく制約するものであるから、上記の範囲の不当利得返還請求権を制限する約定部分は、公序良俗に反し、無効というべきである。」

本判決の位置づけ・射程範囲

本件のポイントは2点ある。第一はXはYへの加入の勧誘が違法であるとして不法行為責任を主張したが認めなかった。宗教団体などが入信や祈祷などの役務提供についての勧誘の際に社会的に許容された範囲を逸脱した勧誘行為があったとして入会者等の出えんについて不法行為による損害賠償が認められる場合がある。不法行為を認めた事案としては広島高岡山支判平成12・9・14 本書130事件 など多数の判決がある。第二は、入会契約の不返還特約条項を無効とした点である。入会に当たり全財産を出えんした場合に一切返還しない旨の特約を設けていたが、これは脱会に関する自己決定権を阻害し脱会を妨げる結果となる。この点から不返還特約は公序良俗違反に該当するとした点である。平成12年に消契法が制定された。同法施行後の契約では同法10条の適用が考えられる。本件は同法施行前の契約について公序良俗違反に基づいて一部無効としたものである。

さらに理解を深める

百選104事件〔後藤元伸〕 河上正二・リマークス2006(上)36頁、藤原正則・判評560号39頁（判時1900号217頁）、最判解民事篇平成16年度(下)636頁〔森義之〕、逐条解説消契法224頁 関連判例 最判平成元・12・14民集43巻12号2051頁、最判平成11・2・23民集53巻2号193頁、広島高岡山支判平成12・9・14 本書130事件

第7章 心の消費者問題

村千鶴子

132 自己啓発セミナーの勧誘とマインドコントロール

東京地裁平成19年2月26日判決
　事件名等：平成16年（ワ）第22529号損害賠償請求事件
　掲載誌：判時1965号81頁

概要　本判決は、自己啓発セミナーの勧誘がマインドコントロールによるものであり、参加者にセミナー参加費用、商品代金などの名目で多額の金銭等の負担をさせた行為が違法であるとして、参加者からの主催者側の法人と個人に対する損害賠償請求等を認めたものである。

事実関係　Yらは、セミナー生の積極財産の全部を宗教法人Yに提供させることはもちろんのこと、当該セミナー生の返済能力を無視して、複数の貸金業者やクレジット業者から借入限度額満額の借入れをさせてその全額を宗教法人Yに提供させることを共謀のうえ企て、その企ての実現のために、Yらは、宗教法人Yが癒しの商品やサービスを提供する会社であるかのように装って、悩みを抱えている女性に女性スタッフを接近させ、具体的な悩みの内容とその原因、経歴、家族関係その他の個人情報を聞き出し、Yらが主催するコンサートなどに参加させ、精神医学や心理学の知識を基礎とする自己啓発セミナーのノウハウを流用して、上記で収集した個人情報をもとにYらがその者の悩みとその原因、解消法を本人がいかにもそのとおりだと納得してしまうように言い当て、その不安を煽り、困惑させて、このような罠にひっかかる女性の出現を待つことを共謀していた。セミナーに参加するようになった女性に対しては、さらに、精神医学や心理学の知識を基礎とする自己啓発セミナーのノウハウを流用してマインドコントロールを施し、Yらの言うことを聞かなかったり、セミナーへの参加を止めたりすると、地獄のようなつらい人生を送ることになると信じ込ませ、猜疑心を持たないようにすべきこと、思考を止めるべきことならびに所持金が底をつくことおよび借金が返せなくなることに対する恐怖感をなくすべきであることという考え方を刷り込み、Yらの指示するとおり所持金や借入金を宗教法人Yに支払ってくれる人間に改造していった。また、マインドコントロールされた状態を維持するために、思考を停止する訓練を継続させ、フィードバックやセラピーによりYらの言うことが正しいと思い込ませ続けた。悩みを抱えていたXは、上記のYらの行為によってセミナー生となり、Yらの計画的なマインドコントロール、恫喝、詐欺、暴力行為などの結果セミナー参加費用、商品購入代金、出店費用等の名目で多額の金銭を支払わされる損害を被った。

判決要旨 請求一部認容。「〔この〕ような目的及び手法をもってマインドコントロールされた状態に他人を意図的に陥れる行為は、社会通念に照らし、許容される余地のない違法行為であることは、明らかである。

精神医学や心理学の知識を濫用してはならないことは当然のことであって、これらの知識を濫用して他人の心を傷つけることが、およそ血の通った人間のやるようなことではないことは、論をまたないところである。他人に考える余裕や反論する余裕を与えずに、特定の考え方、価値観に基づき集団で長時間一人の相手を罵倒し続けることは、精神的な拷問に等しく、相手の心に深い痛手を永遠に残すことになるのであって、このような行為がおよそ血の通った人間のやるようなことではないことも、また、論をまたないところである。

そうすると、Yらの指示に基づき実施された、平成14年7月の〔宗教法人Y〕のスタッフによるXに対する……コンサートへの勧誘に始まるXへのセミナー等への参加の勧誘、商品及び施設会員権購入の勧誘並びに……出店の勧誘行為は、Xにマインドコントロールを施し、その状態を維持する意図に基づく一連の行為であって、平成14年7月の最初から全部違法な行為と評価されるべきものである。」

本判決の位置づけ・射程範囲

宗教団体の行う行為が、専ら利益獲得等の不当な目的である場合、徒らに害悪を告知して、相手方の不安を煽り、困惑させるなどして、相手方の自由意思を制約し、相手方の財産に比較して不当に高額な財貨を献金させる等、その目的、方法、結果が、社会的に相当な範囲を逸脱している場合には、正当な行為とは言えず不法行為による損害賠償責任が認められる（広島高岡山支判平成12・9・14 本書130事件 ・東京地判平成12・12・25 関連判例 など多数ある）。その場合に社会心理学を悪用したマインドコントロールの手法が用いられた点を違法性の根拠として主張するケースがある。広島高岡山支判平成12・9・14 本書130事件 はマインドコントロールの主張について「少なくとも、本件事案において、不法行為責任が成立するかどうかの認定判断をするにつき、右概念は道具概念としての意義をもつものとは解されない」とする。本件は自己啓発セミナーの勧誘や商品等の販売において、精神医学や心理学の知識を濫用しマインドコントロールされた状態に意図的に陥れる行為があったと認定したうえで、このような行為は社会通念に照らし許容される余地のない違法行為であるとして不法行為責任を認めた。マインドコントロールの概念を明確に認めるとともに、その違法性を肯定した点が、宗教団体等の勧誘行為の違法性の認定にも活用される余地があるものとして評価できる。

さらに理解を深める 百選103事件〔村本武志〕、百選105事件〔吉田克己〕 関連判例 広島高岡山支判平成12・9・14 本書130事件 、東京地判平成12・12・25判タ1095巻181頁

第7章 心の消費者問題　　　　　　　　　　　　　　　　　　平野裕之

133 浄霊のため多額の出費をさせる行為と不法行為責任

名古屋地裁平成24年4月13日判決
　事件名等：平成21年（ワ）第6175号債務不存在確認請求事件、平成22年（ワ）第323号損害賠償請求事件
　掲載誌：判時2153号54頁

概要　本判決は、Xは、Y_1に属する僧侶が浄霊等を行う様子を放映したテレビ番組を見て、Y_1のことを知り、Y_1の関西別院で相談する予約を入れ、Y_2ら僧侶から、水子や先祖の未成仏霊がXやその家族に取り憑いているなどといわれ、除霊などのため多額の支出をさせられたことを不法行為と認めて、Y_2ら僧侶及び使用者であるY_1に対する損害賠償請求を認めたものである。

事実関係　第一事件はYらからXへの債務不存在確認請求事件であるが、XからYらへの損害賠償請求事件である第二事件を基準に説明する。Xが、Y_1（宗教法人）及びその僧侶Y_2らに対して、不安や恐怖心を煽るような言動を繰り返してXを畏怖誤信させ、浄霊代等の名目で多額の金員を支払わせたと主張して、共同不法行為（民719条）に基づき、Y_1に対しては予備的に使用者責任（民715条）に基づき、損害賠償請求をした。事実関係は以下のようである。
　Xは、平成14年当時、椎間板ヘルニアや偏頭痛等の体調不良、子供らの病気等で悩んでおり、同年7月にY_2の浄霊等を放映したテレビ番組を見て、同年8月に予約を入れY_1関西別院を訪れた。Y_2は「ご先祖の霊が成仏できず、子孫に助けてくれと訴えると子孫の体調が悪くなるんですよ」、「お子さんには、生まれることのできなかった兄弟の霊が憑いていますね。そのことが子供たちに悪影響を及ぼしています」などと述べ、Y_1で浄霊を受けることを勧め、XはY_2らによる浄霊を受け、約6年間で合計729万4800円を支出している。同金額は女手一つで母と子供2人の生活を支えていたXの平均年収の約3倍に相当する。

判決要旨　請求一部認容（Y_1に409万7570円、Y_2らに610万3490円につき連帯して支払うよう命じる）。「一般に、宗教団体が、当該宗教団体の宗教的教義の実践として、信者等に対して、儀式等を受けるように勧誘したり、任意に寄附や献金をするよう求めること自体は、信教の自由の一様態としての宗教活動の自由として保障されなければならない」。「また、金員の出捐を伴う儀式等を受けることを勧誘するに際して、特定の宗教を信じる者が、当該宗教団体における教義等に基づく、科学的に証明し得ない様な事象、存在、因果関係等を理由とするような吉凶禍福を説き、儀式等を受けることによって、そうした吉凶禍福を一定程度有利に解決することができるなどと信者等に説明することについても、

その説明内容がおよそ科学的に証明できないことなどを理由として、直ちに虚偽と断じ、あるいは違法と評価することもすべきではないし、予め信者等の境遇や悩み等を把握した上で、そうした悩み等を解決する手段として、金員の出捐を含む宗教的教義の具体的実践を勧誘することも、直ちに違法と評価されるものではない」。「しかしながら、上記のような行為が、信者等をいたずらに不安に陥れたり、畏怖させたりした上で、そのような心理状態につけ込んで行われ、社会一般的に信者等の自由な意思に基づくものとはいえないような態様で行われたものである場合や、信者等の社会的地位や資産状況等に照らして不相当な多額の金員を支出させるなど、社会的に考えて一般的に相当と認められる範囲を著しく逸脱するものである場合などには、そのような行為は、反社会的なものと評価され、公序良俗に反するものとして、違法なものになるといわざるを得ない。そして、そのような行為の違法性の有無は、常に一つ一つの行為ごとに判断されるべきものとはいえず、信者に対する一連の行為を全体として見た場合に、社会的に相当と認められる範囲を逸脱するといえる場合には、その全体をもって違法な行為ということもできる」。

本判決の位置づけ・射程範囲

除霊、浄霊のための祈祷を有償で依頼することは、これを信じない者であれば、前近代的・非科学的で履行不能また公序良俗（民90条）に違反する取引であると一蹴するであろう。しかし、習俗的な地鎮祭、お宮参り、合格祈願などは社会通念上有効な取引と考えられている。上記の祈祷も、社会通念上適切な範囲であれば、違法性を欠き不法行為とはならず、また、公序良俗違反として無効とされることはない。問題はその基準であり、判例は概ね本判決のように、①いたずらに被害者を不安に陥れたり畏怖させ、②そのような心理状態につけ込んで、③被害者にとり不相当な多額の金員を支出させたといった基準によっている。判例には、違法性を否定する判決もあり（東京地判平成20・1・15判タ1281号222頁）、また、不法行為ではなく、公序良俗違反を理由に支払った祈祷料の返還が請求された事例で、合計589万円余のうち「社会通念上正当視され得る範囲を超えている」部分のみ無効として518万円余の返還を命じた判決もある（名古屋地判昭和58・3・31判時1081号104頁）。本判決は神殿新築の寄付などを除外したが、一体として全部違法としている。グレーゾーン的事例では中間的解決も考えられる。

霊的サービスは不能かどうか評価が難しく、霊能力もないのにあると騙せば詐欺だが、ないのにあると信じている場合は詐欺ではなく、あると信じていると主張されたら議論は霊能力という迷宮に迷い込む難しさがある。この点の議論を避け、上記のような基準で運用することは、この取引の性質上やむをえない。

さらに理解を深める　百選105事件〔吉田克己〕、平野裕之「霊的サービス取引の法的問題点」津谷裕貴弁護士追悼論文集『消費者取引と法』（民事法研究会、2011）248頁　関連判例　平野・前掲参照

消費者法判例インデックス　年月日順索引

＊本書に掲載した判例133件について年月日順に掲載する。
〔　　〕内は本書の事件番号を示す。

最　　判	昭和58・10・20	民集37巻8号1148頁〔68〕	136
最　　判	平成元・4・13	判時1313号121頁〔126〕	252
東京地判	平成元・6・20	判時1341号20頁〔102〕	204
長崎地判	平成元・6・30	判時1325号128頁〔45〕	90
最　　判	平成元・9・19	集民157号601頁〔123〕	246
最　　判	平成元・12・8	民集43巻11号1259頁〔121〕	242
最　　判	平成2・2・20	判時1354号76頁〔48〕	96
最　　判	平成2・3・20	判時1345号72頁〔120〕	240
東京高判	平成2・7・12	判時1355号3頁〔116〕	232
大阪地判	平成2・7・23	判時1362号97頁〔110〕	220
福井地判	平成3・3・27	判時1397号107頁〔122〕	244
大阪高判	平成3・9・24	判時1411号79頁〔38〕	76
大阪高判	平成5・6・29	判時1475号77頁〔12〕	24
大阪地判	平成5・10・18	判時1488号122頁〔52〕	104
釧路簡判	平成6・3・16	判タ842号89頁〔47〕	94
福岡高判	平成6・8・31	判時1530号64頁〔5〕	10
最　　判	平成7・6・23	民集49巻6号1600頁〔69〕	138
最　　判	平成7・11・30	民集49巻9号2972頁〔19〕	38
最　　判	平成8・10・28	金法1469号51頁〔39〕	78
最　　判	平成8・11・12	民集50巻10号2673頁〔15〕	30
東京地判	平成9・8・29	判タ985号225頁〔128〕	256
東京地決	平成11・3・17	判タ1019号294頁（①事件）〔119〕	238
名古屋地判	平成11・6・30	判時1682号106頁〔89〕	178
東京地判	平成11・8・31	判時1687号39頁〔70〕	140
大阪地堺支判	平成11・9・10	判タ1025号85頁〔100〕	200
東京高判	平成11・10・28	判時1704号65頁〔67〕	134
東京高判	平成11・12・14	金法1586号100頁〔2〕	4
東京地判	平成12・5・22	判時1718号3頁〔83〕	166
名古屋地判	平成12・8・29	判タ1092号195頁〔53〕	106
広島高岡山支判	平成12・9・14	判時1755号93頁〔130〕	260

東京高判	平成12・9・28	判時1735号57頁〔46〕	92
八女簡判	平成12・10・12	判タ1073号192頁〔16〕	32
最　判	平成13・3・27	民集55巻2号434頁〔111〕	222
東京高判	平成13・4・12	判時1773号45頁〔77〕	154
東京高判	平成13・9・5	判時1786号80頁〔112〕	224
神戸簡判	平成14・3・12	公刊物未登載（LEX/DB25472412）〔24〕	48
東京地判	平成14・3・25	判タ1117号289頁〔29〕	58
東京高判	平成14・4・23	判時1784号76頁〔40〕	80
最　判	平成14・7・11	判時1805号56頁〔3〕	6
大阪地判	平成14・9・24	判タ1129号174頁〔75〕	150
最　判	平成14・9・24	判時1801号77頁〔92〕	184
東京高判	平成14・12・5	判時1814号82頁〔13〕	26
東京地判	平成14・12・13	判時1805号14頁〔73〕	146
東京地判	平成15・3・20	判時1846号62頁〔80〕	160
最　判	平成15・4・8	民集57巻4号337頁〔54〕	108
東京簡判	平成15・5・14	消費者法ニュース60号213頁〔27〕	54
東京高判	平成15・5・21	判時1835号77頁〔129〕	258
最　判	平成15・7・18	民集57巻7号895頁〔59〕	118
東京地判	平成15・7・31	判時1842号84頁〔87〕	174
奈良地判	平成15・10・8	判時1840号49頁〔79〕	158
最　判	平成15・11・14	民集57巻10号1561頁〔96〕	192
最　判	平成15・12・9	民集57巻11号1887頁〔6〕	12
最　判	平成16・3・25	民集58巻3号753頁〔10〕	20
大阪高判	平成16・4・16	消費者法ニュース60号137頁〔50〕	100
大阪高判	平成16・4・22	消費者法ニュース60号156頁〔20〕	40
広島地判	平成16・7・6	判時1868号101頁〔74〕	148
大阪高判	平成16・7・30	公刊物未登載（LEX/DB25437403）〔22〕	44
東京高判	平成16・10・12	判時1912号20頁〔88〕	176
最　判	平成16・11・5	民集58巻8号1997頁〔131〕	262
最　判	平成16・11・18	民集58巻8号2225頁〔7〕	14
大阪地判	平成17・1・12	判時1913号97頁〔72〕	144
東京地判	平成17・1・20	判タ1185号235頁〔104〕	208
東京地判	平成17・3・22	判時1916号46頁〔114〕	228
東京地判	平成17・6・23	判時1930号108頁〔105〕	210
最　判	平成17・7・14	民集59巻6号1323頁〔41〕	82
東京地判	平成17・8・23	判時1921号92頁〔4〕	8
東京地判	平成17・11・8	判時1941号98頁〔23〕	46
最　判	平成17・12・16	判時1921号61頁〔11〕	22
最　判	平成18・1・13	民集60巻1号1頁〔60〕	120
小林簡判	平成18・3・22	消費者法ニュース69号188頁〔28〕	56

最　　判	平成18・6・12	判時1941号94頁〔8〕	16
東京高判	平成18・7・13	金法1785号45頁〔55〕	110
最　　判	平成18・11・27	①民集60巻9号3437頁、②民集60巻9号3597頁、③民集60巻9号3732頁〔30〕	60
東京地判	平成19・2・26	判時1965号81頁〔132〕	264
最　　判	平成19・4・3	民集61巻3号967頁〔14〕	28
東京高判	平成19・5・30	金判1287号37頁〔42〕	84
最　　判	平成19・7・6	民集61巻5号1769頁〔94〕	188
東京高判	平成19・8・28	判タ1264号299頁〔108〕	216
名古屋高判	平成19・11・19	判時2010号74頁〔65〕	130
最　　判	平成20・1・18	民集62巻1号28頁〔61〕	122
鹿児島地判	平成20・5・20	判時2015号116頁〔78〕	156
大阪地判	平成20・6・10	判タ1290号176頁〔17〕	34
最　　判	平成20・6・10	民集62巻6号1488頁〔56〕	112
高松地判	平成20・9・26	公刊物未登載〔21〕	42
東京高判	平成20・9・26	判タ1322号208頁〔107〕	214
大阪高判	平成20・9・26	判タ1312号81頁〔127〕	254
名古屋高判	平成20・11・11	裁判所ウェブサイト〔18〕	36
最　　判	平成21・1・22	民集63巻1号247頁〔57〕	114
大阪地判	平成21・2・9	判時2052号62頁〔106〕	212
名古屋高判	平成21・2・19	判時2047号122頁〔49〕	98
東京地判	平成21・5・20	判タ1308号260頁〔117〕	234
東京地判	平成21・6・19	判時2058号69頁〔25〕	50
東京地判	平成21・10・1	消費者法ニュース82号267頁〔98〕	196
大阪高判	平成22・3・26	公刊物未登載（LEX/DB25470736）〔37〕	74
最　　判	平成22・3・30	判時2075号32頁〔26〕	52
最　　判	平成22・4・13	民集64巻3号758頁〔113〕	226
最　　判	平成22・4・20	民集64巻3号921頁〔62〕	124
仙台高判	平成22・4・22	判時2086号42頁〔90〕	180
大阪地判	平成22・5・12	判時2084号37頁〔124〕	248
大阪地判	平成22・5・28	判時2089号112頁〔109〕	218
最　　判	平成22・6・17	民集64巻4号1197頁〔93〕	186
東京地判	平成22・9・28	判時2104号57頁〔32〕	64
神戸地姫路支判	平成22・11・17	判時2096号116頁〔76〕	152
大阪地判	平成22・11・17	判時2146号80頁〔81〕	162
東京地判	平成22・11・25	判時2103号64頁〔125〕	250
最　　判	平成23・3・22	判時2118号34頁〔58〕	116
大阪地判	平成23・3・23	判時2131号77頁〔66〕	132
最　　判	平成23・3・24	民集65巻2号903頁〔33〕	66
東京地判	平成23・3・29	判タ1375号164頁〔82〕	164

最　判	平成23・4・22	民集65巻3号1405頁〔9〕	18
水戸地判	平成23・6・16	判時2122号109頁〔103〕	206
最　判	平成23・7・15	民集65巻5号2269頁〔34〕	68
最　判	平成23・7・21	判時2129号36頁〔95〕	190
大阪高判	平成23・9・8	金法1937号124頁〔43〕	86
最　決	平成23・9・20	民集65巻6号2710頁〔118〕	236
最　判	平成23・10・25	民集65巻7号3114頁〔51〕	102
東京地判	平成23・11・17	判時2150号49頁〔64〕	128
最　判	平成23・12・16	判時2139号3頁〔99〕	198
東京地判	平成24・1・25	消費者法ニュース92号290頁〔115〕	230
横浜地判	平成24・1・31	判時2146号91頁〔97〕	194
最　判	平成24・3・16	民集66巻5号2216頁〔35〕	70
名古屋地判	平成24・4・13	判時2153号54頁〔133〕	266
熊本地判	平成24・7・20	判時2162号111頁〔101〕	202
東京地判	平成24・12・5	判時2183号194頁〔91〕	182
大阪高判	平成24・12・7	判時2316号133頁〔36〕	72
東京地判	平成24・12・21	判時2196号32頁〔71〕	142
大阪高判	平成25・1・25	判時2187号30頁〔31〕	62
最　判	平成25・3・7	判時2185号64頁〔44〕	88
東京地判	平成25・3・25	判時2197号56頁〔86〕	172
最　判	平成25・4・11	判時2195号16頁〔63〕	126
最　判	平成25・4・12	民集67巻4号899頁〔84〕	168
東京高判	平成25・12・18	判時2210号50頁〔1〕	2
東京高判	平成26・1・29	判時2230号30頁〔85〕	170

本書の執筆者一覧

<編者>
　松本　恒雄（独立行政法人国民生活センター理事長）
　後藤　巻則（早稲田大学教授）

<執筆者>（五十音順）
　秋山　靖浩（早稲田大学教授）
　朝見　行弘（久留米大学教授・弁護士）
　池本　誠司（弁護士）
　石戸谷　豊（弁護士）
　石橋　秀起（立命館大学教授）
　磯村　保（早稲田大学教授）
　内山　敏和（北海学園大学准教授）
　大澤　彩（法政大学教授）
　大沼友紀恵（東京都市大学准教授）
　小笠原奈菜（山形大学准教授）
　小野寺倫子（秋田大学准教授）
　鹿野菜穂子（慶應義塾大学教授）
　鎌野　邦樹（早稲田大学教授）
　河上　正二（東京大学教授）
　川地　宏行（明治大学教授）
　城内　明（摂南大学准教授）
　熊谷　士郎（青山学院大学教授）
　後藤　巻則（早稲田大学教授）
　小林　和子（筑波大学准教授）
　三枝　健治（早稲田大学教授）
　齋藤　雅弘（弁護士）
　佐々木幸孝（弁護士）
　執行　秀幸（中央大学教授）
　白石　大（早稲田大学准教授）
　杉本　和士（千葉大学准教授）
　鈴木　恵（関東学院大学准教授）
　角田美穂子（一橋大学教授）
　瀬川　信久（早稲田大学教授）

髙嶌　英弘（京都産業大学教授）
田島　純藏（弁護士）
谷江　陽介（立命館大学准教授）
谷本　圭子（立命館大学教授）
都筑　満雄（南山大学教授）
土庫　澄子（消費者安全問題研究会）
中田　邦博（龍谷大学教授）
中村　雅人（弁護士）
原田　昌和（立教大学教授）
坂東　俊矢（京都産業大学教授）
平野　裕之（慶應義塾大学教授）
前田　太朗（愛知学院大学准教授）
松本　克美（立命館大学教授）
丸山絵美子（名古屋大学教授）
丸山　愛博（青森中央学院大学准教授）
宮澤　俊昭（横浜国立大学教授）
宮下　修一（中央大学教授）
村　千鶴子（東京経済大学教授・弁護士）
村山　淳子（西南学院大学教授）
柳　　景子（福岡大学講師）
山城　一真（早稲田大学准教授）
山野目章夫（早稲田大学教授）
吉田　克己（早稲田大学教授）
渡邉　知行（成蹊大学教授）

＊　所属・肩書きは平成29年1月末現在。

● **編者紹介**

松本　恒雄（まつもと・つねお）
独立行政法人国民生活センター理事長・一橋大学名誉教授

〈主な著作〉『21世紀の消費者政策と食の安全』（コープ出版、2003）、『Q＆A消費者団体訴訟制度』（共著）（三省堂、2007）、『消費者からみたコンプライアンス経営』（編著）（商事法務、2007）、『消費者取引と法──津谷裕貴弁護士追悼論文集』（共編著）（民事法研究会、2011）、『電子商取引法』（共編著）（勁草書房、2013）、『消費者六法　2016年版』（共編著）（民事法研究会、2016）など

後藤　巻則（ごとう・まきのり）
早稲田大学大学院法務研究科教授

〈主な著作〉『割賦販売法』（共著）（勁草書房、2011）、『要件事実論30講〔第3版〕』（共著）（弘文堂、2012）、『契約法講義〔第3版〕』（弘文堂、2013）、『消費者契約と民法改正』（弘文堂、2013）、『条解消費者三法』（共著）（弘文堂、2015）、『基本講義消費者法〔第2版〕』（共著）（日本評論社、2016）、『プロセス講義民法Ⅳ〔債権Ⅰ〕』（共編著）（信山社、2016）、『プロセス講義民法Ⅴ〔債権Ⅱ〕』（共編著）（信山社、2016）など

消費者法判例インデックス

2017年3月10日　初版第1刷発行

編　　者	松　本　恒　雄 後　藤　巻　則
発　行　者	塚　原　秀　夫
発　行　所	㈱商　事　法　務

〒103-0025　東京都中央区日本橋茅場町3-9-10
TEL 03-5614-5643・FAX 03-3664-8844〔営業部〕
TEL 03-5614-5649〔書籍出版部〕
http://www.shojihomu.co.jp/

落丁・乱丁本はお取り替えいたします。　印刷／そうめいコミュニケーションプリンティング
Ⓒ 2017 Tsuneo Matsumoto, Makinori Goto　　Printed in Japan
Shojihomu Co., Ltd.
ISBN978-4-7857-2491-7
＊定価はカバーに表示してあります。